SIDERA

NIHIL MORTALE

ESSAIS
POLITIQVES
ET
MILITAIRES.
1627.

A PARIS,
Chez Nicolas Buon ru..
Jacques a l'enseigne Sai..
..ude et de l'Home..

Auec priuil. du Roy.

L. Gaultier insidit

ESSAIS
POLITIQVES
ET
MILITAIRES.

Enrichis de diverses maximes &
remarques tirées des anciens
auteurs.

Par le sieur DE MOVCHEMBERT.

n°19

A PARIS,
Chez NICOLAS BVON, ruë S. Iacques,
à l'enseigne de Sainct Claude, & de
l'Homme sauuage.

M DC. XXVII.
AVEC PRIVILEGE DV ROY.

A TRES-HAVT
ET TRES-ILLVSTRE
SEIGNEVR MESSIRE
ANTOINE RVZE
MARQVIS DEFFIAT,

CONSEILLER DV ROY EN
ses Conseils d'Estat, Chevalier des Ordres, Capitaine de cinquante hommes
d'armes, premier Escuyer de la grande
Escurie de sa Majesté, grand Maistre des
mines & minieres de France, & Surin-
tendant des Finances.

MONSEIGNEVR,

Les chasseurs qui plantent vn
clou d'airain dans la teste d'vn
Cerf pour empescher sa chair de se

ã iij

corrompre ; me donnent vn exemple plaufible pour mettre voftre
nom plus durable que l'airain au
Frontifpice de ce livre, afin de le
garder de la corruption du temps
& de la mefdifance. Car fous
quel autre aZile pouvois-ie mettre cet ouvrage à l'abry, que fous
celuy de voftre nom, qui fert d'ornement à la France, & de fuppli-
ce à l'enuie ? La malice qui treu-
ue tous les jours à mordre fur les
plus vertueux , par vn iufte
refpect n'ofe toucher à voftre gloire. Auffi avez-vous fignalé
vos actions d'vne conduite fi rare, d'vne prudence fi parfaicte, &
d'vn fuccez fi heureux ; que feu
Monfieur de Beaulieu voftre oncle, ce grand Miniftre & Secretaire d'Eftat, apres avoir dreßé voftre
ieuneffe fur le modele de fes vertus,

ne pouvoit attendre des fruicts plus
glorieux de vostre nourriture , ny
laisser vn plus digne successeur de
ses merites. C'est avec ioye que son
Genie vous ayant veu dez vos plus
tendres annees aimé & chery des
Rois, estimé de tout le monde, &
employé en divers Ambassades;
vous regarde maintenant au comble de la grandeur dans la charge
plus importante du Royaume. Ce
choix a esté d'autant plus approuvé
d'vn chacun, que le iugement de cet
œil tout voyant qui gouverne l'E-
stat l'a confirmé par son suffrage.
Car comme il sçait parfaictement
iuger & recognoistre les esprits, il a
veu que la iustice du Roy vous donnoit en cette charge ce que vous
meritiez dez long-temps. Et alors
la grande experience que vous a-

ã iiij

EPISTRE.

vez au maniment des finances,
a fait croire de vous, ce qu'on dit de

cette pierre * qui rend vn son fort

*Aru-
rophi-
lax.

cette pierre * qui rend vn son fort
clair si tost que les larrons la touchent pour creuser & enlever les
thresors de la terre. Cette dexterité
avec laquelle vous avez traicté le
mariage du Roy de la grande Bretagne avec nostre Princesse, vous
a rendu admirable envers tous
ceux qui l'ont veu achever, sans
laisser aucun suiet de plainte aux
alliez des deux Couronnes, & à la
Religion, qui sembloient y avoir
vn notable interest. De sorte que
ie peus à bon droit vous presenter
ces Essais politiques & militaires,
ausquels vous donnez tous les
iours le lustre & la perfection
dans le maniment des affaires d'E-
stat : afin qu'avec la memoire de

voſtre nom glorieux, ils conſervent
à la poſterité celuy que ie porte avec
gloire.

MONSEIGNEVR,

De Voſtre tres-humble &
tres-obeiſſant ſeruiteur.
DE MOVCHEMBERT.

AV LECTEVR.

HER Lecteur, Ie ne te diray pas ce qu'il y a du mien en cet ouurage. I'y ay mis la main apres le celebre Dalincton Precepteur du feu Prince de Galles : mais avec telle disproportion, que j'ay honte d'avoir joint ces lignes si rudes & grossieres aux traits si delicats de son pinceau. I'enseigne ce qui se doit faire dans les affaires de la guerre où ie ne me suis iamais rencontré : mais les tropettes sans cóbattre ne laissent pas pourtant d'avoir tres-bonne part à la victoire. Ceste science est jöincte à l'experience qui luy donne son lustre & sa valeur. Ie tire les exéples des cinq premiers liures de l'histoire de Guicciardin, lequel selon le jugement de Lipse non

seulement s'est rendu Escrivain tres-
prudent & tres experimenté , mais
encor rend tels tous ceux qui le li-
sent. L'exemplaire dont ie me suis
servy est imprimé avec privilege du
Roy , & dedié à la Reine Catherine
de Medicis. Ce que ie dis,afin que tu
ne croyes pas que i'affecte de rapporter plustost les vices des vns que des
autres. Ie ne fay que suivre le courant & le style de mon Auteur. En
tous Estats il y a du bien & du mal:
Et les Historiens nous le rapportent,
afin qu'en apprenans à faire comme
les vns,nous évitions de faire comme
les autres. Il n'y a rien de si mauvais
en la Nature dont l'art ne tire quelque vsage au profit des mortels.
L'Histoire est le Calendrier des
temps , & l'Arsenal de sa prudence.
Tous ceux qui se meslent des affaires
d'Estat, ont besoin de ce flambeau
pour leur conduite. Nous moisson-
nons là dedans sans travail avec les

yeux, ce que les autres ont femé de leurs mains avec bien de la peine. Ce livre comme la ſtatuë de Memnon en Egypte n'a que des paroles: c'eſt à toy à les eſcouter & de les mettre en pratique. Comme ie te les donne des mains du cœur, garde toy bien de les receuoir de celles de la langue. Tu cognois le naturel des eſprits de ce temps: les lauriers ont maintenant bien de la peine de ſ'exempter de leurs foudres. Si tu y trouves des fautes, ſçaches que rien n'eſt parfait icy bas. L'Imprimeur en a fait vne partie, & moy l'autre. Mais celles qui ſe font ſur le papier auec la plume ne ſont pas ſi preiudiciables que celles qui ſe font dans vn Eſtat par le conſeil, ou dans les combats par les armes. Si tu es juſte, tu nous en excuſeras volontiers. Autrement ſi tu te plais à mordre: ie t'aviſe que les Grecs chaſſent les chiens loin de leurs ſacrifices.

ESSAIS
POLITIQVES
ET
MILITAIRES.
LIVRE PREMIER.

APHORISME PREMIER.

OVTES les choſes
d'icy bas ont leur
leuer & leur cou-
chant auſſi biẽ que
les Aſtres. Et les ſaiſons d'l'e-
xemple des vents renuerſent
les choſes les plus rares, auſ-
quelles le bonheur meſme a-
uoit donné la naiſſance. C'eſt
pourquoy la maladie eſt à au

A

ἐν τῷ ἀιτῇ. 1. Ad summum
bonum habitus periculosi, si in
extremo fuerint: non enim
possunt in eodem permane-
re. *Hippoc. Aphor.* 1.

Terra quo melior eò ma-
gis corrumpitur, vbi negli-
gitur. *Plutarch.*

Nullius vini species ve-
hementius accescit, quàm
quæ ab initio habuit dulce-
dinem *Arist.*

2. In se magna ruunt, lætis
que hunc numina rebus
Crescendi posuere modum.
Lucan. lib. p.

Quæ alia res ciuiles furores
peperit, quàm nimia fœlicitas? *Flor. l 3. c. 12.*

Opes atque diuitiæ afflixe-
re seculi mores, mersamque
vitiis suis quasi sentinâ
Remp. pessundedere. *Ibid*
Certis eunt cuncta tempo-
ribus, nasci debent, crescere,
re, extingui. *Senec. Epist.*

Piu scende chi più sale. *Prou. Ital.*

Suis & ipsa Roma viribus
ruit. *Horat. Epod. 16.*

tant plus dãgereuse & de plus difficile guerison; que les corps dont elle s'est emparée ont iouy plus long-temps d'vne parfaite santé: car dans cét embonpoint ils ont aussi fomenté longuement les humeurs, lesquelles par leur intemperie seruent d'amorce au mal prochain. On void le mesme [2] dans les corps politiques. Alors que la guerre s'allume dans vne riche prouince, que l'abondance & l'aise d'vne bien longue paix ont comblée de toutes sortes de biens: elle ne s'esteind gueres que toutes ces richesses n'y soyent entierement consumées.

HISTOIRE.

Vers l'an mil quatre cens nonante, l'Italie la plus belle contrée de l'Europe estoit arriuée au comble d'vne telle felicité, que iamais sa gloire n'auoit esté plus grande depuis la decadence de l'Empire Romain. Elle auoit iouy si long-temps des doux fruicts de la paix, iamais sujette au gouuer-

nement des estrangers, abondāte en peuple
& en richesses, ornée de grands Princes, puissante en ses Estats, ennoblie de plusieurs belles villes. Adioustez à cela l'estat & maiesté
de la Religion ; maints personnages releuez
en l'vne & l'autre professiō des arts & des armes : & l'insigne reputation qu'elle s'estoit
acquise à l'endroit de toutes les autres nations. Mais toutes ces belles fleurs que la paix
auoit fait espanouïr, furent incontinent gre-
lées & fletries par la guerre. Plusieurs de ses
Estats changez, le peuple ruïné, les richesses
espuisees, les citez demolies, les arts peris
auec les armes, sa gloire renuersee, & sa reputation à mespris. Tout cela luy arriua par
l'enuie & la jalousie intestine de ses Princes:
lesquels mettans en combustion cette florissante region, trauaillerent à la ruïne de leur
propre patrie. Et apres y auoir mis le feu, y
fournirent tant de matiere par leur propre
dissention, que quarante ans entiers ne peurent suffire pour l'esteindre.

APHORISME II.

DAns [1] *le petit abregé*
de l'Vniuers qui est
le corps de l'homme, tous
les membres ont besoin l'vn

[1] Hoc innuit fabula illa de membris cibum ventri de-trectantibus, tanquam o-tiosæ & inutili corporis parti. *Aesop. Fab.* 15.

Mutuis officiis, mutuis operibus vtendum est ne q,

A ij

dimitiæ, neque dignitatum apices hominem satis tuentur: unicum & summũ præsidium plurium amicitia est. *Idem ibid.*

Nulla regio aut Resp. ex omni parte αὐτάρκης, id est, sibi sufficiens. *Arist. Polit. lib. 2.*

-- Variũ cæli prædicere morẽ, Et quid quæque ferat regio, & quid quæque recuset. *Virg. 1 Georg.*

Nam hæc quoque mira naturæ differentia, alia aliis locis negat: tanquam genera frugum fruticumque sic & animalium: non nasci translatitium, invecta emori mirum. *Plin. Nat. Hist. lib. 10 cap. 29.*

2 Suam quisque fortunam in consilio habeat, cùm de alienâ deliberat. *Curt. l. 4.* Quisque suos patimur Manes: immò petimus sacer. *Virg.* Socios legi suadeam, non qui mediocri valeant potẽtiâ, & in proximo habitent. *Arist. Rhet. ad Alex.*

Bocchum legati monuerunt ne florentes res suas cũ Iugurthe perditis miscerent. *Salust. Jug.*

Amicitias inimicitiasque non ex re, sed ex commodo æstimare, magicque vultum quàm ingenium bonum habere. *Salust. Cat.*

Le leghe sogliono rendere Prencipi, & più forti, & più animosi: perche molte cose non può, & non ardisce da se uno, che potrà, & imprenderà, accompagnato da altri. *Rag. di stat. lib. 8.*

de l'autre : & les plus nobles parties ne peuvent exercer leur office, si ce n'est par l'aide des plus viles. Ainsi dans ce grand Monde, la providence de Dieu a si heureusement departy ses diverses faueurs à toutes les contrées, qu'elles sont contrainctes pourtant d'emprunter ailleurs ce qui leur manque : afin que par ce moyen elles ayent vn plus riche commerce, & vne amitié plus grande par ensemble. C'est [2] de là dont procedent les alliances entre les Republiques pour leur secours reciproque. Mais il y a ce mal dans les confederations ; que les alliez, outre le bien general, ont souuent des intentions particulieres qui visent seulement à leur propre interest, & bien souuent à la perte de ceux auec lesquels ils contractent.

Diversi sono i pensieri di diversi huomini, & ciò che in quella caso (delle Leghe) importa più, non pùr diversi ma contrarij per lo più, & repugnanti i Consigli & le Resolutioni, con le quali si reggono i Prencipi confederati. *Paruta Disc. 5. lib. 1.*

FERDINAND Roy de Naples renouuella le traicté d'alliâce auec Louys Sforze, Tuteur de Iean Galeaz son nepueu ieune Duc de Milan, & Laurens de Medicis vn des principaux magistrat, & premier citoyen de Florence : afin que comme cét accord auoit esté heureusement dressé par le passé entre ces trois Estats, il fut encore plus sainctemét entretenu pour les années suyuantes. La fin principale & generale estoit de se rendre plus puissans par cette ligue, pour s'opposer par ensemble à la grandeur du Senat de Venize, ce qu'ils ne pourroient faire estans separez & desvnis. Mais outre le general, ils auoient leurs desseins particuliers, qui seruoient de principaux motifs au renouuellement d'vne si belle alliance. Medicis vouloit conseruer sa puissance au gouuernement de la ville, & desiroit en maintenant la paix, que Florence le maintint au maniement de ses affaires. Ferdinand vouloit jouyr en repos de son Royaume que la maison de Frâce enuisageoit auec tant de pretentions ; & où la Noblesse inclinant du party des François auoit si peu d'affection pour sa Couronne. Sforze esperoit aussi de se continuer l'authorité qu'il auoit vsurpée à Milan, abusant

A iij

de la ieuneſſe & imbecillité du Duc ſon
nepueu dont il auoit entrepris la tutelle.

APHORISME III.

1 *Mentre la Carica, ſta ben compartita, il vaſcello ſolca commodiſſimamente le onde : ma ſe tutto il peſo ſcorre à vna parte, ſe ne va ſozzopra, & ſi rinuerſo.* Boter. in Cæſ.

2 Bonus habitus optima quædam ſanitas. *Gal. lib. de bono habit.*

Optima corporis conſtitutio, in moderata ſimilium partium temperie conſtat; exacta diſſimilium menſura. *Jdem ibid.*

Natura temperata ad iuſtitiam, non ad pondus : in quâ quatuor qualitates ad æquilibrium miſcentur. *Ibid.*

Lors[1] que la Sauorne dont on a laiſſé le nauire eſt eſgalement diſpoſes, le vaiſſeau demeure en vne iuſte aſſiete ſur les flots, & vogue heurcuſement deſſus l'onde. Que ſi le laiſt eſt inegal, il ne marche pas ſi bien, ains court hazard de couler à fond, & de faire vn triſte naufrage. Alors[2] que par vne agreable ſymmetrie les humeurs ſe rencontrent au corps de l'homme en vn egal temperament, la ſanté eſt tresbonne : mais lors que tout eſt deſreiglé, & que par vn deſordre eſtrange les humeurs malignes y ont pris l'aſcendant : la forme de la bonne habitude ſe change incontinent en vn mal dan-

gereux. Il en est tout de
mesme ³ dans les Estats,
où les peruers & les ambitieux succedent en la place
& à l'authorité, non pas à
la vertu & au merite de
leurs braues ancestres : car
la vertu dans les chefs d'vn
Estat tient les esprits des
subjets en vne égale balance. Le vice y plante le desordre, & met tout en confusion.

³ Cum Magnates opprimūt subditos, idem est, ac si caput corporis intumescat: vt a membris omnino, vel certè sine magna molestiâ serri non possit. *Plato de leg.*

Ambitiosi priuatim degeneres, in publicum exitiosi, nihil spei, nisi per discordias habent. *Sence.*

Nemo eorum qui in Rep. versantur, quos vincat, sed à quibus vincatur, aspicit. *Ibid.*

Vbi in vrbe deteriora vincunt, tum peccata pessundāt ciuitatem. *Sophocles.*

LAVRÈNS de Medicis durāt sa vie auoit sçeu par vne addresse singuliere reprimer les humeurs insolétes de Louys Sforze, dissiper la ialousie du Roy Ferdinand, appaiser les coleres d'Alfonce Prince de Calabre, & tenir en égale balance tous les autres Princes de l'Italie, iusques au Pape mesme. Ce grand homme ayant donné à son aage vn siecle d'or, en alla recueillir la gloire dans le Ciel. Mais Pierre de Medicis qui vint apres, succeda bien à la place & aux biens, non pas aux vertus de son pere: comme celuy qui estoit d'vn naturel imperieux, precipité en ses resolutions, & grandement temeraire en toutes ſes entrepriſes. Roderic Borgia Eſpagnol pareillemét eſt eſleué à la dignité Papale ſous le nom d'Alexandre ſixieſme, lequel encore qu'il fut homme d'vne ſinguliere police, & d'vn meur iugement, excellent en conſeil, admirable en ſes perſuaſions, nompareil en ſes deſſeins, & d'vn merueilleux eſprit pour entreprendre & executer choſes grandes; eſtoit neantmoins d'vne mauuaiſe vie, d'vne auarice inſatiable, d'vne ambition immoderée, d'vne cruauté plus que barbare, d'vn tres-ardét deſir d'eſleuer & d'auancer ſes enfans. A ces deux on adiouſte Louys Sforze, qui les ſurpaſſoit en ambition, & qui fut en ſon temps appellé le troiſieſme boutefeu de l'Italie: car l'on attribuë iuſtement à ces trois la cauſe du miſerable eſtat auquel de leur temps cette contrée fut reduitte.

APHORISME IV.

1 C'eſt vne vertu excellente és Magiſtrats de bien entédre côme ils ont à ſe gouuerner, & que leur doiuét apprendre les hommes qui ont fait excelléte preuue de leur ſuffiſance au maniméct des affaires publiques, aux per-

COmme il eſt ¹ à propos qu'en vn traiƈté public le Prince ne donne aucune charge à ſon Ambaſſadeur qui ne ſoit entierement conuenable à l'honneur de sa personne, & au bien de son Estat : Aussi est-il raisonnable [2] qu'en la maniere de traicter, il ne luy prescriue aucune forme dont il n'ait des exemples dans les siecles precedens; encore qu'en son sentiment il luy semble que son nouueau dessein soit tres-plausible, & luy promette vn bien-heureux succez.

fections & fautes desquels hommes ils ont bié à prendre garde. Amyot. in Plut. Phocion.

[2] I Consigli noui & inusitati, possono al primo aspetto parer forse più gloriosi, & più magnanimi, mariescon vani. Porcac. in Guicciard.

Chi lascia la stra le vecchia per la nuoua, Spesse volte ingannaro si ritruoua. Prou. Ital.

Quæ in suo statu, eademq: manent, etsi deteriora sint, tamen vtiliora sunt Reip. his, quæ per innouationem vt meliora inducuntur. Dion. lib. 11.

Super omnibus negotiis, melius atque rectius olim prouisum : & quæ conuertuntur, in deterius mutantur. Tacit. Annal. lib. 15.

In minimis quoque rebus, omnia antiquæ consuetudinis momenta seruanda. Valer. Max. lib. 2.

Ii homines tutissimè agunt, qui præsentibus moribus legibusque, etiamsi deteriores sint, minimùm variantes, Rempub. administrant. Thucid. lib. 6.

IL estoit necessaire que selon la coustume, Louys Sforze enuoya ses Ambassadeurs à Rome comme les autres Princes, pour congratuler au nouueau Pape de son election, baiser les pieds à sa Saincteté, & luy offrir les vœux de son obeïssance. Là dessus il propose à ses alliez de Florence & de Naples d'enuoyer auec luy leurs Ambassadeurs tous ensemble; afin qu'entrans ainsi dans la ville, & se presentans de la sorte deuant le Consistoi-

re,ils parlaſſent par vne ſeule bouche , & que
l'vn d'eux fit la harangue au nom de tous les
trois Eſtats. Procedure inouye, & tout à fait
inuſitee iuſques alors : qui eſtoit toutesfois
fort plauſible,& auoit de grands aduantages
en apparence. Car il preſuppoſoit par ce
moyen qu'ils augmenteroiẽt beaucoup leur
reputation; que toute l'Italie remarqueroit
auec eſtonnement l'amitié & l'intelligence
qu'ils auroient par enſemble,&que tout l'V-
niuers admireroit en eux vne liaiſõ ſi eſtroi-
cte,par laquelle ils ne ſembleroient eſtre qu'
vn Prince & vn Eſtat.Pierre de Medicis s'oppoſoit grandement à ce conſeil , eſtimant
que cela diminueroit de ſa gloire,& de la magnificence,en laquelle il eſperoit faire ſõ entrée dedans Rome. Gentil Eueſque d'Arezzo le ſecondoit en ſon ambition : car deſireux de porter la parole pour releuer la gloire de l'Eſtat Florentin , il craignoit auſſi de
perdre cette be lle occaſion pour faire paroiſtre ſon eloquence en vne legation ſi honorable. Louys Sforze voyant ſes propoſitions
rejettées par ſes confederez,ſe perſuada qu'il
y auoit quelque alliance ſecrette entre Medicis & l'Arragonois contre luy. Medicis
d'autre part deſcouure qu'ẽ ce deſſein Sforze couuoit beaucoup de perfidie ; & commence à ſe desfier des practiques du Mila-

nois. Ces desfiances reciproques engendre-
rent vne mortelle inimitié dãs leurs esprits.
Dont la racine ne peut estre arrachée de
leurs cœurs, iusques à tant que leurs cœurs
furent hors de leurs corps, & leurs corps hors
de leurs Estats & de la vie.

APHORISME V.

CE[1] fut vn sage ad-
uis que donna Hen-
ry le Grand à son cousin
Henry troisiesme : lors
que tout plein de courage
il vouloit necessairement
auec le peu de force qu'ils
auoient saillir hors de la ville de Tours, & se ruer sur la
puissante armée de Charles
Duc de Mayenne. Mon cou-
sin, luy dit-il, n'hazardons
pas vn double Henry contre
vn simple Carolus : car bien
souuent ceux qui ha-
zardent trop au ieu se
precipitent en de bien grandes pertes. Ce[2] n'est donc
pas bien faict à vn Prince

[1] Deliberandum censeo,
res magna est : idque diu.
Ne luas grauiùs ob rem le-
uem. Terent. Eunuc.

Quicquid præter opinio-
nem in bello euenire po-
test, priusquam ingrediare
considera. Thucid. l. 11.

Plura in summá fortuná
auspiciis & consiliis, quàm
telis & manibus geruntur.
Tacit. Annal. lib. 13.

[2] Non si deuono tentar
quelle cose, nelle quali il cõ-
siglio sia incerto, e l'vtile
che possa seguirne molto
dubbioso : ne lasciarsi con-
durre à tale stato, che la ne-
cessità di preder altro partito, tolga il benefizio dell'
elezione. Paruta l. 2. disc.
4.

Princeps non speciosa dictu, sed vsu necessaria sequatur. *Q. Curt. l. 3.*

Augustus dixit, prælium aut bellum nunquam suscipiendum, nisi cùm maior emolumenti spes, quàm damni euctus ostenderetur. Nam minima commoda non minimo sectantes discrimine similes esse aiebat aureo hamo piscantibus, cuius abrupti damnū nulla captura pensari possit. *Sueton. de Aug. fol.* 101.

de s'engager dans vne action, dont le succez ne peut estre que de petite estime, & dont la mauuaise conduite peut apporter de grands & dangereux effects.

FERDINAND Roy de Naples presta argent à Virginie Vrsin pour acquerir certaines Seigneuries du territoire de Rome, lesquelles appartenoient à François Cibo nepueu du feu Pape Innocent VIII. En cela il se persuadoit que les forces d'Vrsin redonderoient à son plus grand aduantage, comme estant son nepueu, & releuant de sa Couronne; & que par mesme moyen elles seroient d'autant plus preiudiciables à l'Eglise de laquelle il enuioit la puissance, haïssoit le voisinage, & redoutoit les pretentions qu'elle auoit sur son Estat. Le Pape se faschoit grandement de cela, à cause que ces terres estoient tenuës en fief de l'Eglise. Les deux freres Louys Sforze, & le Cardinal Ascagne le pressoient de s'en ressentir. Aussi s'en plaignoit-il aux autres Princes d'Italie, leur faisant voir cette iniustice, & leur representant le tort qu'on faisoit en cela au Siege Aposto-

lique. Le remede qu'ils y peurent apporter
fut de leuer des forces, & declarer la guerre à Ferdinand, laquelle ils luy tramoient de
si long-temps, & qu'il auoit merité en s'en-
gageant dans vne affaire laquelle ne luy
pouuoit donner grand auantage, & luy apporta beaucoup d'affliction.

APHORISME VI.

IL n'y a aucune condi-
tion de vie pour heureuse
qu'elle puisse estre qui soit
exemte de sa Croix. Il
faut chercher ailleurs que
sur la terre la parfaicte felicité. Quelque sage que soit
vn Prince, il luy est bien
difficile qu'il ne manque
quelquefois. Sa nature
aussi bien que celle des autres hommes est hypothequée
à la fragilité. Car les Couronnes ne le deliurent pas
de la seruitude de ses affections : & par consequent
des cheutes où elles nous portent pour l'ordinaire.

Cumque putant viuere,
tunc ruunt maximè: Nulla
vita suâ cruce caret. Plaut.
Merc.

Nemo ante obitum su-
premaque funera fœlix.
Solon apud Iustin.

Τὸ μὲν ἁμαρτεῖν μηδὲν ἐν
πράγματι μεγάλοις, μεῖ-
ζον ἢ κατ' ἀνθρῶπὸν ἐςιν.
s. Vt nihil peccemus in rebus magnis, maius est quàm
penes hominem. Plut. Fab.

Permitte illi vt homo sit:
neq; enim Philosophia vel
Imperium tollit affectus.
An. Pie. de Marco.

Pauca aliqua vnus videat,
vnus audiat. Xenoph. Cyr. l. 8.
Princeps sua scientia non
potest cuncta complecti.
Tacit. Ann. lib. 3.

Non sempre gli huomini
sauij giudicano perfetta-
mente, bisogna che spesso si
dimostrino segni della de-
bolezza dell' intelletto humano. Porcac. in Guicci.

FERDINAND l'vn des plus sages Princes de son siecle, s'estoit acquis l'indignation du Pape, lors qu'à sa persuasion Vrsin achepta les Estats de Cibo. Il auoit donné subjet à Louys Sforze de redoubler ses desfiances, pour les intelligences secrettes qu'il auoit auec Pierre de Medicis. Il craignoit qu'à la fin ces deux Estats de Florence & de Naples ne se liguassent par ensemble auec l'Estat de Venize pour se jetter sur luy. Sa prudence luy fit preuoir toutes ces choses, & son addresse les eut peu preuenir si seulement il eut voulu donner l'vne des filles bastardes de son fils auec doüaire competant à l'vn des fils du Pape, lequel passionnoit grandement cét accord. Son bel esprit fit joug à ce coup là, & souffrit qu'alors sa sagesse fut entrainée par Alfonse son fils, qui empeschoit cette alliance par vn desdain & vne ambition trop extréme. Ce ieune Prince par vn trop grand mespris desdaignoit de condescendre à vn tel mariage, comme deshonnorable à la maison d'Arragon. Et le pere pour se laisser emporter à l'humeur de son fils, s'engagea en vn peril manifeste.

APHORISME VII.

Des *Estats* [1] *qui sont bien gouuernez n'ont garde d'admettre quelque alliance sinon sur des raisons bien fondees. Or est il qu'il n'y a nul fondement de raison si ferme & si solide sur lequel on puisse bastir & esleuer de semblables traictez, que ceux qui sont confirmez par des exemples precedens. En fin il n'y a nuls exemples si pressans & forçans que les nostres; & mesme de ceux-cy les plus recens sont tousiours les meilleurs. Toutesfois [2] nous ne sommes pas si estroictement liez à ceux-cy, que nous ne nous relaschions quelquesfois à prendre vne autre voye, lors qu'vne nouuelle occasion aporte auec soy vne apparence probable de quelque heureux succez au bien & au salut du public.*

[1] Exempla fidelissimū præcipiendi genus. *Plin. lib. 8.*
Exempla vetera pro documenti habenda. *Liui. l. 25.*
Per varios casus artem experientia fecit
Exemplo monstrante viam ---
Manil. lib. 1.
Vsu omnium Magistrorū præcepta superat. *Cicer. de Orat. lib. 1.*
Longum iter per præcepta, breue & efficax per exempla. *Senec. epist. 6.*
Pauci prudentia, honesta à deterioribus, vtilia à noxiis discernunt. Plures aliorum euentis docentur. *Cor. Tacit. Annal. lib. 3.*
Firmare animum expedit constantibus exemplis. *Tacit. Annal. lib. 16.*

[2] Vn grand Politique doit auoir non moins de memoire pour retenir & marquer vne infinité des choses passees, que de bon iugemēt pour les appliquer à leur droit vsage. *Amiot. in Plut. Cicer.*
Io guardo & osseruo, tutti i detti & fatti d'Augusto, non altrimente che a tua legge. *Tacit. de Tiber. Hist. lib. 4.*

LA resolution fut prise par Alexandre
VI, & Louys Sforze, de rompre auec
Ferdinand Roy de Naples, & Pierre de Medicis; desirans d'entrer en vne nouuelle ligue
auec les Venitiens contre tous deux. L'ou-
uerture & l'offre en fut faicte à cét Estat. Les
Venitiens eurent fort agreable la des vnion;
mais ils faisoient difficulté d'entrer en la Ligue. La raison en estoit fondée sur ce qu'ils
se doutoient de l'infidelité du Pape: comme
celuy dont vn chacun se desfioit. Et se res-
souuenoient assez des Ligues malheureuses
que leur Republique auoit faicte auparauất
auec Sixte & Innocent. Car d'Innocent ils
auoiết receu beaucoup de troubles & peu de
bien. Et Sixte mesme les voyant en guerre
contre le Duc de Ferrare, en laquelle il les
auoit engagez; non seulement auoit suscité
d'autres Princes d'Italie contre eux, mais
luy-mesme encor les auoit trauaillé par ses
armes spirituelles. Neantmoins apres vne
meure deliberation, voyans qu'en acceptans
cette offre, ils romproient les complots de
tous leurs ennemis, ils traicterent sur ces
conditions, & entrent en la Ligue. Ce qui
tourna à leur grand auantage.

APHO

APHORISME VIII.

L'enuie[1] dans vn Eftat, de mefme que la ja-loufic en l'amour eft toufiours accompagnée des paffions de la crainte & de la hai-ne. Cela[2] pouffe le pa-tient à la recherche de plu-fieurs remedes à l'encontre du danger : & eft caufe le plus fonuent qu'il y appli-que de plus violentes me-decines que la complexion du malade , & la qualité de la maladie ne peuuent fupporter. Ce[3] pendant il n'y a rien de plus perni-cieux & preiudiciable aux corps & aux Eftats.

1. Res eft follicití plena timoré amor. Ouid. Epift.

Ingenia Regum prona ad formidinem. Saluft. Iug.

Dubia pro certis folent timere Reges. Idem ibid.

Principes æmuli , & fuapte natura, potentiæ anxij. Ta-cit. .Ann. 15.

Qui fceptra daro faeuius impe-rio regit ,

Timet tementes: metus in auctoré redit. Senec. Oedip.

2 Exceffit medicina modum, nimiumque fecuta

Quà morbi duxere manus. —— Lucan. l. 2.

Nihil magis periculofum in morbis , quàm immatura & violenta remedia. Senec. de ira.

Intempeftiua remedia de-licta accendunt.Tacit. An.2.

Scio medicos plus interdú quiete,quam mouendo atq; agendo proficere. Liui.l.12.

Spesso accade ne' corpi pie-ni d'humori corrotti,ch vn rimedio vfato per prouder al difordine d'vna par-te, ne genera de piu perni-ziofi,, & di maggior pericolo. Guicc. lib. 8.

Se il rimedio non è baftante , non guarifce l'infermita : fe è molto gagliardo,non che il male vccide, anche la perfona in cui è il male. Ammirat. in Tac. lib. 8.

E' troppo nociuo, il prenderc vna volta tanto cibo, che lo fto-macho non fia potente à comportar lo. Porc. in Guicc. lib. 8.

3. Se tu non hai forza da preuenire , & d'offendere l'auuerfa-rio, refta il concitargli adoffo , qualche potente nemico : ma che ben tuti guardi, che non fi peggiori lo ftato : come auuenne à Lodouico il Moro , che per afficurarfi da gl' Aragonefi , fi fece preda de' Francefi. Rag. ftat. lib. 6.

Par inconfideré & temeraire confeil, on entreprend beaucoup de mauuais Etes:dont s'enfuiuent des defordres , aufquels on ne peut apres remedier. Amyot. in Plut. Anton.

B

Lovys Sforze apres auoir rompu tout lien d'amitié auec ses anciens confederez de Naples & de Florence, auoit fait nouuelle alliance auec l'Eglise & l Estat des Veniciens. Mais il veid bien à la fin que ces nouueaux amis auoient des desseins bien contraires aux siens, lors qu'ils auoient conclud leur traicté par ensemble. C'est pourquoy il commence à se desfier de cette Republique & du Pape : sçachant fort bien que quand ils se seroient seruis de luy en toutes les affaires qu'ils auoient sur les bras, ils ne se soucieroient plus gueres de son alliance, dőt il leur seroit facile d'esbranler & renuerser le fondement. Là dessus il minute vn estrange dessein, & se resoult d'appeller la nation Françoise en Italie, ne voyant pas qu'il alloit attirer par ce moyen plus de maux en son pays auec vn doigt, qu'il n'en pourroit par apres chasser auec ses deux espaules. Ce qu'il executa finalement à la combustion generale de toute l'Italie, à sa propre ruïne, & à l'entiere destruction de son Estat.

APHORISME IX.

LA' Panthere porte a-
uec soy vne agreable
senteur, mais vne face bien
horrible. Cela attire les
bestes apres elle, & cecy les
rechasse. C'est pourquoy elle
cache sa teste iusqu'à ce qu'-
elle ait la proye en sa possession. Ainsi l'odeur ² de la
Souueraineté est tres-douce,
mais les hômes ne voyent pas
la laideur du visage que portent les moyens par lesquels
il y faut paruenir. C'est là la
cause bien souuent que les
Princes courans à la pourchasse des couronnes encou-
rent la perte de leurs biens
& de leurs vies. Car ³ dez
qu'ils sont vne fois embarquez en vne si dangereuse
entreprise ; plus ils aduan-
cent en cette mer, & plus
profondement ils se noyent
dans le gouffre de leur propre folie. Plus ils s'em-

1. Ferunt Pantherarū odo-
re miré sollicitari quadru-
pedes cunctas : sed capitis
toruitate terreri. Quamobrem occultato eo, reliqua
dulcedine inuitatas, corri-
piunt. Plin. nat. hist. l. 8 c. 17.
Non sabe la volpeia, conqui n
tribus. Pro. Hisp.

2. Id in Seiano, Vindice,
Hippatio, Theophobo : in
Mario quoque, Pōpeio, Cae-
sare, Sylla, Cinna, & aliis
plurimis liquet ex historia.
Vetus ac pridem insita
mortalibus, potentiæ cupido, omnibus affectibus fla-
grantior. *Tacit. hist.* 2.
Ambitiosi, honores quos
quieta Rep. desperant, per-
turbata cōsequi se posse arbitrantur. *Cicer. Cat.* 2.
- Ne quis nimiū sublata secūdis
Colla gerat : --
Quid Crassos, quid Pompeios
euertit, & illum
Ad sua qui domitos deduxit fla-
gra Quirites?
Summus nempe locus, nullâ non
arte petitus,
Magnaque Numinibus vota
exaudita malignis. Clau-
dian. 2. Ruff.
Humanus animus insatiabi-
lis est eo, quod fortuna spō-
det, & ad altiora, & non cō-
cessa tendit. *Liui l.* 14.
Quos non Oriens non Oc-
cidens satiauerit. *Tac. Agric.*
Vastus animus immodera-
ta, incredibilia, nimis alta
semper cupiebat. *Salust. de*
Catil.

Habet hoc vitium omnis ambitio, non respicit. Senec. Epist.

3. Quisquis excessit modum pendet instabili loco. Senec. Oedip.

Incidit in Scyllam cupiens vitare Charybdim. Virg.

Tomber de fievre en chaud mal. Prouv. Franc.

Ambition ne conseille pas bien son esclaue. Amyot. in Plut. Cat.

pressent en cette chasse, & tant plus ils s'engagent dans les filets que l'ambition a tendu pour ses esclaues.

Sforze s'estoit trompé, d'establir l'authorité de sa cause sur la foiblesse de son nepueu Iean Galeaz legitime Duc de Milã, & sur le pouuoir que luy acqueroit le tiltre de tuteur. Car cette entreprise redondoit à son propre deshonneur, & à la desolation de la contrée. Il desiroit retenir par police & finesse ce qui luy auoit esté deferé pour la proximité de sang. Le remords qu'il auoit à toute heure de ce sinistre dessein luy rendoit tout le monde suspect, & sur tous le Roy de Naples : en la maison duquel son nepueu s'estoit allié par mariage. Pour cét effect il s'insinuë de rechef aux bonnes graces de Pierre de Medicis, & tasche de luy faire voir combien ceux d'Arragon auoient esté ennemis pernicieux à l'Estat de Florence. Puis à la fin voyant que Medicis au lieu d'incliner de ce costé là, panchoit plus puissamment de l'autre : il sollicite le Pape de prendre garde à Ferdinand, comme estant successeur de tant de Princes, lefquels depuis le temps de Frederic Barberouffe auoient toufiours efté malaffectionnez à l Eftat de l'Eglife. Mais le Pape qui lefcouta volontiers, entretint fes efperances iufqu'à ce qu'il n'eut plus affaire de fon feruice: Car alors il le quitta franchement. Ce fil eftant rompu, il faillie à l'Eftat de Venize, lequel auoit auffi fon particulier deffein en faifant cet accord : comme ceux qui pour l'auátage de leurs forces & de leur voifinage, eftoient plus puiffans & plus prefts à luy nuïre, ainfi qu'il apparut par apres. Finalement pour conclufion de fa fineffe & dexterité politique, qui fut l'origine de fes troubles futurs, & de fa calamité finale, il appelle imprudent les François dans l'Italie; reprefentant au Roy les iuftes titres que la Couronne de France auoit fur celle de Naples. Le François y entra voirement auec pleine victoire; & en fin difputa pareillemét fon droict fur le Duché de Milan, lequel il emporta heureufement & legitimement à la pointe de fon efpée.

APHORISME X.

L'Afpic [1] pourfuyt celuy qui a tué fon pair, & le

1. Coniuga fere vaganturi nec nifi cum compare vita eft: itaque alterutra interempta, incredibilis alteri

recognoiſt au milieu des compagnies. Sa cholere l'e-guillonne à courir touſiours apres luy; & poſtpoſant ſa vie à ſon enuie, rompt toute ſorte d'obſtacles, meſ-priſe toutes difficultez, paſ-ſe au trauers de tous dan-gers pour en prendre la ven-geance. L'ambitieux ² & le vindicatif ſont bien de cet-te nature. Toutes les paſ-ſions extrémes ſur leſquelles la raiſon n'a point vn libre empire ſont bien impetueu-ſes; mais la paſſion de l'Am-bition eſt impetueuſement furieuſe; & eſtant joincte auec quelque deſdain qui reſpire la vengeance, elle eſt furieuſement outrageuſe. L'iniuſtice ³ eſt la ſeruante du deſdain, & la vengean-ce eſt celle qui execute l'in-iuſtice.

vltionis cura. Perſequitur interfectorem, vnumque eum, in quantolibet popu-li agmine, notitia quadam inſectat: perrumpit omnes difficultates, &c. Plin. 8. 23.

2. Colit hic Reges, calcat vt omnes,
Perdatque aliquos, nullumque leuet:
Tantùm vt noceat cupit eſſe potens. Senec. Hercul. Oct.

3. Pertinax honoris cupidi-tas, multas ſæpius edidit ſtrages. Am. Marcel. l. 17.
Quis tot reſerre facinorum formas poteſt
Regnum potentis, per gradum ſcelerum omnium? Senec. Oct.
Parcite ô Dites, inhibete dex-tras,
Laudis eſt, purum tenuiſſe fer-rum. Senec. Oedip.
Alle ſcelerateZZe, ſuole condar gli huomini, la fete peſtifera del dominare, & lo ſdegno. Poter.in Guicc.

Il n'y a ſorte de meſchanceté tant deteſtable ſoit elle, que l'ambition ne com-mette, pour ſatisfaire à ſes deſſeins. Amyot. in Plut. Agis.

ALEXANDRE VI. defireux d'eleuer fes
enfans le Duc de Candie & Cefar Borgia à des Eftats eminents, & grandeurs tem-
porelles; afin auffi de fe vanger de Ferdináð
Roy de Naples, & d'Alfonce fon fils, pour a-
uoir refufé l'alliance laquelle il defiroit grandement entre fon fils & leur fille: il fe joignit
peu apres auec Sforze. Et tous deux enfemble defpecherent Ambaffadeur en France a-
uec promeffe de leur fecours pour porter le
Roy à la guerre de Naples. Cela ne fe pouuoit faire fans efpandre beaucoup de fang, &
ruïner la plus belle contrée de la Chreftienté. Acte qui de foy · mefme eftoit fanglant &
odieux : & beaucoup plus confiderable en la
qualité de fa perfonne; comme celuy qui par
fa profeffion fe tenoit pour le chef de l'Eglife Chreftienne, & le pere de paix.

APHORISME XI.

TROIS *chofes font ne-*
ceffaires à chaque ou-
urage; L'ouurier, les outils,
& la matiere. Chaque af-
faire qu'on agite dans le
confeil d'vn Prince, doit
auoir la iuftice pour moteur

Omnes qui magnarum re-
rum confilia fufcipiunt, æ-
ftimare debent;an quod in-
choatur Reip. vtile, ipfis
gloriofum, aut promptum
etfectu,aut certé non arduũ
fit : fimul ipfe qui fuadet
confiderandus eft,adiiciat-
ne confilio periculum fuũ.
Tacit. hift. 2.

In omnil us quæ in delibe-
rationem veniunt, adeffe

B iiij

hæc duo oporret : poſſe il
lud fieri atque vrile eſſe. *Leo
Imper. de appar. bell.*
La giuſticia della cauſa, la fa-
cilità del vincere, il frutto gran
diſſimo della vittoria : ſono tutti y fondamenti, che conſiderarſi
debbono, nel deliberar l'impreſa.
Porc. in Guicc.
Idem te latur Cicero offic.
l.a. & ad Heren.l.a. Et Ariſt.
Rhetor. l.2. c.4. & ad Ale-
xand. cap. 4.
Auguſtus nulli genti, fine
iuſtis & neceſſariis cauſis,
bellum mouit. *ſuet. c. 11.*

& cauſe efficiente ; la facilité pour moyen & cauſe in-
ſtrumentale ; & le profit
pour obiect & cauſe finale.
C'eſt deſſus ces pierres que
tout fidele Conſeiller doit
baſtir les deſſeins de ſon
maiſtre, & y dreſſer ſes
conſeils.

CHARLES de Balbiane Comte de Bel-
ioyeuſe, Ambaſſadeur pour Louys
Sforze & Alexandre ſixieſme vers Charles
VIII. Roy de France : ſe ſeruoit de ces trois
raiſons pour luy perſuader d'entreprendre
la guerre à l'encontre de Ferdinand Roy de
Naples. Car pour la iuſtice & equité de la
cauſe, il la trouuoit en ce que ce Royaume
luy appartenoit de iuſte titre, comme celuy
qui eſtoit deſcédu en droitte ligne de Charles Comte de Prouence, & René Duc d'Anjou, tous deux du ſang de Fráce, & en la maiſon deſquels cette Couronne auoit eſté heureuſement conſeruée l'eſpace de deux cens
ans. La facilité de l'entrepriſe, parce qu'il ſe
deuoit aſſeurer de l'aide de l'Egliſe, & de celle de Milan. Que Gennes eſtoit à ſon ſeruice ; que Venize ne s'expoſeroit iamais à vne
deſpenſe certaine qui ne luy rapporteroit

aucun proffit; & ne voudroit pas rompre legerement son ancienne amitié auec la France. Que Florence ne l'oseroit pas aussi: Outre
que tous les Barons de Naples estoient generalement mescontens du present gouuernement, & plusieurs d'eux estoient de la faction Angeuine. Le profit: à cause qu'il eslar-
giroit les bornes de son Empire, & que son
pouuoir s'accroistroit par la force & situatiõ
de ce Royaume, qui n'estoit esloigné que de
soixante mille de la Grece. Ce qui luy facili-
teroit l'entreprise contre le Turc commun
ennemy des Chrestiens: pour le chasser hors
de Constantinople & de toute l'Europe.

APHORISME XII.

LA¹ Vertu est vne
chose si bonne d'elle-
mesme: que son om-
bre seule en vn Prince,
cause beaucoup de bien és
particuliers par imitation,
& au public par participa-
tion. C'est pourquoy encore que la seule simulation,
ou la seule apparence de ce
qui est bon, & la dissimu-

1. Ex omni vita, simula-
tio dissimulatioque tollen-
da. Cicer. Offic. lib. 2. De
priuata fateor, de publica
valde nego. Nunquã enim
regent qui non tegent. Lips.
Polit. l. 4.
Sanctitas, pietas, fides, priuata bona sunt. Senec. Thyest.
Nescit imperare qui nescit
dissimulare. Sigismund. Imp.
Lex alia in folio est, alia priuata in thoro. Senec. Agam.
Vt ad effectum consiliorum
suorum veniant, multa si-
mulent oportet, & dissimu-
lêt cum dolore. Cic. ep. l. 10.
Quod plerumque turpe ha-
beri solet, turpe non erit:

semper officio fungitur, v-
tilitati hominum consulens
& societati. *Cic. Offi. l.1.*
Eruditis vtilia honesta miscere.
Tacit. Agric.
Quantunque simular, sia le più
volte
Ripreso, & dia di mala mente
iudizij :
Si troua pur in molte cose e mol-
te,
Hauer fatto euidenti benefizij.
Ariost. Cant. 4.

2. Malum sub lingua non in
lingua habens. *Greg.*
Professa perdunt odia vindictæ locum. *Senec. Med.*
Simplicitas ac liberalitas,
ni adsit modus in exitium
vertuntur. *Tacit. Hist. 3.*

...lation de ce qui est mauuais soient vices en vn homme priué : toutesfois en vne personne publique, ce sont des maux necessaires. Car c'est vne chose dangereuse à vn Prince, d'estre trop ouuert en exprimant son naturel, & trop libre en découurant ses desseins à tout le monde. ² Cela le rend contemptible aux siens, & arme mesme ses ennemis de preuoyance.

FERDINAND Roy de Naples estoit Prince auquel la simulation de vertu, d'amitié, & d'autres bonnes choses estoient tres-familieres: comme aussi la dimmulation de ses déplaisirs, & de la haine qu'il portoit à quelques-vns de ses Princes voisins. En vn mot il sçauoit parfaictement feindre pour la vertu, & dissimuler ses passions pour le vice. Cecy le retenoit d'offenser les autres, ou de faire semblant d'estre offensé : iusques à ce que le temps luy eut fait naistre l'occasion fauorable pour entreprendre & executer sa vengeance. Mais Alfonse son fils auoit bien vn naturel contraire. Aussi estoit-il homme à la force de son aage ; & pourtant vn sang plus échauffé, & d'vn esprit plus fougueux. De sorte que voyant son nepueu Galeaz abusé par Louys Sforze en vsurpant les droicts de son Duché, il ne peut dauantage retenir ses passions, alors principalement qu'il voyoit tant de preparatifs de guerre & de soldats dressez contre son pere & ses prouinces. Il se laisse emporter, auec plus de franchise que de prudence, à des propos pleins d'iniures & de menaces contre Louys. Cela força dauantage Louys de se porter auec plus de violence & de diligence à la guerre, laquelle apporta beaucoup de confusion à tous deux, & la destruction generale des Estats de l'vn & de l'autre.

APHORISME XIII.

ES Consultations, vn Prince ne se doit iamais laisser emporter ou gouuerner par ses propres passions. Es cas de plus grande consequence il doit donner plus de credit au iugement des plus graues Conseillers qui ont signalé

1. Maximè salua est ciuitas, vbi consilia senum, & iuuenum arma obtinét. *Plut. an. sen. ger. resp. 789*
Aequius est vt ego, tot taliumque amicorum consilia sequar, quàm tot talesque amici meam vnius voluntatem. *Marc. Anton. Philos.* Eum qui de sua vnius sententia omnia gerit, superbum iudico magis, quàm sapientem. *Liui. l. 44.* Natura mortalium hoc nomine praua & sinistra dici potest, quòd in suo quisque

negotio he[...]or est quàm alieno. Cur[...]9.

2. Συμβήλευε, μὴ τὰ ἥδι ςα, ἀλλα τὰ κάλιςα. I. Consule, non quæ suauissi-ma, sed quæ optima. Laert.in Solon.
Improbi illi qui veri copiâ non faciunt: sed suspensa, & quo ducantur inclinatura, respondent. Tacit. an. 13.
Qui cũ fortuna potiùs Principi. loquuntur quam cum ipso. Tacit. An. lib. 1.
Ad commodum suum aut arbitrium Principis, videbis aliis plerumque referri. Lips. Annot.l.13.
Turbida sunt consilia eorũ, quibus obstat metus, cupidita, aut naturalis eorum quæ cogitauerint amor. Curt lib. 7.

auparauant leur seruice par vne grande prudence, beaucoup d'experience, & vne insigne fidelité. Les [2] autres qui s'amusent à flatter & suiure l'humeur de leur Prince, ou poursuiure leur aduantage particulier, doiuent & peuuent bien estre ouys, mais ne doiuent iamais estre suiuis. Où cela [3] ne va pas ainsi, les effects en sont tousiours de dangereuse issuë.

3. Ego ita comperi, regna, ciuitates, nationes, vsque eo prosperum imperium habuisse, dum apud eos vera consilia valuerunt: vbicumq; gratia, timor, voluptas, ea corrupere, post paulò imminutæ opes, deinde ademptum imperium, postremò seruitus imposita est, Salust.

CHARLES VIII. Prince d'vn esprit releué, & propre pour aspirer à vne haute fortune, au printemps de sa ieunesse, & sur l'aage de vingt ans, tout transporté d'vn appetit de gloire, & fondé plus sur la force de son inclination, que sur la meureté de son iugement, auoit quatre Conseillers aupres de luy propres pour entretenir les ieunes boüillons de son courage; à sçauoir Estienne de Vers Seneschal de Beaucaire, & grand mignon du Roy; Guillaume Brissonnet de

Marchãd faict Euefque de S. Malo, & Sarin-
tendant des finances : Antoine de S. Seuerin
Prince de Salerne, & Bernardin de la mefme
maifon, Prince de Bifignan, tous deux exilez
& bannis du Royaume de Naples. Ces Seigneur eftoient toufiours aupres de luy, & le
preffoient auec toutes les inftances poffibles
d'entendre aux follicitations de Louys Sforze pour entreprendre la guerre à l'encontre
de Ferdinand. De Vers efperoit de grands
Eftats à Naples, Briffonnet attendoit beaucoup d'auancemens du cofté de l'Eglife, &
les deux bannis fe promettoient reftauratió
de leur honneur, & reftitution de leurs heritages. Ainfi tous quatre pour leur auantage
particulier nourriffoient l'humeur du Roy
de France, lequel y eftoit affez porté de fon
naturel. Mais la plus ancienne, plus fage, &
plus fidelle Nobleffe, entre lefquels eftoit le
braue Admiral Grauelle, en diffuadoit l'a-
ction; alleguãt que c'eftoit vne entreprife de
grande difficulté, & pleine de danger; pource particulierement qu'il falloit conduire v-
ne grande armée en vn païs lointain, & contre vne nation tres-puiffante. Que Ferdinand eftoit Prince de grande fageffe, Alfonfe fon fils Capitaine de courage releué, &
d'eminente reputation. Que par la confifcation des terres de tant de Barons depuis l'ef-

pace de trente ans, il estoit à presumer qu'ils
seroient deuenus tres riches. D'autre part
que le Roy estoit trop foible, & d'vn aage
trop tendre pour soustenir en personne la
pesanteur d'vn tel fardeau. Et que ceux qui
pour estre en faueur aupres de luy conseilloient cette guerre, estoient incapables soit
en conseil soit en experience de menager
vne telle entreprise. Que le Roy n'estoit
fourny d'argent, que les Italiens, & principalement Louys Sforze estoient cauteleux &
trompeurs : qu'ils l'appelloient en leur contrée seulement pour se seruir de luy à leur
profit particulier. Que nul d'eux ne pourroit
souffrir paisiblement vn Roy de France en
la possession du Royaume de Naples. Qu'il
estoit necessaire auant qu'il s'engagea dans
cette guerre, de composer tous differens
auec ses Princes voisins. Qu'il ne manquoit
pas d'occasion de discorde & de ialousie entre luy & le Roy d'Espagne. Qu'il n'auoit
qu'vne bien froide correspondance auec
Maximilian Roy des Romains, & Philippe
Archiduc d'Austriche, à raison de plusieurs
enuies, competences, & differens dependans
l'vn de l'autre, qui n'estoient pas encore de-
cidez. En outre qu'il deuoit craindre les Anglois, lesquels ne manqueroient pas de remuer dés qu'il auroit le dos tourné, & laissé

fon païs defpoüillé de fes forces. Chofe eftrã-
ge. Nonobftant toutes ces confiderations de
grand poix, & quoy que l'on peut dire au
contraire, le Roy rejette tous fes confeils, &
ne veut rien entendre contre les élans de
fon courage. Il fuit les aduis de fes fauoris,
perfifte en fa premiere refolution, condef-
cend à l'entreprife, & dépeche en toute diligence l'Ambaffadeur de Beljoyeufe, auec
les articles d'accord, & autres inftructions
neceffaires pour le fait de la guerre.

APHORISME XIV.

LES ¹ *Princes en*
actions de grande
confequence doiuent
eftre inftruicts par les rei-
gles & maximes de leur
Eftat, ou dreffez par la
prudente courfe de leurs
predeceffeurs. Ils doiuent
eftre versés dans l'hiftoire
de leurs anceftres, & re-
uerer leurs refolutions com-
me des oracles inuiolables.
Toute, nouueauté doit eftre
fufpecte en matiere d'Eftat.

1. Conuocauit ad fe omnes
litteratos, & maximè eos
qui hiftorias norunt: requi-
rens quid in talibus caufis
(quales in difceptatione
verfabantur) veteres Im-
peratores vel Romani, vel
exterarum nationum fecif-
fent. *Lamprid. de Seuero.*
Alios Magiftros exue: fatis
amplis Doctoribus inftru-
ctus, maioribus tuis. *Tacit An. l. 15.*
Adeo nihil motum ex anti-
quo probabile eft: veterib°,
nifi quæ vfus arguit euiden-
ter, ftari malunt. *Liui. l. 14.*
Moribus antiquis res ftue Roma-
na, virufque. Ennius.
Παρὰ τῶν πεπραγμένων
μανθάνετε, αὕτη γὰρ ἀρί-
ςη διδασκαλία. 1. Dif-
cite ab his qui ante nos: quæ
doctrinæ ratio optima eft.

Cyrus filiis moriturus, a-
pud Xenoph.

Διάπειρα ἔλεγχοι. 1.
Experiencia index. Pindar 9
2. Multis noua & ancipi-
tia præcolere, auida & plerunque fallax ambitio est.
Tacit. Aunal. l. 14.

Les choses passées nous font mieux iuger des actions presentes, & preiuger du succez qui en doit aue-nir.

FRANÇOIS Sforze pere de Louys, Prince de valeur & prudēce singuliere : quoy
qu'ennemy iuré de la maison d'Arragon, &
estroittement allié à celle d'Anjou ; toutesfois lors que Iean fils de René Duc d'Anjou
entreprit sur le Royaume de Naples, & l'as-
saillit auec toutes ses forces & celles de ses a-
mis, au lieu de se ioindre aux armes des Frā-
çois, il donna aide & assistance a Ferdinand.
Tellement que de luy seul le Roy recogneut
auoir obtenu la victoire, & conservé sa Couronne. Le vieil Sforze fit cela, non pour aucune amitié qu'il portoit à l'Arragonois :
mais afin que les François ne peussent auoir
le pied si prés de luy dans l'Italie. Ce fut sur
cette mesme raison que deuant luy Phi-
lippe-Marie Viscomte se retira de la maison
d'Anjou, & mit en liberté Alfonse son prisonnier & son capital ennemy, lequel il auoit
pour lors en sa puissance dans le chasteau de
Milan. De l'autre costé Louys XI. pere de
Charles VIII. refusa totalement d'entendre aux offres des Geneuois, & aux moyens
auantageux

auantageux de faire la guerre contre Naples: estimant que le hazard & l'incertitude de l'entreprise estoit entierement indigne de la grande despense & certitude de la perte. Neantmoins maintenant, & Louys Sforze appelle les François delà les monts, sans craindre d'vn tres-puissant Roy de France le danger que son pere tres-vaillant aux armes eut craint, si vn petit Comte de Prouence l'eut conquesté. Et Charles brusle du desir de faire la guerre en Italie, preferant par vn desir de gloire la temerité de ses conseillers qui estoient hommes de basse condition & inexperimentez, au Conseil du Roy Louys son pere Prince de rare prudence & de grande experience.

APHORISME XV.

COmme il se faut bien garder de cacher à son Aduocat ou Medecin l'estat de son corps ou de sa cause: Le Prince tout au contraire se doit garder de descouurir à son subjet ou à son ennemy ses defauts ou ses craintes. D'autant que ce-

1. Cautus nauigandi magister clauos pro fluctuum motu erigit vel inclinat. *Am. Marcel. lib.* 12.

Veluti à prorâ dirigere vrbem: Animal (vt ait Plato) ωςεϱφαῖπαον. I. versatiliuimum. *Plut. an vuâ Oratorum.*

Gubernare nauem & Rép. simile. *Sabell. l. 4. d. 2.*

Medicus in desperatione, Gubernator in tempestate cognoscitur. Horum omniâ famam præcedentia peri-

C

cula extollunt. *Sidon. Apol.*
8.

*Faire bonne mine au mauuais
ieu. Prou. Franc.*

la donne trop de courage à
l'vn, & descourage entierement les autres. Il est bien
plus expedient à celuy qui
tient en main le gouuernail
d'vn Estat d'imiter le sage pilote, lequel voyant les
nuës s'obscurcir, les vens
s'esleuer, les vagues plus en-
flées, & diuers Corsaires qui
le poursuiuent & luy don-
nent la chasse, comme si le
ciel & la terre auoient minuté sa ruïne ; il releue les
courages abatus de ses soldats & matelots, prenant
suiet de les rasseurer sur la
force de leur vaisseau, la
bonté de leur equipage, la
diligence de leur nauiga-
tion, & mille autres auantages qu'il a dessus les ennemis : quoy qu'en son cœur
il voye le peril eminent, &
apprehende le mal plus qu'
aucun autre de la flotte.

2. Principes naturâ magni,
libenter audiunt, & auda-
cter prædicant magnifica.
Spem magis ipsam, quam
spei causam intuentes,
Tit. lib. 22.

Par ² là il remonte le
courage des siens, faict sa
resistance plus forte, ou pro-

cure sa paix auec ses ennemis sur des conditions
beaucoup plus auantageu-
ses.

ferme periculi est. Liui. lib. 22.

Pauor autem sicut in re mali, timidum est mali. Plaut. Pseud.

Con questi detti le smarrite menti,
Consola, e con sereno e lieto affetto :
Ma preme mille cure egre, e dolenti
Altamente riposte il mezzo al petto. Tasso Cant. 5.

Ad efficiundos milites strenuos, nihil mihi videtur efficacius esse
quam bona. hominibus spei iniicere posse. Xenoph. Cyr. pæd.

Solet abrupta sepe dif-
crimina salutis vltima def-
peratio propulsare. Sidon.
Appol. lib. 10.

Tu ne cede malis, sed contrà au-
dentior ito. Virg. l. 10. Aen.
Quo timoris minus est, eò minus

FERDINAND Roy de Naples voyoit
d'vn œil asseuré l'Eglise, Venise, & Milan coniurer contre luy, & toutes les forces
de la France comme vn impetueux tourbil-
lon venir fondre sur son Royaume: Il fait cognoistre au monde combien peu il craignoit
ces menées, & comme il mesprisoit leurs
menaces. Se vantant que s'ils auoient la hardiesse de l'assaillir par mer, ils le trouueroiēt
pourueu d'vn royal équipage assez puissant
pour les rencontrer & défaire: ses ports forti-
fiez, ses costes bien garnies, bref tous les auā-
tages de son costé, & dans ses propres mains.
Qu'il n'y auoit aucun Baron en son Royaume qui peût receuoir ses ennemis, comme
autrefois le Duc d'Anjou y auoit eu entrée
par le Prince de Rossane. S'ils l'assailloient
par terre, sa crainte en estoit beaucoup
moindre. Car ils seroient contraints de me-

C ij

ner leurs troupes en vn voyage fort long, à
trauers diuers Eſtats, non ſans la jalouſie &
l'enuie des Princes qui ne manqueroient pas
de leur empeſcher le paſſage. Qu'au pis aller
ils trouueroient à leur venuë ſon Royaume
plein de gens-d'armes, de cheuaux de ſeruice, abondance de viures, quantité d'artillerie, & toutes ſortes de munitions. Les coffres de ſon threſor remplis pour entretenir
ſes forces, & en leuer de nouuelles au beſoin.
Pluſieurs braues Capitaines eſtoient en ſon
armée, entre leſquels ſon fils Alfonſe tenoit
le premier lieu; Prince renommé par toute
l'Europe, de valeur incomparable, & de rare
experience és affaires de la guerre. En outre
il auoit le Roy d'Eſpagne ſon couſin par extraction, & frere par mariage, de l'aide & du
ſecours duquel il eſtoit aſſeuré. Telles eſtoiēt
ſes brauades lors qu'il ſe trouuoit en public.
Mais comme il eſtoit Prince de ſageſſe ſinguliere & de grande practique, il auoit bien
d'autres penſees qui trauailloient ſon eſprit
en ſecret. Se remettant ſans ceſſe deuant les
yeux tous les troubles & les ennuis qu'il a-
uoit enduré auparauant par la nation françoiſe. Il peſoit profondement la conſequence d'vne telle guerre, laquelle il deuoit ſou-
ſtenir contre vn peuple courageux & guerrier, beaucoup plus fort que luy en cheuaux,

pietons, nauires, munitions, argent : & qui
auoient le courage de s'expofer eux-mefmes
à tout danger pour la grandeur de leur Roy,
& la gloire de leur patrie. Il fe voyoit d'autre
cofté deftitué de toute affeurance, & priué
de fecours : quelques-vns de fes fubjets luy
portoient vne haine fecrette, & enuioient la
gloire de fa maifon; les autres auoient beaucoup d'inclination pour ceux qu'il auoit bâ-
nis ; & tous enfemble vn peuple peu fidele à
fon Prince, & plus defireux de change qu'aucune autre nation qui foit deffous le Ciel.
Quant à fon alliance d'Efpagne, il auoit
toufiours trouué par experience que les offres en eftoient larges, le rapport des preparatifs bien grand ; mais les effects ou nuls ou
bien petits : & encore eftoit-ce quelquefois
bien tard, & toufiours hors de faifon. Pour
fes finances, il n'en auoit pas telle quantité
qu'elle luy peût fuffire pour lors; & que quãd
cela feroit defpenfé, les guerres le priueroiét
de tous moyens d'en leuer dauantage. C'eft
ainfi qu'il iugeoit droictement des chofes en
fon particulier, encore qu'il fit accroire autrement à fon peuple. Si bien que par cette
affeurance il les encourageoit à leur deuoir,
leuoit des forces tant par mer que par terre
contre fon ennemy. Autrement pour la reputation des François, & leurs grands pre-

C iij

paratifs de guerre, ce peuple eut difficilemẽt
efté tiré à la campagne pour le feruir.

APHORISME XVI.

1. Ita eft vita hominis quaſi
cùm ludas teſſeris. Si illu d
quod eft maximé opus ia-
ctu, nõ cadit: illud quod cecidit forte, arte vt corrigas.
Terent.
χρὴ ὥσπερ ἐν πλαίσει Κύβων
πρὸς τὰ πεπλωκότα τίθεας
τὰ αὐτῶν πράγματα, ὅτι
ὃ λόγος ἔρη βελτις, αὖ ἔχειν.
1. Oportet in talorum iactu,
ad id quod ceciderit res
fuas aptare, quocunque ratio id optimum eſſe duxe-
rit. *Plato.derep.l.10.*
2. Omnia priùs cõſilio, quã
armis experiri, ſapientem
decet. *Terent. Eunuch.*
— *Non ſolis viribus æquum
Credere: ſæpe atri potior prudentia dextrâ.* Horat.
Cautis quã acrioribus conſiliis potentia tutiùs habetur. *Tacit. An. l. 11.*
Tutius conſiliis & aſtu res
externas moliri: arma procul habere. *Id. ibid.*
Plura conſilio quàm vi perficiuntur. *Tac. An. l. 2.*
Militibus cupido pugnãdi
conuenit: Duces prouiden-
do, conſultando, cunctatione ſæpius quàm temeritate
profunt. *Tac. Hiſt. 3.*
*Ante equidem ſummâ de re ſta-
tuiſſe Latinos
Et vellem, & fuerat melius, non
tempore tali
Cogere Concilium, cùm muros obſidet hoſtis.* Virg. Aëneid. lib. 11.

TELS [1] ſont les
changes & les
chances de la vie,
comme ſont les jets des dez,
bons ou mauuais. Vne
bonne chance peut eſtre
empirée par vne be-veüe;
& vne mauuaiſe amendée
par quelque ſubtilité. Ainſi [2] faut-il qu'vn Prince
prudent & auiſé prenne
garde de bien meſnager ſa
bonne fortune. Et au cas
que les neceſſitez des temps
le menaſſent de guerre ou
de ruine, qu'il cherche de
bonne heure d'euiter ces dangers par tous moyens poſſibles. Il faut touſiours eſſayer
de remedier aux choſes, pluſtoſt par la prudence que par
les armes.

FERDINAND voyoit que le fort eſtoit
jetté contre luy, & qu'vn furieux torrēt
de troubles venoit fondre ſur ſon Royaume. Afin de diuertir le cours de ces mal-
heurs, il ne trouue point d'autre expedient
que d'appaiſer le Roy de Frāce par quelques
belles offres : ou d'arracher quelqu'vne des
principales pierres de la derniere Ligue dreſſee par les Eſtats confederez à ſon propre
dommage. Pour cét effect il depeſche Camille Pandonne à la Cour de France, par lequel il oblige de riches preſens les fauoris &
ceux qui auoient du credit prés du Roy, les
aſſeurant de penſions, & les enyurāt de tresbelles promeſſes, pour les attirer de ſon coſté, & les porter à fauoriſer ſa pourſuitte. Et
pluſtoſt que de ne point reuſſir, il charge ſon
Ambaſſadeur d'offrir de ſa part à Charles
VIII. qu'il eſtoit preſt de tenir ſon Royaume de luy & de ſes ſucceſſeurs, auec recognoiſſance d'hommage & de tribut annuel.
Il ſ'interpoſe meſme au differend du Pape à
l'encontre des Vrſins; & eſſaye par arbitrage
de porter l'affaire à vne yſſuë pacifique. Il
offre la Princeſſe Sancie fille d'Alfonſe ſon
fils, pour l'accorder auec Dom Geofroy fils
du Pape : & leur donne par mariage l'aſſeurance & l'inueſtiture de la Principauté de
Squillace, auec le reuenu de dix mille ducats

par an, & le commandement de cent hommes d'armes entretenus à sa solde. Il traitte
pareillement auec Louys Sforze, principal
moteur de ce dessein: & s'offre de remettre à
sa discretion tout le differend qui côcernoit
Iean Galeaz son nepueu, & l'Estat de Milan.
Ainsi ce braue Prince ne manqua pas d'industrie pour remedier à l'estat desesperé de
ses affaires, & d'essayer par tous moyens
possibles de trouuer quelque voye de reconciliation auec le Pape & Sforze, ou de pacifi-
cation & d'accord auec le Roy de France.
Encore qu'à la fin il y perdit & son temps, &
sa peine.

APHORISME XVII.

1. Περὶ δὲ τὸ μέσον αἰτί-
χεται μᾶλλον ἡ ἔλλέψις.
1. Medio magis opponitur
defectus. Arist.Eth.lib 2.c.8.
Quæ enim plus à medio di-
stant, esse magis contraria
videntur. Idem Ibid.

NOVS¹ voyons ordi-
nairement que le de-
faut de la Vertu est pire
que l'excez.   Encore que
l'excez outrepasse la ligne
d'or de la mediocrité ; il a
pourtant beaucoup de cho-
ses en soy-mesme, qui rele-
uent de la Vertu; Au lieu
que l'autre tout au contraire n'en a aucune trace. De

là [2] vient que la paſſion de la crainte eſt de telle natu-re; que par icelle les timi-des ſont plus portez à des reſolutions qui panchent beaucoup au deſeſpoir : que les temeraires à l'inconſide-ration. Ils [3] ſont ſi puiſ-ſamment agitez en la mer des dangers qui les ſur-prennent, qu'ils y perdent bien toſt l'ancre de l'eſpe-rance, & les maſts de la raiſon.

2. Res eſt imperioſa ti-mor. *Martial.*
Alle deliberationi precipitoſe, ſi conduce non meno a gettolmen-te il timido, per la deſperatione: che il temerario, per inconſide-ratione. Porc. in Guic.
Timidi parcere neſciunt, & ſæuiùs agunt. *Diog. Laert.*
Neceſſitas, remedium & ar-ma vltima deſperatorum. *Liui. lib. 4.*
Prona eſt timori ſemper in peᵒ fides. *Senec. Herc. furioſ.*
- Peſſimus in dubiis augur timor Stati. 3. Thebaid.
-- Degeneres animos timor ar-guit. Virg. Aeneid. l. 4.
3. Fortes ac ſtrenui contra fortunam, inſiſtunt ſpei:ti-midi & ignaui ad delibera-tionem formidine prope-rant. *Plut. Paneg.*
Nec prouoces bella, nec ti-meas. *Flor. de Sex.*

Quod magnæ indolis ſignum (ſperare ſemper.) *Pomp.*
Viaticum Alexandri in Aſiam contendentis, Spes. Diuiſa enim re familiari & reditu Regio inter amicos, tibi verò (inquit Perdiccas) quid facies reliquum? reſpondit, Spes. *Plut. de fort. Alex. f. 342.*
Si quid irrita ſpe tentauerint, noua rurſus ſpe amiſſa reparantes. *Thucyd. lib. 1.*

LES belles offres que Ferdinand Roy de Naples auoit faict à Louys Sforze eſtoient capables de preualoir contre luy, & le faire pancher à la paix: n'eut eſté la furieu-ſe paſſion d'Alfonce fils du Roy. Ce ieune Prince auoit bien recogneu le naturel timi-de & ſoupçonneux de Louys : & pour cela croyoit-il l'arreſter, & l'empeſcher en ſes deſ-ſeins par des paroles hautaines & pleines de menaces. Mais ce fut là où il manqua gran-

dement. Car par ces moyens il fit bien toſt
perdre à Sforze toute eſperance de reconciliation, & fut cauſe qu'il perſiſta obſtinemēt
en ſon premier deſſein : De ſorte que du depuis il ne ceſſa de pourſuiure les François
pour venir en Italie, iuſques à tant qu'il veid
ſon entrepriſe reüſſir. Cè n'eſt pas pourtant
que luy-meſme ne craignit le peril, & n'enui-
ſagea auſſi biē le dāger dont il eſtoit menacé,
que les autres. Mais ſa paſſion ne luy per-
mettoit pas de ſe ſoucier deſormais d'autre
choſe que de voir ſon ennemy desfait: encore qu'il mit & ſes Eſtats, & ſes biens, & ſa perſonne en hazard manifeſte.

APHORISME XVIII.

1. Callent enim in hoc cuncta animalia, ſciuntque non
ſua modo, verùm & hoſtiū
aduerſa. Norunt ſua tela;
norunt occaſiones: parteſq;
diſſidentium imbelles.*Plin*
Nat. Hiſt. l.8. c.25.
Elephantis frigidiſſimus eſt
ſanguis, ob id aeſta corrente
à Draconibus expetuntur:
quamobrem in amnes mer-
ſos inſidiantur: attractiſque
illigata manu, in aurē mor-
ſum deſigunt, quoniam is
tantùm locus defendi neū
poteſt. Ita eos à Draconibus ebibi, ſiccatoſqve con-
cidere, & ipſos inebriatos
opprimi, conaorique. *Id.c.12*

Tovtes1 *les crea-*
tures ſont naturel-
lement ſoigneuſes
& ſubtiles à recognoiſtre
non ſeulement ce qui leur
eſt vtile, mais encore ce
qui peut nuire à leur enne-
my. C'eſt pour cela que le
Dragon mord l'oreille de
l'Eleſant pour en ſuccer le
ſang : d'autant qu'il reco-

gnoiſt aſſez que c'eſt là la ſeule place laquelle cét animal ne peut atteindre de ſa trompe pour ſe defendre. Lors que [2] quelqu'vn eſt offenſé, s'il ne trouue aucun autre moyen de ſe vanger contre ſon ennemy, il prend ſon ennemy par l'oreille; en luy inſpirant des conſeils qui le pouſſent à ſa ruïne. C'eſt ce qu'vn Prince doit euiter ſur toutes choſes. Et pour cét effect, ou il ne doit iamais faire tort à aucun de ſes voiſins, ou ne prendre iamais conſeil de celuy auquel il auroit faict quelque outrage.

2. *Quælibet extinctos iniuria ſuſcitat ignes.* Ouid. art. l. 3. Quod cauere poſſis ſtultum admittere eſt: Malo ego nos proſpicere, quā hunc vlciſci acceptâ iniuriâ *Terent. Eun.* Procliuius eſt iniuriæ, quàm beneficio vicem exoluere: Quis gratia oneri, vltio in quæſtu habetur. *Tac. hiſt.* 3. Si non inſaniat ſatis ſuâ ſponte, inſtiga. *Terent.* Ietter de l'huile au feu. *Prou. Franc.* Le Dépit eſt vn execrable conſeiller. Amyot. in Plut. Agis. Statuit eum obiectare periculis, & eo modo fortunam tentare : Sperans vel oſtentando virtutem, vel hoſtium ſæuitiâ eum occaſurū, præfecit Numidis, &c. *Saluſt. de Mic. & Iug. f.* 70. Sic Alcibiades conſilium dedit Tiſapherni, animo quàm maximè obnoxiū criminibus eum faciendi. *Thucyd. lib.* 8. Sic Irene filio Conſtantino inuiſo ſuaſit, vt vxorem ſuā repudiaret: quo omniū odia in ſe concitauit. *Lamprid. fol.* 44.

HERCVLE d'Eſt Duc de Ferrare, beaupere de Louys Sforze, auoit aſſez bien recogneu que Louys auoit luy ſeul porté les autres Eſtats nouuellement liguez auec Venize contre luy, pour faire que les Venitiens iouyroient paiſiblement de Poliſene, laquelle enuiron dix ans auparauant ils auoient priſe ſur le Duché de Ferrare.

Louys neantmoins ne laiſſoit pas de ſe

vanter de l'auoir grandemēt obligé en cette
affaire: &le Duc plus accort faisoit semblant
de n'auoir aucune cognoissance de ce qu'il
sçauoit tres-bien. A la fin Sforze s'addresse
vn iour à luy, pour le supplier de luy donner
conseil comme à son gendre & bon amy, sur
l'entreprise qu'il auoit contre le Roy de Naples. Hercule qui sçeut prendre son temps,
luy donne des conseils qui tendoient tous à
son dommage, dont le principal estoit d'ap-
peler les François en Italie.

APHORISME XIX.

1. Vide Plinij Naturalem
Hist. per totum libri Octa-
ui tractum.

LA *Nature*[1] *qui a four-*
ny les creatures de
tant de belles armes
de defence tirées du riche
magazin de son Arsenal,
leur a aussi donné à toutes
en general vn soin particu-
lier de leur preseruation, &
quelques petits moyens par
lesquels si elles ne peuuent
entierement resister, au
moins elles peussent obuier
aux dangers qui les mena-
cent. Mais sur tout est ad-

mirable ſa pronidence en-
uers l'homme ; car comme il
eſt ſubjet à plus de perils
que les autres , elle luy a
auſſi eſté plus liberale de
ſes moyens pour les éuiter
ou échaper auec beaucoup
plus d'auantage. C'eſt pourquoy [2] lors qu'il redoute
quelque meſchef , & qu'il
craint d'eſtre pourſuiuy par
ceux qu'il a irrité contre
luy : il feind de l'amendement , & par toutes ſortes
d'artifices il fait paroiſtre
vne grande amitié en leur
endroit , & vne grande confiance en leurs armes. Eſ-
ſayant par ce moyen d'éuiter
la vengeance qu'ils luy pourroient iuſtement infliger , &
qu'il doit neceſſairement
attendre. La diſſimulation , [3]
quoy qu'elle ne tienne rien
de la ſincerité , eſt quelquefois requiſe. Et bien qu'elle ne doine pas eſtre enſei-
gnée pour regle ; ſi eſt-ce
neantmoins qu'elle doit

2. Non magis hoſtibus vllo
modo nocueris , quàm ſi a-
micitiam illorum ſimules.
Xenoph.
Decipere pro moribus tê-
porum , ſumma eſt pruden-
tia. Plin.ep.l.8.
Quod temporis anguſtiæ
negant , ſagacitate conſilij
aſſequuntur. Valer.l. 2.
Illud amicitiæ quondam vene-
rabile nomen
Proſtat,& in quaſtu pro me-
retrice ſedet.   Ouid.l2.
Pont. 3.
Ei inſidiantes quem ob im-
becillitatem vident magis
expoſitum iniuriæ. Plut. de
frat. am.f. 490.

3. Arma parent , & quæ ſit rebus cauſa nouandæ
Diſſimulent. Virg.
Vbi leonina pellis nõ per-
tingit , oportet vulpinã aſ-
ſuere. Plut. Lyſand.
Cùm contendi nequitum
eſt , clam tendenda eſt pla-
ga. Pacuu.
Indice me fraus eſt conceſſa , re-
pellere fraudem.Ouid.art.3.
Tuta frequenſq̃ via eſt per amici fallere nomen

Tuta frequensſ, licet ſit via,
crimen habet. Ouid.   *eſtre excuſee pour la ne-*
ceſſité.

Lovys Sforze voyant les Princes d'I-
talie enflammez contre luy, de ce que
les François venoient au Royaume
de Naples à ſa ſollicitation; d'ailleurs reco-
gnoiſſant que ceux meſmes qui eſtoient de
la Ligue auec luy, craignoient autant que les
autres: Il prie Ferdinand, le Pape, & Pierre
de Medicis, d'eſſayer par tous moyens poſſibles de refroidir la chaleur du Roy Charles,
& de diuertir ſes forces de l'Italie. Il leur proteſte ingenuement qu'il ſe reſſent deſia luy-
meſme de cette guerre intentée auſſi bien
pour ſon propre intereſt, que pour le bien
general de toutes les autres prouinces. Il al-
legue que tout ce qu'il en auoit faict iuſques
alors eſtoit par neceſſité : comme celuy qui
ſ'y voyoit forcé par l'ancienne alliance de ſa
maiſon auec celle de France, & qui tenoit
toutes les terres qu'il poſſedoit au pays des
Geneuois en fief de cette Couronne. Ainſi
Sforze les entretenoit de vaines eſperances,
& les amuſoit de delais: de peur qu'ils ne fon-
diſſent deſſus luy tous enſemble, auant que
les forces Françoiſes fuſſent dreſſees, & preſtes à luy donner ſecours. De ſorte que par ce
moyen il éuita leur fureur, & eut loiſir d'attendre le ſecours de la France.

APHORISME XX.

ENCORE que le Loup
Ceruier dans les bois
soit affamé, & tout prest à
manger; si neantmoins il
void vne autre proye, il de-
laisse son manger, & la
suit. La Conuoitise est vn
semblable loup dans le cœur
des mortels. Elle ne se donne pas l'vsage de ce qu'elle
a acquis, mais elle court auec
auidité apres quelque autre
chose qu'elle n'a pas encor'.
Et comme le chien d'Esope,
elle laisse tomber le morceau
qu'elle tient dans sa bouche, pour courir apres l'autre qu'elle cõtemple dans les
eaux. C'est pour cela que
les Princes font bien mal
leur marché, qui acheptent
d'vne perte presente vne esperance future, & quittent
vne possession certaine, pour
en aller chercher vne incertaine.

1. Lupo-Ceruario, quamuis
in fame mandenti, si respe-
xerit, obliuionem cibi sub-
repere aiunt: digressumque
quærere aliud. *Plin. nat. hist.
lib. 8. c. 22.*

Insatiabilia animalium:
quibus à ventre protinus
recto intestino transeant
cibi, vt Lupis-Ceruariis,
Id. c. 37. l. 11.

2. Spem pretio non emam.
Terent. Eun.

Miser, deerat cupiditati
tuæ modus: satis superquo
erat ni desipuisses: iam per
tuam stultitiam minus, nihilo tibi est. *Aesop. fab. 4.*

Nelle cose degli stati, è grande
infamia, quand'ol'imprudentia
è accompagnata del danno. *Parut. l. 2.*

Quantumuis opibus tuis
confidas, non debes certa
pro incertis mutare. *Salust.
Iug.*

Venator sequitur fugientia, capta relinquit,

Semper & iacentis vlteriora
petit. *Ouid. Amor. 2.*

Certa amittimus, dum incerta petimus. *Plaut. Pseud.*

Benegiro è di fortuna audace è
stolto,

Per contra il poco e incerto, il
certo e molto. *Tasso Cant. 2.*

Che poco saggio si può dir colui,
Chi perde il suo, per acquistar
l'altrui. *Ariost. Cant. 3.*

CHARLES VIII. defirant d'obliger le Roy d'Efpagne de ne prefter fecours à fon coufin Ferdinand, & ne chercher occafiõ de troubles en fon abfence : luy rend gratuitement la forte ville de Perpignan, & le Comté de Rouffillon engagées à fon pere Louys XI. pour vne grande fomme d'argent. Cela pourtant eftoit mal pris par tous les trois Eftats de France : d'autant que ces places affizes au pied des Pyrenées empefchoient de ce cofté là l'entrée des Efpagnols dans le Royaume. Il rend pareillement à l'Empereur Maximilian toutes les villes qu'il tenoit en Artois ; s'en referuant feulement les Citadelles iufques à tant que Philippe heritier de Bourgongne fut en aage pour confirmer leur accord, & eut promis de ne point molefter fon Eftat de la France pendant qu'il feroit empefché és guerres de l'Italie.

APHORISME XXI.

1. In Comagenes vrbe Samofatis ftagnum eft emittens limum flagrantē (Maltham vocant) quam terra tantùm reftingui docuere experimenta. Plin.l.2.c.104. Flagrat mons Chimæra, immortali flammā:ignem eius accendi aquā, extingui verò terra & fimo, Guidius Ctefias tradit.Id.l.2.c.266.

Rien[1] que la terre ne peut efteindre le limon ardent du marais de Samofate, ny les flammes de la haute montagne de Chimere. Ainfi[2] rien ne peut conten-

contenter les pensees bour-
beuses de l'auaritieux, ny
le cœur enflammé de l'am-
bitieux, si ce n'est la terre
du sepulchre. Car lors que
son imagination luy persuade qu'il a heureusement
reüssi en sa premiere pour-
suite, le mal de son hydro-
pisie le pousse au delà des
limites de la raison à en
desirer dauantage ; & d'e-
stimer cette pourchasse tres-
bonne laquelle luy augmente ses biens & ses honneurs.
Mais [3] il n'y a nul acquest,
nulle grandeur, nulle possession qui soient de longue
durée, & de seure retenuë :
sinon celles qui se font auec
la Vertu, & par les mains
de la Iustice.

D

a. Improbæ crescût diuitiæ,
tamen   Curtæ nescio quid
sêper abest rei. Hora.l.3.Od.2
-- Ergo paratur
Altera villa tibi ; cùm rus
non sufficit vnum,
Et proferre libet fines ma-
iorque videtur,
Et melior vicina seges ;
mercaris & hanc, &c.
Iuuenal.Saty. 14.
Auarus in nullum bonus,
in se peßimus. Senec.
Crescit indulgens sibi dirus
hydrops.Horat.l 2.Od à
Crescit amor nûmi quâtô
ipsa pecunia crescit,
Et minus hoc optat, qui nõ
habet. Iuuenal.Sat.10.
Tã deest auaro quod habet,
quã quod nõ habet, Publ.
Vnus Pelao iuueni nõ suf-
ficit orbis,
Cum tamê à figulis muni-
tam intrauerit vrbem
Sarcophago contentus erit:
Mors sola fatetur
Quantula sint hominû cor-
puscula. Iuuen. Sat.10.
At primum scelerû matrê
quæ semper habendo
Plus sitiens,patulis vima-
tur faucibus aurum,

Trudis auaritiam : cuius fœdißima mater
Ambitio, qua vestibulis foribusque potentum
Excubat, & pretiis commercia poscit honorum
Pulsa simul -- Claudian. Paneg.
Iamais l'ambition n'a d'arrest, & n'a pas si tost commencé vne besogne, qu'elle
embrasse vne autre;dont la fin est,de ne laisser iamais uy soy ny les autres en repos
Amyot, in Plut. Demetr.   Qui miserable croit, tant plus croit sa richesse,
Fier monstre, sans respect, sans amitié, sans foy,
Qui nuit à ses ensins & plus encor à soy. Bartas sur.
3. Remota iustitia quid sunt regna nisi magna latrocinia ? August.
Semita certè Tranquilla per virtutem patet vnica vitæ. Iuuenal.

Diuitiarum atque formæ gloria, fluxa atque fragilis est, Virtus clara æ-
terna que habetur. *Salust. Cat.*

Ἐγὼ δὲ ὐδὲν νομίζω παιδὶ, ἄλλως τε ῇ ἄρχοντι κάλλιςον εῖναι
κτῆμα, ὐδὲ λαμπρότερον, Ἀρετῆς, ῇ Δικαιοσύνης. i. Ego verò
arbitror nullà possessionem, vel o puceri, ne Principi, meliorem aut pul-
chriorem esse, Virtute, & Iustit à. *Xenoph.*

Lo vv s Sforze se persuada que par l'entrée des François en l'Italie, & par l'affoiblissement des Neapolitains, il deuoit desormais deposer toute crainte d'estre deposé de sa charge. C'est pourquoy il dresse ses
pensees à chose bien plus haute. Il marie sa
niepce Blanche-Marie, sœur de Iean Galeazze, à Maximilian nouuellement esleué
à l'Empire apres la mort de Federic son pere; auec promesse de quatre cés mille ducats
en monnoye, quarante mille en joyaux, &
autres ornemens. A condition neantmoins
que le susdit Empereur le deuoit inuestir du
Duché de Milan pour luy & pour ses heritiers, à la honteuse exclusion de son nepueu
Iean Galeazze qui en estoit seul legitime
Prince,& dont il estoit le tuteur. Et comme
il vouloit couurir cette vsurpation par quelques raisons apparentes: il pretextoit que cét
Estat estoit iuridiquement deuolu à l'Empire, depuis que Philippe Marie V.iscomte e-
stoit decedé sans laisser aucun enfant masle
qui en peût heriter. Et partant il protestoit
par là que son pere, son frere, & son nepueu,

qui auoient succedé l'vn à l'autre en ce gouuernement, estoient vsurpateurs, & par consequent tyrans, & coupables de grands crimes. Mais cette grandeur fut de courte durée.

APHORISME XX.

ENCORE[1] que l'Aconit soit veneneux, la Panthere pourtant l'appete de telle sorte : que comme les
chasseurs l'ont suspendu en l'air dans les vases tellement esleuez, qu'elle n'y peut atteindre ; elle ne cesse
de sauter & de se darder à mont pour l'attirer à soy :
tant que par l'impetuosité du mouuement, elle se cre-
ue, & expire dessus la pla-
ce. C'est[1] le mesme que font les hommes, lesquels aspirent à vn honneur trop haut pour eux, & trop grand
pour leur merite. Car vn cœur remply de ceste poison,
n'admet plus les doux leni-

1. Tam auida hæc fera est aconiti, vt à Pastoribus in aliquo vase ex industria suspensum sit altiùs, quàm vt queant saltu attingere, vt ita iaculando se, appetendoque deficiat, & postremo expiret. Plin.l.8.c.27.

2. Nullam est officium tam sanctû atque solenne, quod non ambitio comminuere ac violare solet. Cicer.
Omnia recta & honesta negligunt, dummodo potentiam consequantur. Cic. Offi. l. 3.
L'ambition n'aime que soy : & pour peu, viole tous droicts d'amitié & d'estroite alliance. Amyot, in Plut. Dem.

D ij

Et toy cupidité, que la terre
quel'air,
Que la mer, que le Ciel ne
peuuent pas fouler:
Qui as des crocs pour yeux,
pourboyaux des abyfmes,
Et des griffes pour mains:
contre nous tu t'eftimes:
Et meines au combat l'en-
flée Ambition,
Qui brufle à petit feu: de
qui la paffion
Ne fe laiffe borner des mõ-
des d'Epicure. Bart.fur.

Quamq;nnes prorogabit.?
Ager vni domino qui po-
pulum crpit, anguftus eft.
Senec. ep. 89.

Animum habuit femper
ingentia, femper infinita
expetentem. Cufpin.de Caf.

3 Dominare tumidus, fpiritus
altos gere:
Sequitur fuperbos vltor à tergo
Deus. Horat.l.3.Od.2.
Faro antecedentem fceleftum,
Deferuit pede pæna claudo.
Senec. Herc. fur.
Quosfam precipitat fubie: a
pex ncta magna
Indix,mergit longa atque in
fignu honorum
Pagina. -- Iuuenal.Sat.10.

mens de la grace pour ra-mollir fa dureté, ny les bandeaux de la nature pour reftreindre fa tumeur. Ains il fe laiffe emporter contre la nature & la grace pour faire tort à ceux de fon propre fang qui font encore en vie; voire mefme de fleftrir la renommée honnorable de fes predeceffeurs que le fort a enleué de la terre. Tels Tyrans fe peuuent bien fupporter pour vn temps: mais en fin ils trouuent que la iuftice de Dieu encore qu'elle ait les pieds de plomb, a pourtant les mains de fer: Bien qu'elle foit lente & tardiue en venant deuers nous, elle ne laiffe pas pourtant à la fin de fraper & de faire fentir fa vengeance.

APRES le decez de Philippe Marie Vifcomte, lequel ne laiffa point d'enfant mafle; François Sforze efpoufa Blanche Marie fa fille baftarde, & fous couleur de ce tiltre s'empara du Duché de Milan.François laiſſa cét eſtat à Galeazze ſon fils aiſné , & iceluy à Iean Galeazze ſon fils encore ieune. Louys Sforce ſon oncle, à qui appartenoit la tutelle du ieune Prince, pour rendre ſa pourſuitte plus legitime, n'allegue plus en cachette l'vſurpation qu'il pretendoit illegitime de ſon pere, frere, & neveu : mais ce qui ne ſe pourroit croire , contre nature, & auec vne tres-grande impudéce, il la public à tout le móde pour couurir ſon deſſein là deſſous, & iuſtifier ſon ambition de cette ſorte. Bien dauantage, il y pretend pareillement, & plaide ſon droiɛt par le cas de Cyrus contre Artaxerxe : parce qu'il eſtoit le premier né depuis que ſon pere fut paruenu au Duché de Milan; & que François ſon frere eſtoit venu au monde quelque temps auparauant. En fin il gaigne ſon procez , & porte le diademe; plûſtoſt pour auoir corrompu l'Empereur par argent, que pour aucun iuſte tiltre ou equité de ſa cauſe. Mais encore qu'il eut retenu cette Principauté quelques années, il eſt pourtant à remarquer que le pauure Prince n'en jouyt pas vn ſeul iour en repos; comme celuy lequel outre les continuels remords de ſa faute, & les trauerſes de pluſieurs ennemis qu'il auoit animez contre luy par ces iniuſtes procedures, eſtoit iournellement embroüillé és troubles de la guerre ; & en fin mou-

D iiij

rut miserablement prisonnier dans la
France.

APHORISME XXIII.

1. Is qui nil dubitat, nil capit inde boni. Gram. vul.
2. -- ductorque placebat
Non qui præcipiti traheret
simul omnia casu:
Sed qui maturo vel læta,
vel aspera rerum
Consilio momenta gerès.--
Claudian.
-- Quantum mortalia pe-
ctora cæca.
Noctis habent -- Ouid.
Metam. lib. 6.
Hic magnus sedet Æneas,
secumque voutat
Euentus belli varios. --
Virgil.
Modum imponere se-
cundis rebus, nec nimis
credere serenitati præ-
sentis temporis, pruden-
tis hominis, & merito
fœlicis est. Liui. l. 30.
Si nihil velis timere, metuas omnia. Senec. Sēt.
3. + Hac mensura timoris
Velle putant quodcunque
potest. -- Lucan. l. 8.
3 Quòd nimis miseri volūt
hoc facile credant. Senec.
4 Omnia audens contemni-
tur, nil temerè agens metui-
tur. Liui. l. 24.

ES escholes[1] des Arts, le
doute engendre la scien-
ce : car celuy qui doute beaucoup interroge souuent, &
en apprend dauantage. En
l'eschole de la Police, la
defiance est la mere des bons
succez. Car celuy qui craint
le danger, tasche de le preuenir, & se tient sur ses gardes. Il est vray[2] que l'homme se porte plus ordinairement à interpreter les choses selon ses propres desirs,
qu'au bien de son aduersai-
re. Et plustost[4] nous dou-
tons moins que trop : encore
que ce dernier chemin ait
beaucoup plus d'asseurance.
Car celuy qui craint toutes
les embusches, ne tombe en
aucune. Et personne n'est
iamais frappé que ceux qui

s'exposent aux traits par vne trop grande confiance. Le malheur ne suit iamais ceux qui le fuyent : & ceux qui se defient de luy sont tousiours à l'abry de ses foudres.

Veloci as iuxta formidinem:cunctatio propior constantiæ est.*Tac. An. lib. 4.*
Omitti præcipitibus, tuta & salutaris capessenda.*ibid.*
Velox consilium sequitur pœnitentia.*Publ. Mi.*
Turpe est dicere, non putaram. *Scipio apud Valer.*
Qui nimis metuit pericula omnia, in nullas incidit. *Sen. c. Sent.*

FERDINAND se méprenoit beaucoup és procedures & actions de Louys Sforze, en les interpretant tousiours à tel auantage qu'il desiroit. Ses esperances s'accreurent incontinent par l'alliance qu'il auoit veu depuis peu conclurre entre l'Empereur & luy. Car alors il se persuadoit aisement que de necessité Milan seroit contrainte de rompre son alliance auec la France : à cause de l'inimitié qui estoit entre cette Couronne & l'Empire. Il s'asseuroit que pour fournir vne si grande somme d'argent promise pour le doüaire de la Princesse au riual & ennemy iuré du Roy, cela ne se pourroit faire qu'en engendrant beaucoup de défiance & déplaisir entre luy & Louys. Il suppose certainement que les craintes de Sforze deuoient estre de necessité beaucoup plus grandes par la venuë des François, & son danger pour le moins aussi grand qu'à aucun autre. Bref il ne doute point que les Venitiens, lesquels

estoient pour lors les plus puissans en Italie,
ne souffriroient iamais l'arriuée d'vn plus
grand Prince en ces quartiers. Ce qui accreut le mal, est que le Duc le nourrissoit subtilement en toutes ces vaines esperances, iufques à tant qu'il fut trop tard de prendre de
meilleurs aduis.

APHORISME XXIV.

1 Communis vtilitas nodus
& vinculum fœderis. *Liui.*
lib. 6.

2 *Cura, quid expediat prior est,*
quàm quel sit honestum :
Et reditus iam quisque suos a-
mat, & sibi quid sit
Vtile, sollicitis computat arti-
culis. Ouid. de Pont. 2.
In queste amiciXie, ò col-
legaXe de Prencipi, ha ogni
vno per sola mira, lo stesso
suo commodo, & partico-
lar benefiXio : & in tanto
poi quello d'altri, in quanto
per l'accidente, con suo pro-
prio conuenza. Parut. l. 2.
disc. 5.

1. *Prencipi per l'ordinario*
non si muouono, se non per
interesse : & non cognoscono
amico, o nemico, se non per
lo bene che ne sperano, o per
lo male che ne temano. Et
le leghe tanto durano, quá-
to dura l'vtilità de' colle-
gari. Rag. Stat. l. 8.

ENCORE[1] *que le bien*
general soit le nœud &
la forme de toute confedera-
tion, neantmoins[2] l'interest
des particuliers est le fonde-
ment sur lequel elles font
basties. Et comme ce fonde-
ment continue & demeure
sain ou foible en chacun des
alliez, ainsi demeure ou
tombe ce grand edifice. Car
vn Estat se ligue auec vn
autre en vne mesme entre-
prise, & concourent à vne
mesme fin generale ; mais ce
n'est pas plus long temps
que chacun y trouue & ren-
contre son bien particulier.

La *practique* ³ *court souuent de cette sorte ; mais la reigle en demeure autrement dans les registres de la Verité & de la Iustice.*

Aratier d'ambitieux ne tiennent iamais ferme, de quelque bien qu'on les puisse serrer. A- m. ot. in Plut. Anton.

Ie m'accorde, mais peu ou point d'amitiez entre les grands. Ibid.

Id consilium accipere, ad quod occasio duceret, quā- uis nõ videretur esse ex suā dignitate. Macc. disc. l. 1. c. 37.

3 Summa fœderum religio est. Neque statim ad arma procurrunt, dum prius more legitimo queri malunt. *Flor. de Rom. lib. 2.*

‡ Continui federis reuerentia. *Tac. au. 15.*

Fecialis in fœdere sanciendo, - Si prior defecerit publico cõsilio, dolo malo : Tu illo die Iupiter populum sic ferito, vt ego hunc por- cum hodie feriam , - Porcumque saxo silice percussit. *Liui. l. 1 s. 11.*

Sin aliter aut ago , aut cogito, peream, vt hic lapis è manibus deci- dit. *Polyb. lib. 3. s. 81.*

PAR l'estroitte confederation que Ferdinand fit auec Medicis, & par sa nouuelle alliance ou parenté auec le Pape, entretenuës fermes de part & d'autre ; il eut fait de ces deux Estats, à sçauoir de Rome & de Florence, comme deux grands murs & puissans bouleuers du costé de la France, & dressé vn asseuré rempart contre la guerre dont il estoit menacé de deçà. Mais les Florentins se laisserent esbranler dés la premiere semonce qui leur fut faicte, & entendirent incontinent à la paix , à cause qu'ils craignoient de perdre le commerce auec ce Royaume. Et Alexandre VI, pensant que c'estoit le meilleur de pescher en eau trouble, suscita vne nouuelle querelle à Ferdinand: ou pour forcer le Roy de satisfaire à son auidité ambitieuse, par laquelle il luy demandoit beaucoup plus qu'auparauant, ou esperant par son moyen de reduire à son obeïssance le Cardinal de Sainct Pierre aux liens, qui tenoit sur l'Eglise les fortes roches d'Ostie, Roussillon, & la Grotte-ferree : Et qui mesme les deffendoit auec main forte contre luy. Mais c'estoit chose laquelle le pauure Roy ne pouuoit alors effectuer. Ainsi en peu de temps fut rompuë cette ligue si forte que les autres confederez auoient noüée sur leur propre interest.

APHORISME XXV.

1 -- Phalaris licet imperet vt sis
Falsus, & admoto dictet periuria Tauro,
Summum crede nefas animam praeferre pudori,
Et propter vitam viuendi perdere causas.
Iuuen. Satyr. 10.

2. Aditum nocendi perfido praestat fides *Senec. Oed.*
Fraus distringit, non dissoluit periurium. *Cic. Offic. l. 3.*
Iam facile & pronum est, superos contemnere testes,
Si mortalis idé nemo sciat.
Iuuen. Sat. 13.

LES loix [1] diuines & humaines n'ont pas laissé aux hommes de plus puissans liens pour les attacher l'vn à l'autre, que celuy du serment, lequel doit estre faict sincerement, & gardé inuiolablement. Mais voyant [2] que la deprauation de la nature a peruerty ces loix, & abusé de cét acte si legitime, par equiuoques & re-

rention mentale ; le rendant semblable à ces nœuds des Ægyptiens qu'on lie & délie comme l'on veut : La Loy d'Estat [3] nous prescrit ce remede, qui est de ne se fier à aucun homme de malice notable & duplicité recônuë, que sur bonne caution. Car celuy qui a vne fois passé les bornes de l'honnesteté, & n'a faict aucune religion du serment lors qu'il y alloit de son auantage ; ne fait plus scrupule par apres d'offencer sa conscience cauterizée, & de se pariurer en autres & semblables occasions.

[3] Poco saspetta sincerità, ò opere fideli, da chi è venuto in concetto de gli huomini, d'esser solito a gouernarsi, con duplicità, & con artifizij. Porc. in Guicc. Fides vt anima, vnde abiit, eo nunquam redit. Sen. sent. Etenim redire cùm perit pudor nescit. Scœe. Agam, Qui a commis vne iniustice, se laiche furieusement la bride à des autres iniustices encores plus grandes que les premieres. Amyot. in Plut. Agis. Vn meschan entasse tousiours crimes sur crimes. Id. Gracch. Sic notus Vlysses? Equo ne credite Teucri. Virg. Æneid. 2. Cui bone pollicente quippiam, & addente iusiurandum, populus Rom. vicissim iurauit, se illi non credere. Erasm. Apopht. l. 6.

LE Pape Alexandre VI. par vne legereté incomparable, contre ses protestations & l'alliance qu'il venoit de contracter auec Ferdinand, renoüe vn nouueau traicté d'amitié auec la Fráce. Il promet le chapeau de Cardinal à l'Euesque de S. Malo à l'instance du Roy. Il entretient en paye auec Louys Sforze Prosper Colonne, & diuerses troupes de gens-d'armes pour le seruice des

François contre Naples. De rechef apres
toutes ces affeurances il quitte le party de
Charles, s'allie auec Alfonſe nouueau Roy
qui eſtoit fils de Ferdinand, & entre en ligue deffenſiue pour leurs deux Eſtats. Il luy
donne l'inueſtiture du Royaume de Naples
auec diminution de tribut annuel. Il enuoye
vn Legat à latere pour luy en impoſer la
Couronne. Il crée Louys fils de Henry, frere baſtard d'Alfonſe Cardinal d'Arragon.
Or le prix de ce marché eſtoit tel. Alfonſe
deuoit donner au Pape trente mille ducats
contans. Au Duc de Candie ſon fils aſné des
charges & des eſtats à Naples iuſques à la valeur de douze mille ducats par an : auec le
breuet de l'vn des ſept principaux offices qui
vaqueroient dans le Royaume, & commandement de trois cens hommes d'armes : A
Ceſar Borgia ſon ſecond fils le reuenu annuel de pluſieurs benefices. Et à Geofroy
ſon dernier & puiſné, outre ce qu'il poſſedoit
deſia dans le Royaume, le Protonotariat
auec l'vn des ſept offices.

APHORISME XXVI.

LA iustice¹ & l'iniustice
sont les plus vniuer-
selles de toutes les habitudes morales ou politiques.
Il n'y a nulle vertu ou vice qu'elles ne comprennent.
De sorte que celuy ² qui est
infidele en ses paroles, &
iniuste en ses actions, est
capable aussi de perpetrer
toute autre meschanceté, &
de porter les autres à faire
le semblable. La où son
propre tesmoignage ne pourroit estre admis selon les
Loix, il sçaura bien trouuer & amener des faux
tesmoins : Et là où la iustice
& l'équité le restreignent,
sa puissance & son bon
plaisir preuaudront. Car ce
qu'il ne doit point faire, il
desirera de le faire; d'autant
qu'il peut faire ce qu'il desire,
& peut desirer ce qu'il peut
executer selon son bonplaisir.

1. Ἐν δὲ δικαιοσύνη συλλήβ-
δην πᾶσ' ἀρετή εἰ. I.
Iustitia in se vr ace conti-
u--manes. Arist. Ethic. l. 5.
Ἀδικία ἑν μέρος κακίας
ἄλλα ὅλη κακία. I. In-
iustitia non pars est vitij,
sed totum. Ibid.
¹Fundamentum perpetuæ
commendationis & famæ,
iustitia est. Cicer. Offic. l. 1.
Pietate & iustitia Principes
Dij siunt. Aug. apud Senec.
Virgo est iustitia ¹oue pro-
gnata, casta, & veneranda
Diis cœlicolis. Hesiod.
ογ. l. 1.
Θεός δείσας περὶ τῷ γενεῖ
ἀνθρώπῳ μὴ ἀπόληται πᾶν,
δύναται Αἰδὼ τε καὶ Δί-
κμι : ἵν' εἶεν πολίων κόσμοι
τὲ, καὶ δεσμοὶ καὶ φιλίας
συνάγωγοι. I. Deus me-
tuens ne totum humanum
genus interiret, donauit hominibus Pudorem & Iusti-
tiam: vt essent ciuitatum ornamenta, & vincula, & amicitiæ conciliatrices. Protag.
de leg. l. 5.

2. Periere mores, ius, de-
cus, fides. Senec. Her. fur.
Nullum ad nocendum tem-
pus, augustum est malis.
Senec. Med.
Quod non potest, vult posse,
qui nimium potest. Senec.
Hippol.
Minimùm decet liberè cui
multùm licet. Sen. Troad.

CᴇsᴀR Borgia eſtoit ſecond fils du Pape Alexandre VI. Et parce que c'eſtoit contre les Canons de l'Egliſe d'admettre aucuns baſtards à la dignité de Cardinal : ſon pere qui eſtoit peu fidele en toutes ſes actiõs, ou iuſte en ſes affaires ; ſe comporte auec pareille malice en cét endroit. Car s'il eſt vray ce qu'on en dict, il ſuppoſe de certains poſtillons qui viennent en Cour de Rome, pour iurer que Borgia eſtoit né de couche legitime, & fils d'vn autre pere que de luy. Par ce moyen il purgea cét enfant d'infamie, & ſe donna les moyens de le combler d'honneur.

APHORISME XXVII.

1 -- Serò medicina paratur
Cùm mala per longas conualuêre moras. *Ouid.*
Vt in hydropicis aqua inter cutem laborantibus, orta in corpore vlcera, haùd facile ſanantur. *Hip. Aph. 8. ſect. 6.*

2. --- Vindicta
Nullum relinquit facinus, & nullum eſt ſatis. *Senec. Thyeſt.*
Minuti ſemper & infirmi eſt animi, exiguique voluptas vltionis : hoc paret in Alcibiade, Coriolano, Narſete, Roberto Comite Artoſiæ, in Comite-Stabuli S.

LES playes[1] qui ſont vieilles, ſont d'autant moins curables que les corps où elles ont croupy ſi long-temps ſont remplis d'humeurs malignes & infectées de poiſon. Tout de meſme, vn eſprit turbulent[2], vlceré de pluſieurs offences receües, & porté impatiemment à la ven-

geance : à la fin s'esloigne
tellement de la raison, qu'-
apres auoir rejetté le baume
d'vne reconciliation fauorable, il entre en des crises
d'vn final desespoir. De sorte qu'il fait glisser la poison
de sa malice par ses practiques traistresses en toutes
les veines de son Estat. Ce
qui ne peut iamais reüssir
qu'au grand danger de sa
santé, & du salut de la
chose publique.

Paulo, Duce Borbonio, &
alii. Ex hist.

E proprio uffizio della
Prudenza, moderare lo
sdegno iusto, con la matu-
rità del giudizio, & con la
considerazione dell' utili-
tà, & dell' interesse publico. Guicc.

Primata vulnera Reip. ma-
lit operire statuit. Tac. hist.
1.

Vt beneficia in ipso exci-
dunt vsu, sic tenax est iniu-
riarum memoria. Herodian.

IL y auoit vne haine inueterée & implaca-
ble entre le Pape Roderic Borgia, & Iuliã
de la Rovere Cardinal du tiltre de S. Pierre
aux Liens. Ce Prelat auoit vn fort party
dans Genes, & des moyés tres-puissans pour
sauuer toute l'Italie de troubles, en empes-
chant les desseins que les François auoient
& practiquoient en cette ville : dont il auoit
donné quelque esperance à Alfonse. Plusieurs Princes d'Italie se mirent entre ces
deux Prelats, pour les reconcilier par ensemble. On presente au Cardinal vne seure
& suffisante caution pour sa sauue-conduite
à Rome, afin d'y terminer toute cette que-

relle. Mais la haine & rancune du Cardinal estoit si profondement enracinée, qu'il refusa tout moyens d'y entendre. Qu'au contraire il poste de la ville de Genes où il auoit esté né, iusques à Auignon où il estoit Legat. De là il se transporte à Lion, où il rencontra le Roy de France. Ainsi apres s'estre rangé de son party, il deuint le chef de tous les bannis Italiens, & le principal moteur de toutes les troubles qui tost apres suiuirent en Italie.

APHORISME XXVIII.

1. Quãdo non effugias, quin alterum habebis inimicum aut socium: iacienda tunc alea, & alterutri adhærendum. *Sueton.*

Qui euentũ expectaueris, vt fortunæ applicares consilia tua, prçda victoris eris. *Liui. l. 32.*

Romanos socios si asper namini, vix sanæ mentis estis: sed aut socios, aut hostes habeatis necesse est. *Liui. dec. 4. l. 2.*

Vidimus quos ignauia aut praua calliditas (vt alienis laboribus tuti essent) armis abstinuit, acerbissimas pœnas soluisse. *Sal. Ep. Mith.*

Inter impotentes & validos falsò acquiesces. *Tac. de mor. Germ.*

.– Ecquid
Ad te post paulò ventura pericula sentis?

EN vne [1] guerre commencée entre deux Princes puissans, il est fort perilleux pour vn troisiesme qui seroit leur voisin de n'estre pas entré dans l'vn des deux partis lors qu'il y auroit esté appellé dés le commencement de la querelle; car il est en danger de seruir de proye à celuy qui sera le vainqueur. Mais [2] il n'y a pas tant de hazard pour celuy qui se verroit assez

fez fort, & ſçauroit pro-
bablement qu'il doit pluſtoſt
gaigner que perdre, quel-
que coſté que ce ſoit qui pre-
uaille. En tel cas le plus
ſeur eſt de demeurer neu-
tre.

Tum tua res agitur paries
cùm proximus aidet.
Horat. 1. ep. 18

1. Lo ſtringerſi in amicizia
& conſeratione con altro
Prencipe, più potente, &
molto vicino, quando ſi
tratti d'accreſſergli con tale
congionzione Potenza, co-
me non manca, maì del pe-
ricolo, coſì è conſiglio da non
prēderſi, ſe nō per grande neceſſità. Et maſſime per quei Prencipi, che
nō ſono táto deboli, che conuengano appoggiarſi ad altri, & accōpagnar
in ogni euēto delle coſe, la ſua fortuna cō quella d'altri. Par. l. 2. diſ. 9

La Neutralità nella guerra de gli altri, è coſa lodeuole, e per ella ſi
fuggono molte moleſtie, & ſpeſe: quando non ſono ſi deboli le tue
forze, che tu habbi da temere la vittoria, di ciaſcuna delle parti.
Guicc. lib. 20.

Quieſcite, poſſidentes res veſtras, ac neutrorum partes ſequimini:
Recipite vtróſque amicos, ſed belli gratiâ neutros. *Thucyd.* l. 2. f. 50.

CHARLES VIII. dépeche ſes Ambaſſadeurs vers la Seigneurie de Venize,
pour tirer cét Eſtat en amitié & confederation auec luy, par l'exemple de pluſieurs alliances precedentes entre eux & la Couronne de France. Ces Meſſieurs s'excuſent ſur la
crainte qu'ils pretendent des forces du Turc,
leſquelles pour lors eſtoient grandes, auſſi
bien que ſes moyens eſtoient puiſſans & faciles pour moleſter leur Eſtat, qui touchoit
les limites de ſon Empire par l'eſpace de pluſieurs milles, tant par mer que par terre. Ce
qui les obligeoit à des frais inſupportables, à
cauſe des garniſons qu'il falloit entretenir

E

en l'Archipelago,& és autres ports de la mer
Adriatique. Mais à la verité ces raisons n'e-
stoiét que paliatiues. Ils esperoiét,que par la
guerre des autres Princes d'Italie, engagez
auec ou contre les François, ils pourroient
trouuer occasion d'estendre leur domaine.
Ou au moins se voyans si forts comme ils e-
stoient, ils n'auoient aucun subjet de craindre le vainqueur. C'est pourquoy ils esti-
moient vn conseil bien mal fondé de s'em-
broüiller dans les troubles d'autruy : ou de
faire siennes les querelles des autres,sans vne
euidente necessité,ou apparéce plus grande.

APHORISME XXIX.

1. Toussiours en vne reuolte generale,il faut punir les chefs des
seditions, & pardonner au reste.
Amy.in Plut.& Hail.affair.
lib. 2.

Sic Fecialium officium
erat , læsis fœderis autores
læsis dedere : Sic in defe-
ctione Fidenatium à Roma-
nis, Martius Rex paucos ex
iisdefectionis autores, supplicio affecit. Dion. Halic.

ENCORE qu'en [1] v-
ne rebellion generale
quelque peu de mu-
tins doiuent estre punis pour
l'exemple des autres : Si est-
ce qu'vn refus general fait
par vn Estat populaire aux
demandes de quelques
Grands, ne doit point auoir
vne reuanche ou punition
generale. Il vaut mieux
punir la teste qui a causé

l'émeute, que les mains ou les pieds qui l'ont executée. Par ce moyen [2] *le Prince se peut plus aisément insinuer en la faueur generale de cette multitude, & les obliger par sa clemence à la haine de quelques particuliers qui ont minuté cette reuolte, & luy en veulent dans leur Estat.*

[2]. Quicquid multis peccatur multum est *Lucan.*

Vnius improbi supplicio multorū improbitas coercetur. *Cicer. in Verr.* 3. Pœna ad paucos, metus ad omnes perueniat. *Cic. pro Clun.*

Debet Princeps omnia scire, non omnia exequi: paruis peccatis veniam magnis seueritatem commodare: nec pœnā semper, sed sæpius pœnitentia contentus esse. *Tacit. Agric.*

Temperatus timor est qui cohibet, assiduus & acer ad vindictam excitat. *Ibid.*

Noua cupientibus auferatur Dux & Autor. *Tac. An. lib. 16.*

Qui vult amari languida regnet manu. *Senec. Theb.*

Viro Principi vbi pœnarum aut coerctionis res est, aliis id delegandum: vbi premiorū aut munerum, ipsi obeundum. *Xenoph. in Hieron.*

Frequens vindicta, paucorum odium reprimit, omnium irritat. *Senec. de Cl. 5.*

In arduis rebus, pericula solent incumbere consilij autoribus. *Salust. Cat.*

L'ESTAT de Florence reçoit Ambassadeurs de la part du Roy de France pour les attirer à son party, & obtenir de leur Seigneurie libre passage à son armée par leur païs. Le Roy leur represente les faueurs & les merites de ses predecesseurs en leur endroit, & singulierement enuers la personne de Pierre de Medicis, auquel il fait rafraichir la memoire des grands hōneurs & des bienfaicts que sa maison auoit receu de la Couronne de France. Mais Medicis qui mesuroit alors toutes choses plustost selon son plaisir, que felon fa prudence; fe confiant trop en foy-mefme, fe laiffa aifement perfuader que tout ce grand appareil des François s'éuanouïroit en fumee, & n'auroit que du bruit feulement. De forte qu'il fe refolut fortement de continuer en amitié auec la maifon d'Arragon. Le refte des Florentins entrainez par l'eftime, & l'autorité de ce feul perfonnage eft contraint de fe rendre à fa refolution. Ce refus eft auffi toft oüy en France: & le Roy oblige tous les facteurs qui eftoiêt pour Medicis à Lion de partir prefentement hors du Royaume: voulant pourtant que les autres marchands Florentins y demeuraffent, & jouïffent de leur liberté & des mefmes priuileges dont ils auoient joüy par le paffé. Cela concilia vne grande haine des autres Citoyens à l'encontre de Medicis, laquelle s'accreut journellement ; iufques à tant que le Roy peu apres trouua tout le peuple en refolution d'entrer en ligue auec luy ; ce qu'il conclud incontinent, & acheua à fon plus grand auantage.

APHORISME XXX.

1. Mufica Theorica eft, que diuerforum fonorum proportionem, ingenio & ratione confiderat, reique tã-

LA partie[1] de la Mufique qui s'applique à la

contemplatiue, *consiste prin-*
cipalement en la vraye dis-
position des proportions : &
celle qui s'exerce en l'acti-
ue ou practique, consiste en
vne symphonie & droit ac-
cord des instrumens l'vn à
l'autre, & de la voix des
chantres auec tous les in-
strumens. En l'Economie
les hommes doiuent tailler
leurs habits dans leur drap.
En la Moralité, il faut sça-
noir que les categories,
Quoy, Combien, A qui,
Quand, & Comment, sont
des attributs necessaires à
chaque Vertu. Ainsi [2] pa-
reillement en la Politique
vn Prince demeurant sur
la partie defensiue, doit me-
surer & proportionner sa re-
sistance selon la force ou la
foiblesse de celuy qui l'as-
saut. En cela [3] principale-
ment doit-il prendre le
temps plus conuenable. Ce
qu'il doit faire en renuer-
sant [4] les mines de son ad-

tùm cognitione contentus
est: Practica quæ circa sono-
rum & consonantiarū pra-
xin vertatur: Choralis verò quæ in suis notulis æqua-
lem seruat mensuram. &c.
Lof. Erotem.

Οἷς γὰρ δεῖ, καὶ ὅσα, καὶ ὅτε,
καὶ οὗ, καὶ ᾧ. Qui vis, quæ-
cumque, & quando, & vbi,
honestum est. Arist. Eth. l. 4.
c. 1. & l. 2. c. 9.

2. Illud est non modò iustū,
sed etiam necessarium, cùm
vis vi illata defenditur. Hoc
& ratio doctis, & necessitas
barbaris, & mos gentibus, &
feris ipsa Natura præscri-
psit. Cic. pro Mil.

Ducis in consilio, posita
est virtus militaris. Publius.
Σφάλερον, ἡγεμὼν θρασύς.
Periculosa res, Dux incon-
sultus. Eurip.

3. Negotiis difficillimis, sæpe dispositio-tēpestina pro-
spexit. Amm. Marc l. 10.

Apparatio quæ minimè in
tempore fit, non plus con-
ducit quā inapparatio quæ
penitus est inutilis. Brut.
ep. 29.

Acqua lontana, non spegne
fuoco vicino. Prou. Ital.

4. Con le Preuentioni, & con il
diuersioni, si vincono le guerre.
Guicc. l. 10.

E iij

uerfaire par d'autres contremines, foit en preuenant
fes deffeins, ou les diuer-
tiffant. Car l'on n'ofe pas
volontiers irriter celuy que
l'on fçait eftre toufiours preft
à fe vanger des torts qu'on
luy veut faire.

LÉ Roy de France eftoit affeuré de Genes, de Milan, des Colonnes, & des bannis de Naples. Alfonfe d'autre part eftoit
conjoinct auec le Pape, les Florentins, & les
Vrfins. Le Roy enuoye deux mille Suiffes à
Genes fous la conduitte du Bailly de Dijon,
& trois cens lances en Lombardie fous le
commandement du fieur d'Aubigny : auec
cinq cens hommes d'armes de furcroit fous
S. Seuerin, le Comte Gajazze, Galeot-Pic
de la Mirandole, & Rodolfe de Gonzague,
enfemble auec cinq cens que le Duc de Milan deuoit fournir. De l'autre cofté Alfonfe
enuoye vne armée compofee de deux mille
gend'armes, trois mille cheuaux legers,
nombre d'Arbalêtriers à cheual, & plufieurs compagnies de pietons, afin de faire
guerre en la Romagne fous la conduite de
Ferdinand Duc de Calabre fon fils aifné, lequel il y enuoyoit pour eftre dreffé par Iean

Iacob Triuulce, & le Comte Petillian, tous deux braues & fameux Capitaines. Le Roy de France équipe vne grande armée de Galeres & autres vaisseaux sur mer, auec toutes sortes d'artillerie, munitions, & autres prouisions necessaires. Outre laquelle il en appreste vne autre à Marseille & Villefranche, afin de venir incontinent à son secours. Alfonse ne s'édort pas aussi de sa part. Car auec vn mesme soin & police militaire, il conuient secrettement auec le Cardinal Fregose, & Obiette Fiesque, qui auoient de puissantes intelligences à Genes : afin qu'auec vne grande flotte ils peussent faire rentrer dans Gennes tous ceux de la faction d'Adorni lesquels en auoient esté bannis auparauant, & en dessein aussi de s'emparer de ce port maritime. Par ainsi il esperoit de preuenir son ennemy, & luy faire changer de route ou de dessein, s'il luy eut esté possible. Pour cét effect il enuoye Dom Frederic à leur secours auec vne armée nauale de trente cinq Galeres, dix-huict nauires, & plusieurs autres moindres vaisseaux bien équipez : auec trois mille soldats pour mettre à terre dés qu'ils auroient atteint le riuage.

E iiij

APHORISME XXXI.

1. Fama malum qvo non a-
liud velocius vllum
Nobilitate viget, viresque
acquirit eundo. *Virg.*
Niuna cosa vola più, che l'occasione. Guicc. l. 11.

2. Si in occasionis momento, cuius praetervolat opportunitas, cunctatus fueris, ne
quicquam post omniiam
querare. *Liui. l. 25.*
Nõ ego vt nihil agatur iu-
beo, sed vt agĕrem te, ratio
ducat, non fortuna: Tuq́ po-
testatis semper tu, tuaque
omnia sint: vt neque tu oc-
casioni desis, neque sua hosti des. *Liu l. 24. de Fab.*
— Pòst est Occasio calua.
Adag.
Opportunitatis momenta
omnino redire nesciunt.
Pro. bel. Pex.
Omne malum nascens fa-
cilè opprimitur, inueteratũ
sit robustius. *Rag. Stat. l. 3.*
Il male che nel principio suo,
è quasi Ruscelletto, che si possa
passar à piedi, col progresso acquista forze, & diuenta formidabile. Rag. di Stat. lib. 5.
Quando occasio periit post
serò cupimus. Plaut. Aul.
Dubitando & dies prolatã-
do, magnae opportunitates
saepe corrumpuntur. Salust. Cat.

Κρατεῖ δ᾽ ἐπὶ πάντων μὲν τῶν ἀνθρώπων ὁ καιρός: μάλιστα δὲ τῶν
πολεμικῶν. Multum potest in rebus humanis occasio; plurimum autem in bellicis. *Polib. lib. 8.*
Γίγνωσκε καιρόν. Tempus vt noris iubet: sed καιρὸς iste, tem-
pestiuum tempus est. *Ausou. 87.*

IL n'y a rien[1] qui puisse
estre porté sur des ailes
plus vistes & plus legeres,
que la Renommée & l'Occa-
sion. Elle different seulement
en ce poinct, que celle-là vole
tousiours en auant, & celle-
cy en arriere. C'est pourquoy[2] elle doit estre prise par
les cheueux dés qu'elle se
presente. Car l'occasion passée ne se peut plus recouurer,
sa perte est irreparable. La
fortune mesme qui trou-
blant toutes les actions des
mortels faict gloire d'en
estre la maistresse : seulement veut bien estre ser-
uante, & ceder à l'occa-
sion.

Dés lors que tout fut preparé, que la flotte fut preste, que les forces furēt montees dans les vaisseaux ; si Dom Frederic eut fait voile en diligence vers Genes, comme il auoit esté resolu dans le conseil d'Alfonse son maistre, & luy auoit esté ordonné : il se fut rendu aisement maistre de la ville auant que les Suisses y arriuassent, & que les vaisseaux des ennemis fussent prests. Mais demeurant sur les costes de Siene pour attendre renfort de deux mille pietons,& trompé par les esperances frauduleuses dont Sforze le nourrissoit, il relascha cette belle occasion de bien faire, & trouua par apres l'affaire entierement impossible, laquelle vn mois auparauant eut esté tres-facile. Comme aussi de l'autre costé, l'armée de terre qui estoit sous la conduite de Ferdinand, estant pour lors accreuë,puissante, & grandement forte à cause de l'vnion des troupes de Medicis & de Bentiuole,estoit tres-belle & propre pour quelque notable succez en Lombardie,là où on l'auoit premierement destinée.Mais pour auoir party trop tard de Naples , & estre venuë trop lentement,il leur fallut souffrir que d'Aubigny, S.Seuerin, Galeot-Pic de la Mirandole, & Gonzague , entrassent dans la Romagne auec toutes leurs forces auāt leur

arriuée. Ainsi ils furent contraints de faire
le siege de la guerre dans leur propre païs: au
lieu de la reculer plus loin comme ils eussent
peu faire s'ils eussent apporté à l'occasiõ vne
plus grande diligence.

APHORISME XXXII.

1. Præcipuum in Medico qui ægrotum curat, vt cor benè defendat. *Crol. Chym.*

LE premier ' œuure que fait vn Mede-cin dessus vn corps malade, est de repousser promptement les humeurs veneneuses loin du cœur: d'autant que le mal ayant gaigné cette principale par-tie ne reçoit plus de reme-de. Le premier soin de tous les membres en l'homme est de conseruer la teste, & d'aller au deuant du coup afin de le diuertir. Ainsi l'Art & la Nature s'em-ployent fidelement à conser-uer & deffendre ces deux plus nobles parties. Ce qui doit estre imité par vn sa-ge Prince en la deffense d'vne place d'importance & principale de son Estat. Car [2] non seulement il y doit enuoyer promptement du secours ; mais il est necessaire qu'il soigne de bonne heure à en tirer les mécontens, les mutins, & ceux qui sont plus dangereux entre le peuple. Bref il ne doit [3] pardonner aux frais, ny espargner la despense pour sauuer cette piece, en la perte de laquelle consiste la ruine de toutes ses affaires.

[2] Huius consilij fructū inter multos alios cæperūt, in obsidione Patauinâ Veneti, in Viennensi Carolus V. in Miletensi equites illius Ordinis. Ex hist.

Cremona propugnaculum aduersùs Gallos trãs Padū, & si qua alia vis per Alpes rueret. Tacit. Hist. l. 2.

Existimo omnes fortunas nostras, nunquam adducendas in periculum tale, quod non omnibus viribus propulsare queamus. Macc. dif. 22.

Oppida aut castella, aduersus moras obsidionis annuis copiis firmentur. Tac. Agric.

-- & propugnacula bello Tuta parent. Virg. Aen. l. 4.

[3] Nescis quo valeat nummus, quem præbeat vsum. Horat. serm. 1.

Maximè quandoque lucratur, qui nummis parcit minimè. Terent. Heaut.

Pecuniam in loco negligere, maximum interdum est lucrum. Id.

Ne sit Rex, vt Perseus, Pecuniæ, quam Regni, melior custos. Liui. dec. 5. lib 4

Pecunia ancilla est, si scis vti : si nescis, domina. Senec.

OVTRE les Suisses enuoyez à Genes par les François, Sforze y enuoye pareillement Iaspar de S. Seuerin surnommé Fracasse, & Antoine-Marie son frere, auec deux compagnies d'hommes de pied. Il gaigne à sa deuotion par dons, pensions, & autres larges promesses, Iean Louys Fiesque, & plusieurs auttes de la faction d'Adorny, auec quelques-vns des plus braues de la noblesse.

Finalement afin de n'obmettre rien de sa diligence, & de pouruoir à tout, confiderant combien l'affeurance de cette ville importoit à la guerre de Naples : il fait venir à Milan tous ceux de la ville & de la contrée de Gennes qu'il foupçonnoit pour eftre partifans des Geneuois bannis, ou de la faction d'Arragon. Et par ainfi il s'affeura entierement de la ville.

APHORISME XXXIII.

1. Quod fi volunt, dũ id impetrent, boni funt: fed id vbi iam penes fe habent, ex bonis peffimi & fraudulentiffimi funt. *Plaut.*

Le fperanze de Fuorufciti, mifurate più col defiderio, che con la regione, riefcon quafi fempre vaniffime. Guicc. l. 9.

TOVTES *les creatures donnent toute la gloire au lieu de leur naiffance: & tous les hommes tiennent l'air de leur propre contrée pour le plus doux. De là vient que les exilez mefcontens excitent les Princes eftrangers à la guerre, & les engagent en leur querelle: ne fe foucians pas beaucoup à quels perils ils expofent les autres, pourueu qu'ils puiffent r'entrer dans leur patrie, & fatisfaffent à leur*

propre intereſt. Mais il n'y
a rien de plus fragile que le
bruit & les promeſſes d'u-
ne puiſſance, laquelle ne ſub-
ſiſte pas d'elle-meſme. C'eſt
pourquoy les Princes qui s'y
engagent trop auant ſur
telles ſollicitations, & ſe re-
poſent ſur leurs promeſſes;
ne font autre choſe que s'ap-
puyer ſur des roſeaux caſſez,
& baſtir leurs eſperances
ſur des fondemens de ſable.

2. Nil tam inſtabile quàm
fama potentiæ, non ſuâ vi
nixæ. *Tac.*

Stulti eſt faſtidire res certa, amplecti ambiguas ſpes.
Petrarch.

Agnoſcamus quàm parui
faciendæ ſunt, huiuſmodi
hominum qui patriâ pulſi
ſunt, promiſſiones. Nam ſi
fortuna alia iis offerat oc-
caſionem in patriâ redeun-
di, nec quicquam fidem ſer-
uabunt, quicquid tibi pro-
miſerint. *Macc. diſc.* 2.

Multa tibi promittent vt
reſtituas eos, multa etiam
præſtare ſe poſſe arbitrantur, ſed plura etiam adiun-
gunt: ex quibus omnibus ſi
tu rei bene gerendæ ſpe per-
moueri te ſinas, facilè eò
deduceris, vt ingenti ſum-
ptu tuam ipſius ruinam interitumque expetas. *Ibid.*

In caducum parietem ne inclina. *Hadrian.*

Nullus ſapientum proditori credidit. *Senec. Sent.*

Cuius ruina, te quoque tractura ſit. *Tacit. de morib. Germ.*

Quærunt cum qua gente cadant. *Lucan. lib.* 8.

Si Regum atque imperatorum animi virtus, in pace ita vti in bello
valeret, æquabiliùs atque conſtantiùs ſeſe res humanæ haberent: neq;
aliud alio ferri neque mutari, ac miſceri omnia cerneres. *Saluſt. Catil.*

APRES que la flotte de Naples eut
rompu ſon entrepriſe deſſus le port
de Genes pour auoir appris qu'il eſtoit
trop bien aſſeuré par l'arriuée des Suiſſes,
& la prudente diligence que Sforze auoit
mis à tirer hors la Cité tous ceux qu'il ſoup-
çonnoit le plus : ils ſe reſoudent maintenant
d'aſſaillir quelque place ſur les riuieres du
Levant, ou du Couchant. Le conſeil en eſt
pris en la preſence des bannis qui eſtoient a-

uec eux dans la flotte. Objette Fiesque leur
persuade de tenter le hazard du costé du Le-
uant, & d'y porter leurs armes, sur l'asseurance qu'ils donnoient auec ses compagnôs
d'auoir plusieurs amis en ces costes. Le sort
tombe sur le port de Venus : où ils donnent
plusieurs assauts, perdent plusieurs de leurs
hommes,& sont finalement repoussez. Ainsi
sans esperance d'emporter cette place, sans
trouuer aucun de ses amis ou seconds promis par Fiesque: ils tournent voile à Liuorne
pour auoir nouueaux viures, & refaire leurs
troupes grandement endommagées par cet
échec, auec vne honte tres-grande.

APHORISME XXXIV.

1 Aegriùs eiicitur quã non
admittitur hospes. *Ouid.*

2. *Il mantenar la guerra
nella casa altrui, è sempre
vtile consiglio: ma più sicuro in quelli che ne sono lontani.* Parut. l. 2. disc. 5.

Sedes belli semper miser-
rima: cuius non aduentus
solum, sed etiam metus affert calamitatem. Cic. pro
leg. Man.

*Il Duca d'Alua essendo
sfidato, & prouocata alla
Battaglia, dal Duca di
Ghisa, in casa propria (ciò*

O N peut [1] bien mieux
preuenir vne mala-
die mortelle lors qu'elle veut
venir, que non pas la guerir alors qu'elle est venuë.
On empéche plus facilement
l'entrée à vn hoste impor-
tun, qu'on ne le chasse par
apres lors qu'il est entré chez
nous. Cette [2] maladie mortelle, & cét hoste mauuais,

font la guerre dans vn païs. Les sages Princes la tiennent & la reculent le plus loing qu'ils peuuent de leurs maisons : & se donnent bien garde d'esteindre le feu en la maison de leurs voisins, pour l'allumer en la leur. Il y a bien plus d'auantage d'attaquer en cette occasion que de se deffendre.

è nel regno di Napoli) ripose, che egli non volea in vna giornata, auenturar vn Regno, per vna se promesse di Broccato. Ammir.l.18.

Hannibal negabat Romanos, nisi in Italiâ opprimi posse. Amm. è Liui.

Propinqua Cremonensiû mœnia, quantò plus spei ad effugium, tanto minorem ad resistendum, animum dabant. Tac.l.29.

Vtrum in Macedoniam legiones transportetis, an hostem in Italiam accipiatis, hoc quantum intersit, si vnquam aliàs, Punico certè proximo bello experti e-

stis. Sulp. apud Liui.
Omne bellum sumitur facilè, ægerrimè desinit : nec in eiusdem potestate initium & finis est. Salust. Iug.
Hostium vrbes ægrique ferro & igni vastentur : Experti iam summus, foris nobis, quam domi, fœliciora potentioraque arma esse. Lui. lib. 21.
Plus animi est inferenti periculum, quàm propulsanti. Liui.l.28

LES Venitiens furent sollicitez par Alfonse pour le commun bien d'Italie de se vouloir declarer contre les François ; ou au moins de faire cognoistre & ressentir à Sforze combien ils s'offençoient de ces nouueaux mouuemens dont il estoit auteur, au detriment general de la paix & du repos de la contrée. Mais ils luy renuoyerent pour response : que c'est l'office d'vn sage Prince de ne pas esteindre le feu en la maison de son voisin pour l'allumer en la sienne. Louys aussi signala sa prudence en semblable, voire en

la mefme occafion, & mit en practique ce
que cét Eftat auoit mis en fimple deliberation. Car telle eftoit fa vigilance à donner
ordre que l'ennemy ne le peût venir affaillir
à fes portes dedans la Lombardie, que pour
le preuenir il auoit enuoyé fes troupes Fran-
çoifes & Milannoifes conduittes par d'Aubigny & le Comte Gajazze iufques dans l'E-
ftat du Pape en la Romagne; deuant que les
forces d'Arragon fuffent à my-chemin. Si
bien que par ce moyen ceux de Naples furét
forcez contre leur premiere refolution de
faire le fiege de la guerre en la Romaigne,
qu'ils auoient premierement deffigné dans
la Lombardie.

APHORISME XXXV.

1. Sic teneros animos alie-
na opprobria fæpe
Abfterrent vitiis.. *Horat.*
Tum pudor incendit vires
& confcia virtus. *Virg.
Æneid. l. 1.*
Côtemtu famæ contemnú-
tur virtutes. *Tacit. An. l. 4.*

Les *hommes*[1] *ont cou-
ftume de palier &
couurir leurs vices
fous le manteau & nom de
quelque vertu. Ils appellent
vne vile auarice bon mé-
nage, & la prodigalité bonté. Ils ne rougiffent pas du
fait encore qu'ils foient
honteux du tiltre. Ce qui
fait*

fait voir que le sentiment
de la honte est vne forte
barriere pour garder l'homme du peché, & la derni-
re passion, qui le quitte.
Tellement que [2] qui a vne
fois franchy cette barriere,
& deposé cette apprehen-
sion, lasche aisément la bride à ses propres desirs, &
s'abandonne à tous vices.
Car il est bien difficile que
celuy-là aime la Vertu, qui
mesprise sa renommée.

[2] Qui semel verecundiæ limites transiliuit, eum gnauiter impudentem esse oportet. Cic. ep. l. 5.
Maximus omnium morborum inter homines impudentia. Eurip.
Ἀναισχυντία μεγίστη δὴ πάντα αἴρχεα ἡμωϊὸν. impudens Princeps omniū rerum pessimus. Xenoph.
Sed animo per libidines corrupto, nihil honestum inerat. Tac. An. l. 11.
Vbi non est pudor, ibi nec cura iuris, sanctitas, pietas, fides. Senec.

LES autres actions d'Alexandre VI. font voir comme il estoit denué de toute grace; maintenant il se monstre pareillemét auoir passé toute honte. Car il ne rougit pas, estát ce qu'il estoit, d'enuoyer George Bouchard l'vn de ses plus confidens auec Camille Pandonne Ambassadeur d'Alfonse vers le Grand Turc Bajazet, ennemy iuré de la Religion Chrestienne; pour impetrer de luy armes & secours à l'encontre du Roy de France. Et craignant de n'estre point seruy à téps par la flotte d'Espagne, laquelle par faute d'argent ne pouuoit estre équipée ny faire voile assez tost: il consent que l'argent leué

en Espagne par autorité Apostolique pour
la Croisade à l'encontre des infideles, fut
transferé de cet vsage en vne guerre qui se
deuoit faire de Chrestiens les vns contre les
autres.

APHORISME XXXVI.

1 Rectè factorum verus fructus est fecisse : Nec vllum
virtutibus pretium dignum
illis, extra ipsas est. Senec. de
Clem. l. 1.
Ipsa quidem virtus sibimet
pulcherrima merces. Sil.
lib. 13.

2 Sentiút verum falso esse
melius, sed vtriusque digni
tatem & præstantiam, ex v-
su discerni. Plut.
Amicitias inimicitiasque
non ex re, sed ex commodo
æstimare. Salust. Cat.
Decipiunt verbis, literis,
legatis, atque adeo ipsos legatos. Lips. Polit. l. 4.
Eos per quos alium fallere
cogitant, fallunt. Senec.
Thyest.

3 Quàm benè disposita terris,
vt dignus iniquis
Præstet consilij premia autoribus
irstet ? Claudian.
Sæpe Polypus dum carnem
conchæ captat, ipse capi-
tur. Erasm.

LA¹ Verité & la Ver-
tu doiuent estre em-
brassees & cheries
beaucoup plus pour elles que
pour nous : de ce qu'elles
sont bonnes en elles mes-
mes, non de ce qu'elles nous
rendent bons. Les Prin-
ces² qui ne mettent aucune
difference entre la verité &
la fausseté, entre la vertu
& le vice, si ce n'est par
vsage : ne se soucient pas
beaucoup comment ils trompent, ny à qui ils font tort,
pourueu qu'ils y trouuent de
l'auantage. Les actions³ &
les conseils de ces personnages comme elles sont mau-
uaises de leur nature, ainsi

font elles de tres-mauuais fuccez. Car il y a du danger à entreprendre ces actions, ou fuiure ces conseils; mais il y en a bien dauantage pour ceux qui en font les auteurs, & qui y pouffent les autres.

Praua incœpta confultoribus noxæ effe par eft. *Saluft. Iug.*

Ἢ δὲ κακὴ βυλὴ, τῷ βυλευσαντι κακίςη. Malú confilia confultori peſſimum. *Heſiod. ἔγ.*

Sæpe in magiftrum fcelera redierunt fua. *Sen Thyeſt.* Οἳ αὐτῷ κακὰ τεύχει ἀνήρ, ἀλλῷ κακὰ τεύχει. Alteri malum machinatus, fibiipfi machinatur. *Heſiod.*

Lovys Sforze auoit chargé fon Agent de Florence d'encourager par tous moyens poffibles Pierre de Medicis à l'vnion auec le Roy de Naples contre Charles de France. Quelques-vns croyent qu'il le faifoit de bonne foy, comme celuy qui vouloit feulement fe feruir des François en Italie à fon propre deffein. Les autres difent auffi qu'il le faifoit par malice; afin d'ofter à Medicis toute efperance de reconciliation auec les François. Quoy que ç'en foit, Pierre fait cognoiftre tout cela à Alfonfe: lequel luy donne aduis d'entendre finement à cét accord du Milanois, en forte que le Roy peut fçauoir toute l'affaire; afin de prendre ainfi Louys en fes propres pieges. Pour cet effeĉt Medicis conuie & faiĉt cacher l'Ambaffadeur de France derriere la tapifferie de fa chambre où il eftoit couché; puis feignant d'eftre malade fait venir l'Agent en fon Lo-

F ij

ftel. Là par vn admirable artifice il le tire par
fes difcours, & le porte à reciter de nouueau
tout le deffein de fon maiftre touchant le
fubjet dont il eftoit queftion. L'Ambaffadeur de France entend aifement tout le difcours, & mande auffi toft à fon maiftre qu'il
eft trahy par Louys. Mais les François ne
font pas faciles à perfuader, ny à croire ce
qu'ils ne defirent pas eftre vray. De forte
que le Roy, efperant par ce moyen de mettre ces Princes plus auant en querelle, fait
cognoiftre cette affaire à Louys; & luy découure par quel artifice il en auoit eu co-
gnoiffance. Louys ne fe pouuant plus con-
tenir de rage & de cholere, fe dépita & porta à la vengeance contre Alfonfe & contre
Medicis plus qu'il n'auoit fait auparauant.
C'eft pourquoy il follicite & preffe plus in-
ftamment le Roy de ne perdre dauantage le
temps, ains de fe mettre en campagne auec
fes forces, & attaquer les Neapolitains.

APHORISME XXXVII.

1 Ἡ̓ μεϱὰ αἴϑησις ἢ δύναται
ἐκ τῦ σφόδϱα αἰϑητῦ,
ἀλλ' ὃ νοῦς, ὅταν τὶ νοήσῃ
σφόδϱα νοητὸν ἐχ ἧττον νοεῖ
τῦ ὑποδεέϛεϱα, ἀλλὰ
μάλλον. Nam fenfus non

L'Intellect' eft la plus
excellente de toutes
les puiffances de l'a-
me. Tant plus de chofes il

conçoit, & plus il se rend ample pour en conceuoir d.\uantage : tant plus purement il apprehende les choses, & tant plus parfaictement il les comprend. Les autres sens & facultez tout au contraire pour la difficulté de l'objet, ou pour l'assiduité de leur intention & attention trop grande, sont emoussez & engourdis. De là vient [2] que les secondes pensees & dernieres resolutions sont beaucoup plus sages & salutaires que n'ont pas esté les premieres. Aussi sont-elles fondées sur des raisons qui n'auoient point esté preueuës auparauant.

potest sentire post vehemens sensibile : sed intellectus cū intellexerit aliquid valde intelligibile, nihilominus intelligit inferiora, imo etiam magis. *Arist. de animâ lib. 3.*

2 Nil minus in Duce quam festinationem conuenire arbitrabatur:crebrò itaque illa iactabat, σπεῦδε βραδέως: festina lente. *Suet. in Aug. cap. 25.*

Δευτέραι φροντίδες σοφώτεραι. Secundæ cogitationes sunt sapientiores. *Adap.*

Omnia non properati clara,certaque sunt:Festinatio improuida est & cœca. *Liui. lib. 22.*

Festinatio hostibus,mora ipsis vtilis. *Tacit. Hist. l. 2.* Nullus est idem diuturnus & præcox fructus. *Curt.l.8.* Scelera impetu, bona consilia mora valescunt. *Tac. Hist.l.1.*

Sat citò,si sat bene.*Pro.Lat.* Velox consilium sequitur pœnitentia. *Senec. Sent.* Is quippe solus rei gerendę est efficax

Meditatur omne qui prius negotium. *Auson. f.91.*

CHARLES VIII s'estoit resolu au voyage de Naples. Il auoit preparé deux flottes, l'vne à Genes, & l'autre à Marseille. Il auoit desia enuoyé plusieurs troupes à pied & à cheual en l'Italie, les autres estoient prestes à partir. Il auoit appaisé les affaires de sa maison, afin de ne laisser aucun subjet de

F iij

trouble en son absence. Il auoit pensé à celles de dehors, composant auec l'Espagne &
l'Empire. Il estoit desia bien auant en son
voyage dedans le Daufiné. Lors qu'il s'arreste tout à coup sur ces poincts lesquels il n'a-
uoit iamais examiné. Il considere maintenant les ordinaires & necessaires difficultez
qui accompagnent tousiours les grandes entreprises. Les dangers qui le talonnoient, au
cas que les Princes alliez auec luy luy faussas-
sent compagnie. Et l'impossibilité de porter
bien auant vn si grand dessein auec si petite
somme d'argent qu'il auoit en ses coffres.
Cecy le força puissamment d'approuuer les
aduis de ceux qui premierement luy dissua-
doient cette guerre; de se refroidir à l'édroit
de ceux qui l'y auoiét porté : & de peser plus
meurement cette affaire en soy-mesme. Resolu tout à fait de n'auancer pas dauantage:
iusqu'à ce qu'il se veid mieux pourueu pour
l'entreprise, & mieux asseuré de ses alliez.

APHORISME XXXVIII.

1. Quidam hoc animal quã-
diu viuit crescere arbitrantur. Plin. lib. 8, cap. 25.

TOVTES [1] *les plan-
tes & autres crea-
tures grossissent &
croissent iusques à certain*

periode : apres lequel elles declinent & diminuent. Il n'y a que le Crocodile lequel croist iusques à la mort. Ainsi [2] toutes les passions & troubles en l'esprit de l'homme ont leurs intentions & relasches, leur accroissement & decroist : excepté seulement celle de la vengeance. Plus elle dure, & tant plus forte elle se rend en croissant iusques à vne grandeur extréme. Elle trauaille tousiours : voire mesme quand les humeurs malignes de l'auarice & de l'ambition sont appaisces & assopies. Aussi tient on pour l'ordinaire que ces esprits [3] trop ardans, plus propres pour innouer que pour reigler des affaires, sont dangereux en vn Estat : & l'aspect de ces Planetes est d'vne tres-maligne influence.

non dominari inſtar ſeruitutis eſt. Calpur.

2 Laſciarſi trapportar tagli ſdegni, contra il ben publico, è leggiereZZa, anzi ſcelerateZZa. Porc. in Guicc.

Qual duro freno o qual ſerigno nodo,
Qual (ſ eſſer può) catena di Diamante,
Farà, che lirà ſerui ordine à modo,
Che non traſcorra oltre al preſcritto inante. Arioſt. Cant. 42.
—— Vengeance
Qui triſte fait claquer comme vn ſanglier les dens,
Heriſſe ſes cheueux, roue or' ſes yeux ardens,
Or les attache à terre. — Bartas ſur.

Deſir de vengeance viole nature & humanité. Amy. Plut. Cic.

Difficile eſt ſe dépetrer des filets des malicieux. Id. Anton.

Les factieux ne peuuent ſouffrir qu'en leur faſſe teſte, & taſchent de s'en venger auec des armes decouuertes. Id. Cic.

3 Nouandis quàm gerendis rebus aptiores. Lipſ. Pol. l. 3.
In id nati, vt nec ipſi quieſcant, nec alios ſinant. Thucyd. l. 1.

Quoniam quidem circumuentus ab inimicis præceps agor, incendium meum ruina extinguam. Caſ. in Saluſt.

Ira & ægritudo permiſta cum maxima cura, vltu ire iniurias feſtinat. Saluſ. Jug.

Sceleratis ingeniis, & plus quàm ciuilia agitantibus,

F iiij

IVLIAN de la Rovere fut l'inſtrument fa-
tal des troubles de ſon païs, & principal de
toutes les brouilleries qui réuerſerét l'Italie,
lors qu'il n'eſtoit encore que Cardinal. La
vengeance luy fit rallumer les charbons de
la guerre, que la crainte auoit couuert ſous
ſes cendres dans le cœur du Roy des François. Il le vient trouuer iuſques dedans la
France, & fait ſi bien par le ſouſſe de ſes pour-
ſuites importunes, que ce grand Prince irrité par la force de ſes parolles, s'enflamma de
telle ſorte, qu'il reſolut de ſuiure ſa premiere
entrepriſe à l'encontre du Pape & des Neapolitains.

APHORISME XXXIX.

1. Necat frutices non con-
tractos modò, verùm & af-
flatos: exurit herbas tumpit
ſaxa. Plin. l. 8. c. 21.

2 Si æterna ſemper odia
mortales gerant,
Nec cœptus vnquam cedat
ex animo furor;
Sed arma fœlix teneat: infœlix paret:
Nihil relinquét bella. Tum
vaſtis ager
Squallebit aruis, ſubdita te-
ctis face,
Altus ſepultas obruet gétes
ciuis. Sen. Herc. Furi.

LE Baſilic tue les
arbriſſeaux qu'il
touche de ſon ha-
leine : & fleſtrit toutes
les herbes qu'il touche de
ſon corps. Tels ſont
les effects de la guer-
re. Car quoy que le tiltre
ſoit bien clair, & que la
cauſe ſoit iuſte : les moyens

neantmoins ne font iamais fans le feu & l'efpée ; ny l'effect ou la fin fans horreur & effufion de fang. C'eft pour cela 3 que la paix doit eftre preferée à toute autre pretention : pourueu qu'il n'y aille pas de l'honneur du Prince, & qu'il n'y ait rien qui preiudicie au bien de fon Eftat.

Illa, in tua: hæc Deorum in manu eft.

Le defordre, l'effroy, le defefpoir, la fuite,
Allaz marchent deuant fon meurtrier exercue:
Comme l'embrazemét, l'orgueil, l'impieté,
La rage, le difcord, le fac, l'impunité,
La cruauté, l'horreur, le degaft, la ruine,
L'accompagnent par tout ou barbare elle chemine.
Le dueil, la folitude, auec la paureté,
Suiuent les pas fanglants de fon oft indompté. Bartas fur.

3 Melior tutiórque certa
Pax, quàm fperata victoria
Liui. l. 13.

—— Pax optima rerum,
Quas homini nouiffe datum eft : pax vna triumphis
Innumeris potior. —— Silu. lib. 11.
Non coguofce la Pace, & non la ftima,
Chi prouato non ha la guerra prima. Arioft. Cant. 31.
Iniuftiffimam pacem iuftiffimo bello antefero. Cic. ad Attic.
Nulla falus bello, pacem te pofcimus omnes. Virg. Aeneid. l. 11.
Candida pax homines, trux decet illa feras. Ouid. art. 3.
Non expedit concutere fœlicem ftatum. Senec. Oedip.

CHARLES VIII eftoit legitime heritier de la maifon d'Anjou, & partant le deffein eftoit iufte qu'il auoit fur le Royaume de Naples. En cette iufte querelle il paffe les Alpes par la montagne de Genevre, plus aifee que le mont Cenis, ayant & la guerre en fon cœur, & les moyens en fes mains. Apres luy Louys XII. entra dans l'Italie pour conquerir Milan, qui luy appartenoit auffi de iuftice, & l'emporta. Mais quels furent les effects, & quelles les fins de ces expeditions, finon que bouluerfemens des Eftats,

desolation des contrées, demolition des villes, saccagement de peuples ; des Loix nouuelles, des nouuelles mœurs, des habits nouueaux, des maladies nouuelles, & tout ce que
l'extremité de la guerre, & tout ce que l'insolence du vainqueur peut commettre en
vn païs de conqueste.

APHORISME XL.

Πλεὸν ἥμισυ παντὸς.
Dimidium plus toto. *Adag.*
Erasm.
Dimidium facti qui benè
cœpit habet. *Hor. l. 1. ep. 2.*
*Chi ben commincia, ha la
meta dell' opra,
Et non si commincia ben se
non dal cielo. Past. fid.*
Bonum principium dimi-
dium totius. *Prou. Lat.*
*I successi della Guerra, de-
pendono in gran parte, dal-
la riputaXione.* Porc. in
Guicc.
Fama in nouis cœptis vali-
dissima est. *Tac. An. 13.*
Primis eucñtibus metus aut
fiducia gignitur. *Id. An. 12.*

Vne affaire bien commencée est à de-
my acheuée. C'est pourquoy il importe beaucoup à l'heureuse ou malheureuse issuë d'vne entreprise, principalement de celle de la guer-
re, de voir comme nous la commençons. Vn bon succez en la premiere rencon-
tre, aduance grandement vne affaire. Vn party foi-
ble en prend bon courage, acquiert de la reputation, & s'arme d'vne resolutiõ genereuse. En cela donc consiste & doit s'occuper le principal soin d'vn General d'armée.

Dom Frederic retourne du Port de Venus à Liuorne, y repare ſes vaiſſeaux, rafraichit ſon armée, renforce ſes troupes, retourne, donne deſſus Rippare, & emporte la place d'aſſaut. S. Seuerin & Adorne auec partie des forces du païs, & le Duc d'Orleans auec enuiron mille Suiſſes, ſortis tous hors de Gennes par mer, vont en diligence pour ſecourir les aſſiegez, & pour arreſter les progrez des ennemis. Ils aſſaillent l'Arragonnois auec vne reſolution excelléte. Ceux-cy reçoiuent leur premiere rencontre non ſans moins de valeur. La victoire demeure long-temps neutre, ſans ſe reſoudre de quel coſté elle voudroit tourner : iuſques à tant que l'artillerie des nauires joüant en flanc ſur les Neapolitains auec vn échec terrible, & l'alarme de l'approche de Iean Fieſque, mit leurs troupes en deſordre, & toute leur armée en déroute. Iulian Vrſin Capitaine d'vne compagnie de lances, Fregozin fils du Cardinal Fregoſe, & Orlandin de la meſme maiſon, auec pluſieurs Gentilshommes de marque, ſont arreſtez priſonniers ; pluſieurs tuez, beaucoup d'autres noyez : le reſte regaigna les vaiſſeaux. Dom Frederic luy-meſme auec ſes troupes rompues ſe tranſporte de rechef à Liuorne. Où ayant fait

prouision de nouuelles forces, redreſſe ſon
armée plus belle qu'auparauant ; & voyant
nouuelle occaſion de bien faire qui luy eſtoit
offerte à tout coup : il n'oſa pourtant iamais
rien entreprendre pour ſon party. Qu'au
contraire il abandonne entierement les coſtes de Genes : donnant par là iuſte ſubjet à
l'ennemy de triompher de ſa perte, & de ſe
mocquer de ſa crainte.

APHORISME XLI.

1. Auribus lupum tenere. *Prou. Lat.*

2. Le but d'vn bon Prince eſt de chaſſer les ſoldats loin des terres de ſes ſubjets & alliez. Amy. Plut. Ageſ.
C'eſt eſtre vn bon Capitaine d'empeſcher que la guerre n'entre en ſon pays, & n'y permettre pas la longue demeure d'une armée, voire de ſes bons amis & alliez. Id. Phocion.
Venaleſq; manus ibi fas vbi maxima merces. *Lucan.*
Non fide, non affectu tenetur, vt velint dominationi alienæ ſanguinem ſuum commodare. *Tacit. Agric.*
Sunt populatores terræ, quâ à populationibus vindicare debebant. *Curt. l. 3.*
Verè Hirundines Aerariis. *Cic. ad Attic.*
Qui canem alit peregrinum, huic præter funem nihil fit reliqui. *Eraſm. f. 293.*

CEluy là tient bien le loup par les oreilles qui entretient vne armée d'auxiliaires en ſon pays. Il y a du danger en la retenant, & beaucoup dauantage en la laiſſant aller. En vn Eſtat où il y a des Legionnaires eſtablis, le ſubjet s'obligera pluſtoſt à toutes ſortes de tailles ou d'impoſitions, que de ſouffrir de telles troupes deſſus ſon dos. Vn Prince contraint d'vſer de leur ſeruice, fera fort ſagement s'il achepte pour-

tant leur absence encore qu'à
grand prix, les employant à
son seruice en les tenãt esloi-
gnez de ses prouinces, &
hors des terres de ses sub-
jets.

Neque Principes, neque
Reíp. sine periculo vti posse auxiliario ac mercenario
militie. *Mac.dif. l.2. c. 20.*

AV mois de Septembre les Ducs de Milan & de Ferrare viennent trouuer le
Roy de France à Aste ville frontiere du Duché de Milan. Ils traittent là par ensemble
de leurs grandes affaires, & prennent resolution sur les moyens de poursuiure & de faire
la guerre à l'ennemy commun. Les Milannois craignans que l'hyuer arriuãt bien tost,
l'armée Françoise ne délogeroit point de
leur contrée, ains y demeureroit iusqu'au
prochain Printemps: supplient le Roy de faire déloger ses troupes : & pour le combler à
vn plus prompt depart, luy donnent vne
grande somme d'argent, qui estoit la seule
cause de sa demeure. Ainsi ils firent en sorte
que leur païs fut déliuré de ce pesant fardeau : & les obligerent pourtant de côtinuer
à leur rendre seruice.

APHORISME XLII.

1. Si come la bonta d'vna Fortezza, consiste più nella forma, che nella materia: così la forza d'vn Esercite, sta più presto nell' ordine, che nel numero ó altra cosa. Reg. Stat. l. 9.
2. Nunquam bonos fortcique milites habebis, nisi hæc duo velut instrumenta adhibeas, delectum & disciplinam. *Lipf. Pol. l. 5.*

Multitudo non vires habet, sed pondus. *Senec.*

Χειρῶν δὲ πολλῶν πολέμῳ, χαὶ τοὶ ὀνομάτων πολλῶν.
Manibus multis non nominibus, opus est in bello. *Synes. ep. 79.*

Peccant hfc qui emunt militem, non legunt. *Gabba in Tac.*

In omni conflictu non tam prodest multitudo, quàm virtus. *Veget. l. 1. c. 8.*

Etiam in multis legionibus, pauci sunt qui prælia profligant. *Tac. An. 14.*

Disciplina maiorum Rêp. tenet: Quæ si dilabatur, & nomen Romanum & Imperium amittimus. *Valer. lib. 2. cap. 2.*
Disce miles militare, Galba est non Getulicus. *Cuspin. 34.*

Sic quod præcipiti via   Certum deserat ordinem,
Lætos non habet exitus. *Boet.*

LA valeur [1] d'vne chose est estimée selon sa qualité, non par sa quantité. Car [2] comme la bonté d'vne forteresse consiste principalement en ce que les parties respondēt l'vne à l'autre en égale distance: & non pas en vne grandeur ou capacité disproportionnée. Ainsi la force d'vne armée ne gist pas tant au grand nombre, qu'en la valeur & bon ordre des combattans. La quantité est souuent supplantée par ces deux auantages, le choix, & le bon ordre.

LEs François auoient cét aduantage dessus leur ennemy. Ils auoient amené quantité de Canons auec eux; instrumens de guerre prefque incognus alors dans l'Italie, & pour cela grandement redoutez. Les soldats à l'élite, & choisis par le Roy : leurs troupes remplies & en bon équipage tant d'armes que de cheuaux : tous gens poussez hors de leur patrie par vn desir de gloire, & l'esperance de leur aduancement. Les Chefs & Capitaines, seigneurs d'illustre naissance, tous subiets naturels de leur Roy. Le Roy luy-mesme en personne parmy eux dedans l'armée : qui les payoit immediatement par ses mains. Et partant loings d'estre corrompus par auarice ou par ambition, & sans crainte qu'autres les peussent supplanter ou aspirer par dessus eux à des charges plus grandes. De l'autre party plusieurs soldats Italiés estoiét tous païsans, ou roturiers, ou vassaux d'autres Princes : dependans entierement de leurs propres Capitaines, auec lesquels ils estoient contraints de s'accorder pour leur solde, comme ceux qui les pouuoient renuoyer ou retenir ainsi qu'il leur plaisoit. De sorte que ny par les loix de la naissance, ny par celles du respect, ils n'auoient aucun extraordinaire subjet de faire bon seruice. Les Capitaines mesmes pour la plufpart n'estans pas les subjets naturels de ceux qui les entretenoient, auoient leurs propres desseins, qui bien souuent estoient tous autres que celuy de leur Prince. Tous possedez de jalouzie les vns contre les autres. Et comme ils estoient mercenaires, aussi leurs côpagnies n'estoient iamais fournies. Bref ils se monstrerent souuent non seulement inconstans, mais encore infideles vers ceux ausquels ils auoient loüé leur seruice.

APHORISME XLIII.

Vn hoste [1] logé au second estage de la maison, est troublé de ceux de dessus par le bruit, par les eaux, & par les ordures : & incommodé de fumée par ceux qui habitent au dessous. En telles incommoditez se trouve pour l'ordinaire celuy qui est neutre entre deux Princes armez. Pour cette cause [2] celuy qui demeure aux confins ou au milieu des deux, & qui est le plus foible, comme il doit de necessité suiure l'vn des partis, aussi doit-il attendre de se declarer entierement

tant

1 *Detto del Re Alfonso côtra i Sanesi, neutrale nella guerra d'Italia : & poi da Soldati dell' vna Fazione, & dell' altra predati.* Ammir. lib. 18.

Questi tali sono tra l'incudine el martello. Inter saxum & sacrum. Prou. Ital.

Mantua væ miseræ nimiùm vicina cremonæ. *Virgil.* Eclog 9.

O malè vicinis hæc mœnia condita Gallis, O tristi damnata loco. —— *Lucan. de Arim. lib. 2.*

2. Inter vtrumque neuter, non media via est, sed nulla. *Liui. lib. 34.*

Ita medium se gerendo, nec plebis vitauit odium Seruilius, nec apud Patres gratiam iniit. Appius verò Patribus mire gratus. *Liui. lib. 19.*

Romanos aut socios habere oportet, aut hostes: me-

tant que le temps luy soit plus propre & fauorable.

dia via nulla est. *Aris. in Liu.*
Si inter se duo potentes confligant, tuam qui attingunt regionem, qualescunque illi fuerint, siue quòd altero debellato, tibi sit à victore timendum, siue non : vtilius semper erit, si te patefacto apertum bellum geras. *Marc. Prin c. 21.*

E meglio cader con vn compagno, ò mettersi in auentura de vincere, dichiarandosi, che à certezza di restar oppresso da chiunque vincerà l'impresa, non si dichiarando. Boter. de Neuttal.

Quod optimum esse dicunt, non interponi vos bello, nihil tam vanum, immò tam alienum rebus vestris est : quippe sine gratiâ, sine dignitate, præda victoris eritis. *Quint. in Liui.*

Quod optimum, atque ex vsu vestræ Reip. (Achiuorum) maximè fore isti Legati Antiochi dicunt (ne vos scilicet hoc nostro bello implicemini) nihil est quod vobis magis sit contrarium. *Mac. Prin. c. 21.*

L es Colonnes qui auoient leurs Estats si proches du Roy de Naples, & partant plus proches du danger s'ils ne se jettoient en quelqu'vn des partis : auoient contracté secrettement auec le Roy de France. Alfonse les sollicite cependant pour les ranger de son costé par tous moyẽs possibles. Eux aussi de leur part l'amusent par des demandes excessiues & entierement iniustes. Luy pour leur oster toute excuse accorde ce qu'ils pouuoient demander. Là dessus ils sçeurent encor temporiser, resolus, disoient-ils, de quitter le seruice des François pour suiure ses fortunes ; iusques à tant que d'Aubigny auec toutes ses forces arriua finalement en Lombardie. C'est alors qu'ils se declarent ouuertement. Ils surprennent la Rocque d'Ostie par les intelligences qu'ils auoient

G

dans cette place auec les Espagnols. Ils deffendent vaillamment Neptune l'vn de leurs ports, assiegé par les forces vnies du Pape & d'Alfonse. Dont ils furent incontinent déliurez, & le siege leué par Camille Vitelle & son frere, que les François leur dépecherent pour cét effect. La où s'ils eussent rompu plustost, les forces de leurs ennemis les eussent ruïnez auant que ce secours fut venu.

APHORISME XLIV.

1. De vita & regno velut ad casum aleæ periclitari, stultitiæ est & vanitatis. *Stobæu.*
Capienda non nisi rebus in arduis, præceps via est. *Sen.*
Nullo loco nisi quantú necessitas cogit, committat se fortunæ. *Liui. 22.*
Paulus Aemilius dixit, per-rarò nimis bonum Imperatorem, signis collatis decertare, nisi summa necessitudo, aut summa ei occasio data esset. *Agell. noct. lib. 13. cap. 3.*
Sono incertissime più che tutte gl'altre attioni humane, gl'euenti della bataglia. *Guicc.*

2. Pridie caueat, ne faciat quod se pigeat postridie. *Plaut. Stich.*
Animus vereri qui scit, scit tutò aggredi. *Publ.*
—— Nec tristibus impar, spaciumque morandi
Nec pro successu tumidus, Vincendique modum, mutatis noscit habenis. *Claudian.*
Fortunam inter dubia, virtutem inter certa numerare. *Tac. de Germ.*

IL n'y a rien qui nous presse de courir vn extréme hazard, sinon vne necessité extréme. Vn sage General ne bastit iamais ses fortunes sur l'experience d'vn iour ; & se garde bien de hazarder ce qui luy reste sur la chance douteuse d'vne bataille : lors que par toutes inductions militaires il void assez qu'il peut venir à bout de son dessein sans coup ferir.

Les deux armées Françoise & Neapolitaine estoient descenduës en la Romagne. Le ieune Ferdinand marche deuers
Imola où l'ennemy estoit campé. D'Aubigni se retire entre le bois de Luge, & la ville
de Columbare, proche la fosse ou gué de
Geniuole tres-forte place. Le Prince Nea-
politain trouuant là du desaduantage déloge d'Imola, & se plante à Toscanelle. D'Aubigny sur le depart des autres retourne vers
Imola, & campe son armée sur la riuiere de
Santerne, entre Luge & S. Agathe, ayant le
Pau à son dos, aduantage beaucoup plus
grand. L'ennemy vient sur la mesme riuiere
prés de Mordane & de Bubane: & se presente au combat en ordre rangé de bataille.
D'Aubigny qui recognoist ses forces ne
veut rien hazarder : L'autre qui redoute son
courage n'ose aussi le forcer: & ainsi se retire
à Balbian hameau de Cotignole. En ce téps
mesme vn grand renfort de troupes & de
soldats arriuerent aux François : De sorte
qu'ils estoient pour le moins aussi forts que
leur ennemy. Ils refusent pourtant de tenter
la fortune ; & les Neapolitains font aussi le
mesme de leur costé. Ainsi ils se persuadent
tous d'eux d'auoir eu l'auantage, & obtenu
la fin qui les amenoit en ces quartiers.   Car

Ferdinand auoit empefché les François de prendre aucune ville en la Romagne, & diuerty leurs deffeins de paffer plus auant pour toute cette année. Et d'Aubigny n'eftoit venu à autre intention que pour empefcher l'armée des Neapolitains d'enuahir la Lombardie. En quoy ils firent le deuoir de braues Capitaines.

APHORISME XLV.

1. Venenum præcipuè infidiatur cordi. *Greuin*. l 2.
2. Facillimè ad res iniuftas impellitur, quifquis eft altiffimo animo, & gloriæ cupidus. *Virg.*
Regnādi dira cupido. *Virg.*
Vrit miferum gloria pectu'. *Senec.*
Maximum cupiditas imperij malum, inter mortales eft. *Liui.l.*28.
Fama,fidei, poftremò omnibus rebus, commodum fuũ anteponunt. *Saluft.Jug.*

L'ambizione è tale infirmità,ne gl'animi humani, che oue vna volta ha fermato le radici , fe non è à viua forza & per neceffità, fuelta nõ gli lafcia mai liberi & fani: Anzi col tẽpo crefcẽdo il male, gli rẽde quafi farnetici : fi che ogni cofa l'ambizioso appetifce, & di niuna fi troua fatollo,non auendo mifura ne freno. Parut.l.2.difc.15.

*L*A poifon' eſt de telle force qu'elle corrompt le fang & l'eſprit, affiege & infecte le cœur par vne contagion venimeuſe , & altere entierement la complexiõ ou difpoſition de celuy qui l'a beu. Tout de meſme l'Ambition empeſtée de dominer eſt d'vne operation ſi puiſſante, qu'encore qu'elle ſe rencontre en vn eſprit de moyenne & douce complexion , elle corrompt neantmoins ces belles qualitez, & le rend entierement dénaturé.

--- *L'ambizioso*   *Ha la natura si sel vagia & ria*
Che mai non empie la bramosa voglia
E doppo il pasto ha più fame che pria.   Arioft.
Heu graue a sortem quoties iniquus
Additur saeuo gladius veneno? *Boet. de Conf.*
——— Heu dulce venenum
Et mundi lethalis honos. ——— *Mapph. Suppl. in Virg.*

Lovys Sforze eſtoit naturellement en-
clin à la douceur, & abhorroit grandement l'effuſion de ſang: & neantmoins l'ambition l'emporta ſi loin au delà de la raiſon
& de ſon inclination naturelle, qu'il n'eſpar-
gna pas la vie de celuy qui eſtoit ſon nepueu
& ſeigneur legitime, laquelle il enleua par
poiſon, ainſi que tout le monde le creut ſur
le raport du fameux Medecin Theodore de
Pauie. Il ſuborna les principaux de l'Eſtat
pour luy en commettre le regime ſous pretexte des temps ſi perilleux. Au commencement il fit ſemblant d'eſtre forcé, & d'accepter cette charge à regret, comme celuy qui
ſe diſoit inhabile, & proteſtoit de ſa foibleſſe
pour ſupporter vn fardeau ſi peſant. Mais ce
pretexte n'auoit point de couleur enuers
ceux qui entendus aux affaires, auoient remarqué ſes menées precedentes, & ſça-
uoient comme il auoit traicté auec l'Empereur long-temps auparauant, à deſſein d'e-
ſtre inueſty de cét Eſtat par l'autorité de
l'Empire.

APHORISME XLVI.

1. Verùm si incipias, neque perficias gnauiter, nihilo plus agas, quàm si des operam, et cum ratione insanias. (Hæc ille de amore, nos idem de bello.) *Terent. Eun.*

Mars communis, & victum sæpe erigit & affligit victorem. *Liui. lib. 28.*

2. Τολμᾶν ἀνάγκη κἂν τεύχω, κἂν μὴ τεύχω. Pugnare necesse est, seu paratus, seu imparatus. *Sent. Græc.*

Infirmi ingenij est, summæ rei diffidere, lapsu aliquo: cum exiguis momentis, subito inclinétur omnia quæ in bello geruntur. *Egef. l. 4. cap. 2.*

Omnia experiri oportet, more Anguium, qui obtrito capite, postremó caudâ minantur. *Flor. l. 1. c. 5.*

Et fractis rebus violentior vltima virtus. *Sil. l. 1.*

Celuy¹ qui chargé de riches marchandises entreprend vn voyage sur mer: doit se resoudre de bonne heure contre les vents, les tempestes, & tous autres accidens qui pourroient se rencontrer en sa course. Vn Prince engagé dans vne grande action doit luter auec toutes les difficultez, plustost que de quitter son entreprise. Il seroit plus expedient dés le commencement de preuoir & de preuenir les dangers, ou au moins de ne rien entreprendre: Mais estant vne fois embarqué² soit à perte ou à guain, il doit auec vne confiance Cesarienne au Rubicond, & resolution Spartane, poursuiure son dessein auec l'espée, ou mourir par l'espée. Car en ce-

cy il met ses fortunes & son courage à l'espreuue, mais en l'autre il expose son honneur à vne honte & perte manifeste.

H' πάνὴ ὅπι τᾶς. Aut hanc aut super hanc. Laconicaru mulierum dictum, viris suis in bellum proficiscentibus. *Plut. Apoph.* *Oʒar morir da la vida.* Prou. Hisp.

LE Roy de France estant arriué à Plaisance se trouue court d'argent, ne découure aucune reuolte ou innouation en sa faueur, apprend certainement que Sforze ne retourneroit plus à luy. Toute sa Cour a en soupçon la foy de ce nouueau Duc, & en horreur le crime commis sur son nepueu. Ils estiment que le Roy est grandement abusé, & son honneur en danger : comme ainsi soit que sa venuë en ces quartiers rendoit asseuré & impuny vn si detestable parricide. Ils luy persuadent donc tous ensemble de retourner presentement en France. Sur quoy le Roy demeure quelque temps en suspens, ainsi que le Romain à la riuiere ; iusques à ce qu'en fin il se resout de poursuiure son entreprise, quoy qu'il peût arriuer : Ce qu'il fit d'autant plus prudemment, que son retour estoit plein de grandes difficultez, & accompagné d'vne honte plus grande.

APHORISME XLVII.

1. Miſcere omnia & priuata vulnera, Reip. malis operire ſtatuunt. *Tac. Hiſt. l. 5.*

Pars, quæ domeſtico certamine inferior eſt, externo potiùs ſe applicat, quam ſi cedat. *Liu. l. 34.*

Honores, quos quietà Repub. deſperant perturbatâ conſequi poſſe arbitrantur. *Cic. Cat. 2.*

Les traiſtres ſont bien venu prés de ceux qui tirẽt grã l profit de leurs trahiſons. Amy. Plut. Artax.

Touſiours les mutins veulent auoir moyen de ſe nourrir en leurs inſolences. Id. Dion.

2 Proditores, etiam iis quos anteponunt, inuiſi ſunt. *Tac. An. l. 1.*

Leui poſt admiſſum ſcelus gratia, dein grauiore odio. *Tac. An. 14.*

Προδιδόντας φιλεῖν, προδεδωκότας μισεῖν. Amare ſe prodentes, odiſſe verò qñ prodiderint, dixit. *Antig. apud Plut.*

L ES *hommes* [1] *qui ſont en diſgrace auec l'Eſtat de leur païs, & ſe voyent deſcheus de leurs fortunes paſſees, en depoſent aiſement la vengeance és mains des ennemis communs de leur patrie. Pour ce ſubjet comme ouuriers mercenaires ils offrent leurs ſeruices à quiconque les veut receuoir. Et entreprennent de remuer ſelon l'inclination des autres, non pas* [2] *pour le bien ou profit de ceux qui les employent : mais en l'eſpoir de leur aduantage particulier.*

L AVRENS & Iulian de Medicis releguez dans leurs maiſons des champs allerent en cachette par deſſus l'Apennin trouuer le Roy de France. Ils le ſollicitent de prendre ſon chemin de Naples par Eſtat de Florence. Ils l'aſſeurent de la deuo-

tion du peuple, & de leur particuliere affection à sa Courône. Le Roy eut peu prendre
par la Romagne au Marquisat d'Ancone,
& de là par la riuiere de Trente en l'Abruzze, qui est l'vne des Prouinces du Royaume
de Naples. Aussi bien les forces qu'Alfonse
auoit assizes en ce chemin n'estoient pas assez puissantes pour faire teste à son auant-
garde conduite par d'Aubigny: neantmoins
il se resoult d'aller par la Toscane & les territoires de Rome. Estimant beaucoup plus
auantageux à sa gloire, de marcher auec enseignes déployées par le milieu des terres
ennemies, que de leur donner subjet de se
vanter que la crainte l'auroit chassé par vn
autre chemin. Mais outre tout cela fondé
sur l'vn des principaux fondemés de la guerre, il ne vouloit pas porter son armée & ses
armes si loin, en laissant à son dos ses places
mal asseurées par son absence.

APHORISME XLVIII.

L'Orateur place ses plus fortes raisons au commencement de sa harangue, pour persuader & confirmer ceux

Instādum famæ: nam prout prima cesserint, succedent vniuersa. *Tac. L. 12.*

La reputaZione & la fama, importano assai in ogni nostra operaZione, ma principalmente, nelle cose della guerra. Par. l. 1. dif. 2.

Principibus præcipua rerū
ad famam dirigenda. *Tac.*
An. l. 3.
Famâ bella conſtant. *Curt.*
lib. 8.
Fama bellum conficit, &
parua momenta in ſpem,
metumue impellūt animos.
Liui. l. 27.
Non minùs famâ quàm vi,
ſtant res Principum. *Tacit.*
An. l. 3.
Eſtre en bonne opinion entre ſes
ennemis, ſert plus que grand for-
ce. Amy. Plut. Gracch.
La bonne reputation d'vn Chef,
eſt cauſe d'vn grand bien pour
ſon armée. Id. Phocion.

qui l'écoutent auec plus d'efficace. De meſme vn General deuroit employer toutes ſes meilleures forces en la premiere piece qu'il attaque : afin d'animer ſes ſoldats, & donner de la reputation à ſon entrepriſe. Car les premieres actions font les plus profondes impreßions ou de crainte ou de courage. C'eſt pour cela qu'au premier coup d'eſſay il doit mettre ſa reputation en telle eſtime vers les ſiens & vers ſes ennemis, qu'ils n'ayent plus que des langues pour en publier la gloire.

L'Armée des Frãçois eſt arriuée en Toſcane par le chemin de Pontremole aſſis aux pieds des montagnes ſur la riuiere de la Magre, laquelle diuiſe cette contrée d'auec la Ligurie. Elle doit paſſer par Serezzane qui eſtoit vne ville aſſez forte d'aſſiete & de rempars, mais foible de garniſon, & d'autant moins puiſſante à ſe deffendre, qu'elle auoit vn Gouuerneur de biē petite authorité & de moindre credit. Le rocher de Serezzanelle

esleué au plus haut de la ville, estoit vne piece
imprenable , s'il eut esté aussi bien fourny
d'hommes comme il estoit assis à l'auantage
en vn détroit escarté entre l'Apennin & la
mer : par où il estoit capable d'incommoder
beaucoup l'armée par ses courses iournalie-
res, & l'arrest des prouisions. Le Roy eut
peu laisser ces deux pieces en derriere sans
les attaquer : & poursuiure son voyage de
Naples par Pise ou par quelque autre place
d'importance en l'Estat de Florence, qu'il
eut enleué par le chemin. Mais ce Prince
voulant releuer le courage de ses soldats,
donner de la reputation à son armée, & faire
croire au monde qu'il n'y auoit rien d'assez
puissant qui peût subsister deuant luy, outre
la crainte qu'il eut que ses ennemis ne pris-
sent la hardiesse de s'opposer à ses armes par
cet endroit & cet exemple; il se campe deuãt
la place auec resolution de n'en partir iamais
qu'il ne l'eut emportée.

APHORISME XLIX.

L E lac ¹ de la contrée
Salentine est tous-
iours plein iusqu'aux
bords , sans qu'il se dégor-

¹. In Salentino iuxta oppi
dum Manduriam , lacus est
ad margines plenus : qui neque exhaustis aquis minui-
tur, neque infusis augetur.
Plin. l. 2. c. 103.

2. Is demum vir erit cuius
animum nec prospera statu
suo efferant : hec aduersa
infringant. *Liui. l.* 45.
Aequam memento rebus in
arduis
Seruare mentem:non secus
in bonis
Ab insolenti temperatam
lætitiâ. *Horat.2. Car.3.*
Si nihil possis sperare, des-
peres nihil. *Senec.*

3. Calamitas querula est, &
superba fœlicitas. *Liui.l* 44.
Rebus secundis auidi, ad-
uersis incauti. *Tac. An. l. 1.*
Sunt molles in calamitate
mortalium animi. *Tac.l.1.*
Quem res plus nimio dele-
ctauere secundæ
Mutatæ quatient. -- *Horat.*
Casibus aduersis fractâ qui
mente recumbit
Fortunæ ignorat dexte-
riore frui. *Faust.*
Humilis & paruus animus,
prosperitatibus effertur:ad-
uersis autem rebus depri-
mitur. *Epicar.*
Εὐτυχῶν ὑπερήφανος, ἀπο-
ρῶν ταπεινός. Superbiens
secundis, deiectus aduersis.
Thucyd.
Πρὸς μὲν τὺς ταπεινοτέ-
ρυς καταπληκτικότατος, ἢ
ἑλμηρότερος: πρὸς δὲ τὺς
ὑπερέχοντας κολακικότατος.
Aduersus inferiores seue-
rus maximè,& superbus,er-
ga superiores imprimis a-
dulator. *Polyb.*

ge iamais pour toutes les eaux qui s'y écoulent, ny qu'il se diminuë pour toutes celles qu'on en puisse puiser. Telle est [2] la nature d'vn homme qui porte le tiltre de constant, & est resolu en effect à l'vne ou à l'autre fortune. Au contraire [3] celuy qui ne porte pas sa prosperité auec moderation & prudence, ains est bouffy comme vn balon du vent de son ambition; il est bien difficile qu'il monstre dans l'aduersité quelque peu de constance ou de courage. La moindre picqure de quelque legere afflictiõ vuide son cœur de toutes ses esperances. Et semblable au pilote inexpert abbatu à chaque petit orage, il coupe ses cables & ses masts qu'il jette dans la mer d'vn entier desespoir, au lieu qu'en repliant quelques-vnes de ses voiles auec vn peu de resolution il pourroit remedier à la tempeste.

PIERRE de Medicis sans aucune necessité ou auantage de son Estat s'estoit lié aux fortunes d'Alfonse, auoit auec mespris rejetté le conseil des plus graues citoyens, auoit grandemēt prouoqué les armes & l'inimitié de Frāce & de Milan, auoit imprudemment manqué de fortifier sa contrée & rendre les passages plus asseurez, auoit obmis de leuer des soldats, & faire prouision d'armes, auoit dormy sans soin dans vne profonde nonchalance : & auec tout cela il auoit encor le courage de se glorifier vainement en son asseurance. Mais maintenant que le sort a conduit les forces de la Frāce à sa porte, que le secours de l'Arragonois estoit encor bien esloigné, & qu'il se void luy-mesme destitué de toute aide possible : il cherche de la main de ses ennemis ce qu'il ne pouuoit auoir de celle de ses amis. Il achete la paix & la protection de son Estat auec des soumissions bien grandes, & à vn bien haut prix. Il donne Serezzane, Serezzanelle, & Pierre-Sainte pour caution de sa foy, iusqu'à ce que le Roy retourna de ses conquestes de Naples. Il luy promet mesme de luy faire prester cent mille ducats par la Cité de Florence, & de luy consigner les forteresses de Pise & de Liuorne entre ses mains. En fin Medicis estoit re-

duit à tel poinct qu'il en eut quitté dauantage, si le Roy les luy eut demádé : au lieu qu'-
auparauant il eut esté bien aise d'auoir l'amitié de ce Prince, & l'alliance des François,
sur des conditions bien moindres & plus faciles.

APHORISME L.

1. Finis alterius mali, gradus est futuri. *Senec.*
Il più delle volte, l'Auuer-
sita, non vanno sole. Guic.
I mali non vengono mai
scompagnati. Guazz.
Vim fortunæ reputa, & om-
nia quæ agimus, subiecta
esse mille casibus. *Liu. l. 30.*
Quotidie experimur, quàm
caduca fœlicitas sit. *Curt.*
l. 8.
Cuncta mortalium incerta:
quantóque plus adeptus sis,
tanto magis in lubrico te
censeas. *Tac. Ap. 1.*
Quem dies vidit veniens
superbum
Hunc dies vidit fugiens ia-
centem. *Senec. Thyest.*
Si tost que l'aduersité a cómencé
à saisir vn homme au colet, elle
continue ses secousses, par les-
quelles il ne tombe pas à la pre-
miere, ny à la seconde : mais en
fin il est contraint de prendre le
saut, Amy. Plut. Agis.

VN' méchef ne vient
iamais tout seul ; les
maux, comme des bœufs
au ioug, sont accouplez
l'vn à l'autre. Quelquefois
en cette marée d'infortune
les hommes sont en peu de
iours couuers de tant de dom-
mages & de troubles,
qu'à peine en peuuent-ils é-
chapper dans la suitte de
plusieurs années. Et c'est
pourquoy ils en veulent aux
Astres, ils crient contre la
fortune : & leur reprochent
sans cesse d'estre si riches
de leurs faueurs aux vns,
& si prodigues aux autres.
Où au contraire les Astre

doiuent pluftoſt ſe plaindre
d'eux, qu'ils ne ſont iamais
contens, quelque bien que le
Ciel leur enuoye, ny portez
à l'amendement pour toutes
ſortes de deſaſtres dont ils
ſont chaſtiez. Mais [2] *l'hom-*
me ſage par ce moyen gou-
uernera les Aſtres, & leur
ſera ſuperieur, en receuant
tous les preſens duCiel par les
mains d'vne ferme conſtãce.

[2]. Sapiens pol ipſe fingit fortunam ſibi. *Plaut. Trin.* Sapiés dominabitur Aſtri·. *Prou. Lat.* Fortuna ius in hominis mores non habet. *Senec. Sent.* Fatum congruere rebus putant, ſed non è vagis ſtelli·, verùm apud principia & nexus naturalium cauſarũ. *Tacit. Au. l. 6.* Si in ſecundis rebus bonam quoque mentem darét Dij, non ea ſolùm quæ eueniſſent, ſed etiam quæ euenire poſſent, reputaremus. *Liui. l. 30.*

ALFONSE faillit ſon coup au ſiege de Neptune, ſes forces furent grandemét affoiblies au Port de Venus, & ſe vid en meſme temps forcé d'abandonner l'entrepriſe de Liuorne. Son eſtroit allié Medicis l'auoit quitté au beſoin, & fait ſa paix auec le Roy de France, auec le Seigneur d'Immola & de Furli. Il auoit perdu la forte ville de Mordane, & ſes troupes fatiguées ſans fruiſt au voyage de la Romaigne, ſ'eſtoient retirées par le chemin de Rome dans le Royaume de Naples. Ces deſaſtres ſ'entreſuiuirent immediatement les vns les autres ; & comme ſi la fin d'vn malheur eut eſté le commencement d'vn autre, l'vn n'eſtoit pas ſi toſt finy que l'autre recommençoit. Iuſques à tant

que par fa fuïte hors de fon propre Royaume, comme par vne deplorable cataftrophe,
il fut contraint de voir finir la tragedie de
toutes fes triftes infortunes.

APHORISME LI.

1. Tales ifti potentiam fuà
non benè ferunt., & ideo
nec diu ferunt. Lipf.Pol.l.3.
Parcè vtere poteftate tua,
vt diù vtare. Sen.de Irâ.
Vide ne dum ad cacumen
venire contendis, vnà cum
ipfis ramis quos deprehen-
dis decidas. Curt.
Vide ne quantò altiùs ela-
tus es, hoc fœdiùs corruas.
Liui. l. 21.
In fecundis rebus nihil in
quemquam fuperbè, ac vio-
lenter confulere decet, nec
præfenti credere fortunæ,
cùm quid vefper ferat, incertum fit. Liui. l 45.
Impone fœlicitati tuæ fræ-
nos, faciliùs cam reges.
Curt. l. 7.
Arbores magnæ diù cref-
cunt, vna hora extirpantur.
Scyth. Alex.

2. Non fi può dir precetto
meglio, quando fi vuole ri-
mediar à vno inconuenie-
te, il quale fia fotto in vno
ftato, per la molta potenza,
& autorità d'alcuno, che
di mozzargli quelli mozzi
autorità peruenina. Ammin.li. 5.
Καὶ τις ἰδίᾳ ποιῆται, πρὸς ἥγα εἰρήνην, ἀπὸ λεμηοι, αἰεν τῇ κοινῇ, θανα-

LES deportemens in-
folens de quelques
Citoyens de marque
dans vn eftat libre contre
quelque perfonne ou famille particuliere, font fuppor-
tez par vne longue patience ; à caufe de la faueur du
peuple, & le nombre de
leurs amis. Mais quand
ces fautés viennent vne
fois à toucher le public, &
preiudicier au bien general
de toute la Republique ; a-
lors chacun eft fenfible du
tort, & porte la main fe-
courable à la cheute & au
danger de fa patrie.

Pierre

ϛ ἴϛω ζημία. Si quis priuatim, sine publico scito, pacem bellumue fecerit, capitale esto. *Plat. de Leg. lib.* 12.

Pinnas his incisas oportet, ne pollint renasci. *Cic. 4. Attic. 1.*

Populus leuiter alicuius rei satur, & qui in huius societatem se adiungit, miser est. *Plato.*

La fureur des peuples est à craindre à ceux qui sont leurs chefs, si en tout ils ne leur complaisent. Haill. Hist. l. 2.

Il sentit bien que la foy des peuples sent mal, & qu'il ne faut se parfumer de drogue si puante. Id. l. 3.

PIERRE de Medicis auoit commis infinies insolences contre plusieurs particuliers du peuple, & mesme de la noblesse. Et neantmoins cela ne fut iamais capable d'arrester le courant de sa grandeur, iusques à tant qu'il eut fait ce traicté de paix, & contracté amitié auec le Roy de France: car comme cela estoit tres-preiudiciable à sa patrie, sans le consentement des autres Magistrats ou principaux Citoyens, sans aucun decret du Conseil, sans commission de l'Estat: Ce fut alors que la playe ne peut plus aucunement estre pensee ou paliee. Toute la Cité le condamne, ses amis ne l'osoient excuser, les communes s'émeuuent & s'encouragent à dessein de recouurer leur liberté, Iacob Nerli le repousse hors de la chambre du conseil comme il se presentoit pour y entrer. La Cité se leue en armes, le Senat le proclame rebelle, & il est contraint de s'enfuïr auec Iean & Iulien ses deux freres. Laissant ainsi l'illustre famille des Medicis en vne

H

manifeste ruïne par l'infolence & fierté d'vn
feul ieune homme de la maifon, laquelle par
foixante ans continuels auoit eu la principale direction au maniment des affaires publiques, & par plufieurs annees auparauant a-
uoit fleuri en toute abondance de richeffes,
d'honneur, & de reputation.

APHORISME LII.

1. Satis eft fi hoc habemus,
ne quis nobis malefacere
poffit. *Aug. in Sues.c.51.*
Multorum , quia imbecilla
funt, latent vitia : non minùs aufuri cùm illis vires
fuæ placuerint. *Sen. Ep. 42.*
A caffa aperta il giufto pecca.
Pro. Ital.

2. --O reges, ne rumpite fœ-
dera pacis:
Nec Regnis poft-ferte fidé.
Sil. l. 12.

3 Dulcis inexpertis cultura
potentis amici,
Expertus metuet.-- *Horat.*
Aliqui fufpectum habent
Regum nomen, vt fraudu-
lentum in pactionibus.
Dion. Halic.
Nam quanquā foli poffunt
prodeffe potentes
Non profunt potiùs plu-
rimùm obeffe folent.
Ouid. Trift. 2.
Nulla ciuitatibus aduersùs
Tyrannos melior cautio eft
diffidentiâ. *Plut. Reip. Ger.*
825.

A LORS [1] *fait-il feur
de fe confier à quel-
qu'vn , quand nous recher-
chons tous les moyens de
rompre. Car , ainfi que dit
le prouerbe , vn homme de
bien peut difficilement tenir fa main fermée s'il
trouue vn coffre ouuert.
C'eft [2] pourquoy comme c'eft
vne tache bien grande à
l'honneur d'vn Prince , de
ne point garder fa parole,
auffi [3] n'eft-ce pas vne moindre infamie à la fageffe
d'vn Eftat, lors qu'il foup-
çonne quelque remuement,
de ne le point preuenir &*

chercher les moyens de le rompre ; ou de ne prendre des pleges d'entre les subjets mécontens & suspects, aussi bien en temps de manifeste défiance, qu'auparavant en cas de moindre danger.

Aut huc incluti ligno, &c.
Aut hæc in nostro, &c. Aut aliqui latet error, &c. Quicquid id est, timeo Danaos. *Æneid.* l. 2.
Nec cito credideris, quantùm cito credere lædat. *Senec.* Ep. 3.

CHARLES VIII. arriué en la ville de Pise, y trouue les Citoyens qui souspiroient auec larmes de se voir sous le joug de Florence, & imploroient auec affection l'assistance du Roy pour rompre leurs liens, & les affranchir de cette seruitude. Sa Majesté ne manqua pas de se laisser toucher à leurs cris, & leur accorder leur requeste. La compassion l'emporta par dessus les articles du dernier traicté de Serezzane. Car cette ville deuoit estre consignée és mains du Roy seulement iusques à son retour de Naples, auquel téps elle deuoit estre renduë aux Florentins. Les Pisans se voyans desormais affrāchis sous la protection du Roy, prénét incōtinét les armes, abbatent les écussons & les enseignes de Flwith toutes les places de la Cité, & se remettent en la liberté premiere. Les Florentins ne peuuent aussi s'excuser d'vne grande imprudence en cette affaire. En tou-

tes les occasions du passé, ils auoient tousiours douté de la fidelité des Pisans, & eu
crainte de leur reuolte: Ce qu'ils deuoient
d'autant plustost apprehender alors, que le
temps estoit beaucoup plus perilleux, auquel
par toute bonne police il estoit de leur preuoyance d'auoir enleué de bonne heure les
principaux Citoyens de la ville, & mis en
leur place vne bonne & forte garnison de
soldats estrangers.

APHORISME LIII.

1 La Liberté est vn breuuage qui empoisonne les entendemens des hommes. Haill. Ell. l. 2.

Le nom de Liberté est la plus belle, la plus douce, & la plus tromperesse chose du monde. Id.

2 E' permesso a ciascuno, à desiderar di venir à meglior fortuna: Ma deue anco ciascuno tollerare quello, che la sorte gli ha dato. Guicc.

Quoy qu'on dise qu'il soit loisible à vn vassal de s'exempter de la subiection de son Seigneur s'il est maltraicté par luy: Cela s'entend de l'arriere vassal, qui a recours à son Seigneur souuerain, & non pas du vassal lige. Bodin. Rep. l. 5.

Nimia licentia semper euadit in aliquod magnū malū. Terem. Adel.

NONIVS [1] *choisit plu-stost de perdre ses hon-neurs & toutes ses fortunes, que de quitter son Opale à Marc-Antoine. La liberté ne doit pas estre de moindre estime, puis qu'elle est d'vn prix beaucoup plus excellent. Vne chose si douce & pre-cieuse merite bien que nous quittions tout ce que nous auons, & que nous courions toutes sortes de perils pour nous asseurer en la possession d'icelle. Cela [2] pourtant se* doit faire sans heurter ny la Iustice lors qu'on attente contre vn Souuerain legitime, ny la raison lors que les moyens de la conseruer ne sont pas si aisez ny si grands que ceux de l'acquerir.

Quidam vt imperium euertant libertatem præferunt: si peruerterint ipsam aggredientur. Tac. An. 16.
Ne contumaciam cum pernicie, potiùs quàm obsequiũ cum securitate, malis. Tac. Hist. 4.
Fallitur egregio quisquis sub Principe credit Seruitium : Nunquam Libertas gratior extat, Quàm sub Rege pio. —— Claudian.

LE Duc de Milan auoit complotté la reuolte de Pise auec certains Citoyens qui en estoient bannis ; estimant que c'estoit là le moyen & le chemin plus court pour se rendre maistre de cette ville : ne voyant pas aussi que ce dessein seroit la source de toutes ses infortunes. Ces mécontens s'accordét à son intentiõ, & font reüssir l'entreprise. Mais ils ne consideroient point d'vne part la foiblesse de la Cité, le peu de peuple qui y restoit, la pauureté des habitans : & de l'autre ne pesoient pas les richesses des Florentins, les forces de leur Estat, & leur resolutiõ determinée de ne iamais lascher ou quitter cette place. Ils ne preuoyoiët pas la certitude d'vne guerre continuelle, l'incertitude de leurs amis qui fuyoient, & finalement qu'aucun Prince ne se jetteroit iamais dans leur foible party, qu'à dessein d'en enuahir la Seigneurie, & de se rendre absolu dessus eux.

Bref ils fermerent les yeux à beaucoup d'autres difficultez que le malheur fit éclorre en apres à leur propre & extréme ruïne.

APHORISME LIV.

1. Crocodilus satur, & semper esculento ore in littore somno datus. Trochilum Inuitat ad purgandum dentes. In qua voluptate somno pressū conspicatus Ichneumon, per easdem fauces vt telum aliquod immissus, erodit aluum. *Plin. l. 8. c. 25.*

2 Inter scopulos, quibus illidi ac frangi Reip. Nauis solet, prima mihi fiducia occurrit. *Lipf. Polit. l. 3*
Tales isti, contemnendis, quàm cauendis hostibus aptiores. *Tac. Hist. l. 4.*
Multi, dum se tam magnos quàm audiunt, credunt, attraxere superuacua, & in discrimen rerum omnium peruentura bella. *Senec. de Beneu. l. 6. c. 30.*
Prepoperi & feraces semper incauti, grati tantùm vulgo: Nam stolidis aut barbaris cunctatio vilis. *Lipf. Pol. l. 5.* Μετ' ἀσφαλείας μὲν δυ-ξάζυσι, μετὰ δέυς δὲ ἐν τῷ ἔργῳ ἐλλείπυσι. Cum supina fiducia sententiam dant, in reipsa trepidantes deficiunt. *Thucyd. l. 1.*
3 Nimis homo nihil est, qui piger est. Nam vigilare decet hominem, qui vult sua tempore conficere negotia. *Plaut. Rud.*

Pendant[1] que le Crocodile s'endort la bouche ouuerte dessus la riue, le rat Indien se jette comme vn dard dans son ventre, & luy ronge les intestins. Le[2] malheur entre ainsi par les portes ouuertes de l'asseurance. La confiance que nous conceuons de nos forces, la crayance que nous auons de l'honnesteté d'autruy, engendrent cette negligence si grande. Il n'y a[3] que la prouidence qui veille sur les actions des amis, & sur les desseins des ennemis, laquelle preuient heureusement, & diuertit par sa conduite tous les plus imminens dangers, sçachant que la Nef d'vn E-

ſtat ne ſe briſe iamais auec vn tel deſordre que contre les rochers de la confiance & du mépris.

Metiri ſua regna decet, vireſque fateri. *Lucan. 8.*
Quicquid eſt incoctum, non expromun: , benè coctum deunt, *Plaut Mil.gl.*
Πλ͂ερις δ᾽ ἀγαθειρῶς κ᾽ ἀποστείαι ὤλεσαν ἄνδρας.

Credulitas pariter ac diſſidentia, perdiderunt homines. *Heſiod.l.1.*

CHARLES VIII. comme amy reconcilié depuis peu auec l'Eſtat de Florence, approche de la Cité auec toute ſon armée. Il auoit meſme commandé nouuellement à d'Aubigny de le venir joindre auec toutes les troupes qu'il auoit en la Romagne. L'artillerie luy manquoit ſeulement, laquelle pour faire plus grande diligence il auoit laiſſee à Caſtro Caro. Le Roy entre dans Florence armé à cheual auec ſa lance ſur la cuiſſe, & demande ouuertement la Seigneurie de la Cité, alleguant que ſelon les ordonnances militaires du Royaume de France, il l'auoit legitimement acquiſe, puis qu'il y auoit fait ſon entrée en cette façon guerriere. L'Eſtat recogneut en cela vn trait de ſon eſprit ambitieux; mais il eſtoit trop tard pour luy empécher l'entrée de la ville. Toutefois côme ils n'auoient pas attendu moins de ſon courage, auſſi auoient-ils donné ordre qu'il ne leur arriua pis. Pour cette cauſe ils auoiét pourueu de bonne heure que les principales places & maiſons de la ville fuſſent remplies

H iiij

de gend'armes; qu'au moindre tumulte on ſonneroit la groſſe cloche du Palais, & que ſur cette alarme tous les ſoldats y deuoient venir au ſecours. Le Roy eut bien toſt auis de ces choſes, & apres auoir recogneu leur preuoyance à la conſeruation de leur ville, il quitte incontinent la pretention de Seigneur, & traicte auec eux d'vne parfaicte Ligue ſur des conditions plus moderées.

APHORISME LV.

I Πολλοὶ βασιλέως ὀφθαλμοὶ, ⁊ πολλὰ ᾦτα. Multi Regis oculi, multæ aures. *Xenoph. Pæd. l. 8.*
An neſcis longas Regibus eſſe manus, *Ouid. Ep. Hel.*

2 Σύμβυλος ἱερὸν χρῆμα. Conſultor res eſt optima. *Plat. in The.*
Ἱερὸν ἀληθῶς ἔςι ἡ Συμβυλέια. Sacra res eſt Conſultatio. *Senec. Gr. Eraſm.*
⁋Τὸ βυλεύεϲθ τῶν πeϱὶ τῶν αὐθϱώπων ᶜ ᴅιδυπαϱϲ᷑ϲτι, Deliberatio & conſultatio cũ aliis, diuiniſſima res eſt inter homines. *Ariſt. Pol. l. 4.*
Nullũ magis Sapientia argumentum in Principe, quàm ſapientium virorum delectum habere, vt eorum conſiliis frui poſſit. *Bodin. Rep. 3.*
Vt alienis conſiliis potiùs quàm ſuis ſapere, ac res ge-

LES Princes [1] ont beaucoup d'yeux & des longs bras : parce que leur entendement eſt éclairé de pluſieurs; & leur puiſſance s'eſtend iuſqu'aux regions plus reculées. C'eſt pourquoy [2] comme rien ne leur eſt ſi neceſſaire que de ſages Conſeillers auſſi bien que des Officiers fideles: Ainſi n'y a-il rien de ſi perilleux [3] pour eux que d'auoir de telles gens, qui dreſſent leurs conſeils ou actions à leur propre intereſt,

& au detriment de celuy de leur maistre.

rere consuesceret. Sic Ludouicus 11. Carolum filium institui voluit, *Id. f* 372.

3 Pessimum veri affectus, & judicij venenum, sua cuique vtilitas. *Tac. Hist. l.* 1.

Priuatæ res semper offecere, officientque publicis negotiis. *Lin. l.* 22.

Auro pulsa fides, auro venalia iura,

Aurum lex sequitur, mox sine lege pudor.

Ipse decor recti, facti si præmia desint,

Non mouet, & gratis pœnitet esse probum. *Ouid. Pont.* 2.

Priuato viui bonum publicum postponitur. *Tac. An.* 6.

LE Roy de France se laisse toucher à la compassion vers Pierre de Medicis, pour moyenner son retour en sa patrie. Quelques-vns de son Conseil luy persuadent à cet effect que sa presence seruiroit de beaucoup à l'auancement de ses affaires. Pour ce sujet il luy escrit auec affection, & l'asseure de son restablissement en sa ville & en tous ses honneurs. Medicis reçoit ces lettres à Venise, & demeure long temps en suspens parmy l'esperance de son retour desiré, & la crainte de tomber ez mains de ses ennemis. Il communique cette affaire au Senat, & en demande leur avis. Mais comme il n'y auoit rié qui leur fut plus desagreable, rien qui fut plus preiudiciable au bien de leur Republique: recognoissans d'autre part quel grand bien le Roy receuroit de sa presence en sa patrie : ils le dissuadent d'y aller, sur des raisons aussi foibles comme leur interest estoit grand. Ils luy representent quelle

folie ce feroit de fe mettre en la puiffance &
fe rendre à la mifericorde de ceux qu'il auoit
fi grieuement offencez. Luy confeillent d'attendre vne occafion plus commode, offrent
de s'engager en fa querelle, & promettét que
quand le temps y fera propre, ils emploierôt
toutes leurs forces pour le reftablir auec plus
d'honneur & de gloire. Il encline à ce confeil, refufe les offres du Roy, & fe refout de
faire fa demeure durant fon exil dans la ville
de Venize.

APHORISME LVI.

1 Plin. per totum lib. 8.
2 Cunctatione opus nõ eft,
vbi perniciofior fic quies,
quàm temeritas. Tac. An. 1.
Confilia calida & audacia,
in omni adminiftratione
damnãda: at in nouo aliquo
au: fubito difcrimine, vtili-
ter & neceffariò fæpe adhibenda. Lipf. Pol. 3.
Inter ancipitia, deterrimũ
eft media fequi. Tac. Hift.
lb. 3.
Plerique hîc peccant: & in
rebus afflictis, nec proui-
dent fatis, nec audent. Id.
ibid.
Che fpeffo auuien, che nê
maggior perigli,
Sono i piu audaci, gl'otti-
mi configli. Taffo. Cát.
6.
Si quis Princeps ab alio
quippiã impetrare cupiat,

De tous les elemens le
feu eft d'vne plus fub-
tile & noble nature. De
tous les animaux ceux-là
font les plus braues & guerriers qui font non les plus
grands & les plus forts
comme l'Elefant, le Cha-
meau, le Taureau, l'Autru-
che, la Baleine: mais d'vne
difpofition plus vifte, cou-
rageufe & ignée ainfi que
le Lion, le Cheual, l'Aigle,
le Daufin. Tout de mefme

és actions des hommes cel-les-là sont les plus nobles qui sont les plus remplies de courage & de braue re-solution : Car elles reüßis-sent le plus souuent és cho-ses mesmes, où le conseil, la sagesse, la force, & tous au-tres moyens defaillent, & ne peuuent rien faire.

cuius multum interfit, tunc sæpe commodissima est ea occasio, quæ ei à quo petis nullum deliberandi spatiũ concedit:sed potiùs illi resp ondendi subitam neces-sitatem imponit: & præsens periculum demonstrat, si negatur id quod petitur. *Maxi. l. 3.*

Audendum est aliquid si vis esse aliquid. Audaces fortu-na iuuat. *Adag. Erasm.*

Non ignauia magna impe-ria continentur, sed virorũ armorumque faciendum certamen. *Tac. An. 15.*

Sæpe fit, vt impetu quodam & audacia, obtineatur id, quod legitimè progredienti nunquam con-tigisset. *Maces.*

Agendo audendoque res Romana creuit non his segnibus consi-liis : quæ timida vocantur. *Liui. l. 32.*

In rebus asperis & tenui spe, fortissima quæque consilia tutissima sunt. *Liui. l. 25.*

Capienda rebus in arduis, præceps via est. *Senec. Agam.*

Semper in prælio his maximum periculum est, qui maximè timent. *Salust. Jug.*

L ᴇ s Florentins traictent auec le Roy de France des conditions de leur paix. Les demandes du Roy sont estimées trop dérai-sonnables, sans qu'il voulut rien changer de tout ce qu'il auoit proposé. Pierre Cappon gentilhomme d'illustre maison, & l'vn des quatre Commissaires de Florence ; arrache le papier des articles, hors les mains du Se-cretaire François, le déchire deuant les yeux du Roy, adioustant auec vne haute & forte voix:Puis qu'on nous demande des choses si deshonnestes, vous sonnerez vos trompet-

tes au combat , & nous allõs faire ſonner nos
cloches. Car la groſſe cloche du Palais leur
ſeruoit de toxin pour l'alarme : & là deſſus il
ſe jette hors de la chambre auec les ſiens. La
braue reſolution de ce courage boüillant fit
fondre les glaçons que la froideur de l'oſti-
nation auoit gelé dans la poitrine du Roy de
France. De ſorte qu'incontinent il modera
ſes demandes, & les reduiſit à de plus raiſon-
nables conditions. Voicy les articles qu'ils
accorderent entre eux. Qu'il y auroit vne
oubliance reciproque de toutes les iniures
paſſees. Que Florence ſeroit amie, confede-
ree, & en perpetuelle protection de la Couronne de France. Que le Roy tiendroit entre ſes mains Piſe, Liuorne, Pierre-ſaincte,
Serezzane, Serezzanelle, iuſques à ſon retour de la cõqueſte de Naples ; auquel temps
il les rendroit aux Florentins, ſans leur impoſer aucune charge. Que cependant les Florentins en auroient la iuriſdiction, ſeigneu-
rie, & le reuenu comme ils auoient accouſtu-
mé. Que la conqueſte ſeroit eſtimée parfaicte, alors que le Roy auroit pris la ville de
Naples, ou bien fait vne paix ou treve pour
deux ans, & qu'il ſeroit en perſonne retourné d'Italie. Que ceux que le Roy mettroit
dans ces places pour y commander de ſa part
feroient ſerment en y entrant de les rendre

au temps affigné. Que la Cité contribueroit au Roy pour les frais de la guerre la fomme de cinquante mille Ducats qu'il toucheroit en dedans quinze iours, quarante mille au mois de Mars prochain, & trente mille en Iuin. Que Medicis feroit affranchy de fon ban, que fes biens lefquels on auoit confifqués luy feroient entierement rendus ; mais qu'il ne pourroit approcher de l'Eftat de Florence plus prés que de cent mille : ny fes freres, de la ville plus prés que de cent mille auffi.

APHORISME LVII.

AVcune [1] neceßité ne peut eftre affez forte, aucun pretexte affez puiffant, pour contraindre vn homme d'eftre déloyal à fon Prince, ou de fauffer fa parole. Que fi cela eft odieux [2] en tous hommes, combien plus le fera-il en vn foldat & gentilhomme ? Et combien dauantage en tous ceux-là, alors que cette déloyauté eft joincte à l'ingra-

[1] Fides nulla neceffitate ad fallendum impellitur : nullo corrumpitur præmio. Senec. Ep. 89.
Apud Romanos iuxta diuinas religiones, fides humana colitur. Liui. l. 9.
Iurando gratiam Scythas fancire ne credideris, colendo fidem, iurãt. Curt. l. 7.
Græcorum ifta cautio eft, qui actu confignant, & Deos inuocant : non religionem in ipfa fide nouimus. Ibid.

[2] Quoties neceffe eft fallere aut falli, à tuis patiare potiùs ipfe, quàm facias fcelus. Senec. Theb.
Perfidiofum & nefarium eft, fidem frangere quæ continet vitam. Cic. pro Rofc.

Qui non reuerentur homi-
nes, fallunt Deos. *Liu.*

Fraus fœdior quàm aperta
violentia. *Thucyd. l. 4.*

3 —— Et fi quis primò periuria celat,
Sera tamé tacitis pœna venit pedibus. *Tibull.*
Perfidi & ruptores paci-,
vltioni & gloriæ funt ma-
ctandi. *Tac. An. 2.*

titude. *Auffi l'experience
a fait voir qu'vne telle of-
fence ne manque iamais
d'vne digne punition : comme ceux que la iuftice du
ciel a toufiours immolé à
l'exemple.*

VIRGINIE Vrfin eftoit entierement
lié de foy, de promeffe, & d'obligation
à la maifon d'Arragon. Il eftoit vaffal naturel d'Alfonfe General de fon armée, & grãd
Conneftable du Royaume de Naples. Son
fils Iean Iordan auoit époufé la ieune fille du
feu Roy Ferdinãd, & par cette alliance auoit
receu de grandes faueurs, & poffedoit de
grands Eftats en ce Royaume. Outre cela la
guerre entre le Pape & le Roy fon maiftre
s'eftoit allumée à fon occafion. Mais nonobftant toutes ces chofes, il perfuade à fes fils
de faire alliance auec le Roy de France, en
s'obligeans de luy fournir de viure, & de dõ-
ner paffage libre à fon armée par tous les
Eftats qu'ils tenoient dans les terres de l'E-
glife. Pour feureté de leurs promeffes ils
mettent en depoft és mains du Cardinal
Corfe la ville de Campagnane, & quelques
autres places fortes, importantes aux affai-

res du Roy. Ils reçoiuent mesme sa Majesté dans leur principal chasteau & ville de Bracciane ; dans lequel peu apres Virginie luy-mesme & plusieurs autres de sa maison furent pris prisonniers.

APHORISME LVIII.

Comme [1] l'on dit dans les escholes des arts, qu'il est beaucoup plus aisé d'opposer que de respondre; ainsi dans l'art militaire l'experience a faict voir, qu'il est plus facile & plus seur d'aller rencontrer le danger en chemin, que de l'attendre à nos portes. Car [2] outre que le siege de la guerre est tousiours miserable, il y a aussi tousiours plus de courage en celuy qui attaque : & ordinairement ses armes sont suiuies d'vn plus heureux succez.

[1] Hiero Syracusanus persuasit Romanis, ad transportandas legiones in Italiam : vt & hostes in terra sua bellum haberent, minusque laxamenti daretur iis, ad auxilium Hannibali sumenda. *Liui.* 31.

Expedit metum vltro inferre hosti, & ab se remoto periculo, alium in discrimê adducere. *Liui.* 38.

Quand on void venir le danger, il faut gaigner le deuant: & n'attendre pas que le mal soit faict pour y donner ordre. Amy. Plut. Cato.

La Sicurezza consiste, nê l tener il Nemico el pericolo lontano da casa nostra: Perche, la vicinanza del male, è gran parte d'esso male. Rag. Stat. l. 6.

Era meglio ch'egli andasse I Nemici à trouar nella lor terra,

E sopra lor Campi alloggiasse,

Che dentro à le confine l'aspetasse. Ariost. Agg. 2.

[2] Inferimus bellum, infestisque signis descendimus in Italiam : tanto audacius fortiusque pugnaturi, quantò maior spes, maiorque animus inferentis est quàm arcentis. *Hannib. apud Liui.*

Prouocando tuis auges confidentiam, & aduersariis minuis : quia fortiores videntur qui prouocare non dubitant. Liui.

Multum intereft alienos populere fines, an tuas vri excindique videas : plus animi eft inferentu periculum quam propulfanti : Ad hoc maior ignotarum rerum eft terror. Liui. l. 38, Scipio.

‡ Grande per l'ordinario, è l'auantaggio di chi affalifce altrui, nella cafa propria : perche tiene lontani da fei pericoli, & i danni maggiori della guerra : Accrefce à fuoi l'ardire : lo leua à nemici : & non pur con le forze, ma con la riputazione, & anco con lo fpauento, (che fi mette à nemici) fi fa la ftrada più facile alla vittoria. Parutta l. 2. difc. 25.

Les Venitiens & le Duc de Milan regardent d'vn œil foigneux les procedures de l'armée de France. Ils voyent comme les principales fortereffes de la Tofcane font mifes en depoft,& déliurées pour caution au Roy ; comme il auoit laifsé garnifon en Siene, auoit faict alliance auec Vrfin, & qu'il ne laiffoit rien en chemin qui ne fe fut rendu en fon obeïffance. A ce coup ils craignent que le feul Royaume de Naples ne contentera pas vn Prince ambitieux, dont la grandeur de courage s'accroiftroit par la grandeur de fes fuccez. C'eft pourquoy ils traittent d'vne plus forte Ligue par enfemble pour enuoyer des forces à Alfonce à l'encontre des François : & bien qu'au commencement ils trouuafsét beaucoup d'obftacles à leurs deffeins, & ne peuffent enuoyer affez à temps le fecours qu'ils auoient preparé pour Naples, à caufe de la fuïte honteufe d'Alfonfe de deuant l'armée des François à Viterbe : fi eft-ce

neantmoins

neantmoins que peu apres le premier traitté fut renouuellé, la Ligue confirmée, & les forces mises aux champs ; auec lesquelles ils donnerent vne hardie secousse au Roy sur la riue du Tar lors qu'il s'en retournoit en France.

APHORISME LIX.

LE plus fort[1] donne la loy, & le plus foible doit accepter le moindre des maux qui se presentent. C'est pourquoy si tu te trouues le plus foible, fais tousiours ta paix à quelque prix que ce soit: Car[2] on doit plustost entendre à toutes sortes de conditions, que d'attendre vne ineuitable ruine. Et se[3] souuenir tousiours combien horribles sont les effects de la guerre. Puis qu'vn entier naufrage est tousiours plus à craindre que le jet de quelques marchandises dans la mer.

[1] Le plus fort donne la Loy. Amy. Plut. Gracch.
E malis quod minimum est, id minimum est malum. Plaut.
Pacem reduci velle victori expedit
Victo necesse est. —— Sen. Herc. fur.

[2] Il faut tousiours accepter la paix, quand vn puissant ennemy la cherche & la presente. Amy. Plut. Phoc.
Aliquâ tolerabili conditione finies bellum. Liui.l.25
Quauis tuta conditione pacem accipere malis quàm cum valentiore certare. Cæsar. bell. ciu.
Gubernator vbi naufragiû timet, iacturâ, quicquid saluari potest redimit. Curt.l 5.
Il faut s'humilier deuant ceux qui ont la guerre en la main. Amy. Plut. Phoc.
Se l'avversario sia tanto potente, che non vi sia speranza di poterci defendere, sarà ufficio d'vn savio Capitano, il risouoterfi dalla ruina imminente, col mi-

—male che si potrà. Rag. Stat. l, 6.

I

3 *La guerre* — *Caße-loix, caße-meurs,*
Rafe-forts, Verfe-fang, Brule-Autels, Aime-pleurs:
Deßous ſes pieds d'airin croule toute la terre,
Sa bouche eſt un braẑier, ſa voix eſt vn tonnerre:
Chaque doigt de ſa main eſt vn charbon bruyant,
Et chaque ſon regard vn éclair flamboyant. Bart. fur.

ALEXANDRE VI. fut le premier qui
appella le Roy de France contre Naples,& le premier qui rompit auec luy. Ce
ſouuenir trauerſoit grandement ſon eſprit.
D'autre part il voyoit le Cardinal de S.Pier-
re aux liens, & pluſieurs autres de ſes capitaux ennemis eſleuez en faueur, & tres-
grands en puiſſance aupres du Roy. Le Roy
meſme auec ſon armée proche de Rome.
Civita-Vecchia & Cornette aueć la plus
grande partie du païs qui eſt de ce coſté du
Tibre,eſtoient deſia perduës, & à la deuotió
des François. Il eſt contraint de mettre le
Duc de Calabre auec ſon armée hors la ville
de Rome,& ſouffrir au Roy d'y entrer comme dedans Florence triomphant, armé à
cheual,& la lance ſur la cuiſſe : ou autremét
n'attendre aucune paix de ce coſté. Cela luy
eſtoit bien dur à digerer,& luy ſembloit bien
difficile d'abandonner ſes amis, & ſe commettre à la puiſſance de ſes ennemis auant
qu'on eut compoſé tout different, & que ſa
paix fut faicte. Neantmoins l'affaire le preſ-

foit, & fallut qu'il fe rendit par force à ces
conditions fuiuantes. Qu'entre luy & le
Roy il y auroit vne amitié perpetuelle & ligue deffenfiue. Que le Roy retiendroit Civita-Vecchia, Terracine, & Spolete pour
ôtage. Que le Pape remettroit toutes offen-
fes à fes Cardinaux & Barons qui auoient
fuiuy le party des François. Qu'il donneroit
au Roy l'inueftiture de Naples. Qu'il luy
déliureroit Gemin Ottoman frere du Grád
Turc Bajazet, lequel auec penfion annuelle de quarante mille Ducats payez par le
Grand Seigneur, il auoit gardé feurement
iufques alors, de peur qu'il ne caufât quelque
reuolte en l'Empire de Conftantinople.
Qu'il pardonneroit au Preuoft de Rome la
faute d'auoir intercepté à Sinigale, & employé à fon profit la fomme de foixante mille Ducats. Finalement que Cefar Borgia
Cardinal de Valence fuiuroit l'armée du
Roy l'efpace de trois mois comme Legat
Apoftolique en apparence, mais en effect
comme plege de toutes ces conditions.

APHORISME LX.

1 Violenta nemo imperia
continuit diù:moderata durant. *Senec.*
Malos Principes detestan-
tur,etiam qui malos faciût.
Plin. Paneg.
Regna cum scelere , omni-
bus sunt exiliis grauiora.
Incert. Aut.

2 Semel profectò promere
felices, Deus ——
Cùm cœpit vrget: hos ha-
bent magna exitus.*Senec.*
Herc. fur.
Adeo vt nullis consiliis vel
auxiliis, id vitemus aut mu-
temus. *Lips. Pol. l 1.*
Reges consenescunt, libe-
risque ac nepotibus tradût
regnum: Tyrannorum verò
execrabilis,ac breuis potestas est. *Senec. de Clem. l. 3.*
Ceux qui veulent bastir leurs
maisons sur les ruines de l'Estat
public, bastissent leur ruine pro-
pre. Amy. Plut. Cic.
Ad generum Cereris sine
cæde & vulnere pauci
Descendunt Reges, & sicca
morte Tyranni. *Iuuen.*
Sat. 10.
—— Sic sors incerta va-
gatur,
Fertque refertque vices, & habent mortalia casum. *Lucan. l. 2.*
—— Sic omnia fatis
In peius ruere, & retro sublapsa referri. *Virg.*

L'edifice 1 dont les fondemens sont pour-ris , peut bien encor estre soustenu & appuyé pour vn temps : mais dés qu'il commence à tomber il est bien difficile d'en empécher la cheute. Ainsi la Royau-té , fondée sur le sang ou l'exil de la Noblesse, & sur l'oppression des peuples , peut bien subsister quelque temps: Mais quand elle commence 2 vne fois à decliner , la cheute en est si soudaine , & la ruine si violente : que c'est vne mesme chose de tomber & d'estre entiere-ment ruinée.

Rome est deuenuë Françoise. Aquila & presque toute l'Abbruzze sont reuoltées. Les fleurs de Lis font mifes en chaque place. Fabrice Colomne a enleué dans le païs les quartiers d'Albe & Taille-couzze. La faction Angeuine eft en armes. Tout le royaume de Naples detefte les cruautez, les concuffions, les tyrannies precedentes d'Alfonfe & du feu Roy Ferdinand fon pere. Ainfi Alfonfe plein de deftreffe, voyant deformais toute chofe tendre non pas à vne émeute feulement, mais à vne rebellion manifefte; eftonné de la terreur de ce defordre, tourmenté de l'horreur de fa confcience criminelle, defefperant des moyens de refifter à vne fi fatale tempefte, & oubliant la reputation qu'il s'eftoit acquife ez guerres precedentes, s'enfuit fecrettement auec quelque peu de ioyaux dans la Sicile, & abandonne tout à fon ehnemy. Il precipita tellement fon voyage, qu'il n'auertit pas mefme fon frere ny fon fils de fa fuite.

APHORISME LXI.

L A Conquefte eft aifée où il n'y a ny valeur, ny confeil, ny puiffance, ny defir de la gloire. Celle là eft plus noble

1 Facile eft vincere non repugnantem. *Arift.* Non ille folus vincitur hoftis, qui cadit in acie, pondero armorum oppreffus, & virium: tutiùs etiam tuba tacente fub iugo mittitur voluntarius: qui fentit expertus, nec fortitudinem in

I iiij

rebelles, nec leuitatem in supplices animos, hosti de- elle. *Curt.*

a Censebant Achæi, neque splendidam, neque firmam vllam victoriam, nisi quis palàm & ex condicto depugnans, animos quoque deiecisset aduersariorum. *Poly. l. 13.*

-- Nulla est victoria maior, Quàm quæ confessos animo quoque subiugat hostes. *Claudian.*

—— Si decidit hostis ire super satis est, vitamque relinquere victo. *Stat. Theb. 8.*

Quæ vindicta prior, quàm cùm formido superbos Flectit? —— *Claudian. de bel. Get.*

—— Ignoscere pulchrum Iam misero, pœnaque genus vidisse precantem. *Id ibid.*

quand elle force la resistance, & s'ouure par l'espee le chemin qu'elle trouue fermé par l'ennemy. Mais la plus grande a & plus glorieuse victoire est d'auoir non seulement rompu les forces, ains encore d'auoir triomfé sur les courages rompus & abbattus des vaincus.

MOntfortin place grandement forte appartenant à Iacques Conte Gentilhomme Romain, est assiegée, assaillie, emportée, & mise à sac tout en vn iour. Mont-S. Iean ville du Marquis de Pescaire, piece aussi de grande importance sur les confins du Royaume, est gaignée en peu d'heures, les soldats tous tuez, la ville brulée & razée entierement. S. Germain l'vne des clefs du Royaume auoit deuant soy la belle riuiere de Garillan qui arrose ses murailles; d'vn costé les rochers si hautement esleuez que personne n'y peût passer: & de l'autre des marests fort profonds. Le ieune Roy Ferdinand auec vne armée de cinquante escadrons de cheuaux, & six cens hommes de pieds choisis à l'avantage, y attendoit la venuë des François à dessein de leur donner bataille. Et neantmoins au premier bruit de l'approche des ennemis il quitte honteusement la place, se retire à Capouë, & delà court promptement à Naples pour y appaiser le tumulte que la crainte y auoit faict naistre parmy la populace mutinee. A peine fut il sorti de la ville de Capouë, que les habitans auec leur Gouuerneur Iean Iacques Triuulce se rendent au Roy de France. Auerse suit l'exemple de Capouë, & Naples celuy d'Auerse. Telle fut la resistance, lache, infidele, & sans cœur que firent les Neapolitains. Et le Roy des François entreprit, vainquit & emporta vn si large & noble royaume auec tant de facilité : que les siecles ny passez ny futurs n'ont rië veu de semblable. Car d'vne vistesse incroyable, d'vne fortune inouïe & par dessus l'exemple mesme de Cesar, sans dresser aucun pauillon, ou rompre aucune lance, il auoit desia rompu toute difficulté, & abbattu tous leurs courages auant qu'il vint à eux.

APHORISME LXII.

1 Id eſt viri & Ducis, non deeſſe fortunæ præbenti ſe, & oblata caſu flectere ad conſilium. *Liui. l. 28.* Ars viuendi & bellandi eſt Prudentia, vt medicina valetudinis. *Cic. de finib.* Mens vna ſapiens, plurium vincit manus : quæ fallere non vult, falli non poteſt. *Lipſ. Pol. l. 3. è Plut.* Atqui ego ſi mihi adſiſtas cæſia Diva, Vel tercentum contra homines concurrere pugnâ Auſim te fretus comite, ô Dea, & adiutrice. *Homer. Il. 11.* Ἡ φρόνησις ἐρχόμεθις ἴδιος ἀρετη μόνη. Principis propria eſt & vnica virtus, Prudentia. *Ariſt. Pol. 3.* 2 Ma che giova (ohimè) che del periglio Vicino, omai foſſe preſago il cuore, S'irreſoluto in ritrovar rimedio, La mia tenera età rendeſſe lximore. *Taſſ. Cât 4.*

EN la partie[1] actiue de l'exercice militaire la plus grande vertu d'vn Chef eſt de ſçauoir iuger de ſon avantage, & d'en prendre l'occaſion. Ainſi en la partie[2] paſſiue l'evaſion d'vn danger ſoudain & imminent eſt beaucoup plus noble que la penſee qu'on auroit eu long-temps auparauant d'en preuenir le rencontre. Car en celle-là on ne trouue que la matiere ſeule du iugement, mais en celle-cy on y void la vie & de l'action, & de l'execution.

LE ieune Ferdinand en vne aſſemblée publique auoit fait vn diſcours plein de compaſſion aux Neapolitains. Il les auoit abſouz de la promeſſe dont ils ſ'eſtoiét obligez en ſon endroit de luy preſter ſecours.

Ce Prince auec vne genereuse & vertueuse proteftation pour l'avenir, leur auoit repre-senté que les grandes fautes commifes par fes predeceffeurs ne deuoient pas eftre ainfi déchargées fur luy, luy qui n'auoit iamais fait tort à aucun homme, ny lors qu'il eftoit Prince de Calabre, ny depuis qu'il eftoit Roy. Tout cela pourtant ne peut feruir vers vne populace rebelle. La Cité eftoit trop auant attachée & engagée en la reuolte; Ce qui obligea le Roy de fe refoudre à déloger. Pendant que fon efprit balançoit entre la grandeur paffee, & la fortune prefente, on l'auertit fecrettement que la garde des Láf-quenets du Chafteau neuf, où eft le Palais Royal, auoit refolu de fe faifir de fa per-fonne, & la livrer aux François. Il appre-hende incontinent la grandeur du danger, & la crainte du peril ne luy donnoit pas le loifir d'avifer aux moyens d'échaper cét orage. Son efprit pourtant luy fournit ce gentil ftratageme. Il va voir les Lanfque-nets, & d'vn vifage tout compofé à la dou-ceur, il leur dit que n'ayant rien maintenant dequoy recompenfer leurs fideles feruices, il leur donnoit congé d'aller prendre toutes les defpoüilles de fes biens & meubles qui eftoient au Palais. A ces mots ils courent tous auidemment au pillage. Et cepen-

dant il entre dans vne legere Galere auec
son oncle Federic & la vieille Reine sa
grand-mere, se donnant ainsi tout loisir d'é-
chaper, & de mettre sa personne en asseurance.

Fin du premier Liure.

ESSAIS

POLITIQVES

ET

MILITAIRES.

LIVRE SECOND.

APHORISME PREMIER.

ES allian-
ces [1] qui se
font entre
des Estats
doivět estre
noüées d'vn
nœud Gordien ; rien ne les
doit delier sinon l'épée &

[1] Alexander fatalis nōdi
lora cùm soluere non pos-
set, abscidit. *Auf. praf.*

Ἄμα δίδȣ ᾗ λάμβανε.
Simul da & accipe : vbi res
est cum homine parùm cer-
tâ fide, cui non sit tutum
quicquam credere. *Adag.
Erasm.*

Cæteros quòd polliciti sunt
tarde præstare :
Tiberium quòd præstet tar-
dè polliceri. *Suet. f 189.*
Nonnulli dicunt te pericu-

Io imminente multa polli-
ceri: sed si prosperâ sortu-
nâ vtare nullius te rei me-
morem fore. *Xenoph. inexp.*
Cyr. l. 1.

—— Quo pacto solent per-
plexarior.
Pactum non pactum est, nõ
pactum pactum est, cùm
illis lubet. *Plaut. Aulul.*
Pollicitis diues quilibet esse potest. *Ouid.*
Plus in oratione tali digni-
tati, quàm fidei. *Tac. An. 1.*

2 Quando imminet peri-
culum, nec Reipusp. nec
Principibus credo confi-
dere queas. *Lipf. Pol. 4.*
Qui cavet ne decipiatur, vix
cavet, etiam cùm cavet,
Etiã cùm cavisse ratus est,
sæpe is cautor captus est.
Plaut.
Nunquam te fallant animi,
sub vulpe latentes. *Ho-*
rat. ep. 1.

la force. Autrement on laisse vne porte ouuerte à la défiance : & lors que l'vn des partis trouue son auantage, il le prend aisement au preiudice de l'autre. Alors [2] que l'on void du danger en vne affaire, il ne faut se fier à personne. La défiance est la mere de la seureté : & bien souuent ceux-là sont les premiers trompez, qui pensoient estre les plus vigilans. Car ce n'est pas d'auiourd'huy que le Renard se plaint de voir ses dépoüilles en la possession de tant de gens qui encherissent sur ses finesses.

HISTOIRE.

LES Florentins auoyent accordé au Roy de France qu'il tiendroit Pise entre ses mains iusques à son retour de la conqueste de Naples : à cõdition pourtant qu'ils en auroyent tousiours la iurisdiction, & en tireroyent les profits. Ils pensoyent que cela estoit d'autant plus asseuré,

que le Roy l'auroit confirmé par serment
solennel dans leur Eglise Cathedrale. Mais à
peine eut il quitté la Toscane pour s'en aller
devers Rome, que les Pisans se rebellent,
chassent les officiers Florentins, emprison-
nent les vns, & despouillent les autres de
leurs biens, sans en laisser aucun dans la ville. Cependant le Roy avoit fait exprés commandement aux Commissaires & Gouverneurs qu'il avoit laissé dans la place, d'obser-
uer cét article aussi soigneusement comme il
l'avoit solemnellement promis. Que si les
Florentins eussent pris des pleiges François
pour asseurance de l'accord; ce feu de rebellion ne se fut jamais allumé dans cette ville,
qui peu apres mit toute l'Italie en combustion: & depuis la guerre de Naples, couva
long-temps encor sous les froides cendres
d'vne oubliance contrainte.

APHORISME II.

LES Princes [1] ambi-
tieux aussi bien que
quelques peuples de
l'Afrique dorment les yeux
tousiours ouuerts. Quoy que
leurs sens soyent quelquefois

[1] Libidinem dominandi,
causam belli habent: & maximam gloriam in maximo
imperio putant. *Salust. Cæt.*
Quid pessimam Dearum
amplecteris, Ambitionem,
ô fili? Ne facias: Iniusta hæc
Dea multas in domos & ci-
uitates ingressa fœliciter, &
egressa est cum periculo
vtentium, *Lip. ex Eurip.*

Ambitio δεινὸν κακὸν, malū formidabile: Et alibi ἄλγος ἐμφανὲς calamitas eminens appellatur. *Idem Eurip.*

Afflatuque suo populos, vrbesque domosque Polluit —— *Ovid. 2. Met.*

—— Avaricies & honorum cœca cupido Quæ miseros homines cogunt transcendere fines Iuris —— *Lucret. 3.*

O 2 artem nimis hodie principibus receptam. *Lips. Pol. 4.*

In ipsa hostiū acie inuenies tuas manus. *Tac. Agric.*

—— Vbi vincere apertè Non datur, insidias, armaq; tecta parent. *Ovid. Fast. 2.*

Alios ab aliis diversos aggreditur, ac paulatim tentando, postquam opportunos sibi cognovit, multa pollicendo persuadet. *Salust. de Metell.*

occupez de telle sorte, qu'ils ne veulent entendre la verité qu'on leur rapporte, ny voir le danger manifeste qu'on leur monstre; si est-ce neantmoins que l'œil de leur imagination veille tousiours apres les avantages qu'ils pourront rencontrer, pour aider au progrez de leurs entreprises. Tellement qu'ils ne prennent jamais vne bonne heure de repos parmy ces importunes inquietudes. De sorte que mesme [2] ne pouvans rencontrer chez eux les moyens suffisans, & instrumens propres à leurs intentions, ils jettent les allumettes de quelques mécontentemens, & souflent la sedition chez leurs voisins, qu'ils portent en fin à la revolte: & se servent de la credulité des autres pour avancer leurs iniustes desseins.

Lovys Sforze avoit vn grand defir à la fouveraineté de Pife, depuis le têps qu'il y fut en exil, pour le foupçon que la Princeffe Bonne mere & tutrice du petit Duc conçeut de luy incontinent apres la mort de fon frere Galeazze. Là deffus il fe fouvient que Iean Galeazze Vifcomte, premier Duc de Milan, en eftant Seigneur par conquefte, l'avoit donné à Gabriel-Marie fon fils baftard. Neantmoins pource qu'elle avoit efté gaignée aux fraiz & par les forces de Milan, il penfe qu'eftant Duc de Milan il pouvoit par là colorer fes pretentiõs de quelque iufte titre. Il cõferve longuemêt ce fecret iufques au têps qu'il veid les Pifans mutinez & prefts de courir à vne rebellion ouverte. Car alors il éveille leurs fentimens, éguillône leur courage, promet de les fecourir, & traicte avec eux fouz main dans la ville de Genes, de les aider d'armes, de munitions, & de trois cens hommes de pied lefquels il entretiendroit à leur feruice.

APHORISME III.

L'*Emulation* [1] *des ver-* | [1] Aemulatio Cos virtutis. *tus lefquelles nous* | *Adag. Erafm.* | *Licurgo introdusso nella*

sua Rep. l'Emulazione, co-
me per vn fomento della
virtù. Rag. Stat. l. 19.

Sic Thesei virtutem gloria
incendit Herculis: & The-
mistocli somnum ademit
Miltiadis trophæum. *Plut.*
Thes.

— Stimulos dabat æmula
virtus. *Lucan. l. 1.*

Aemulatio & proximi
exercitus gloria, repulerat
segnitiem. *Tac. hist. 2. de Mu-*
cian.

2 Factiones - publica belli
Semina quæ populos sem-
per mersere potentes. *Lu-*
can. l. 1.

Stimulat non rarò privati
odij pertinacia, in publicũ
exitium. *Tac. An. 2.*

Odium exitiũ mortalibus, &
nihil vnquam

Crescere nec magnas patiens exurgere laudes
Invidia. ——— *Sil. l. 17.*

Invidiam quod habet, non solet esse diù. *Propert. l. 2. c. 15.*

Vn sage Conseiller ne doit rien dire ny rien faire, pour faveur, ou pour haine
qu'il porte à aucun particulier, ains avoir égard seulement au bien public.
Amy. in Plut. Cato.

Ne æmulatio inter pares, & ex eo impedimentum oriretur. *Tac. An. 2.*

voyons luire en de grands personnages est honorable; mais celle de leur grandeur est dangereuse. D'autant que comme bien souvent elle ruine l'vn ou l'autre des corrivaux, & quelquefois les perd tous deux ensemble: Elle ne manque aussi iamais de les empescher & divertir du fidele service qu'ils doivent à leur Prince & à l'Estat.

LE Seneschal de Beaucaire, & l'Evesque de S. Malo estoient les deux mignons du Roy Charles VIII. S. Malo favorisoit les Florentins, Beaucaire enviant la grandeur du Cardinal, lequel il auoit mis en credit prés du Roy : se laisse corrompre par l'argent des Pisans : bien aise de rencontrer en cette occasion dequoy troubler ce personnage. En effect Beaucaire assiege l'esprit du Roy avec tant d'artifice, qu'il renuerse tous se tous les desseins du Cardinal, porte sa Majesté à la compassion vers la ville de Pise, & obtint à la fin tout ce qu'il pretendoit pour eux. Il ne regardoit pas en cela que le Roy estoit engagé aux Florentins par serment; qu'en protegeant les Pisans, ce grand Prince ternissoit grandement son honneur, & apportoit vn insigne prejudice à ses affaires du costé des Alpes.

APHORISME IV.

LES Vices¹ aussi bien que les Vertus sont plus forts en Adverbe qu'en Adjectifs. Il est beaucoup meilleur de faire bien que de faire le bien. Car vn homme peut quelquefois faire ce qui est honeste avec le vice, & contre sa volonté: Au lieu qu'en toute action vertueuse il y a vne élection libre. C'est pourquoy ² le Iuge qui donne sentence avant qu'avoir ouï les deux parties peut bien juger le droit, mais non

1. Ἀδικεῖ μὲν ᾖ διαφθειραγεῖ, ὅταν ἑκόντις αὐτὸ πράτῃ : ὅταν δὲ ἄκρον, οὔτ᾽ ἀδικεῖ οὔτε δικαιοπραγεῖ, ἀλλ᾽ ἢ κατὰ συμβεβηκός. Iniustè quidē agit, & iustè aliqui, cùm ea spōte agit: cùm vero non sponte, ne c injustè quidem, nec iustè agit nisi per accidens. *Arist. Eth. l. 5. c. 8.*

2. Qui statuit aliquid parte inaudita altera
Aequū licet statuerit, haud aequum fuit. *Senec. Med.*
Πεὶν αὖ ἀμφοῖμυθὸν ἀκούσῃς, μὴ αὖ δικάζῃς. Iudicare noli, nisi parte vtrâque audita. *Aristoph.*
Vicissim audi, & deinde re cognita, judica. *Sophocl.*
Inauditi atque indefensi, tanquam innocentes pereunt. *Tac. Hist. l. 1.*

K

Si judicas, cognosce, li re-
gnas, iube. *Senec. Med.*
Le, é Nocens, eretni, For-
tunam innocens. *Publ.*
Mim.
—— Malè verum examinat
omnis
Corruptus iudex. *Horat.*
Nemo erit innocens si ac-
cusasse sufficiat. *Jn Ant.*
—— Il magnanimo suole,
Sempre prima che dannar
la gente,
Veder la in faccia, & vdir le ragion ch' vsa,
Differir anco è giorni, è mesi, & anni
Pr. ma che giudicar ne gl'altrui danni. *Arioft. Cant. 18.*

pas droitement. Or est-ce encore vne plus grande & extréme iniustice d'ouir la cause des defendeurs, sans que l'on veuille entendre le demandeur en ses plaintes. Car alors ce Iuge ne fait ny iustement ny iustice.

LA querelle de Pise avec les Florentins fut agitée devant le Roy de France; où Burgundio Lole citoyen de Pise plaida pour sa patrie. Il remonstra que cette ville avoit souffert par l'espace de quatre-vingt huict ans vne servitude injuste. Que celle laquelle avoit esté l'vne des plus nobles Citez de l'Italie, qui avoit estendu ses limites & sa domination mesme iusques en Oriët, estoit maintenant reduite à vne desolation extréme par la cruauté & avarice des Florentins. Que plusieurs de ses principaux Citoyens l'avoient abandonnée par vn exil volontaire, plustost que d'estre tesmoins oculaires de la vexation tyrannique de cet Estat, & de l'oppression insolente de quelques Commissaires. Que les autres ausquels la necessité avoit rendu en quelque façon tolerable la demeure de la ville, eſtoient privez de leur ancien trafic: & reduits aux exercices mechaniques. Qu'on ne leur permettroit pas d'eſtre admis aux charges publiques, non pas à celles là meſmes dont les eſtrangers pouvoïēt joüyr. Que la malice des Florentins eſtoit montée à tel degré de tyrannie, qu'elle ſ'eſtendoit meſme deſſus leurs vies. Comme ceux qui ne cherchoient qu'à les ſuffoquer & empeſter par les mareſts mal ſains qui eſtoient à l'entour de la ville, dont l'air ſ'infectoit & corrompoit tous les iours d'autant plus, qu'ils ne donnoient nul ordre de cõſerver leurs bancs, & de faire écouler les eaux qui croupiſſoient dedans ces marécages. Qu'apres toutes ces procedures il ne reſtoit plus rien à l'inhumanité des Florentins, en quoy ils peuſſent davantage affliger les pauures Piſans reduicts en vne telle angoiſſe. Et qu'en cela auſſi il ne reſtoit plus rien à ce peuple oppreſsé, ſinon les larmes & les complaintes pour deplorer leur miſere. C'eſt pourquoy apres que leur ville & leur vie avoient eſté ſi long-temps expoſees à la mercy des Florentins pour aſſouvir leur cruauté, ils venoient expoſer leurs complaintes, & eſpandre leurs larmes aux pieds de ſa Majeſté pour l'émouvoir à compaſſion, & la prier de les relever de cette tyrannie. François Soderin Eveſ-

K ij

que de Voleterre, lequel fut depuis Cardinal,
comme il eſtoit pour lors l'vn des Ambaſſadeurs Florentins, reſpondit à ces obiectiõs
avec beaucoup d'eloquence. Il repreſenta
les titres & les droits qu'ils avoient ſur la ville de Piſe, depuis que Gabriel-Marie Viſconti qui en eſtoit poſſeſſeur legitime la leur
avoit vendu avec les territoires de ſon ap-
partenance. Qu'à peine l'Eſtat de Florence
eſtoit en pleine & paiſible poſſeſſion d'icelle,
que les Piſans par vne rebellion incroyable
les en dechaſſerent incontinent. Qu'ainſi
forcez de repouſſer la violence avec vne autre violence, ils avoient eſté obligez de combattre pour leurs droicts. Que le Ciel ayant
favoriſé la iuſtice de leur cauſe, ils avoient
gaigné la ville par force ; en laquelle pour
punition d'vn forfait ſi enorme, ils avoient
fait entrer force vivres pour reſtaurer leurs
corps attenuez de la faim, au lieu des armes
& des ſupplices qu'ils avoient merité. Que
Piſe n'avoit iamais eu la puiſſance d'élargir
ſes limites par terre plus loin que la ville de
Lucques diſtante de dix mille. Que pour ſon
pouvoir ſur la mer, il avoit eſté de peu de durée. Que leurs propres diuiſions, ſeditions,
& tumultes populaires l'auoient entieremẽt
ruïnée, avant meſme que Viſconti l'eut en
ſa poſſeſſion. Car alors elle eſtoit deſcenduë

fi bas, que le fieur Iacques Appian, petit No-
taire, de vile extraction, s'en eftoit emparé,
& en avoit laiffé la feigneurie à fa pofterité.
Que Pife n'eftoit pas pour faire tant de bien
à Florence : mais qu'ils la gardoient feulement pour la bonté de fon afficté & proximité de la mer. Que pour les charges & im-
pofts elles eftoient fi petites, qu'à peine pouuoient elles fuffire pour fatisfaire aux officiers, aux fraiz des reparations, & autres dé-
penfes publiques. Qu'ils n'eftoient empef-
chez de trafiquer & fur mer & fur terre, non
plus que les autres fujets de l'Eftat de Floréce: qui en cela ne iugeoient pas leur gouvernement tyrannique, ains legitime & grandement moderé ; & qui ne defiroient pas de
changer de Seigneur, de peur d'imiter l'infolence, obftination, & perfidie des Pifans. Que
cette rebellion eftoit tellement deteftée &
connüe, qu'elle fervoit de proverbe par
toute l'Italie. Qu'ils eftoient fi éloignez de
peupler cette ville, qu'ils y avoient dreffé
vne Vniverfité, & luy avoient recouvert Livorne, fans lequel port elle ne pouvoit
fubfifter. Que les Florentins avoient foin
tous les ans autant qu'il leur eftoit poffible
d'entretenir leurs bancs, & de nettoyer les
marefts. Tellement qu'à la fin il eftoit aifé de
remarquer que toutes leurs lamentations

eſtoient feintes, leurs objections calomnieu-
ſes, & leurs accuſations pleines de fauſſeté.
Et partant qu'il ſupplioit ſa Majeſté d'entendre ſa juſte requeſte, de conſeruer le bon
droict de Floréce, & de ſe ſouvenir du ſermét
ſolennel qu'il avoit fait, pour la maintenir en
la poſſeſſion de ceſte ville. Mais nonobſtant
toutes ces belles raiſons, les complaintes des
autres, les perſuaſions des favoris, & la malice de ceux qui manioient les affaires, eurent
plus de pouvoir ſur le courage tendre du
Roy, & le firent encliner du coſté des Piſans: ſans pourtant le declarer aux deputez
de Florence, qu'il n'eut touché les ſeptante
mille Ducats portez dans les derniers articles du Traicté.

APHORISME V.

1 *Non ſi ritrova fortezza
più ſicura, che il petto del
vaſſallo, armato della bene-
volenza verſo il ſuo ſigno-
re.* Am. in Tac. 1.
Non ſic excubiæ, nec cir-
cunſtantia tela
Quam tutatur amor. ——
Claudian. ad Honor.
Longè valentior amor ad
obtinendum quod velis,
quàm timor. Nam timor
abit, ſi recedis; manet amor,
ac ſic, vt ille in odium, hic

IL n'y a 1 point de telle
forterſſe pour la ſeureté
d'vn Eſtat, que les poitri-
nes des ſujets armées de fidelité vers leur Prince, &
d'amour vers leur propre
patrie. D'autre part 2 il n'y
a rien qui luy ſoit plus prejudiciable que leur revolte

& deloyauté. Et ce d'autant plus que leurs rebellions sont toussiours accompagnées d'intelligences secrettes auec les ennemis de dehors qui leur prestent secours, non pas pour l'amour qu'ils leur portent, ou soin qu'ils ayent de leur cause: mais parce qu'il leur en reviendra du profit, ou qu'au moins ils tireront vengeance des injures qu'ils pretendent leur avoir esté faictes. C'est pourquoy le Prince leur doit porter de l'amour, s'il ne veut pas qu'ils s'emportent à la desobeïssance: & avoir de bonnes correspondances avec ses voisins, afin qu'ils ayent honte de rompre avec vn Prince legitime pour assister des rebelles.

in reverentiam vertatur. *Plin. Ep 8.*

— Peragit trãquilla potestas
Quod violenta nequit, man-
 dicaque fortiùs vrge:
Imperiosus amor. ———
Claudian. Pan.

a Quem discordia, quem
cædes civium, quem bellũ
civile delectat: cum ex numero hominum eiiciendũ,
ex finibus humanæ naturæ
exterminandum puto. *Cic.
Ph. lip. 3.*

Ἀφρήτωρ, ἀθέμιςις, ἀνέ-
ςιος, ἔςιν ἐκεῖνος,
Ὅς πολέμου ἔραται ἐπιδη-
μίου ὀκρυόεντος.

Nefarius une gente tribu-
que est hic talis, qui civile
cupit ferum & execrabile
bellum. *Homer. Iliad. D.*
Proditio tantùm incommo-
di humano generi affert,
quantum salutis bona fides.
Valer. l. 9.
Les seditieux & les plus grands
traistres sõ retirent vers les ennemis de leurs maistres. *Amy.
Tac. Dem.*
Sic Antiochus blandimen-
tis aduersùs plebem, fraude
in Ducem, Barbarorum co-
pias dissociat. *Tac. An. 2.*

LEs Pisans à la sollicitation de Louys Sforze, & sur le support des Commissaires François, secoüent le joug Florentin, bannissent leurs officiers, pillent tous leurs marchands, & se mettent en vne entiere franchife. Cela fait, ils recourent aux Eſtats voiſins pour implorer leur aſſiſtance. Genes les releve d'hômes & de munitions, ſur vne vieille querelle qui duroit depuis que Thomas Fregoſe leur Duc eut vêdu Livorne aux Florentins, & qui avoit eſté renouvellée depuis peu par leur derniere perte de Pierre-Sainte, & Serezzane. Siene & Lucques ennemies jurées de Florence, fourniſſent argent aux Piſans. Et en fin la Republique de Siene qui eſperoit tirer vn grand profit de la liberté de ce peuple, ne manqua pas d'adjouter à tout ce ſecours certaines troupes de chevaux qu'elle envoya incôtinêtàleur aide.

APHORISME VI.

Perſpeciem ſacrificâdi ob truncare. Tac. Hiſt. 5.
Semper aliqua fraudi ſpeciem iuris imponunt. Lipſ. Pol. l. 3.
Ne ſpecie Religionis in ambitionem delabantur. Tac. An. l. 3.
Gl' huomini ſogliono ricuoprir la loro ambizione, col vélo della pietà Chriſtiana. Pot. in Guicc.
Privatæ cauſæ pietatis agitur obtentu, & cupiditatum quiſque ſuarum, Religioné veluti pediſſequam habent. Lec. Ep. 23.
Μὴ πλυτῶ ἀδικῶς,

L'injuſtice n'eſt jamais ſans pretexte pour palier ſes actions. Et pluſtoſt que de faillir, elle ſe cache ſous le maſque de la Religion qui la rend plus difforme. Les humeurs corrompuës qui ſortent de noſtre corps plus elles ſont peintes, & tant plus ordes elles paroiſſent : des corps

difformes & contrefaits,
estans revestus d'habits plus
riches, semblent beaucoup
plus laids : Et l'injustice est
d'autant plus honteuse,
qu'elle est voilée & colorée
du titre de pieté : com-
me le meschant est d'autant
plus meschant qu'il a vn
pretexte plus sainct à sa malice.

ὰ Μα ἰξ ὁσίον Βιοτωϳαν.
Ne ditetcas injuste, sed ex
juste partis vive. Phocylid.
Ambitio religioni prætex-
tu velata. Melanctb.
Vox in choro, mens in foro.
Virtutem non colere, sed
colorare. Adag.
Pudor impudentem celat,
audacem quies,
Pietas nefandum, vera fal-
laces probant. Sen. Hipp.
——— Sæpius olim
Religio peperit scelerosa
atque impia facta. Lucret.
Nihil in specie fallaciùs
quàm prava Religio est: vbi
Deorum numen præscindi-
tur sceleribus. Liui. l 39.
L'iniustice cherche de pretex-

tes, afin de cacher son insatiable convoitise. Amy. Plut. Ant.
Malus vbi bonum se simulat, tunc est pessimus. Senec.

LE Cardinal de S. Malo auoit eu commission du Roy de receuoir les septante
mille Ducats promis par les Florentins, &
cependant de leur donner esperance
que sa Majesté confirmeroit leurs privileges, & les remettroit en paisible possession de Pise. Ce Prelat reçoit l'argent de
ce peuple, & s'engage envers eux de faire
bien tost accomplir les promesses du Roy.
Pour cette cause il va à Pise, à dessein, disoit-
il, d'effectuer sa promesse, où pourtant il ne
fit rien de ce qu'il avoit dit. Les Florentins
viennent se plaindre à luy, & le somment de
satisfaire à sa parole. Il répond à leurs demã-
des avec cette excuse colorée : Qu'il n'avoit

aucun pouvoir de commander à ce peuple, & qu'il ne vouloit pas fe fervir de l'autorité du Roy ſſon maiſtre, pour les contraindre à leur devoir. Que cette matiere ne ſe pouvoit decider ſans coup ferir. Qu'il eſtoit mal ſeant à vn Preſtre, & indigne de la pourpre d'vn Cardinal, de ſe meſler d'vne affaire qui ne ſe pouvoit decider ſans effuſion de ſang. Ainſi il les renuoya, & les quitta, trompez de leur argent, & fruſtrez de leurs eſperances.

APHORISME VII.

1 Flexuoſum & occultum hominis ingenium, cujuſvis propriè in arte ſolertiá que eſt poſita: Apta tam ad cavendos, quàm metuendos hoſtes. *Front. præf.*
Ira quò plus tegitur eò mahis nocet: (& ubi & aliis.) *Senec de irâ.*
Profeſſa perdunt odia vindictæ locum. *Senec. Med.*
Quello fù ſempre coſtume di Tiberio, d'ãdar cuoprendo le ſue ſcelerotoⱫⱫe. Amy. Tac. l. 4.
2 Incautus tutius opprimitur hoſtis, *Livi. l. 21.*
Quem ſpreveris, valentiorē negligentiâ facies. *Curt. l. 4.*
Nemo celeriùs opprimitur, quàm qui nihil timet. *Velle. l. 2.*
Tranquillas etiã naufragus horret aquas. *Ovid.*

L A [1] volonté de mal faire en vn amy, eſt touſiours moindre en ſa cauſe que la malice ouverte d'vn ennemy inconnu: mais les moyens luy ſont touſiours plus grands & beaucoup plus faciles. Car celuy [2] qui ſe défie le moins, eſt bien pluſtoſt ſurpris, & plus aiſement ruiné. Le jeune apprentif qui commence à tirer des armes, bien ſouvent penſant couvrir la teste eft frapé droit au cœur.

C'eft pourquoy les fages Nochers qui craignent le naufrage redoutent mefme les trop grands calmes de la mer. Et le Prince ne doit iamais &c

Ita crede amico, ne fit inimico locus. Senec. Sent.

LE Duc de Milan en cachette, & fous le nom des Genevois, envoye des vivres & des troupes fraiches à Pife ; & leur baille pour Chef Luc Malvezze Capitaine de grâde reputation. Par vne femblable finefse, & fouz main il s'allie avec ceux de Sienne en l'entretien d'Appian fieur de Plombin, & de Iean Savelle auec leurs troupes, pour la deffence de Mont-Pulcian, laquelle s'eftoit depuis peu revoltée des Florentins, & renduë à ceux de Sienne. Donnant par là moins de fujet à ceux de Florence de l'avoir en foupçon, ou de prevenir fes defseins : & de donner plús de courage, voire d'afsifter plus hardiment ces deux villes ennemies de leur Eftat.

APHORISME VIII.

Religio & Reſp. mutuis ſtât non officii folùm, fed & beneficiis. *Remig. Flor.*

Nihil eſt in rebus humanis Religione præſtantius : ideoque ſumma vi defendenda. *Lact. Init. l. 5.*

Πρῶτον ἢ ϖξὶ τῶν θεῶν ἐπιμελεῖα. Ante omnia ſit tibi cura rerum divinarum. *Ariſt. Po'u.l.7.* Religio & timor Dei, ſolus eſt qui cuſtodit hominum inter e ſocietatem. *Lact. de ira c. 12.*

Tolle hoc vinculum, vita hominum ſtultitia, ſcelere, immanitate complebitur. *Id. c. 8.*

Non dubitaverunt ſacris Imperia ſervire, ita ſe retû humanarum futura regimê exiſtimantia, ſi divinæ potentiæ bene atque conſtanter eſſent famulata. *Valer. l. 1. c. 1.*

Religio, vinculum & coagulum eſt omnis ſocietatis, & iuſtitiæ fundamentum. *Plutarch.*

Religione vita conſtat. *Plin. l. 14.*

EN fait de police, le propre de la Religion eſt pluſtoſt d'appaiſer que d'émouvoir le peuple. Elle le confirme pluſtoſt en l'obeiſſance qu'ils doivent au gouvernement eſtably, qu'elle ne le porte à en dreſſer vn autre. Auſſi eſt-ce vne choſe à laquelle doivent prendre garde tous ceux qui font profeſſion de quelque Ordre Religieux. Car s'ils font autrement, ils trauaillent hors de leur heritage, & ſortent de leur element. L'honneur que les hommes leur doivent, la reverence qu'ils leur portent, & l'opinion que l'on a de leur doctrine & ſainéteté, les rend beaucoup plus puiſſans à perſuader, que ne ſont pas les raiſons entieres d'vn ſage politique, ou l'autorité d'vn

grave Magistrat. C'est pour-
quoy lors qu'ils abusent de
cette puissance, les Estats
qui sont bien policez les
doivent corriger. Ce qui
pourtant est entierement im-
possible en vn Estat popu-
laire.

APRES que Piere de Medicis & ses fre-res furent partis de Florence, on tint vne assemblée de toute la Cité dans la Cour du Palais ; afin de donner ordre aux affaires publiques, & establir vn nouveau gouverne-ment. Il n'y avoit celuy de toute la compa-gnie qui n'estima cette innovation necessai-re, veu l'estat present des affaires, & le natu-rel de ce peuple mutin, qui souz le nom d'vn Estat populaire avoit pourtant besoin d'e-stre manié par gens de qualité plus relevée. Cecy bien que generalement loüé de tous, ne fut pas approuvé de la pluspart des No-bles. La matiere est debatue dans le Con-seil. Paul Antoine Soderin entreprend pour l'Estat entierement populaire, fai-sant voir clairement que par l'autre forme meslée, la famille des Medicis avoit vsurpé sur la liberté publique,& supprimé le reste de la noblesse. Son discours extremement rele-

vé, eſtoit enrichy de belles raiſons à prouver, & d'art pour perſuader. Gui Antoine
Veſpuce prend la parole pour l'autre party:
reſpond à chaque poinct de l'autre harangue, preſſe par argumés demöſtratifs qu'aucun gouvernement n'eſtoit plus propre à
cet Eſtat qu'vne Ariſtocratie bien compoſee. Il avoit deſia tiré la plus grande partie
du Conſeil à ſon opinion, & ſembloit emporter ſa cauſe: lors que Hieroſme Savonarole Ferrarois ſe leve & paroiſt au milieu de
l'aſſemblée. Ce Religieux de l'Ordre des Iacobins avoit joint à vne ſinguliore doctrine
vne grande reputation de ſaincteté, & s'e-
ſtoit acquis parmy le peuple le nom & l'autorité de Prophete, pource qu'en ſes ſermös
il avoit ſouvent predit les choſes qu'on voyoit lors arriuées en Italie. Ainſi il ſe met à
décrier la forme de Republique qu'on
vouloit eſtablir au Conſeil ; & atteſte que
c'eſtoit la volonté de Dieu qu'on ordonnaſt
vn gouvernement entierement populaire,
afin qu'il ne fut plus en la puiſſance de peu de
Citoyens de diſpoſer ny du ſalut des vns, ny
de la liberté des autres. Il dit cela avec tant
d'éloquence de ſa part, & d'admiration du
peuple, que pour la reverence de ſon nom,
& de l'autorité divine, il ne fut plus au pouvoir des autres de reſiſter à ce qu'il deſiroit.

Ainsi toute l'assemblée comme par vne seule bouche s'accorda à son opinion, & l'on establit aussi tost vn gouuernement entierement populaire.

APHORISME IX.

LE Prince ¹ ne doit pas tellement s'attribuer la gloire d'vne victoire, que la Fortune ne la partage auec luy : comme celle qui donne maintefois les succez plus auantageux, que la raison & les moyens ordinaires ne luy pourroient promettre. Voila quelle est l'opinion commune : Mais voicy celle qui est bien la plus sage. Ces effects ² qui reüßissent auec tant de bonheur procedent tousiours des causes precedentes : comme sont la sage conduite d'vn chef, l'obeissance alaigre d'vn soldat, l'auantage du nombre, vn bon ordre obseruè, l'assiete de camp bien

1 Huic omnia expensa, omnia referuntur accepta : in tota ratione mortalium, sola vtramque paginam facit: adeoque obnoxij sumus forti, vt fors ipsa pro Deo sit. Plin. l. 2. c. 7
Non può mai il Capitano attribuire à se stesso tanta laude nelle vittorie, che molta parte non se ne voglia la buona sorte. Parut. l. 2. disc. 4.
Fortuna ancu può bisogna assai, Che senza, val virtù poco, ò non mai. Ariost. Cant. 16.

2 Victrix fortunæ sapientia. Iuuenal. Saty. 13.
Bono Imperatori haud magni momenti fortuna est: mens ratioque dominatur. Liuh. l. 22.

dreſſee, & autres infinis avantages. Toutes ces choſes pourtant ne ſont que des cauſes apparentes. Celle qui eſt la plus certaine & la plus veritable eſt vn œil tout voyant, beaucoup diſſemblable à la Fortune aueugle; & vne main toute-puiſſante beaucoup plus forte que noſtre foible raiſon, & les moyens ordinaires des hommes. C'eſt l'œil, c'eſt la main du grand Dieu, lequel comme Seigneur de l'vnivers, createur des gend'armes, & conducteue des armées; eſt auſſi le donateur des victoires.

3 —— Valet ima ſummis
Mutare & inſignem attenuat Deus
Obſcura promens? Horat. Od.
Ρεῖα θεὸς βελάει: ῥεα δὲ βελάοντα χαλέπει:
Ρεῖα γ᾽ ἀειζηλον μινύθει ἢ ἀδ῾ηλον ἀέξει:
Ρεῖα δὲ τ᾽ἰθύνει σκολιὸν, ἢ ἀγήνορα κάρφει.
Facilè Deus potentè facit, & ſuperbientem deprimit: inſignem minuit, obſcurum auget: corrigit pravum, ſuperbum attenuat. Heſiod. op. & die l. 1.

APRES la conqueſte de la ville de Naples, deux choſes reſiſtoient encor au Roy pour la perfection de ſa victoire. La premiere eſtoit la priſe de Chaſteau-neuf, & Chaſteau de l'œuf, qui ſont deux fortereſſes de Naples, leſquelles tenoient encor pour Ferdinand. L'autre à reduire tout le Royaume en ſon obeïſſance. En tout cela la fortune ſe monſtra encor grandement fauorable

à ce

à ce Prince. Car Chasteau-Neuf assis sur le bord de la mer, auquel les Roys faisoiēt leur demeure ordinaire, fut incontinent emporté. L'avarice, la desunion, & lascheté de cinq cens Lansquenets qui y estoient en garnison fit perdre cete place. D'autant qu'ils se rendirent au Roy sans endurer vn seul coup de canon, apres qu'il leur eut permis d'en sortir avec tous les biens qu'ils en pourroient emporter. Quant au Chasteau de l'Oeuf, lequel fondé sur vne roche dans la mer, est joint maintenant par vn pont au rivage de Naples, apres avoir esté autrefois separé de la terre par l'industrie de Luculle, distant de cette ville à la portée d'vn canon: ceux de dedans voyás qu'on les battoit sans cesse à grosses pieces d'artillerie, qui pouvoient seulement abatre les murailles, mais non pas esbranler la solidité du rocher, accorderent aussi tost de se rendre. Dés que ces places cõme le Palladium des Troyés furent és mains du Roy, toutes les autres ouvrent leurs portes sans aucune resistance. La Rocque de Caiete, quoy que forte & pleine d'armes & de soldats, se rend à composition. Finalemēt tout le Royaume en peu de iours fut reduit à l'obeïssance du Roy, horsmis l'isle d'Ischie, les chasteaux de Brindezi & Galipoli en la Poüille, & Rhege dans Cala-

bre, dont il tenoit les villes. Tous les Barons
excepté Alfonse d'Avalo Marquis de Pef-
caire viennent luy faire hommage. Et tous
les Sindics des Communautez auec les Gouverneurs des places viennét de toutes parts
se jetter à ses pieds, se preffent à qui fera le
premier pour luy rendre obeïffance, remettre leurs charges entre ses mains, & luy pre-
fenter leurs services.

APHORISME X.

*Difficilmente ftanno in vn
luogo, l'vnione, & la po-
tenza.* Am. Tacit. hift.
l. 4.
Sic Thebanorum germani-
tas rupta: Sic Romanos ge-
minos vnum non capit re-
gnum, quos vnius vteri ce-
pit hofpitium. *De Rom. &
Rem.*
Arduum femper, eodem lo-
ci, potentiam & concordiã
effe. *Tac. An. 4.*
Pacis intereft, omnem po-
teftatem ad vnum conferri.
Tac. hift. 1.
Quando vnquam regni fo-
cietas vel cum fide cœpit,
vel fine cruore defiit? *Cypr.*

Nulla fides regni fociis,
    omnifque poteftas
Impatiens confortis erit.
Lucan. l. 1.
Nec quemquam iam ferre
    poteft, Cæfarve priorem,
Pompeiufve parem.

LA paix & la puif-
fance font tellement
incompatibles, qu'-
elles ne peuvent demeurer
en mefme lieu. Cefar ne
veut point fouffrir de fupe-
rieur, ny Pompée de com-
pagnon. Les freres fortis de
mefme ventre ne peuvent
feoir en mefme thrône : La
Royauté auffi bien que l'A-
mour ne fouffre point de
corrival. C'eft pourquoy
comme c'eft chofe digne de
la bonté d'vn Prince de traiter fon ennemy vaincu avec

toute clemence , d'appaiser avec humanité la douleur de ses pertes , & le recompenser ailleurs de quelques honorables estats : Aussi est-ce chose conuenable à sa sagesse , de faire que ces estats soient éloignez de sa demeure precedente. C'est vne faute trop lourde de donner pied dans vn Royaume à celuy qui en est dépoüillé par les armes, & qui pourra y entretenir ses desseins pour essayer vn iour de le remettre en son obeissance.

Lucan. fol. 6.
Infida est societas regni.
Livi. l. 1.
Nec regna socium ferre, nec tædæscunt. Sever. Agam.
Ambitus impatiens & summo dulcius vnum
Stare loco : sociisque comes discordia Regnis.
Statilius.

CHARLES VIII. desirant d'asseurer entierement vne si grande conqueste par vne bonne paix, envoya sauf-conduit à Dom Federic oncle du Roy vaincu, lequel souz asseurance le vint trouver,& traiterent de recompenser son neveu de charges & estats dans la France. Mais Federic sçachant que Ferdinand avoit deliberé de n'accepter aucun party si on ne luy laissoit la Calabre qu'il possedoit avant sa Royauté, respondit avec graves paroles ; Puisque Dieu, la fortu-

ne, & la volonté de tous les hommes avoiét
concouru par enfemble pour joindre la
Couronne de Naples à celle de France fous
la puiffance d'vn fi grand Prince; que Ferdinand n'eftoit pas refolu de refifter contre
cette difpofition fatale. Qu'au contraire, n'e-
ftimant pas à honte de ceder à vn fi grand
Roy, il eftoit refolu de demeurer avec les autres en fon obeïffance. Seulement qu'il fu-
plioit fa Majefté de luy accorder la Calabre
petite partie du Royaume, en laquelle demeurant non pas en qualité de Roy, mais
comme l'vn de fes Barons, il peut reverer la
clemence, & f'éiouïr de la magnanimité du
puiffant Roy des François.   Qu'en cette
condition il efperoit de faire paroiftre à fon
fervice les effeĉts de fon courage, que la mauvaife fortune luy avoit empefché de monftrer pour fon propre falut. Que rien ne pouvoit relever fon honneur à vn plus haut degré de gloire que ce bienfait. Que les anciens
Romains & Princes des fiecles paffez avoiét
efté reputez & rangez au nombre des Dieux
pour des actions femblables. Que cela mefme eftoit auffi feur que glorieux pour luy.
Car ayant Ferdinand à fa devotion; il en feroit beaucoup plus affeuré du Royaume, &
n'auroit à craindre deformais les change-
mens d'vne finiftre fortune. Le Roy ne tar-

da pas long-temps pour respondre à vne telle demande. Il dit que sa volonté estoit d'obliger le neveu de grands estats dans le Royaume de France, & de recompenser dignement l'oncle de tout ce qu'il avoit perdu. Mais de luy donner aucune part dans le Royaume de Naples, dont il estoit competiteur pour le total ; c'est chose qu'il ne devoit accorder, & qui ne se pouvoit faire sans mettre tout le reste en danger manifeste.

APHORISME XI.

Tant[1] plus les hommes sont eminens en qualité, d'autant plus sale est la qualité de leur offense. Personne ne s'estonne de ce que le soufre sent mauuais, non plus que quand les méchans font des actions mauvaises. Mais il y a sujet de s'estonner quand les roses & les lys ont perdu leur agreable odeur, aussi bien que quand les grands se relaschent dans des actions

[1] Omne animi vitium tanto conspectius in se Crimen habet, quanto major qui peccat habetur. *Iuuenal.*

Qui magno Imperio prae diti, in excelso a tatẽ agũt, eorum facta cuncti mortales novére. Ita in maximá fortuná minima licentia eſt. *Livi. l. 23.*
Magna non latitant mala. *Senec. Med.*

vicieuſes. On remarque pluſtoſt les eclipſes du Soleil & de la Lune que de tous les autres Aſtres. Les defauts és perſonnes relevées ne ſe peuvent pas ſi aiſement cacher. Les taches paroiſſent davantage ſur la pourpre & le ſatin, & ces actions deshonorables ſont des taches plus grandes és perſonnes d'honneur, auſſi bien que les vertus ſont de plus grands ornemens en eux qu'és hommes de condition plus ravalée; C'eſt pourquoy des licences non Chreſtiennes & mauvaiſes ſont extremement odieuſes en ceux qui doivent eſtre les patrons de vertu & de Religion. Car

2 Qui Curios ſimulant, & Bacchanalia vivunt. *Iuven.*
Simulata ſanctitas, duplex iniquitas. *Adag.*
Vincit ſanctos dira libido. *Sen. Hipp.*
Alia Leucon alia Leuconis aſinus portat. *Dictum de Hypocriſi Adagium.*

[2] vne ſainteté ſimulée, comme eſt celle qui ſert de couverture à leur malice, redouble l'iniquité, & agrave le crime.

LE Pape Alexandre VI estoit forcé de
rendre Gemin Ottoman, frere du
Grand Turc Bajazet, és mains du Roy de
France. Cette affaire luy devoit donner de
la tristesse, pour la perte qu'il faisoit de sa
pension annuelle qui estoit de quarante mille Ducats, & de ce qu'vn autre en alloit per-
ceuoir le benefice. Il avoit force gens aupres
de luy qu'il avoit eslevez aux grandes dignitez de l'Eglise, qui se laisserent emporter au
mesme sentiment : & empoisonnerent ce
ieune homme en du sucre candi : dont la force opera tellement, qu'il estoit hors de leurs
mains avant qu'on eut recónu le danger, &
qu'il fut arrivé à Naples, où il mourut entre
les mains du Roy. Le vulgaire rapporte
que pour cela ils avoient esté corrompus par
les presens de Bajazet ; qui vouloit par la
mort de son frere oster le pretexte au Roy
de France de troubler la Monarchie Otto-
mane sur laquelle il auoit quelque dessein.

APHORISME XII.

1 Quacunque arte verborum quis iuret: Deus tamen qui conicientiæ testis est, sic illud accipit, sicut ille cui iuratur intelligit. *Isid. de sum. bon. l. 2.*

2 Hi tales sua improbé potiùs, quàm callidè augent. *Lipf. Pol. l. 4.*
Hi tales, struunt causas, vel sponte oblatas arripiunt. *Tacit. hist. l. 2.*
Perfidos nunquam causa deficiet, cur pacto non stêt. *Livi. l. 24.*
Quærunt latebram periurio. *Cic. offi. l. 3.*
Nihil fidei humanæ magis convenit, quàm servare pacta conventa. *Leo Imp.*
Turpe est cùm aliis omnibus, quibus vel minima virtus est cordi, tum imprimis principi viro, mentiri ac fidem fallere: Iusiurandum autem & pacta etiam scripto sancita violare, nec abiectissimo quidem homini decorum esse arbitror. *Procop.*
Novit vias quibus effugit Eucrates: Quadrat in eum qui semper aliquam invenit rimam, per quam elabatur, si quando fides esset præstanda. *Adag. Poly.*

VN [1] serment doit estre interpreté non pas par celuy qui le fait, mais par celuy qui s'y asseure. C'est [2] pourquoy ceux qui ne font point scrupule de violer les conditions ausquelles ils estoient liez par vne obligation si sacrée, sont grandement coupables devant Dieu, & odieux aux hommes: Lors que ces esprits cauterisez rencontrent quelque plume és articles de leur traité qui puisse servir à leur dessein, ils ne peuvent s'empescher de la recueillir pour s'envoler hors du temple de l'équité dans les champs de la fraude. Mais outre qu'il en arrive tousiours quelque scandale, ces politiques se rendent d'autant plus criminels; qu'ils veulent faire croire

à leurs parties qu'il y a
quelque peu de iustice dans
beaucoup d'iniustice sur la-
quelle ils bastissent leur
perfidie.

LE Roy de France s'estoit obligé par vn accord exprés vers le Duc de Milan, pour recompense de son secours, & de l'avancement de ses desseins en Italie, de luy donner la principauté de Tarente aussi tost qu'il auroit conquis Naples. La conqueste estant parfaite en telle sorte, que le ieune Roy avoit pris la fuïte : toutes les forteresses, citez, & provinces, avec tous les Estats, Communautez, & Baronies, estoient reduites en l'obeïssance des François : le Duc presse sa Majesté de satisfaire à la convention. Mais les mignons du Roy qui assiegeoient ce pauure Prince luy faisoient voir avec mille subtilitez combien cette place importoit à ses affaires : & se defirent du Duc avec cette interpretation specieuse ; Que la conqueste ne pouuoit pas estre ditte parfaite, tant que trois ou quatre places tiendroiét encore côtre sa Majesté. De sorte qu'ils s'excuscrét envers luy avec cette prompte response : encore qu'en effect au traité du Roy avec les Florentins, on deuoit entendre que la vi-

ctoire & conqueſte ſeroient parfaictes lors
que la ville de Naples ſeroit priſe,& qu'il en
ſeroit paiſible poſſeſſeur. Par vn ſemblable
artifice Ferdinand Roy d'Aragon & de
Caſtille, avec la Reine Iſabelle ſa femme,
traverſerent les conqueſtes du meſme Roy
de France. Ils avoient mis en vn article, que
directement ou indirectement ils n'empé-
cheroient point l'entrepriſe de Charles ſur
le Royaume de Naples. Et neantmoins ils
oſerent entrer en Ligue ouverte avec les
autres Eſtats contre luy pour le chaſſer d'I-
talie : & luy faire voir que malgré le traité ils
ſ'eſtoient finement reſervé iuſques alors
vne libre puiſſance de luy nuire. Car ilsaſſeu-
rerent qu'il y avoit vne condition adjouſtée
aux capitulations faites pour la reſtitution
du Comté de Rouſſillon, portant qu'ils ne
ſeroient tenus à choſe aucune qui concer-
neroit le prejudice de l'Egliſe. De laquelle
exception ils inferoient ſubtilement; que ſi
le Pape pour l'intereſt de ſon fief les recher-
choit de ſecourir le Royaume de Naples
comme il faiſoit maintenant, ils le pouvoiét
faire en libre & bonne conſcience ſans contrevenir aux promeſſes données.

APHORISME XIII.

LE moyen d'empê-
cher qu'vn champ ne
soit suffoqué par les
mauvaises herbes, c'est de
les arracher lors qu'elles
commencent à croiſtre.   Le
moyen de preferuer vn corps
d'vne faſcheuſe maladie,
eſt d'en purger de bonne
heure les mauvaises hu-
meurs qui s'y accueillent.
Le ſoupçon & la jalouzie
ſont les humeurs ou les ſemences de la ſedition, &
les mechantes herbes de la
guerre. Si la diligence d'vn
Prince ne les oſte & divertit dés le commencement,
elles rapportent en fin beaucoup de maux & de fruicts
amers dans ſon Eſtat, qui
le porteront à ſa ruine. Car
la crainte, la diviſion, le
danger, les troubles, & la
renolte, ſont les effects de
ces deux paſſions.

1 Helleborum fruſtra, cùm
iam cutis ægra tumeſcit
Poſcentes videas : venienti
occurrite morbo. Perſ.
Sat. 3.
A parvis veniunt ſumma
mala principiis. Pacat. paneg.
Omnium rerum principia
parva ſunt, ſed ſuis progreſ-
ſionibus vſu augentur. Cic.
5. de fin.
Modicis remediis primi
motus conſedere. Tac. An-
nal. 14.

2 Il ſoſpetto peggior di
tutti mali,
Spirto peggior d'ogni mal-
vaggia peſte:
Che, l'infelici menti de
mortali
Con velenoſo ſtimolo mole-
ſte. Arioſt. Agg. 2.
Il Soſpetto cominciato
fa, che tutte le coſe ſi repi-
glino, in mala parte. Porc.
in Guicc. l. 15.
Dietro al Soſpetto, viene
l'odio: dietro all' odio, offeſe : con l'offeſe la congionzione, & intrinſichezze
co' nemici di chi s' offende.
Id. l. 16.

LE Roy Charles VIII se doutoit desia des procedures du Duc de Milan. Pour cét effect, depuis la conqueste de Naples il auoit retenu à sa solde Iacques Triuulce auec cent lances & vne honorable pésiõ. Il attira à soy par promesses & dons le Cardinal Fregose & Obiette de Fiesque, & s'asseura de leur affection. Ceux-cy, d'autant qu'ils estoient de tres-puissans instrumens pour troubler & causer quelque sedition dans la ville de Genes: Cestuy-là, pource qu'il estoit chef du party des Guelfes à Milan, & qui avoit l'esprit grandement irrité contre Sforze dont il estoit ennemy capital. D'autre costé le Duc devient jaloux de la grandeur de France, doute desormais avec sujet de l'affection du Roy. Il craint que le courage de ce Prince victorieux ne veuille pas se borner dans les confins du Royaume de Naples. Que ce feudre qui couroit avec vne si grande vitesse par toute l'Italie ne toucha les aisles de son Milan; & qu'à la ruïne des autres la sienne ne fut conjointe. Pour cét effect il fit arrester douze Galeres que l'on équipoit à Genes pour le Roy, fait defence d'y armer aucuns vaisseaux pour son service, & fait voir assez ouvertement qu'il estoit prest de se joindre avec le premier pour luy faire la guerre.

APHORISME XIV.

'EN vn estroit sens mo-ral, parler & ne point penser à ce qu'on dit, est plustost stupidité qu'ingenio-sité, & par consequent re-prouvable. Mais [2] au mani-ment des grandes affaires politiques la necessité donne bien vne plus grande liber-té. Car icy il n'est rien de plus expedient, que l'enne-my ne sçache point nos des-seins iusqu'à ce qu'ils soyent executez, ny les preparatifs que nous faisons tant qu'ils soyent à ses portes. C'est pourquoy lors qu'il est que-stion de dresser vne armée, ou preparer des forces : le Prince a de coustume par vne police vsitée de preten-dre publiquement vn des-sein, & d'en entendre se-cretement vn autre.

1 Aliud corde premunt, aliud ore promunt. Erasm. Aliud ore, aliud animo, omnia dissimulans. Cusp. de Tib.

Ben s'ode il ragionar, si ve-de il volto.
Ma dentro il petto, mal giudicar puossi.
Ariost. Cant. 6.
Laudem occulto magis tra-mite, quàm aperta via pe-runt. Valer. l. 7. c. 3.

2 Nulla sunt meliora con-silia, quàm quæ ignoraverit hostis antequam fiunt. Ve-get. l. 3.
Fieri quid debeat, cum multis tracta: Quid facturus sis, cum paucissimis, vel po-tius ipse tecum. Veget. l. 3.
Sententiam suam celent Principes. Lips. Pol. l. 3.
Agesilaus misit qui rumore spargerent eum (ad deci-piendum Tisaphernem) apertè & manifestè ad Ly-diam contendere, clam verò & occultè ad Cariam: Persa, Cariæ præsidium im-ponit; Lacon, Lydiam infe-stat. Polyæ. stra. l. 2.
Prudentissimi Principes ita se comparant, vt quæ mini-mè omnium fieri cupiunt, ea se jactent esse facturos. Bod. l. 3.
Nec ostenderunt bellum priùs quàm intulerunt. Livi. de Sab.

Nihil magis optandum, quàm vt rerum gerendarum consilia, quoad eius fieri poterit, quàm maximè occulta sint. Bod. l. 3.

FERDINAND & Isabelle Roys d'Espagne preparent vne puissante flotte sur
mer, la fournissent de grande quantité de
chevaux, d'hommes, d'armes, de munitions
de vivres, & autres armemens pour la guerre. L'œil du Roy jaloux & défiant regarde
ces preparatifs, & desire sçavoir à quel dessein on équipoit cette armée. L'Espagnol
fait courir le bruit & donne à conoistre au
monde, que c'estoit seulement pour la defense de son Royaume de Sicile, & l'asseurance de ses autres Estats, à l'encontre de toute
saillie des ennemis. Mais en effect c'estoit
pour assister le Pape & l'Arragonnois contre la France, pour le recouvrement du
Royaume de Naples, & chasser entierement
les François d'Italie.

APHORISME XV.

Opus est iis, quas in te semper intellexi, Fide & Taci-
turnitate. *Terent. And.*
Arcana Regni mira celant
fide : Non metus, non spes,
elicit vocem, qua prodatur
occulta. *Livi. l. 2.*
Taciturnitas optimum at-
que tutissimum rerum ad-
ministrandarum vinculum.
Valer. l. 2.
Vbi optimum ex omnibus
consiliis reperis, apud te so-

LE Conseil d'Estat
est le cabinet de la
Republique, les Re-
solutions en sont les joyaux,
& le Secret est la serrure
qui ferme ce thresor à tous
les autres Princes. Il n'y a

rien au monde de plus avantageux aux affaires publiques, que cette fidele fermeture, rien de plus perilleux que l'ouverture de ce sacré cabinet. C'eſt pourquoy les Princes confederez font conoiſtre bien ſouvent au monde la cauſe generale de leur étroitte vnion, & reſervent ſouz le ſecret iuſques au temps plus propre les particularitez qui en font de plus grande conſequence.

lu tene : ne adverſariis hoc indiçetur,& inſidiis eorum appetatte. *Leo Jmp. de app. bell.*

Primum præcipuumque eorum quæ ad felicem conſilij exitum requii untur, eſt ſilere. *Polyb. l. 19.*

Aliam ſilere quod voles, priùs ſile. *Senec. Hipp.*

Nulla res magna ſuſtineri poteſt ab eo, cui tacere grave eſt. *Curt. l. 4.*

Quis minor eſt autem quàm tacuiſſe labor? *Ovid.*

Nemo ſtultus tacere poteſt. *Laert. in Sol.*

Eumenes cùm Romam veniſſet, & Regem Perſen in Senatu accuſaſſet,& de toto bello cum Patribus deliberaſſet : in præſentia nihil, præterquam fuiſſe in Curia regem, ſcire quiſquam potuit. *Livi. l. 42.*

Apud Perſas nemo conſiliorum eſt conſcius, præter optimates taciturnos & ſidos: Apud quos Silentij quoque colitur Numen. *Ammian. l. 21.*

L E s admirables ſuccez des armes du Roy de France amenoient ſes ſujets à ſes pieds pour luy voüer vn fidele ſervice, & animoient les cœurs de ſes Princes voiſins pour arreſter le courant impetueux de ſes victoires. Le Roy des Romains, le Pape, le Roy d'Eſpagne, le Duc de Milan, & l'Eſtat de Veniʒe contractent alliance par enſemble à l'encontre de luy. Veniʒe fut le lieu, où tous les Ambaſſadeurs ſe rendirent pour conclurre & ſigner les articles de ce traicté. Le titre & la publication portoit

feulement que cette Ligue eftoit faite pour
la deffenfe & conferuation des Eftats l'vn de
l'autre. Mais fouz ce plaufible pretexte ils ca-
choient d'autres articles particuliers que le
fecret referuoit feulement pour les confederez. Ils avoient fecretement accordé par enfemble, que les compagnies Efpagnoles qui
eftoient nagueres arriuees en Sicile affifte-
roient Ferdinand d'Arragon pour recouvrer fon Eftat. Qu'au mefme inftant les Venitiens affailliroient par mer les villes qui
font és coftes du Royaume. Que le Duc de
Milan tafcheroit f'emparer de la ville
d'Aft : afin d'empefcher le fecours qui leur
pourroit venir de France.　Que les autres
confederez fourniroient certaine fomme de
deniers aux Roys des Romains & d'Efpagne : afin que chacun d'eux commençaft la
guerre au Royaume de France avec vne
puiffante armée.　Qu'ainfi ils devoient affaillir le Roy en mefme temps, & en lieux
grandement feparez, pour renverfer fes deffeins, & perdre fes Couronnes.

APHORISME XVI.

1 Crede mihi, bene qui la-
tuit, bene vixit, & intra
Fortunam debet quifque
manere fuam. Ouid.Trift. 3.

Celuy[1] là vit feurement
qui vit couvertement.

Celuy

Celuy-là acheve heureuse-
ment son voyage, qui sçait
prevoir les dangers du chemin. [2] C'est pourquoy lors
que les voisins sont en armes, & qu'vn Prince ba-
lance pour embrasser l'vn
des partis : il fera sagement
de pourvoir tellement à ses
affaires qu'il mette son E-
stat en asseurance quiconque
soit le vainqueur ; & sauve
son propre argent qui que ce
soit qui perde la partie.

Licèt foris resonèt omnia,
dum intus tumultus non sit,
dum inter se cupiditas & timor non rixentur, bene est
animo. Senec. ep.
Ad quodvis adversæ forra-
næ supercilium ex omni
parte quadratus. Cicer.

[2] Suam quisque fortunam
in consilio habeat, cùm de
aliena delibеrat. Curt. l. 4.
Aut junge te, aut juva; quid
si occulte. Lips. Pol. i. 4.
Cautè in pericula descen-
dendum, alioquin temeri-
tatis erit. Arist. Polit. l. 1.
Quando hostis imprudentia
ruat, (quod loco Sapientiæ
est) alienam stultitiam op-
periri iuvat. Tacit. Hist. 2.
Plerumque vtilis & tuta est
dilatio. Dio Hal. l. 8.

LE Duc de Ferrare sollicité d'entrer en
la Ligue des Princes d'Italie auant qu'-
elle se publia contre Charles VIII. refusa de
prendre les armes contre luy, & protesta de
vouloir maintenir son alliance qu'il avoit
contractée avec la France. Et neantmoins il
permit que Dom Alfonse son fils & heritier,
se mit à la solde du Duc de Milan avec cent
cinquante hômes d'armes, & tiltre de Lieutenant general de ses troupes. Ainsi par vne
ruse Italienne le vieil Duc ménageoit ses affaires : afin que le fils peût faire la paix pour
son pere au cas que les confederez gaignas-
sent : & qu'il peût luy-mesme affranchir son

M

fils de danger, si les François remporroient l'avantage.

APHORISME XVII.

In domo Principum, nomé
tantùm amicitiæ, inane ir
ritumque permanet. Plin.
Pan. ——— In Aulâ
Cù tot populis stipatus eas,
In tot populis vix vna fides.
Senec. Herc. fur.
Caducæ amicitiæ, quarum
delectatio vel vtilitas fun-
damentum. Nam & stanti-
bus illis tremunt, & rece-
dentibus ruunt. Petrar.
  Multi more atque exem-
plo isto vivunt, quos cùm
censeas esse amicos, repe-
riuntur falsi falsimoniis:
Linguâ factiosi; inertes o-
perâ, sublesta fide. Plaut.
Bacch.
Pauci ex multis amici sunt
homines, qui certi sient.
Plaut. Pseud.
  Ωʳ φίλοι, ἀδὰς φίλος.
Multi amici, nullus amicus.
Arist. apud Laert.
Vsibus edocto si quidquam
    credis amico
  Vive tibi: & longè nomi-
    na magna fuge. Ovid.
Trist. 3.
Piena d'insidie, & di sof-
  petti
Corte Regali, & splendidi
  Palagi:
Ove la Caritade è in tutto
  estinta,
Ne si vede Amicizia se nõ
finta. Ariost. Cant. 44.

L'amitié de la Cour est semblable à la musique d'vn festin, dont l'homme pour son argent ne reçoit que du bruit & quelque douce harmonie. C'est vne image emprainte dedans l'eau d'vn bassin, qui s'efface au moindre heurt. Tout de mesme que ces drogues d'Apoticaire qui sont chaudes quand on les prend, & sont froides quand elles font leur opera-tion : elle est chaude & prompte en ses promesses, mais froide & lente en l'e-xecution. Elle reçoit de la substance, & rend de la fu-mée ; souvent elle s'empresse & s'engage de parole pour ses amis ; mais elle ne s'y employe jamais si avant

qu'elle en produise des
effects veritables.

LE Cardinal de S. Malo estoit en singuliere estime à la Cour des François, &
en grand credit aupres de sa Majesté Tres-
Chrestienne. Les Florentins avoient jetté
sur luy les yeux de leur esperance, & par vne
grande somme d'argent l'avoient obligé de
leur servir d'amy és affaires pour lesquelles
ils estoient à la suitte du Roy. Ils demandoient que le Roy leur rendit les villes d'o-
stage selon qu'il leur avoit promis ; & qu'il
abandonnast la revolte des Pisans comme il
estoit bien raisonnable. Le Cardinal leur
promet, entreprend aussi tost de solliciter
leur affaire, & la represente assez courageu-
sement au Conseil. Plusieurs des Seigneurs
de la Cour favorisoient la cause des Pisans, &
persuadoient au Roy qu'apres la reddition
de ces places les Florentins s'allieroient aux
autres Princes d'Italie à l'encontre de luy.
Mais le pouuoir du Cardinal estoit beaucoup
plus grand, & son credit l'eut emporté s'il ne
fut pas allé si lentement en besogne. Car au
lieu de representer au Roy l'argét receu des
Florentins, & l'assistance qu'ils avoient renduë à ses affaires, il s'opposa fort froidement
à toutes les raisons des autres ; & fit voir qu'é

craignant de déplaire aux Grands qui eſtoiét auprés du Roy, il n'avoit pas envie de favoriſer ceux de Florence. Ainſi ils perdent leur argent, & n'obtiennent rien de leurs demandes.

APHORISME XVIII.

1 Tute hoc intr fſti, tibi omce eſt exedendum *Teret.*

2 Faber eſt quiſque fortunæ ſuæ. *Saluſt. ad Cæſ.*
Facilius eſt quædam vincere quàm victa tenere. *Curt. l. 4.*
Fortunam citiùs reperias quàm retineas. *Publi.*
Non minor eſt virtus, quàm quærere, parta tueri. *Ovid.*
Plus eſt ſeruaſſe quàm quæſiiſſe decus. *Senec.*
Par: ri ſingula acquirendo, faciliùs poſſunt, quàm vniverſa teneri. *Livi.*
Difficilius eſt Prouincias obtinere, quàm parare: viribus parantur, iure obtinentur. *Flor. l. 4.*
Conſultius eſt ſua tutari, quàm aliena adiungere. *Egeſ. l. 1. c. 13.*
O faciles dare ſumma Deos eademque tueri
—— Difficiles. *Lucan. l. 1.*
Parare & quærere arduum, tueri difficilius. *Senec.*
Non minus eſt quæſita tueti, quàm quærere: alioqui quærendi nulla foret vtilitas: nihilque aliud eſſet, quam cribro haurire. *Livi. l. 37.*

Les autres partagent avec le Prince ſelon leur rang & merite à l'honneur des grands exploits : mais le bon ou mauuais ordre qu'il met à ſes affaires apres la victoire gaignée redonde entierement à ſa gloire ou confuſion, ſelon qu'elles luy reüſſiſſent : C'eſt pourquoy il doit ſur tout ſoigner en l'eſtabliſſement de ſon nouueau gouvernement que toutes choſes ſoient ordonnées ſelon vne grande prudence, & avec des regles bien aſſeürées. Car c'eſt plus grand honneur de ſe retirer avec iugement, que d'aller à l'en-

contre des dangers avec
courage, d'vfer fagement
de la victoire, que de la
gagner heureufement, &
plus de gloire à retenir vne
nouuelle poffeffion que de
l'obtenir.

Il eſt beau, non plus facile de
garder vn Eſtat de ne tomber en
ruine, que de l'agrandir & l'enrichir. Amyot Plut. in Cic.

LE Roy de France avec vn fuccez incroyable feſtoit emparé du Royaume
de Naples, & en eſtoit defia paifible poffeffeur. Iufques icy la Fortune pluftoft que la
Force avoit combatu pour luy : Mais maintenant il fe relache, & interrompt l'heureux
courant de fa victoire, Car au lieu de fuivre
fa pointe, & d'attaquer vivement le peu de
places qui reſtoient encor dans le Royaume
du party de Ferdinand, lefquelles fans fraiz
& fans danger il eut peu reduire aufli toft en
fon obeïffance : il ſendort fur le fein de fon
bon-heur, qui le tranfportoit au delà des
bornes d'vne égale modeſtie. Ses foldats
changent les veilles de la fatigue en des veilles de plaifir & de débauche. Les chofes de
l'Eſtat n'eſtoient pas encor dreffees ny gouvernées avec telle ordre & prudence qu'elles
devoient. Le Roy qui ne fe vouloit point
travailler fouz l'agreable joug de cette nouvelle Couronne, méprifoit les plaintes & les

M iij

requeſtes du peuple. Renvoyoit & laiſſoit
entierement la charge des affaires à ſes mignons : leſquels à cauſe de leur inſufiſance ne
pouvoient jamais, & pour leur avarice ne
vouloient pas bien ſouvent remedier aux
deſordres. La nobleſſe Neapolitaine ne fut
pas recueillie ny avec telle courtoiſie, ny
avec telle recompenſe qu'elle avoit merité.
Voire meſme avoit-elle bien de la peine d'ě-
trer en la chambre du Roy, & d'eſtre admiſe
à ſon audience. On ne faiſoit aucune diſtin-
ction des perſonnes, Ceux du party d'Anjou par des delays inſupportables eſtoient
remis de jour en jour pour la reſtitution de
leurs terres & Eſtats. On payoit leurs requeſtes de delais,& les difficultez qu'on leur pro-
poſoit à tout coup engendroit le mépris & la
haine dans leurs eſprits au lieu de la confiance. Les graces & les faveurs ſe diſtribuoient
à ceux qui les procuroient avec des mains
garnies,& par le moyen des favoris.Aux vns
on oſta ſans raiſon, aux autres on donna
ſans merite. Preſque tous les domaines de la
Couronne, & les charges de l'Eſtat furent
tranſmiſes aux François. Choſe d'autant
plus faſcheuſe aux ſujets naturels, qu'ils ſe
voyoient privez de s'avancer en leur propre
patrie. Les ſoldats traitoient leurs hoſtes à
diſcretion,& logeoient avec inſolence & de-

fordre par tout où ils avoient envie. Ce furent là les principales caufes qui firent decliner les affaires de France, tourner le dos à la Fortune, & revolter les Neapolitains. De forte mefme que dés lors l'ardent defir qu'ils avoient eu de voir les fleurs de Lis peintes deffus leurs armes, fe convertit en vne haine extreme & defir de les en effacer. Auffi n'avoient-ils pas eu auparavant tant d'inclination du cofté de la France, qu'ils avoient alors de defir de retourner à l'Arragonois. Ils n'avoient pas eu la cruauté de leur Roy en telle deteftation, que maintenant ils ont fon exil & fa calamité en commiferation. Voire en comparaifon des François, defia commençoit à leur eftre agreable le nom tant odieux d'Alfonfe : appellans jufte feverité ce qu'autrefois ils nommoient tyrannie. De ces caufes eftranges fuivirent bien toft d'eftranges & malheureux effects en ce Royaume, pour jufte chaftiment des defordres & de la negligence des François.

APHORISME XIX.

LA multitude incon-
ftante eft naturelle-
ment defireufe de nouveau-

*La natura de' populi, è in-
clinata à fperar, ..à di quel
che fi debbe, & à tollerar
meno, di quel ch'è neceffa-*

...io, & ad hæc ver in fastidio le cose presenti. *Porc. in Guicc. l. 10.*

Est natura hominum novitatis avida. *Plin.*

Subita & repentina ingenia, quæ novis semper rebus student, & ad bellum mobiliter, celeriterque incitantur. *Cæs. Com. l. 4.*

Quod sunt in consiliis capiendis mobiles, & novis rebus studentes, nihil his committendum statuit. *Id. Com. l. 3. de Gallis.*

Qui fit Mecænas, ut nemo quam sibi sortem
Seu ratio dederit, seu fors obiecerit, illâ
Contentus vivat? laudet diversa sequentes. *Hor. ser. l. 1. Sat. 1.*

Vulgus cuiusque motus novi cupidum. *Tacit. hist. l. 1.*

Romæ Tibur amo ventosus, Tibure Romam. *Horat.*

--Sævitque animis ignobile vulgus. *Æneid. l. 1.*

té, comme celle qui se plaist grandement au change. En cét esprit elle espere beaucoup plus qu'elle ne doit, endure beaucoup plus qu'elle ne peut, mesprise tousiours le temps present, & rien ne luy desagrée tant que la condition en laquelle elle se trouve. Le peuple ne considere pas qu'encore qu'il change de Seigneur, il ne change point sa condition de sujet. Quoy qu'il reçoive vn nouveau maistre il ne quitte pas sa vieille servitude. C'est pourquoy la raison doit purger cette legereté. Et la fermeté de leur condition doit arrester l'esprit volage de leur nature. Car s'ils se ressouvenoient que souz quelque Prince que ce soit ils sont tousiours obligez à vne mesme servitude, ils ne voudroient plus se soucier qu'elle soit ou sous l'vn, ou sous l'autre. Comme ceux à

*qui il appartient seulement
d'obeïr, & non pas d'exa-
miner inconsiderement les
tiltres de leurs Maistres.*

AVANT l'arrivée des François ceux de
Naples ne desiroient rien tant que de
vivre souz la douce domination Françoise.
Ils murmuroient sans cesse contre le gouvernement du vieil Ferdinand & d'Alfonse.
Ils faisoient des exclamations de leur cruauté envers les nobles, & de leur oppression
vers les communes. Le François en fin est
arrivé, le Roy Charles benin & liberal à
l'endroit de tout le peuple, leur accorde tant
de privileges, les décharge de tant d'im-
posts; que les exemptions montent à plus de
deux cens mille Ducats par chacun an : &
mille autres faveurs qu'il avoit conferé à ce
Royaume. Et neantmoins ils se lassent incontinent de leur nouveau Seigneur, tousjours Neapolitains, c'est à dire tousiours inconstans,& desireux de choses nouvelles. Ils
rappellent avec passion la souvenance du
discours que le jeune Ferdinand leur fit à son
depart. Ils se promettent vne plus grande
felicité sous sa conduite. Ils excusent la
cruauté de son pere souz le nom de juste ri-

gueur. Ils changent de nom & de visage à
son orgueil & insolence, qu'ils qualifient des
tiltres specieux de noblesse de cœur, & grandeur de courage digne d'vn Prince. Bref ils
ne s'estiment plus hommes s'ils ne l'ont de
rechef pour leur Roy, & qu'ils ne le rappellent pour luy rendre sa Couronne avec leur
obeïssance.

APHORISME XX.

1 Vitioso humore genito,
pars princeps aliqua con-
sentit, a qua totum corpus
celeriter alteratûr. Gal.loc.
off. l. 6.
Sicut Hedera miré valet, ex
qualibet se alligare ansa.
Plut.
Sicut Regula obliqua, quæ
recta sunt obliquat. Doroth.

2 Alia mens indigentibus,
alia assecutis quibus egue-
runt. Dion. Halic.
Fiducia valdé obnoxia in
consiliis, quia suas alienas-
que vires parum librat : &
eventus omnes aptat ad sua
vota. Lipf. Polit. l. 3.
Æger animus falsa pro ve-
ris videt. Senec. Oedip.
Reges & Dominos habere
debet
Qui se non habet, atque eõ
cupiscit,
Quod Reges Dominique
concupiscant. Martial. l. 2.
Polybij sanum hîc dogma,
inhærcis: nunquam de su-

Vne 1 humeur vicieuse
ne change pas seule-
ment en sa nature son propre nutriment, mais aussi
celuy qui est propre pour des
humeurs contraires. Vn esprit 2 transporté de quelque
desir dereglé ne se fait pas
seulement des desseins a-
greables qui sont conformes
à la raison : mais au premier
abord des choses qui luy
sont plus nuisibles, il les
embrasse avec affection, les
reçoit avec avidité, & se
fait croire qu'elles sont à son
plus grand avantage.

turis rebus', tanquam iam factis deliberare. *Lipſ. an. l. 3.*
Sed quia cæcus ineſt vitiis amor, omne futurum
Deſpicitur, ſuadentque brevem præſentia fructum,
Et ruit in vetitum damni ſecura libido. *Claud. Eutr.*
Evertére domos totas optantibus ipſis
Dij facales: nocitura togâ: nocitura petuntur
Militia. ——— *Juven. Sat. 10.*

LA conqueſte de Naples n'eſt pas encore achevée : quelques places manquent encor à ſa perfection. Pluſieurs controverſes ne ſont pas encor decidées, & l'Eſtat n'eſt pas encor aſſez bien affermy entre les mains des François. Iamais la preſence du Roy ne fut plus neceſſaire en ces contrées: afin que par ſa preſence aux actions, & par ſa prudence aux conſeils il mit toutes choſes en eſtat, & y laiſſa vn bon ordre. Mais le Roy meu d'vne certaine impatience Françoiſe, & du deſir de revoir ſon païs, reſolut incontinent de retourner en France. Toute la Cour eſt de ſemblable humeur, & les courtiſans n'eſtiment point d'air ſi doux que celuy de leur patrie. Pendant que leurs cœurs brulent de cét extreme deſir, le vent vient fraper leurs oreilles que tous les Princes d'Italie avoient conclu vne forte Ligue à l'encontre du Roy pour le depoſſeder de ce Royaume. Et avant meſme qu'il ſe mit en chemin vient vne allarme que la flotte des Venitiens eſt ſur les coſtes de la Poüille: qu'-Alfonſe & les Eſpagnols ont mis pied à terre

en Calabre. Qu'y avoit il apres cela de plus
puissant & de pressant pour alentir cette
bouillante passion de partir, & d'arrester le
Roy dans le pays à la defense des prouinces lesquelles il avoit nouvellement conquises? Mais e fort en estoit jetté : & l'on veid
bien que son Conseil qui ne divertit point
ce voyage, avoit envie de luy faire perdre
volontairement par sa faute ce qu'il avoit si
glorieusement conquis par sa valeur. Et ce
qui est plus admirable, c'est que la chose qui
devoit les forcer à faire là vne plus longue
demeure, est cela mesme qui sert aux courtisans de plus forte raison pour haster leur retour.

APHORISME XXI.

Flecte mentem, petius anti-
quum advoca,
Victasque magno pectore
ærumnas doma:
Resiste: tantis in malis vinci malum est. *Senec.*
Qui animum vincunt, quàm
quos animus, semper pro-
biores cluent. *Plaut. Trin.*
Fortior est qui se quàm qui
fortissima vincit
Mœnia. —— *Ca. Pro.*
Οὐκ ἔστιν ἐνάρχειν, τὸν μὴ
ἄχθεται. Regere nequit
qui non regitur. *Arist. Polit. l. 3.*
Si omnia quæ alium quem-

VN homme peut e-
stre vaincu de son
ennemy ou par for-
tune, ou par avantage. En
vne autre occasion il peut
recouvrir son honneur, &
reparer sa perte ; parce qu'il
a tousiours la valeur & le
mesme courage qu'il avoit
au commencement. Mais

celuy qui eſt vaincu de ſes propres paſsions eſt en eſtat deſeſperé : parce qu'alors le ſens & la raiſon qui tenoient encore au dedans, ont eſté malheureuſement terraſſees , & ſont honteuſement perduës. C'eſt pourquoy il ne ſe peut trouver vne plus grande victoire que celle par laquelle nous nous ſurmontons nous-meſmes , & donnons à noſtre iugement vn empire abſolu ſur nos affections. Car alors il oſtera le maſque à ces guides aueugles , & les forcera de regarder deſormais non pas à ce qu'elles deſirent , mais à ce qui eſt & de plus honorable, & de plus ſalutaire. C'eſt eſtre vn grand Roy que de ſe bien regir ſoy-meſme , & obeïr à la raiſon.

vis in te imperantem facere velles ea ipſe tua ſponte feceris , nec peccabis quicquam , & omnia rite diriges, & vitam ex eo jucundiſſimam & beatiſſimam vive. . *Dion.*

Si animus hominem perpulit, actum eſt , animo ſervivit, non ſibi.

Si ipſe animum perpulit, lū vicit victor victorú chret.

Tu , ſi animum viciſti potiùs, quàm animus te , eſt quod gaudeas. *Plaut. Trin.*

Multos reges, ſi ratio te rexerit. *Senec. Epiſt. 37*

Latiùs regnes , avidum domando

Spiritum , quàm ſi Libiam remotis

Gadibus jungas, & vterque Pœnus

    Serviat vni.

Horat. 2. Od. 2.

Charles VIII n'eſt pas ſi toſt monté deſſus ſon thrône royal , & en poſſeſſiõ du Royaume de Naples: que ſes ennemis le-

vent la teste, & jurent sa ruïne. Là dessus il
entre en conference avec soy-mesme pour
voir ce qui seroit de plus expedient. Les maximes militaires & les regles de l'Estat plaident pour sa demeure : mais les desirs qu'il
avoit de jouïr des plaisirs de sa maison ont
vne plus favorable audience. Leurs persuasions furent plus puissantes sur vn esprit des-
ja captif de ses propres passions: de sorte qu'-
elles prevaillent. Il dispose incontinent de
ses affaires, & my-partit son armée, dont il
prend la moitié pour l'asseurance de sa personne, & laisse l'autre pour defence de ce
Royaume nouvellement conquis. Il y mit la
moitié des Suisses, & vne partie des gen. de
pied François, huict cens lances Françoises,
& cinq cens hommes d'armes Italiens qui
estoient à sa solde. Vne partie de toutes ces
troupes estoit souz le Prefect de Rome, &
l'autre souz Prosper & Fabrice Colonne, &
Antoine Savelle tous Capitaines qui avoiēt
receu de luy beaucoup de biens, & de riches
estats. En outre il s'asseuroit sur les Princes
& Barons du Royaume qu'il sçavoit estre
certainement de son costé. Il deputa son
Lieutenant General en tout le Royaume
Gilbert de Bourbon Duc de Montpensier,
Capitaine plus estimé pour sa grandeur &
son extraction royale, que pour sa propre

valeur ou grande suffisance. D'Aubigny fut
laissé grand Connestable du Royaume, &
Gouverneur de Calabre : le Seneschal de
Beaucaire qu'il avoit fait grand Chambelan
fut mis Gouverneur à Caiette. Le Prince de
Salerne fut restably en son Office d'Admiral. Ainsi par cette division de ses forces qu'-
il fit pour satisfaire au violent desir de retourner deça les monts , il ne laissa pas son
Royaume bien asseuré, & ne mit pas sa personne hors de peril manifeste ; comme l'experience le fit voir.

APHORISME XXII.

Nous ¹ *ne pouvons me-*
surer la grandeur de
la Sagesse par la grandeur
de la Fortune. Les fols
iugent par les evenemens,
& ne loüent ou blasment
les entreprises que selon leurs
succez. C'est beaucoup de
trouuer vne porte pour sor-
tir d'vn danger où l'on s'est
engagé. Mais c'est bien
dauantage de ne s'y pas en-
gager, & de le preuenir de

1 *L'Evento , è il Maestro*
de stolti. Parut. l. 2. dif. 5.
— Careat successibus opto
Quisquis ab eventu facta
notanda putat. Ovid. Ep.
Benè vbi quod consilium
discimus accidisse , hominé
catum eum esse declara-
mus.
Stultum autem illum cui
vertit malè. Plaut. Pseud.
La Risolutione ch' è buo-
na , deue esser misurata
dalle Ragioni , che ti hanno
mosso à farla : non dal suc-
cesso che ne segue: Delquale,
perche può auuenire fuor
d'ogni pensiero humano , è
d'ogni ragione , niuno è o-
bligato à rendere conto.

Bot. de Eccl. cap. l. 2.

C'est mal fait de loüer ou blaf-mer les entreprises par la fin qui en reüssit: & mesurer la Sagesse au pied de la Fortune. Bodin. Rep. l. 3.

2 Ita æquum est, me vestra meis armis tutari, ne mea interim nudentur præsidiis. Livi. l. 31.
Proximus sum egomet mihi.   Teren.

bonne heure. Car encor qu'il y ait du bon-heur au succez, il y a tousiours plus de jugement en la prevention: C'est pourquoy 2 comme la charité commence par soy-mesme, le Prince doit tellement assister ses alliez, qu'il ne se degarnisse pas entierement de ses provisions necessaires: pour demeurer par apres à la mercy de la fortune, & se voir exposé finalement à la dure necessité de mille divers accidens.

L E Roy de France s'en retournoit par la ville de Rome, & pressoit le Pape en chemin de luy donner l'investiture du Royaume de Naples. Alexandre prestoit au commencement l'oreille à ces demandes: mais enfin se défiant du Roy, & craignant d'offenser ses confederez, il prolongea l'affaire tant qu'il peût par des difficultez colorees. D'autre part desirant d'empécher avec les armes que le Roy n'entra dans Rome, & les Estats de l'Eglise, il mande au Senat de

Venise

Venife & au Duc de Milan qu'ils luy en-
voyaffent fecours. Incontinent ils luy depé-
chent mille chevaux legers & deux mille
hommes de pied, avec promeffe de luy envoyer encor mille gens-d'armes. Mais
peu apres ils remettent l'affaire en deliberation, & jugeans plus fainement des chofes ils
confiderent que c'eftoit vn fait trop dangereux d'éloigner fi fort les compagnies de
leurs propres eftats, comme ils l'auoient appris à leurs dépens par des exemples recens:
veu mefmement que toute l'armée n'eftoit
encor en ordre, que partie de leurs troupes
eftoit empéchée à l'entreprife d'Aft, & que
les forces laiffees derriere ne fuffifoient pour
les defendre. Ils reduifent en memoire l'in-
conftance du Pape, lequel alors que le Roy
Charles paffa, avoit appellé Ferdinand à
Rome avec fon armée, & puis changeant de
refolution, l'en avoit fait fortir par vne porte alors que le Roy y entroit par vne autre.
Et partant ils ne veulent pas à leur propre
hazard faire nouuelle experience de fon
honnefteté. C'eft pourquoy ils commencerent à luy perfuader de fe retirer en quelque
fortereffe, iufques à ce que les forces du
Roy feroient paffees: pluftoft que de f'expofer avec eux en vn fi grand danger fil hazar-
doit la deffenfe de Rome. Ainfi fur vn meil-

N

leur avis ils rappellent leurs troupes, donnēt ordre à la defense de leurs païs, & gardent les forces levees pour vn meilleur vsage.

APHORISME XXIII.

1 Incautus fuerit, si propria manu tale aliquid comprehenderit: A qua vtique re, vnicè cavere debes. Quòd nihil sit quo tam facilè cōvincaris. *Mac. disc. 3.*

Vox audita perit, sed littera scripta manebit. *Carm. Pro.*

Qui audiunt audita dicunt: qui vident, planè sciunt. *Plaut.*

—— Lingua mali pars pessima serui. *Iuuenal. Sat. 9.*

Istis est Thesaurus stultis in lingua situs,

Vt quæstus habeant male loqui melioribus. *Plaut. Pœn.*

2 Si come tradimento, non ha pena, che à bastanza lo castighi: cosi l'ingratitudine non ha biasimo, che à sufficienza la vituperi. *Remig. Flor*

Tanto turpius gratiam non referre, quanto honestior causa referendæ. *Plin. 8. ep. 12.*

Omne dixeris maledictum, cùm ingratum hominem dixeris. *Pub. Mim.*

3 Video barbã, & palliũ Philosophũ non video. *Gall. l. 9.*

Pacuvij versum Macedo Philosophus scribi debere censebat præforibus omniũ templorum: Ego odi hominem ignava opera, & philosopha sententia. *Gell. l. 13.*

LA langue [1] & la main sont des membres aueugles & mutins : il faut que l'honnesteté & la raison les conduise. La langue est toujours la plus prête : mais la main est la plus dangereuse. Car ce qui a esté dict peut estre interpreté benignement. L'excuse de s'estre mespris, la hayne des rapporteurs, ou la mort de celuy qui l'a dict, sont des couvertures plausibles. Mais l'actiō de la main ne se peut point cacher, & survit à celuy qui l'a faicte. C'est pourquoy [2] comme il n'y a vice qui puisse flestrir plus salement vn homme, que le vice d'ingrat : Aussi [3] n'y a-il preuue plus euidente pour le convaincre de cela, que sa propre escriture, par laquelle il deteste ce mal, & enseigne aux autres d'embrasser la vertu qui luy est opposee.

Plerique Philosophi ἀνευ τῦ τραΐτεν, μοχει τῦ λέγειν. Factis procul, verbis tenus. Gell l. 17.

IEAN Iouian Pontan homme singuliere-ment docte, & versé en toutes sortes de sciences, avoit mis au jour quelques œuvres des Vertus Morales qui avoient esté receuës avec hōneur. Il avoit esté precepteur d'Alfō-se, Secretaire de sō pere, & eu vne tres-grāde authorité sur l'vn & sur l'autre Prince; avoit esté eslevé & enrichy par tous deux avec vne liberalité biē grande. Cet homme apres tant de faveurs receuës de ses bons maistres, fit la Harangue au nom de la cité le iour que Charles huictiesme fut solennellement cou-ronné en l'Eglise Cathedrale de Naples. Toutes ses paroles furent prononcées par la bouche de l'Eloquence, & receuë avec une extreme admiration. Son discours ne fut pas tant pour louër les François, & éleuer leur victoire, que pour representer les vices des Roys vaincus, & ravaler la gloire de ces Princes qui l'avoient si fort exalté. Ce qui retourna à sa honte, & le fit mesme mespri-ser des François: Tant il est quelquefois dif-ficile aux hommes d'observer pour soymesme cette moderation, & ces preceptes, lesquels avec vne singuliere doctrine & solide jugement ils ont enseigné aux autres.

APHORISME XXIV.

1 Sæpe audivi eum primũ esse vnum, qui ipse comulat, quod in rem sit secundũ eum qu̅ bene monet, obediat: Qui nec ipse consulere, nec alteri parere scit, eũ esse extremi ingenij. Lie. l. 21.
Sapientissimum esse dicunt eum, cui quod opus sit, ipsi veniat in mentem: proximè accedere eum, qui alterius bene inventis obtemperet. Cic. pro Clun.
Plurimũ sapit, qui sibi ipse per omnia sapit:
Etiam ille qui benè monenti obtemperat,
At qui nec sibi sapit, nec alium audire monentem
In animum induxit, inutilis prorsus hic vir est. Hesiod. l. 1.
Raro eminentes viros non magnis adjutoribus, ad gubernandam fortunam tuam reperies. Vellei. l. 2.
2 In aures Principum fictè ac simulatè, quæstus sui gratiô, insusurrant. Cic. ad Q. fratrem.
Ceux qui ne visent qu'à leur particulier en seruant aux grands, se dispensent aisement de leur foy. Amy. Plut. Demosth.
3 Melior est Resp. in qua Princeps malus, ea, in qua

LE Prince [1] est doüé de beaucoup de prudence qui peut juger de divers avis que ses Conseillers luy donnent : sage s'il peut discerner, & suyure le meilleur : & tres-habile s'il peut penetrer dans les pensees plus profondes, & sonder les intentions de ceux qui le conseillent. Car il y a [2] bien du peril de se laisser emporter aux conseils qui ne visent seulement qu'au profit particulier de celuy qui les donne. Et de fait, là ou [3] le Prince est d'vne nature si facile, il seroit plus expedient à l'Estat de l'auoir méchant, qu'à luy d'auoir de tels ministres dont la méchanceté est si grande.

mali funt Principis miniftri. *Lam in Alex.*

Tiberiu Princeps crudelis & avarus ; fervitia habuit mode a. Galba Princeps haud malus, præpotentes habuit libertos, omnia venalia offerum e . *Tacit*

I mali deſ vna & deſ a tera corte, erano egualmente gravi, ma non egualmente fcufati. Amirat. ibid.

L'Armee de France eft à Siene: Le Cardinal de S. Pierre aux liens avec Trivulce & tout le Confeil perfuadent au Roy de hafter fon voyage avant que les confederez euffent levé leurs forces, & vny leur armée pour luy clorre le paffage. Ce pendant il feiourna fix iours en cette ville fans aucune occafion: & les Florentins qui le fuivoient toujours, le prefferent avec grande inftance de leur rendre leurs villes d'oftage avant qu'il fortift d'Italie On y traitta la reftitution de ces fortereffes, promife & affeuree par le Roy à fon partement de Naples,& depuis plufieurs fois confirmee en chemin. Pour cette confideration , outre que les Florentins eftoient prefts de payer trente mille ducats qui reftoient de la fomme accordee à Florence, ils offroyent de luy en prefter feptante mille dauantage, de luy donner en outre pour fa fauve-conduicte hors d'Italie trois cens hommes d'armes, & deux mille hommes de pied fouz François Secco leur General, qui le devoit conduire iufques à Aft. La neceffité que le Roy avoit

N iij

de deniers,l'vtilité d'augmenter son armée,
la consideratiõ du serment royal,& la iustice
de leur demande, firent que tout le conseil
persuada au Roy d'accepter ces offres si li-
berales.Mais il estoit necessaire qu'il demeu-
rast quelque matiere de nouvelle calamité
dans le milieu de l'Italie. Le sieur de Ligni
jeune homme inexperimenté, cousin germain du Roy par sa mere, & qui estoit pour
lors l'vnique favori:poussé de legereté, & en
dédain de ce que les Florentins s'estoient ad-
dressez au Cardinal de S. Malo,desireux d'a-
voir le Gouvernement de Siene auquel il
aspiroit,& secondé par le sieur de Pienes qui
attendoit aussi la seigneurie de Pise & de
Livorne,empescha cette resolutiõ,persuada
le contraire à sa Majesté,& reüssit en sa pour-
suite. Ce qui pourtant retourna au des hõ-
neur du Roy, au danger de son armée , &
à l'affoiblissement de son party.

APHORISME XXV.

1 In agro Pitinate,trans A-
penninum , fluvius No-
vanus omnibus Solsti-
tiis torrés, bruma siccatur.
Plin. l. 2. c. 103.

LA¹ riviere *Novane* en
Lombardie s'enfle de
telle sorte aux Solstices d'E-
sté, qu'elle sort de ses rives;
mais au Solstice d'hyuer el-

le est entierement seche.
Telle est la nature des hommes inconstans & irresolus
en l'entresuite de diuerses
fortunes. Ils s'enflent à la
chaleur & clarté du Soleil
de leur prosperité : mais
quand les pluyes, les glaces,
& les tempestes du danger
& des troubles s'esleuent,
ils sont entierement sechez
du desespoir. Car vn es-
prit qui n'est pas bien preparé pour vn desastre, n'est
pas propre aussi pour le soustenir quand il arriue. Celuy-là qui s'esleue trop
haut en vn estat heureux,
enfonce trop bas en l'autre.
Vne brauerie insolente, &
vne crainte basse sont com-
pagnes inseparables. Mais
l'homme sagement resolu est
tousiours le mesme au pe-
riode de l'vne & de l'autre
fortune.

Snas vires extollere, ho-
stium paucitatem contem-
nere, circumferri vinum
largius jubent: debellaturi
super mensa ipsum Alexã-
drum, Curt. l. 7.
Verè galeati lepores, quibus in pede mens decidit
imos. Homer. Iliad.
O tumide, verũ dum secun-
darum status
Extollit animos : timidè cũ
increpuit metus
Regum tyranne. Senec. Tro.
Rebus secundis auidi, ad-
uersis incauti sumus.
Tacit. Annal. 1.
——— Chi vna Nouella
Mai più ti venni ò tremadi non
campi :
Perche vien dietro, vn'altra che
l'vccide
E piangerà doman, l'huomo ch'
hoggi ride. Ariost. Agg. 2.

Secunda felices, adver-
sa magnos probant.
Plin. Paneg.
Ἐν τούτῳ γὰρ ἔστιν ἀνδρὸς
διαφορᾶς, ἐν τῷ, τὸ δὲ κα-
κὸν τε φέρειν καὶ ἀγαθόν.
In hoc enim vir viro prae-
stat, quòd & bonum & ma-
lum benè ferat. Philo.
Sperat infestis, metuit se-
cundis
Alteram sortem, benè prae-
paratum
Pectus. Horat. Od. 1.
——— Fortissimus ille est
Qui promptus metuenda
pati, si cominus instent,
Et differre potest. Lucan.

N iiij

LE Duc de Milan avoit levé de grandes forces avec ſes confederez pour
empeſcher le Roy de France en ſon
voyage, & luy preſenter le combat. Il a receu auec pompe ſolemnelle l'inueſtiture du
Duché, & iuré la foy & hommage à l'Empereur. Il a armé dix galeres au port de Genes à ſes propres deſpens, & quatre groſſes
nefs aux deſpens communs de luy, des Venitiens, & du Pape. Il a enuoié Galeaz de S.
Severin pour aſſieger la ville d'Aſt, avec
ſept cens hommes d'armes, trois mille hommes de pied, & deux mille hommes de ſur-
croiſt qu'il avoit levé en Allemagne. Le voila maintenant au ſommet de ſa gloire, ſon
Eſtat bien appaiſé, ſes forces plus grandes
que iamais, & ſon cœur emporté d'vne inſolence bien grande. En cet orgueil il envoye faire commandement au Duc d'Orleans, Qu'il ſe gardaſt bien deſormais d'u-
ſurper le tiltre de Duc de Milan, lequel feu
Charles ſon pere avoit pris depuis le decez
de Philippe Matie Viſcomte, & dont il eſtoit
maintenant poſſeſſeur comme de ſon propre & legitime heritage. Il luy defend inſo-
lément de faire paſſer par ſes terres aucunes
troupes de Fráce en Italie: Lui enioint de faire promptement repaſſer les monts à celles

qui eſtoient en la ville d'Aſt, & de rendre la
ville entre les mains de S. Séverin; avec pluſieurs autres menaces que le mépris avoit
conceuës, & que la vanité avoit enfantées
par la bouche de ce Prince. Mais le Duc
d'Orleans s'eſtonna bien peu de ces vaines
menaces. Car dez qu'il eut receu les nouvelles de la Ligue que les Italiens faiſoient
contre la France, il s'eſtoit eſtudié à fortifier
cette ville, & ſollicité avec grande inſtance
qu'on luy envoyaſt de France de nouvelles
compagnies, leſquelles ſur l'avis que le Roy
en avoit beſoin pour ſon propre ſecours paſ-
ſerent les monts en diligence. Ainſi le Duc
d'Orleans éguillonné par ces rodomonta-
des Milannoiſes, ſort avec ſon armée à la
campagne, prend au Marquiſat de Saluce la
ville & le chaſteau de Galſinieres qu'Antoine Marie de S. Severin poſſedoit. Paſſe de
nuict le Pau au pont de Sture, ſurprend la
forte ville de Novare, force le chaſteau de
ſe rendre, & de là envoye vne partie de ſes
gens de cheval pour ravager tout le païs iuſques à Vigevene. Bref il eut peu ſans aucune
oppoſition marcher iuſqu'aux murailles de
Milan, & pluſieurs creurent que ſi avec toute l'armée il fut allé contre la ville, le peuple
ſ'y fut aiſement ſoulevé. Le Duc ſe vid grandement eſtôné de ce ſuccez. Car non moins

timide en l'adverſité, qu'inſolent en la proſperité, il donna à cognoiſtre ſa laſcheté par les larmes inutiles qu'il eſpandit à ces nouvelles. Il ſen va tout deſolé à l'Ambaſſadeur de Venize pour lui recōmāder ſō Eſtat qu'il jugeoit deſia deſeſperé, & de mādier de luy d'autres forces nouvelles pour venir promptement à ſon ſecours. Finalement craignāt la rebellion de ſes propres ſujets comme eſtans mal contens de ſon vſurpation & gouvernement tyrannique, il les décharge par vn Edit public de pluſieurs impoſitions & tailles qu'ils payoient auparavant.

APHORISME XXVI.

Captivam Getuliæ reducem audivi, multorum Leonum impetum à ſe mitigatū alloquio : auſam ſe dicere fœminam, profugam, infirmam, ſupplicem animalis omnium digniſſimi, cæteriſque imperantis indignā eius gloria prædam. Plin. l. 8. c. 16.

LA captive de Getulie échapa le danger qu'elle couroit d'eſtre devorée des Lions, par ſes humbles geſtes & douces paroles. Elle eut la hardieſſe de leur dire qu'eſtant vne pauvre femme bannie, fugitive, infirme, foible, & pauvre creature,

qui leur demandoit hum-
blement misericorde, & les
supplioit affectueusement
d'avoir compassion d'elle ;
elle estoit indigne de servir
de proye & de pasture à vn
animal si digne, & qui a-
voit vn souverain empire
sur les autres. Or comme le
Lion est le plus noble de
toutes les bestes des forets,
qui n'esprouve jamais ses
forces que quand il trouve
resistance : ainsi la qualité [2]
d'vn vray soldat est la plus
honnorable de toute autre
profession, qui constitue autant de gloire de déliurer
les oppressez, & pardonner
à ceux qui s'humilient, que
de subjuguer ses ennemis,
& terrasser l'orgueil de ses
adversaires.

Costum' auvien', ch'assai no vegga e ascolti :
Crudel secolo, poi che pieno sei
Di Thiesti, di Tantali, e di Atrei. Ariost. Can. 36.

[2] Debellare hostes fortune
est, refocillare victos, vere
regium. Panor.
Ius à quo clementia abest,
crux est. Pomp. Lat.
Regia crede mihi res est
succurrere lætis. Ouid.
Nil habet fortuna majus,
quàm vt possit : Nec natura
melius, quam vt velit servare. Cic.
Honestius beneficiorum,
quàm Trophæorum multi-
tudinem relinquere. Xen.
Qui succurrere perituro
potest, cùm non succurrit,
occidit. Senec. B. esic.
Quanta pervicacia in ho-
stem, tanta beneficentia
adversus supplices vtendū.
Tac. An. 12.
Cherilevar vn chi fortuna
rote
Tal hor' alfondo, e consolar
l'afflitto,
Mai non fu biasimo, ma
gloria souente. Ariost. Cant. 10.
Ignoscendo populi Rom.
magnitudinem auxit. Sallust.
Di cortezia, di gentilez-
za essempi
Fra gl'antichi guerrier' si
vider' molti,
E pochi fra i moderni : ma
degli empi

LES Pisans se trouvans en detresse, im-
portunent le Roy de Fráce de les maintenir tousiours souz sa protection à l'encon-

tie des Florentins. Son Conseil se laissoit
emporter au contraire sur de tres-grandes
& tres-bonnes raisons. Là dessus ils deplo-
rent leur miserable Estat, recourent à chaque petit courtisan, se iettent à leurs genoux
avec leurs femmes échevelées & leurs petits
enfans, ils font retentir l'air de leurs pleintes
& cris pitoyables. Ils representoient leurs
futures calamitez, la haine insatiable des Florentins, & la derniere desolation de la patrie.
Ils disoient que Pise n'auroit iamais sujet de
se lamenter d'autre chose, sinon de ce que le
Roy l'avoit mise en liberté pour par apres
l'abandonner en proye à la mercy de ces
Tyrans, qu'ils trouveroient d'autant plus
rigoureux : que la parole d'vn Roy Tres-
chrestië leur avoit baillé courage de provo-
quer plus aigremët l'inimitié des Magistrats
de Floréce. Ils disoiët toutes ces choses avec
soupirs & larmes, esperans de les émouvoir
à compassion. Mais le peu de credit de ceux
ausquels ils s'addressoiët, rendit leurs pleurs
& leurs complaintes inutiles. En cette affaire desesperée ils ont recours aux gentils-hô-
mes & soldats de l'armée; desquels ils implo-
rët l'assistâce vers le Roy; & ces nobles esprits
flechissent leurs courages au recit de ces mi-
seres. Vn iour apres disner, les gentils-hommes & soldats en grand nombre allerent

trouver le Roy , & par la bouche de Salzart
l'vn de ses pensionnaires, le prient tres-affe-
ctueusement, que pour l'honneur de sa propre personne, pour la gloire de la Couronne
de France, pour la consolation de tant de
siens serviteurs preparez de perdre à toute
heure la vie pour son service, ils le suphoient
& conseilloient avec vne foy plus entiere
que ses Conseillers corrompus par l'argent
des Florentins, de prendre pitié de ce peuple, leur conserver sa parole, & de n'oster
aux Pisans le bien qu'il leur avoit fait. Que si
par faute d'argent il se laissoit mener à vne
resolution si infame, ils luy offroient leurs
chaines d'or, leurs joyaux, leurs vaisselles, &
l'argent qu'ils avoient; qu'il retint la solde,&
reserva pour son vsage les pensions qu'ils re-
cevoient de luy pour leur service. Le Roy
confus pour vne si grande contrarieté des
siens, & esbranlé par l'impetuosité de ces paroles hardies, se laisse vaincre à leurs persuasions. Il rasseure ceux de Pise de ne les abandonner iamais, quoy qu'il entretint les Florentins en vne esperance contraire.

APHORISME XXVII.

Ille difficilè vincitur, qui de suis & adverſariis copiis verè poteſt judicare. *Veget. l. 3.*

Omnia ei hoſtium, non ſecus ac ſua, nota erant. *Livi. de Haunb l. 22.*

Nihil in Imperatore tam laudabile, quam ſi hoſtis ſui deliberationes, conſiliaque prænoſcat. *Macc. l. 3. aiſ.*

Celeritas & audacia, & impetus præter rationem, & vanitas ac typhus, hoſtibus quidem opportuna, noxia verò maximè amicis. *Polib. lib. 3.*

Ducem ſcire oportet, quis ordo agminis, quæ cura explorandi, quantus vrgendo trahendoque bello modus. *Tac. An. 3.*

Tuum eſt hoſtium exercitum, locorum ſitum, naturâ regionis noſſe. *Livi. l. 22.*

Recognoiſtre bien ſon ennemy, eſt vn des principaux poinȼts de la ſcience d'vn Chef d'armée. Amy. Plut. Agis.

Imperatoriam artem in hoc ſitam eſſe puto, vt benè cognoſcat hoſtem, quo maximè pacto poſſit cognoſci. *Euripid.*

IL n'y a rien de plus neceſſaire à vn Chef que de recognoiſtre au certain les deſſeins de ſon ennemy, & remarquer ſes forces. Car par l'ignorance du premier, & le meſpris du ſecond, il fait ſes preparatifs, & baſtit ſes deſſeins ſur des fondemens ſuppoſez, & gliſſans : & ſe prive de pluſieurs grands avantages qu'il auroit rencontré dans vne meilleure prevoyance.

L'Auant-garde Françoiſe conduite par le Mareſchal de Gien, paſſe l'Apennin beaucoup dévant le corps de ſon armée. Car la difficulté de porter leur artillerie par deſſus ces montagnes retardoit leur voyage, & l'empeſchoit de ſe rendre ſi promptement à l'avant-garde qui eſtoit lo-

gée à Fornove. L'armée des confederez, en
nombre de deux mil cinq cens hommes
d'armes, huiât mille pietons, & plus de deux
mille chevaux legers, fouz la conduite de
François Gonzague Marquis de Mantoüe fe loge à trois mille de l'ennemy. Ils
avoient premierement fuppofé que les
François confiderans leurs petites forces
n'oferoient avoir pafsé par terre , mais fe
feroient embarquez fur la mer. Mais maintenant que les François paroiffent à la campagne, ils fuppofent que toutes les forces du
Roy font raffemblées dans fon armée. Que
fi par la diligence de leurs efpions ils euffent
eu de bons avis pour remarquer la procedure de leur ennemy, le nombre de leurs troupes , & l'abfence du gros qui eftoit encor
beaucoup derriere ; ils euffent fans doute
rompu l'Avant-garde, mis le refte en vne
route manifefte, & ofté au Roy tout moyen
de paffer fes forces par ce chemin , & par
aventure n'euffent point failly de fe faifir de
fa perfonne. Leur ignorance les priva de
tous ces riches avantages.

APHORISME XXVII.

A ceux ¹ qui ont perdu l'esperance d'échaper, le desespoir trouve & fournit des armes. La necessité releve le courage des timides, & les rend valeureux. C'est ² pour cela qu'on doit tousiours laisser à l'ennemy une porte ouverte par laquelle il puisse s'enfuir: & plustost que d'experimenter ce qu'il peut faire, il luy faut dresser vn pont d'or sur le courant de sa ruïne, afin qu'il s'en puisse aller plus promptement.

L'avant

1 Πολλάκις δὲ ἄπνοια δί-δωσιν, ὅσα μὴ ἔδωκεν αἰ-δρία. Sæpe desperatio præstat, quod effici virtute ac fortitudine non possit. *Polyæn. Stratag. l. 1.*
Necessitas etiam timidos, fortes facit. *Iustin. l. 3.*
Gravissimi sunt morsus irritatæ necessitatis. *Port. Lat.*
Vbi extrema omnia in oculis, desperatione in audaciã accinguntur. *Tacit. An. l. 3.*
Ambigui si deliberãt: acres si desperant. *Ant. Pri. Tac.*
Clausis in desperatione crescit audacia: & cùm spei nihil est, sumit arma formido. *Veget. l 3.*
Et fractis rebus violentior vltima virtus. *Sil. l. 1.*
Quã maximè mortiferi esse solent morsus morientium bestiarum. *Bler. l. 2. c. 15.*
Plus impetus, maior constantia, penes miserum. *Tac. Agric.*
Solent extrema securos facere mala. *Senec. Oedip.*

2 Vicit ratio parcendi: Ne sublata spe veniæ, pertinacia accenderentur. *Tac. An. l. 2.*
Al nemico non solo si dee lasciar la strada & aperta & spedita, ma lastricargliela. Boter. in Scip. de Livi.
Non si dee mai serrar quella Porta, per laquale il nemico possa fuggire. Rag. stat. l. 3.
Reprehensi ex fuga, pugnabunt: quia fugere non possunt. *Curt. l. 6.*
Le desespoir fait courir aux armes, & chercher salut en ruine. Amy. Plut. Demost.
Agesilaus nunciante quodam hostes in templum confugere: iussit eos abire quocunque vellent: quòd esset periculosum cum iis manum conserere, qui ex desperatione pugnam redintegrarent. *Polyæn. l. 1.*
Hostes fugientes nolite trucidare: ne potius ducant manere quàm fugere. *Lycur. in Polyæ.*

L'Avantgarde arrivée à Fornove, le Mareschal de Gien envoya vn trompette par le commandement du Roy au camp des Italiens, afin de demander paſſage libre pour l'armée Françoiſe. Le Conſeil de guerre s'aſſemble pour reſoudre quelle reſponſe on luy feroit. Quelques-vns ſouſtenoient que ce ſeroit vne grande infamie à la gendarmerie Italienne de ſouffrir que leurs ennemis paſſaſſent ſi prés d'eux, ſans leur faire porter les marques de leur courage. Les autres conſideroient la force & valeur des lances Françoiſes, qui eſtoient tous gentilshommes, la fermeté & ſeureté des Suiſſes, & le convoy ſi prompt & incroyable de leur artillerie par deſſus la pointe des monts; D'où vient qu'ils eſſayent de perſuader le contraire. En cette irreſolution ils arreſtent qu'on envoieroit à Milan en conſulter avec le Duc & les Ambaſſadeurs des confederez, qui reſoudroient de cette affaire. Là l'Ambaſſadeur de l'Empereur & du Roy d'Eſpagne concluent à donner la bataille: afin qu'on ne laiſſa paſſer le Roy, & que l'on rompit ſon armée pour le bien de tout le Piedmont qui ſembloit eſtre à la diſcretion des François à cauſe d'Aſt & de Novare. Ils eſſayent de faire voir qu'en cas qu'ils ne ſe battent, tout l'Eſtat d'Italie

demeuroit en plus grand danger que iamais.
Ils proteſtent que leurs Maiſtres ſerôt forcez
d'aviſer par quels autres moyens ils arreſte-
roient le courant de la grandeur Françoiſe,
au cas que les Italiens fuſſent ſi laſches de ne
vouloir ou n'oſer le battre contre ſi peu de
gens. Mais les Milanois & les Venitiens à
qui cela touchoit de plus prés, & qui voyoiēt
les ennemis ſur leurs frontieres, conclurent
qu'on ne leur devoit fermer le paſſage puis
qu'ils ſen vouloient aller : ains pluſtoſt ſui-
vant le commun proverbe leur faire vn pont
d'argēt : de peur que la neceſſité ne doublaſt
le courage & la force au petit nôbre de leur
armée : & que par vn dangereux combat ils
ne miſſent toute l'Italie en la diſcretion de la
fortune, qui ſembloit les favoriſer par la ſor-
tie du Roy. Cecy eſtoit reſolu au Conſeil, &
les Courriers depéchez promptement en
portoient les nouvelles aux Capitaines: lors
que la proximité des deux armées les avoit
deſia engagez au combat, lequel ils ne devoient nullement entreprendre.

APHORISME XXIX.

1. Sublata cauſa tollitur effectus. Ariſt.
2. Temeritas, vbi primum
impetum effudit, ſicut quæ-

Dés que ¹ l'on oſte la
cauſe en la Nature,

auſſi toſt les effects ceſſent leur production. C'eſt ce qui eſt encor veritable és affaires Martiales. Car alors² que les hommes ſont courageux, non pas par vne vraye & genereuſe reſolution, mais par quelque opinion qu'ils ont conceuë de la foibleſſe on petit nombre des ennemis: ils perdent aiſement cette animoſité & ce courage, quand ils trouvent quelque choſe contraire à leur imagination precedente.

dam animalia amiſſo aculeo, torpet l'art. l.4.

Languelant omnium ſtudia, etiam ij qui primùm alacres, fidem atque animum oſtentabant. *Tac. An. l 3.*

Multorû in impetu vis eſt, qui parva quidem mora vileſcunt. *Cort.*

Inquire in mores, naturamque hoſtium: ſecuritas enim in milite fugienda. *Lipſ. Pol. 5.*

Frequentiſſimû initiû calamitatis, ſecuritas. *Velleï. l. 2.*

Sæpe & contemptus hoſtis cruentum certamen edidit. *Livi. l. 21.*

Satis citò incipis victoriã, vbi proviſum fuerit, ne vincare. *Tac. Hiſt. 2.*

— Ne fræna animo committe calenti:

Da ſpatiû, tenuemq; morã: malè cuncta miniſtrat

Impetus. —— *Claudian.*

Quod multos etiam bonos peſſum-dedit: qui ſpretis quæ tarda, cum ſecuritate, præmatura vel cum exitio, properant. *Tacit. Ann. 3.*

L'armée des confederez fait monſtre d'vne reſolution excellente, & d'vn grand deſir de ſe battre. La cauſe en eſtoit fondée ſur l'encouragement de leurs Chefs, la conſideration du petit nombre des ennemis, & principalement ſur la preſomption qu'ils n'oſeroient ſe frayer le chemin par l'eſpée contre de ſi grandes forces, qui eſtoient deſia preſtes & rangées en bataille. D'autre part les François magnifient leur

propre valeur, méprifent les foldats Italiens,
& font bravement leur aproche. Mais quand
les Italiens veirent le courage refolu des
François, encore qu'en petit nombre; quand
derechef les François eurent confideré les
confederez fi puiffamment munis en leurs
tranchées, & tous prefts au combat encor
qu'ils les euffent méprifez auparavant : & les
vns & les autres trouvent leur chaleur re-
froidie, leur courage diminué, & leur pointe
rebouchée. Les François fe fuffent alors
contentez volontiers qu'on leur eut donné
paffage à l'amiable : & les Italiens eftoient
beaucoup plus triftes & fafchez de ce qu'ils
n'avoient aucune charge de leur donner
paffage, lequel ils leur euffent accordé volontiers.

APHORISME XXX.

1 *Niuna noftra operazio-
ne, è più foggetta à diverfi
& inopinati avvenimen-
ti, che quelle delle battaglie:
Nelle quali ben fpeffo fo-
gliono da leggieriffimi ac-
cidenti, nafcere importan-
tiffimi effetti.* Porc. in
Guicc.

LA puiffance[1] de la Fortune eft tres-grande en
toutes les actions humai-
nes, plus grande qu'en pas
vne autre en celles de la
guerre, mais ineftimable &
infinie aux faits des ar-
mes. Vn[2] commandement

mal entendu , vne ordon-
nance mal executée, vne temerité , vne parole , met en
déroute vne armée. Les accidens y sont sans nombre,
que l'on ne peut prevoir,
& ausquels on ne peut par
consequent apporter vn as-
fez puissant remede. Mais
entre tous ceux-là , rien n'o-
ste si tost la victoire que de
se jetter trop tost sur les dépoüilles. Car ᶻparmy ce desordre la Fortune tourne sa
roüe , & transporte souvent
la victoire à ceux qui sembloient desia vaincus.

a Exercitus prędator,& ipse
prędda hostium. Salust.Jug.
Nimis sępe obstitit vincen-
tibus,pravū inter ipsos certamen (omisso hoste) spolia
consectandi. Tac. hist.l.4.
A prędda accendi milites,
donec planè vicerint. Lips.
Polit. 5.
Themistocles ad maris lit-
tus , torques armillasque
passim dissiectas vidit , &
pręteriit : sed amico qui
sequebatur dixit:Collige tu
tibi, nam Themistocles nō
es. Innuens hanc indignam
esse prędam egregio Duce,
cui gloria debet esse satis
magnum virtutis praemiū.
Plut. Themist.

3 Eventus prędliorum, inter
initia contra illos fuit,qui-
bus victoria debebatur.
Veget. l. 3.
L'honorata vittoria che s'affet-
ta ,
Voluev il calvo,qu' hora il crin
ne mostra. Ariost.Cant.36.

En la bataille memorable de Fornove ou
du Tar,entre les François & les Italiens
confederez, le Mareschal de Gien, Triulce,
& le Bailly de Dijon conduisoient l'Avant-
garde des troupes Françoises. Le Roy mesme & le Seigneur de la Trimouille Capitaine fort renommé suivoient avec toute l'armée. Apres eux marchoit l'Arriere-garde
conduite par le Comte de Foix , & de là venoit le bagage, gardé fort petitement. Le
Marquis de Mantoüe avec vn escadron de

O iij

six cens hommes d'armes des plus gaillards
de toute l'armée, vne groſſe troupe de Stradiots Albanois, & d'autres cheuaux legers,
& cinq mille pietons, s'en vont charger ſur
l'Arrieregarde. Il avoit laiſſé ſur la riue
de dela Antoine de Montſeltre baſtard
de Federic Duc d'Vrbain, afin de paſſer la riviere quád on l'appelleroit pour rafraichir
la premiere bataille. Dóne ordre que le reſte
des Stradiots paſſant la riviere à Fornoue
aſſailliſt le bagage des François, lequel par le
conſeil de Trivulce eſtoit preſque delaiſſé de
ſoldats pour le garder. D'autre part le Côte
de Gajazze avec quatre cens hómes d'armes
& deux mille hommes de pied paſſa le fleuve du Tar pour aſſaillir l'avantgarde Françoiſe. Il met Hannibal Bentivole ſur la rive
avec deux cens hommes d'armes, pour attendre le ſignal pour le venir ſecourir. Ainſi
le combat ſe comence, la fureur ſe renge de
l'vn & de l'autre coſté, ſans qu'aucun des partis durant la chaleur du combat oſáſt ſe promettre de gaigner, ou craigniſt de perdre la
victoire. En fin la valeur du Marquis de
Mantouë faiſant tantoſt la charge de fidele
General par ſa conduite, & tantoſt le devoir
d'vn brave ſoldat par ſon eſpee, jetta l'eſ-
pouvente dans les deux armees, fit branler
l'ennemy, & apporta l'avátage de ſon côté.

Ce pendant les Stradiots envoyez pour affaillir le bagage des François, n'y trouvent
aucune refiftance, & fe ruent fur le pillage.
Côme ils font empreffez chacun à la conduite de leur butin, l'autre partie de Stradiots
qui eftoit deftinee pour charger les ennemis
en flanc, quittent là leur deffein, & fe mettent de la partie. Les autres qui eftoyêt defia
bien avant engagez au combat, voians leurs
compagnons f'en retourner chargez de def-
pouilles, fe tournent auffi de ce côté. A l'exemple de ceux cy les autres gens de cheval
& de pied fortoient par files de la bataille
pour faire le femblable. A l'occafion dequoy
non feulement le fecours ordonné faillant
aux Italiens, mais encore le nombre des cô-
battans fe diminuant avec vn fi grand defordre, les forces du Marquis f'affoiblirent.
De forte que ne pouuans plus fupporter l'ef-
fort & l'impetuofité des François qui les
pourfuivoient à toute outrance, ils furent
forcez de quitter la bataille, de fe mettre à
la fuitte, & de repaffer la riuiere du Tar avec
des pertes exceffives, laiffans le camp à ceux
qu'ils avoient prefque vaincus au paravant.

O iiij

APHORISME XXXI.

s Πᾶσα τέχνη, χαὶ πᾶσα μέϑοδος, ὁμοίως δὲ πρᾶ ξις, ἢ ϖροαίρεσις, ἀγαϑόν πνὸς ἐφίεϑαι δοχᾶ. Ars

Ars omnis & omnis dꝯ ctrina, itemque actio & propofitum, bonū aliquod appetere videtur. *Ariſtot. Ethic.* 1.

Finis dicitur, non omne quod extremum, fed quod omnium eſt præſtantiſſimū. *Ibid.*

Quod per fe bonum eſt, fuáque vi & naturā, id omne finis: & ita cauſa vt eius gratiā & fiant & fint cetera omnia. *Ariſt. Metaph.* 2. Chi acquiſta il fine, per il quale s'è proceduto alla bataglia, e al combattere il nemico, fenza dubbio vince. Porc. in Gui.

Vici ego Hannibalem, dū vincere prohibui: vt à vobis quorum vigent nunc vires, etiam vinci poſſet. *Fab. ap. Liuium lib. 27.*

CHaque action¹ tend à fa fin, & par la fin nous la iugeons vertueufe ou defhonnefte. C'eſt pourquoy l'on tient que des caufes la finale eſt bien la plus noble. Et comme l'efficiente donne le mouvement, & la forme donne l'effence à la matiere; de mefme la finale donne le iugement certain & le vray nom à toutes chofes. De là vient² que le tiltre de la victoire, & l'honneur de la iournée apartient non pas à celuy qui a tué plus d'ennemis; qui a pris plus de prifonniers; & qui a moins perdu des fiens: mais à celuy qui au fortir de la bataille a obtenu la fin pour laquelle il avoit entreprife.

LES Italiens s'attribuent l'honneur de la iournée du Tar, pource que leurs logis & bagages estoient demeurez entiers, que leur retraicte n'avoit esté que par dessus la riviere laquelle ils avoient passé pour aller charger l'ennemy : qu'encore qu'ils eussent perdu vn peu plus d'hommes que les François, ils avoient pourtãt emporté leurs despouilles, iusqu'au propre pavillon du Roy. Les François de l'autre côté s'efforcerent de s'en approprier la gloire, d'autant que pour deux cens soldats qu'ils y avoyent perdu, les Italiens y en avoyent laissé trois mille, avec quelques Seigneurs de qualité; que les autres avoient esté forcez de quitter le champ de bataille, pour prendre la fuite, & repasser la riviere du Tar. Mais sur toutes les raisons celle là est bien la principale, qu'ils avoient obtenu la fin pour laquelle la bataille avoit esté donnée, à sçavoir le passage libre pour retourner en leur païs. Car ils s'estoient faict voye malgré les confederez, & avoyét rõpu toutes leurs forces qui n'estoiét là campées que pour empescher leur retour. Que pour la prise de leur bagage, ils faisoiét voir en cela mesme que c'est toute autre chose de faire le mestier de soldat, que celui de goujat. Ces dernieres raisons comme el-

les font les plus fortes, auffi furent elles plus
generalement fuivies, & firent que la palme
& la gloire de cette iournee fut adjugee aux
François.

APHORISME XXXII.

1 In Carrinenfi Hifpaniæ
agro fons eft, aurei coloris
omnes oftendens pifces:ni-
hil extra illam aquam cete
ris differentes. Plin.l. 2. c.
103.

2 Multa fidem promiffa levant, vbi plenius æquo
Laudat venales qui vult ex-
trudere merces. Hor. ep 2
Verba promittentium cu-
preffis funt fimilia, quæ fu-
blimes cùm fint & pulchræ,
fruetum non habent. Plut.
Apop.
Priufquam promittas deli-
bera, & cùm promiferis facias, vt ne quis merito tuo
te oderit. Stob. de mer.
Theagines κρατος, fumus
cognominatus: quòd ma-
gnificè polliceretur, cùm
effet pauper. Polyanth.
3 Tale nihil timeo, fed nec
Medæa timebat.
Fallitur augurio fpes bo-
na fæpe fuo. Ovid. ep.
Heu patior telis ivulnera
facta meis. Ovid. ep.

IL y a vne 1 riviere dans
l'Efpagne, dans laquelle
tous les poiffons qui y nagent
font femblables à l'or. Mais
dez que vous les prenez à la
main hors de leur element,
ils apparoiffent en leur couleur naturelle. Telles 2 font
les belles promeffes en la bouche de celuy qui veut obtenir
quelque chofe qu'il a en affection: fi on les touche de pres,
on trouve facilement que tout
ce qui reluit n'eft pas or. C'eft
pourquoy 3 celuy qui fe veut
engager en vne grande actiõ
fur l'efperance des promeffes
qu'on luy fait, & des grandes
affeurances qu'on luy donne:
s'il n'eft auffi certain de leur
capacité au pouvoir comme de

leur promptitude en vouloir,
il conte sans son hoste, &
s'assied à table pour s'en le-
ver incontinent avec son pro-
pre dommage.

LE Cardinal de S. Pierre aux liens &
Fregose avec les troupes de Vitelli, &
autres forces de terre, outre la flotte de mer,
avoient faict entreprise sur les côtes de Genes. Ils y prennent deux ports, Spetie & Rapalle, qu'ils occuperent aisement : attendás
là que ceux de leur faction se levassent en
armes dans la ville de Genes, & excitassent
quelque sedition, pour avancer leurs affaires. Mais rien ne reüssit de tout cela selon
qu'ils l'avoient proietté. Au contraire la Cité fait sortir de son havre vne armee de mer
de huict Galleres legeres d'vne carraque &
de deux barques Biscaines, laquelle de nuict
mit en terre sept cens hommes de pied qui
prindrent sans difficulté le bourg de Rapalle auec la garnison des François : Et puis se
jettans sur la flotte Françoise qui s'estoit re-
tirée au Golfe de Rapalle, prennent & brulent tous les vaisseaux, mettent en fuïte leurs
ennemis, prennent le Capitaine prisonnier,
& obtiennent vne sanglante & fameuse victoire. Les François furent surpris à ce coup,

& eurent malheureux fuccez en leurs armes pour f'eftre trop fiez aux promeffes des
exilez de Genes.

APHORISME XXXIII.

1 Habet præteriti doloris
secura recordatio delecta-
tionem. *Cicer. ep. l. 5.*
Quod fuit durum pati me-
miniffe dulce. *Senec.*
— Olim hæc meminiffe
juvabit. *Virg.*
O paffi graviora dabit Deus
his quoque finem. *Virg.*

2 Κάλεπα τὰ καλὰ. i.
Difficilia quæ pulchra. *A-
dag. Græc.*
Qui è nuce nucleos effe
vult frangit nucem.
Plaut.
Non eft ad aftra, mollis è
terra via. *Senec. Herc. fur.*
Flebile principium melior
fortuna fecuta eft. *Ovid.
Met. 7.*
— Tendit in ardua virtus.
Ovid. art. 2.
Quifquis enim duros cafus
virtutis amore
Vicerit, ille fibi laudemque
decufque parabit. *Viv. op.*
— Nil fine magno
Vita labore dedit mortali-
bus. *Hor. 1. Sat. 9.*
*Signor, non fotto l'ombra,
in piaggia molle
Tra fonti, è fior, tra Ninfe,
è tra Sirene,
Ma in cima al'erto, è fati-
cofo colle*

ON fe fouvient avec
plaifir des perils dont
on eft échapé avec peine.
Les Nochers racontent d'vn
vifage riant deffus la terre
les naufrages & les debris
qui les ont fait treffaffer
mille fois fur la mer. Auffi
faut-il avoüer qu'il n'y a
rien de glorieux ny de doux
en la joüyffance des chofes
que l'on acquiert avec trop
de facilité. Pour goufter
avec plus de contentement
la douceur des amandes des
plaifirs, il faut rompre les
durs noyaux du danger, &
des difficultez qui fe prefentent. Tels font 2 les fen-
tiers qui conduifent à la
Vertu & à l'Honneur: dont
la premiere entrée eft diffi-

cile, & le cours plein de de-
saftre & de peril : mais en
fin tous ces obstacles vaincus
par la vraye resolution, obstination, & perseverance,
se tournent par apres à la
plus grande gloire & au
plus doux contentement du
vainqueur.

De la vertù, riposto è il nostro bene. Tasso. Can. 1.
Il ne faut pour vn rebut ou
deux perdre le courage. Amy.
Plut. Dem.
Apres beaucoup de travaux,
l'homme vertueux gaigne le
dessus. Amy. Plut. Dion.
Οὐ δήποτ' ἄνθρωπον τὸν χε-
χρός ϖϖ τϖϖϖ δῖ. Nun-
quà oportet animù despon-
dere hominem infortuna-
tum. Apollod.
Qui se habet, nihil perdidit.
Adag. Poly.

GOnfalve Fernand de la maison d'Ag-
hilar du païs de Cordouë commádoit
en chef sur les troupes Espagnoles qui e-
stoyent en l'armee de Ferdinand à la bataille de Seminare, laquelle fut donnee en Calabre à l'encontre des François conduits par
d'Aubigny. Les François gaignent la jour-
née : Les Arragonois sont tous tuez & mis à
vau de route. Ferdinand luy-mesme s'enfuit
par terre à Palme, & de là par mer à Messine
en Sicile. Gonfalve s'échape avec difficulté
à travers les montagnes, & se rend en la ville
de Regge. Ce personnage ne s'effraya pas de
ce danger à son arrivée : qu'au contraire a-
pres avoir remonté son courage, il retourna
plus hardy que jamais dans le païs, & pour
les belles victoires qu'il y obtint par apres, il
merita que le surnom de Grand Capitaine
luy fut donné de tous, & confirmé par ses

propres ennemis. Tant estoit grande sa vertu, & tant estoit relevée l'excellence de son
esprit en la discipline militaire.

APHORISME XXXIV.

1 Magna sunt momenta tē-
porum: & multum interest,
idē illud ante decernatur,
suscipiatur, agatur. *Cesar.*
Com. l. 5.
Temporis opportunitas, o-
peris est optima magistra,
cujusvis & incœpti artifex.
Sopho in El.
Tempus est, in quo occasio:
& occasio in qua tempus:
Medela tempore est etiam
vbi occasione contingit.
Hip. in præc.
Temporibus medicina va-
let, data tēpore profunt,
Et data non apto tempore
vina nocēt. *Ovid. Remed.*
Attraxit supervacua, & in
discrimen rerum omnium,
perventura bella: dum flecti
non minus existimat turpe,
quàm vinci. *Senec. Benef. l. 6.*
2 -- Tempori aptari decet.
Senec. Med.
Tu quoque dum cogitas, dū
     percunctando moraris
Elapsum dices me tibi de manibus. *Auson. de oc.*
Vlteriora morari, præsentia sequi. *Tac. Hist. 4.*
Consilium nobis resque locusque dabunt. *Ovid.*
Consilia nova pro novis rebus, aut vbi priora improspera. *Lip. An. l. 3*

D E toutes 1 les circon-
stances qui doivent
accompagner nos actions,
celle du temps en est la principale. Car de ne vouloir
rien hazarder alors que nous
devrions, c'est coüardise, non
prudence : & d'oser quand
nous ne devrions pas, c'est
fureur non valeur. Pour cét
effect 2 vn homme sage doit
former ses conseils, & dresser toutes ses actions sur le
moule des circonstances necessaires.

F ERDINAND craignant que le bruit
de sa défaite en Calabre & de sa fuitte
en Sicile, ne refroidist la volonté de ceux

qui luy vouloient encor du bien dans ſes
Eſtats perdus, reſolut de tenter encor vn
coup le hazard de la fortune. Il part de Sicile avec quatre-vingts vaiſſeaux Eſpagnols
& Siciliens, accompagné de Ricaienſe de
Catelogne Admiral de la flotte d'Eſpagne,
hõme fort vaillãt & experiméré aux affaires
de mer: mais cette armee navale eſtoit pourveuë de ſi peu d'hommes de combat, qu'en
la plus part des vaiſſeaux il n'y avoit preſque point d'autres gens que ceux qui e-
ſtoient deſtinez au ſervice de la navigation
& de la rame. De ſorte que toutes ſes forces
n'eſtoient pas tant appuyees ſur le nombre
de ſes ſoldats, que ſur l'eſperance d'vne revolte des Neapolitains, auec leſquels il auoit
ſecrete intelligence. A ce deſſein il approche de Naples, & attend l'effeᴄt de leur af-
feᴄtion. Montpenſier Gouverneur de la
Cité donne ordre à prevenir les deſordres,
& diſtribuant ſes forces en divers corps-de-
garde qu'il aſſied par toute la Cité, empéche tout le tumulte. Outre cela, dans vn
conſeil de guerre il eſt ſollicité de mettre
des gens en ſes vaiſſeaux qui eſtoient an-
chrez au port, & de ſe ruër ſur les ennemis
qui en apparence n'eſtoient pas en grand
nombre, ny ſi bien pourveus en leur flotte.
Montpenſier mépriſe cet advis : & ſe con-

tente de voir Ferdinand frustrè de son attente, se remettre sur mer pour retourner
en Sicile. Ce pendant les conspirateurs qui
tremblent dans la ville, que leur trahison
ne soit découverte, font sortir vne petite
barque du port durant la nuict, & envoyent
en diligence à Ferdinand pour l'importu-
ner de revenir à Naples, & de ne point precipiter son voyage. Ce Prince bien ayse de
cet advis, reçoit & embrasse leur conseil,
met pied à terre avec toutes ses troupes à
Magdelaine, distante d'vn mille de la Cité.
En vn instant Montpensier autant échaufé,
comme il auoit esté froid auparauant, prend
resolution d'aller contre l'Arragonnois
pour l'empécher de descendre sur terre, &
le combattre sur le lieu. Les Neapolitains
ne pouvoient pas attendre vne plus belle
occasion que celle-là. Il sort de la ville avec
toutes ses troupes, & les Citoyens tous en
armes luy ferment incontinent les portes,
& asseurent la place à Ferdinand. Les François ainsi engagez entre la ville & l'ennemy, sont forcez de franchir mille difficultez
qui se rencontrerent pour regagner le Chasteau, pendant que Ferdinand gagne la ville,
& les fait sortir bien tost apres du Chasteau mesme.

APHO

APHORISME XXXV.

CE n'est point de merveille si les actions de cét homme sont dressées sur la ligne de la Vertu, & rangees dans les bornes de la mediocrité, chez lequel la Raison est assize comme souveraine en son thrône, pour regler toutes les passions, & gouverner les perturbations de l'ame. Tout au contraire parmy la populace où les affections comme autant de soldats mutinez ont secoüé le joug de la Raison, & rejetté sa conduite; nous voyons leurs esprits agitez d'vn perpetuel mouvement, leurs passions emportees d'vne extremité à l'autre, & par vne estrange agitation n'avoir aucun repos, ny en la soumission, ny en la desobeïssance, ny en l'amour, ny en la haine

Mutabile subitis vulgus, tã pronum in misericordiam, quam immodicum sævitiã fuerat. *Tac. An.* 17.
Multitudo præceps fertur, non quâ eundum est, sed quâ itur. *Senec.*
Nec quicquam facilius, quã in quemlibet affectum mutare populum. *Quintil.*
Populus, effigies Agrippinæ & Neronis gerens, circumsistit Curiam : *Il quale con tutte queste dimonstraZioni, non impedi, che ivi à nõ longo tempo, l'vno, & l'altera non capitassero male.* Am. in Tac. l. 5.
Quegli che non sanno, & al creder sono più pronti & più d'altri ancora mal cõtenti, & vaghi di cose nuove. Am. in Tac. l. 1.
I favori del popolo sono cosa leggiera, & da non farvi fondamento: Am. in Tac. l. 5.
Il popolo non ha nè suoi cõsegli alcuna fermeZZa: ma come ama hor vno così amarebbe ancora doppo poco vn altro, se la fortuna si cambiasse. Ibid.
Bellua multorum capitum. *Horat.*
Populus, novarum rerum cupiens, pavidusque. *Tac. An. 4. 16.*
Hæc est natura multitudi-

nis, aut servit humiliter, aut
superbe dominatur: Libertatem, quæ media est, nec
spernere modicè, nec habere scivit. *Livi. l 23*
Vulgus —— Eosdem colit atque odit. *Senec. Herc. fur.*

qu'ils portent à leur Souve-
rain.

LES Neapolitains se sont laschement revoltez de l'obeïssance du jeune Ferdināđ, Prince qui jamais ne leur avoit faict aucun tort: & faict hommage à Charles huictiesme estranger qu'ils n'avoient jamais veu, & duquel ils n'avoient aucune cognoissance. Ils avoient forcé l'autre de s'enfuïr hors de Naples, avoient pillé ses biens dans le Palais, & enlevé ses chevaux des escuries avant qu'il fut encore sorty de la ville, avec beaucoup d'autres outrages pleins de toute insolence. Charles huictiesme durant son gouvernement les avoit beaucoup mieux traicté que la maison d'Arragon, delivré de plusieurs griéves impositions, & comblé de force benefices. Et neantmoins à peine est-il hors de la ville, qu'ils ferment les portes dessus luy, & y donnent derechef entrée à Ferdinand. Chose estrange! Celuy qu'ils avoient traité si honteusement auparavant, ils le reçoivent maintenant avec force acclamations, & tres-grandes réjouyssances. Les femmes pour le regarder se mettent aux fenestres, le couvrent de fleurs comme il paſſe, & verſent des pluyes d'eaux de ſenteur deſſus ſa teſte. Il y en eut qui coururent pour le rencontrer dans les ruës, pour luy baiſer les pieds, & eſſuyer la ſueur de ſon viſage. On void par là combien il eſt difficile à vne populace de garder la mediocrité en toutes ſes actions & entrepriſes.

APHORISME XXXVI.

Quoy que l'on die : [1] la Fortune a vne grande force en toutes les actions humaines, & ſur tout en celles de la guerre : mais neantmoins nous ne pouvons tellement rejetter toutes les fautes deſſus elle, que la plus grande partie n'en demeure deſſus nous-meſmes. Car ſes deux Advocats l'Aveuglement & l'Ignorance qui plaident pour ſon innocence ſont nos principaux accuſateurs, & prouvent facilement que nous ſommes tous ſeuls coupables de noſtre propre rui-

[1] Rara quidem eſt virtus, quam non fortuna gubernat. Ovid. Triſt.
Multum cum in omnibus rebus, tum in re militari, poteſt fortuna. Caſ. Com. l. 6.
Aſſai ben balla, à chi fortuna ſuona. Prou. Ital.
Quicquid eſt proſperè geſtum, id pene omne ducis ſuum. Cic.
Vt quiſque fortuna vtitur, ita præcellit, & exinde ſapere eûm omnes dicimus. Livi.
— Sed te Nos facimus Fortuna deã, cœloque locamus. Iuven. Sat. 10.

2 Qui quæ neceſſaria ſunt,
non providet, non prorſus
videt: Hæc non ſapere, eſt
plané decipere. *Lip.Pol. l.3.*
Fortuna fortes metuit,
ignavos premit. *Sente.Med.*
Qui in adverſum aliquem
caſum incideſunt,ſi id forti ac magno animo toleret,
pleruuque fortunam ſuam
in melius vertunt. *Polyb.l.3.*

*ne. C'eſt pourquoy² l'of-
fice d'vn braue Gouuerneur
eſt d'ouurir l'vn de ſes yeux
qui eſt celuy de ſa pro-
vidence ſur le danger, &
ficher l'autre œil de ſa
cognoiſſance ſur le reme-
de.*

MOntpenſier General des forces du
Roy, Gouuerneur du royaume, &
Lieutenant de la cité de Naples, pendant
qu'il poſſedoit la ville en paix ſ'oublia tellement qu'il n'eut ny le iugement de voir, ny
le ſoin de prevoir ce qui eſtoit neceſſaire
pour la garde d'icelle: Quoy qu'il ne peuſt
attendre que de nouveaux deſſeins, & continuelles entrepriſes du coſté de l'ennemy, il n'avoit pas ſeulemét fourny Cha-
ſteauneuf & Chaſteau de l'Oeuf de vivres
& de munitions ſuffiſantes contre les acci-
dents. Au contraire il avoit ſouffert que ce
qui y eſtoit de proviſion en vne mediocrité
raiſonnable, fut ſottement deſpenſé & con-
ſumé fort inutilement.L'Arragonnois ſ'em-
pare & ſe fait de rechef maiſtre abſolu de la
ville. Montpenſier avec ſes troupes eſt contraint de ſe retirer en ces deux places, dont
l'vne eſt dans la Cité, & l'autre à la portee

d'vn canõ. Le nombre de ſes gẽs eſtoit beaucoup trop grãd pour les petites proviſiõs &
vivres qu'ils y trouverent. Ce pendant il eſt
trescertain qu'il eut peu par ce moyen conſerver ces deux pieces ſi fortes, & par icelles
en peu de temps & tresaſſeurement reduire
cette ville en l'obeïſſance des François.

APHORISME XXXVII.

C'eſt ¹ vne choſe ordi-
naire & alloüée és loix
des armes, d'attenter &
d'aſſaillir à l'encontre d'vn
ennemy public par ſtratage-
mes ſubornations &
tromperies ce que nous ne
pouvons gagner par force
ſans y employer vn long
temps, nous mettre en
grands dangers, & nous
engager à vne extreme dé-
penſe. Car par ce moyen là
nos deſſeins en ſont achevez
avec vne facilité plus grande, & des frais beaucoup
moindres. Mais ² c'eſt
choſe bien dangereuſe à vn

¹ Χρὴ δὲ παῖ ἐρδοντ' ἀμαι-
γάσαι τὸν ἐχθϱόν. Opor-
tet quidlibet conantē frangere adverſarium. Pin.iſt.
Od. 4.
Cùm juſtum bellum ſuſci-
pitur, vt apertè pugnet
quis, aut ex inſidiis, nihil ad
iuſtitiam attinet. Aug.
Id venenum quod ſerpen-
tes ſine ſua pernicie continent, in alienam effundūt:
At malitia maximam ſui
partem bibit ipſa. Valer.
Max.
Κτάνῃς τε δόλῳ, ἢ ἀμαρ-
δὸν ὄξει χαλκῷ. Confice ſive dolo, ſeu ſtricto commi-
nus enſe. Homer. Odyſſ. 11.
Cùm Homerus ſæpe hoc di-
cat, nihil aliud præcipit,
quàm artibus & ſtratage-
matis adverſus hoſtes vti:
ſin hac non ſuccedat, tum
verò corporum vi ac robo-
re periclitandum eſſe.
Arma aperta palam vitare
poſſis:fraus & dolus occulta
ſunt arma, eaque inevitabilia: quia nõ priùs ſe prodit,

quàm perdit. *Lip. à Tac.*
An. 2.
Qui a de l'argent il trouve des traistres, prests à vendre ou engager leur patrie. Amy. Plut. Phoc.
Optimum in ipsa acie quicquam machinari: vt consilio præveniente finem belli, victoria paretur. etc.
2 *Qui adiousta foy au dire d'vn meschant, s'en repent, & s'en boit l'outrage puis apres. Amy. Plut.*
Metuendum magis quàm cavendum malum. *Lip. Polis. L. 5.*
Ecco qui ne l'insid..., che gli ha teso,
Con vn tratto d'oppio, il rio
Ethiopo,
Come scannato di Saetta cade,
Il meglior Cavalier di questa etade. Ariost. Cät. 36. de Pesc.

Chef principal de traiter cette pratique par soy-mesme, se mettant de la partie, pour engager sa personne, & confier sa vie és mains de ces traistres qui peuvent estre aussi facilement subornez: De peur que cependant qu'il cherche d'achepter la vie des autres par argent, il ne vende la sienne pour rien.

LE Marquis de Pescaire premier Capitaine de l'armée Arragonoise avoit assiegé le Monastere de la Croix, place fort proche de Naples, & de grande importance pour ses desseins. Comme elle estoit bien fortifiée, elle fut aussi bravement deffenduë par les François. Pescaire desesperé de l'emporter de force, essaye de la gagner par argent. Il traite avec vn More, lequel avoit esté jadis son esclave, & estoit alors soldat en cette place. Le More luy promet de la vendre, & de la rendre entre ses mains. Ce traitre luy assigne heure en la nuict, & lui pourvoit d'vne échelle, afin que plus facilement ils peuſſent traiter enſemble de la matiere , & ſe reſoudre des moyens. Cependant auſſi legerement comme il ſ'eſtoit engagé à Peſcaire, il découvre le complot aux François. A l'heure de l'aſſignation le Marquis ne manque pas de ſe rendre au pied de la muraille, monte l'échelle hardiment, & n'eut pas ſi toſt franchy les courtines du mur, qu'vn coup de piſtolet luy arrache la vie, & le couche ſur la place.

APHORISME XXXVIII.

C'eſt [1] choſe beaucoup plus digne d'vn Prince d'enrichir que d'eſtre riche. Cette [2] regle pourtant a ſes limites preſcriptes. Car outre qu'il ne doit pas s'apauvrir ſoy-meſme pour faire les autres riches : il ne peut accomplir l'office d'vn digne Prince s'il manque des moyens neceſſaires pour recompenſer les ſervices de ſes ſubjets. C'eſt pourquoy vn grand demandeur merite de rencontrer vn grand

[1] Regium eſt ditare, nō diteſcere. Adag.
Extra fortunā eſt quicquid donatur amicis,
Quas dederis ſolas ſemper habebis opes. Martial. 7.
Præceps ille manu fluvios ſuperabat Iberos
Aurea dona vomens. Claudian. Paneg. Prob.
Nil negat, & ſeſe vel non poſcentibus offert. Ibid.
Moleſtiùs fert liberalis , ſi quid cùm oportet non erogaverit: quàm ſi erogaverit quod non oportet. Ariſt. Eth.

[2] Diſſolutionem Imperij doces, ſi fructus, quibus Reſ. ſuſtinetur , diminuantur. Tac. Hiſt. l. 3.
Non ergo profuſe effundēdæ opes : Quæ pacis ornamenta ſunt , ſubſidia belli. Cic. prolog. Man.
Falluntur quibus luxuria

P iiij

specie liberalitatis imponit: Perdere multi sciunt,
donare nesciunt. *Tac. Hist.*
l. 1.

Non privatim largiendum,
quod avidiùs de Rep. su-
mas. *Tac. Hist. l. a.*

Aerarium ambitione ex-
haustû, per scelera supplen-
dum erit. *Tac. An. l. 1.*

Haud debet Princeps, gra-
vitate sumptuû, justos red-
ditus profligare. *Tac. An. 16.*

Nefas est, dispensatorem
publicum in delectationes
suas suorumque convertere
id quod Provinciales de-
dissent. *Alex. Sever. apud*
Lamprid.

Le Prince dois estre non seule-
ment liberal, mais aussi magnifi-
que, pourveu que de magnifique
il ne devienne prodigue: car de
prodigue il deviendra exacteur,
& d'exacteur Tyran. Bod.
Rep. l. 5.

écondaiseur; & vn grand
donneur ne doit pas telle-
ment rassasier celuy qu'il
recompense, qu'il luy oste le
desir de meriter davanta-
ge, ou d'attendre plus de
bien.　De peur qu'il n'ail-
le sacrifier ses vieux servi-
ces sur l'autel neuf de quel-
que Soleil levant, & ne
tourne par ingratitude la
pointe de son pouvoir sur
celuy qui premierement luy
a donné les moyens de me-
riter quelque chose.

Cave ne beneficium majus sit facultate tua: inest enim tali liberalita-
te cupiditas rapiendi: vt ad largiendum suppetant copiæ. *Senec. Benef.*
Providendum est, vt ratio quæstuum, & necessitas erogationum, inter se congruant. *Tac. An. 14.*
Le Prince doit regarder que le loyer soit prealable au don. Bod. Rep. l. 5.

LE Roy de France avoit eslevé Fabrice & Prosper de la maison des Colô-
nes à de grandes seigneuries & estats
au Royaume de Naples. Il leur avoit donné
des provinces entieres, & les avoit comblé
de ses bienfaits plus qu'aucun autre de la
Noblesse. Ses affaires commencent à decliner en ce Royaume, & ses amis aussi tost à
changer. Ces deux sont les premiers à quitter son service qui en avoyent le moins de

fujet. Ils eſſayent pourtant de couvrir vne ſi
ſale perfidie avec quelques legeres excuſes.
Ils alleguent le manque de payement à ceux
qui ſçavoyent bien combié le Roy les avoit
comblez & d'honneur & de biens. Ils pre-
textent que Virginie Vrſin & le Comte de
Petillane capitaux ennemis de leur maiſon
eſtoyent en trop grande eſtime vers les Fráçois, eux qui n'avoyết pas encor eu le moien
d'obtenir leur delivráce, laquelle leur eſtoit
deuë par les loix des armes: comme ainſi ſoit
qu'ils euſſent leur pardon & ſauvegarde ſi-
gnez de la propre main du Roy avant qu'ils
fuſſent pris priſonniers. Mais en verité tout
cela n'eſtoit qu'vn bien leger manteau pour
couvrir leur ingrate revolte qu'ils vouloyết
faire contre vn Prince ſi magnifique. Les
grands eſtats qui leur avoient eſté conferez
par deſſus le merite de leurs ſervices, & au
delà de la recompenſe des autres, au lieu de
les retenir en bride & en obeïſſance, par vne
recognoiſſance veritable : furent l'vnique motif qui leur fit quitter ſon ſervice, en l'eſperance d'en acquerir d'autres en
quittant leur ancien maiſtre, ou de ſe conſerver ceux là en ſervant vn nouveau.

APHORISME XXXIX.

1 Nemo ferè credit nisi ei quem fidelem putat. Perdi tissimi est igitur hominis, fallere eum, qui læsus non esset, nisi credidisset. *Cic. pro Rosc.*

In Rep. maximè conservanda sunt jura belli. *Cic. Offic. 2.*

-- Deprauant publica jura Iustitiamque fugant, Diuû nil verba verentes. *Homer. Il. 2.*

2 -- Rebus succurrite læsis, Et dato naufragio littora tuta meo. *Ovid. Trist. 2.*

Is locus officio cùm cessant prospera, cumque
Dura ad opem fortuna vocat: Nam læta fovere
Haudquaquam magni est animi decus. *Sil. l. 11.*
Aduersis non deesse decet. *Lucan. 8.*
Turpe erit in miseri veteri tibi rebus amico
Auxilium nulla parte tulisse tuum. *Ovid. Pont. 1.*
Quod te per superos & conscia numina veri
Per, si qua est quæ restat adhuc mortalibus usquam,
Intemerata fides, oro; miserere laborum
Tantorum, miserere animi non digna ferentis.
Virg. Æneid. 2.

Personne ne se fie qu'à celuy qu'il croid estre fidele. Et personne n'est tant obligé d'estre fidele que celuy à qui on se fie. Aussi est-ce la verité que nul ne doit par nous estre traitté avec plus de soin d'affection & d'aide; que ceux qui par nos moyens, ou pour nostre cause sont reduicts en tel estat, qu'ils ne peuvent se traitter ou s'aider euxmesmes. C'est pourquoy c'est chose honteuse à vn Chef de donner des ostages pour asseurance de ses promesses; & apres par vne volontaire infraction des articles, laisser les vies de ses pleiges à la discretion des ennemis.

MONTPENSIER homme de petit merite és affaires guerrieres, foible en sa
conduite, froid en ses resolutions, & infortuné en toutes ses actions, estoit d'vn tel esprit
que rien ne luy sembloit noble que son imagination: Il avoit cela de commun avec tous
ceux du païs qui ont tres-bonne opinion
d'eux-mesmes. Ferdinand l'assiege avec toutes ses forces dans Chasteau-neuf à Naples.
En fin la necessité le contraint de capituler,
& compose de rendre la ville si en dedans
trente iours il n'estoit secouru. Il donne le
sieur d'Alegre avec trois autres Capitaines
de marque pour cautiós de sa foy. Monsieur
de Persi, & le Prince de Besignan viennent à
son secours avec les forces qu'ils avoient. Ils
renversent le Comte de Matalone au Lac de
Pizole proche d'Eboli, & marchent sans resistance iusqu'à ce qu'ils viennent proche de
Naples. Là ils trouvent toutes les places gar-
dées fortement, les avenuës occupees, & les
passages bouchez. De sorte que desesperans
de pouvoir delivrer leurs amis assiegez dans
Chasteau neuf, ils se retirent sans rien faire.
Montpensier sans attendre davantage, &
sans aucune autre necessité que par la persuasion du Prince de Salerne, abandonne la
place, s'embarque de nuict avec 2500

hommes de la garnison, & y laisse le reste avec commandement exprés de tenir tousjours la place, encore que les jours de la capitulation fussent écoulez. Ainsi pendant qu'il se met en asseurance, il abandonne les autres, & laisse la vie de ses pleiges à la discretió de Ferdinand.

APHORISME XL.

1 Non fert ludibrium, insolens contumeliæ animus. *Tac. An. l. 8.*
Asperæ facetiæ, vbi multum ex vero traxére, acrem sui memoriam relinquunt. *Tac. An. 16.*
Cou minor spatienza si sente il dispregio che il danno. *Ammir.*

2 Gorgias Sophista recitabat orationem in Olympiacis ludis, de Concordia. Hic homo (inquit Melanthus) de concordia totius Græciæ dißerit, qui sibi, vxori, & ancillæ, tribus duntaxat, vt cócorditer viuant nondú persuasit. *Apoph. e Polyb.*
Qui alterú incusat probri, ipsum se intueri oportet. *Plaut.*
Quis tulerit Gracchos de seditione querentes. *Iuuenal. Sat. 12.*
Loripedé rectus deridéat: Aethiopé albus. *Id. Sat. 2.*
-- merito vitia vltima fictos Contemnit Seauros, & castigata remordent. *Ibid.*
Gaußerie sied mal aux Grãds:

L'œil[1] & l'honneur sont deux parties grandement delicates en l'homme: l'vn ne peut endurer le rude toucher de la main, & l'autre ne peut souffrir l'aigu parler de la langue. C'est[2] pourquoy comme ils sont soigneusement conseruez par nous-mesmes, außi doiuent-ils estre tendrement traitez par les autres qui conuersent auec nous. Ces esprits insolens qui aiment mieux perdre leurs amis, que leur gaußerie, doiuent apprendre cette leçon que l'on donne aux nouueaux soldats ; de prendre garde que cependant qu'ils tirent sur les autres ils ne couchent tellement à découvert qu'ils soient frapez eux-mesmes. Car² comme vn discours ingenieux perd son goust quand il est trop assaizonné d'aigres reprehensions : De mesme quand il part de quelqu'vn auquel il peut estre iustement retorqué par voye de recrimination, il perd son efficace, & est tres-odieux.

qui prennent plaisir de s'entrepiquer, & qui est le plus coupable souvent est le plus outrageux. *Amy. Pluc. Ant.*

Cum tua pervideas oculis
   mala lippus inunctis,
Cur in amicorum vitiis tã
   cernis acutum,
Quàm aut Aquila aut Serpens Epidaurius. *Horat. Sat.*
Quis cœlum terris non miceat, & mare cœlo
Si fur displiceat Verri, homicida Miloni,
Clodius accuset mœchos,
   Catilina Cethegum ? *Iuvenal.*

IL n'y avoit aucune intelligence entre Pierre de Medicis, & le Duc de Milan, cõme ceux qui estoient en perpetuelle mefiance l'vn de l'autre. Ce neantmoins Medicis sçachant que le Duc venoit trouver le Roy qui estoit à Serezzane, il sort en magnifique équipage avec plusieurs de ses amis pour luy aller au devant par forme de compliment,& l'amener à la ville. Cependant sans penser l'vn à l'autre, le hazard voulut que le Duc prit vn chemin, & Medicis vn autre. A son retour, Monseigneur, luy dit Medicis, ie sortis l'autre jour à dessein de vous rencontrer

en chemin, pour vous aller offrir mon service, & vous accompagner iusques à la ville.
Mais à ce que j'ay peu voir, il semble que
vous n'estes pas venu le droict chemin. A la
verité, Mōsieur, repart le Duc, l'vn de nous
n'a pas esté le droict chemin: mais peut estre
c'est vous-mesme. Acculant par là couvertement & tres-aigrement Medicis d'avoir
pris vne mauvaise route, lors que côtre son
avis se rengeant du party des François il
avoit causé de grands troubles en sa propre
cité, sur sa famille, & par toute l'Italie. Mais
ceste faute n'estoit pas si grande en Medicis, que le Duc n'en fust beaucoup plus coulpable qu'aucun autre. Ainsi comme Alfonse
d'Arragon escrivoit de Messine à son fils
Ferdinand pour retourner à Naples, que ce
jeune Prince avoit nouvellement recōquis:
Mon pere, luy repliqua Ferdinand plus soucieux de la Couronne que de la reuerence
paternelle, i'establiray premierement l'E-
stat, appaiseray les tumultes, fortifieray la
Cité, asseureray le gouvernement, & ren-
dray toutes choses en tresbon ordre, avant
que vous y veniez : de peur que vous ne
soyez de rechef contrainct de vous enfuïr
comme vous auez faict. Ainsi parla ce jeune
Prince non moins mocqueusement que
subtilement : encore qu'il fust luy-mesme

coulpable d'avoir pris la fuite & abandonné
craintivement la ville auſſi bien que le vicil-
lard.

APHORISME XLI.

LES mœurs [1] changent
avec les honneurs. C'est
pourquoy les Eſtats populaires s'oppoſent puiſſamment à
ceux qui aſpirent ou ſe donnent une trop grande autorité. Car quoy qu'ils ſoyent
d'une eminente vertu ; le
peuple ne cognoit pas touſiours quelle eſt leur probité,
& quels ils deviendront
alors qu'ils ſeront parvenus
aux grandeurs qu'ils re-
cherchent. Auſſi bien [2] voyõs
nous fort ſouvent que les
fortunes des hommes ſe
changent avec le change-
ment de leurs conditions.
Car comme l'Hiſtoire nous
fournit l'exemple de plu-
ſieurs Princes balancez al-
ternativement entre les de-

[1] Honores mutant mores. Adag.
Magiſtratus virum judicat. Ariſt. Eth.
Malæ ſecundæque res, opes non ingenium mutare debent. Saluſt. frag.
Secundæ res acrioribus ſtimulis animum explorant: quia miſeriæ tolerantur, felicitates corrumpuntur. Tac Hiſt. l. 1.
Nemo confidat nimium ſecundis,
Nemo deſperet meliora lapſus:
Miſcet hæc illis, prohibetq; Cloro
    Stare fortunam. Senec. Thieſt.

[2] Nulla ſors longa eſt, Dolor & Voluptas
Invicem cedunt: brevior voluptas. Ibid.
Habet has vices conditio mortalium, vt adverſa ex ſecundis, ex adverſis ſecunda naſcantur. Plin. Paneg.
Quotidie experimur, quàm caduca felicitas ſit. Curt. l. 8.
Sunt quidam hoc Aſtro, vt iis ad amplitudinem & gloriam, & ad res magnas benè gerendas, divinitus adjuncta fortuna videatur: Alij quibus etiam venti tempeſtateſque obſecundant. Cicer pro leg. Manil.

Alij quibus dormientibus dij omnia conficiunt. *Tacit.*
In sinum ils victoria de cœlo devolat. *Liv. l. 7.*
Retivrhe capiunt. *Erasm.*
Sunt verò alij...
quarta Luna nati, & infelices. *Eustath.*
Qui domi habent equum Sejanum. *Pro.*
Si vede per gli essempi, di che piene
Sono l'antiche, è le moderne historie
Ch'il ben va dietro al male, è l'mal al bene,
E fin son' l'un dell'altro, è Biasimi è Glorie.
Ariost. Cant. 43.

sastres & les heureux succez, entre la gloire & la disgrace, entre l'honneur & le mépris : aussi est-elle abondante en autres Princes, qui pour un temps ont porté la fortune en triomphe, jusques à un certain periode de leur grandeur : & alors comme si ces faveurs n'estoient que des rochers desquels la fortune se voulut servir pour les jetter de leur pointe dans de plus profonds precipices ; ont decliné journellement par apres, & ont esté emportez par le courant perpetuel de toutes sortes de disgraces.

ALFONSE d'Arragon Roy de Naples, durant le regne de son pere Ferdinãd, & lors qu'il n'estoit encor que Duc de Calabre, estoit renõmé par toute l'Europe pour ses fameux faits d'armes, & l'univers ne retentissoit que des heureux succez dont le Ciel benissoit toutes ses actions. La victoire s'envoloit du Ciel dedans son sein, pour l'accompagner aux combats, & sembloit n'a-

voir

voir befoin que de rets pour prendre les villes qu'il vouloit reduire en fon obeiffance.
Mais apres qu'il fut vne fois paruenu à la
Couronne, comme fi la Royauté eut efté le
cheval de Sejan, les armes ne luy reüffirent
en aucune entreprife, fes deffeins ne pro-
fpererent jamais, fa gloire eftoit journellement éclypfee par les épeffes nuées d'vne
noire infamie que caufoit fon auarice, op-
preffiō, ambitiō, & cruauté trop grande:De
forte que fa premiere felicité decheuë de fa
gloire, paruint en fin au dernier periode d'v-
ne extréme infortune, & derniere calamité.

APHORISME XLII.

C'eft en vain¹ que l'on
veut excufer les actions
illegitimes qui procedent de
noftre franche élection:
Cette playe peut bien eftre
bandee, mais l'vlcere en de-
meurera toufiours. Car fi
la loy pouuoit eftre violée,
ce feroit au moins pour vn
Royaume : Et neaumoins²
ny la grandeur du benefice,
ny l'excellence de la perfon-

1 Ἔϛι γὰρ τίς ἡμϊς ἐϛο
Σαπιεια τῆς πλεως.
Nam in legibus feruandis,
falus ciuitatis fita eft. Arift.
Rhet. l. 3.
Themiftocles, poftulanti à
fe Simonidi Poëtæ, vt fententiam quandam injuftam
ferret, refpondit: Neque tu
poëta bonus effes fi præter
numerum caneres, neque
ego Princeps bonus fi contra leges judicarem. Plut.
Apoph.
Si jus violare fas eft, regnādi caufa violandum: verùm
ᾦ τῆς κρατιντας χρη
κερατοι, ᾧ μὴ χρμϑή
Non fas potentes poffe, fig-
ri quod nefas. Eurip.

ne ne peuvent amoindrir la qualité du fait, ny deffendre celuy qui le commet, ny les exempter d'vne juste repremende.

2 Male vim suam potestas alienis injuriis experitur. *Plin. Paneg.*

Quo plus possumus, eò moderatius imperio vti debemus. *Livi. l. 34.*

Quanto liceat magis, tanto libeat minùs. *Senec.*

Nulla quæsita scire potentia potest esse diuturna. *Curt. l. 10.*

Dicite Pontifices, in sancto quid facit aurum?
Quid iuvat hoc templis nostris immittere mores? *Pers. Sat. 2.*
Ite nunc, ò mali homines, parate vobis honorem per vim,
Et contrahite divitias vndecunque venantes,
Per fas simul atque nefas: deinde messem ipsarum infelicem metite.
Eurip. in Fur.

Ferdinand rentre en la possession de la ville de Naples, & d'vne grande partie de son Royaume. Comme il essaye de remettre tout sous son sceptre, & qu'il donne ordre à bien policer cét Estat: son Conseil ne trouve pas vn moyen plus certain pour l'establissement de ses affaires que de s'allier plus estroitement avec la maison d'Espagne. A cét effet il contracte mariage avec Ieanne sa tante, laquelle estoit fille de Ferdinand son grand pere, & de Ieanne sœur dudit Roy d'Espagne. Le Pape autoriza ce mariage par sa dispense, & les nopces en furent celebrees avec bien de la solemnité. Ainsi ce qui n'est avoüé ny par la loy des gens, ny beaucoup moins par la loy mesme de Dieu qui en a fait des expresses deffenses, le Prince sans conscience le commet, & le Pape mal informé le permet.

APHORISME XLIII.

Les balafres[1] en la face d'vn soldat sont les marques d'honneur qu'il remporte d'vne bataille: & les playes qui entr'ouvrent son foible corps sont autant de langues & de bouches qui plaident avec bien de l'eloquence & de la force pour sa digne recompense. C'est pourquoy[2] ceux qui ont perdu quelque membre au service de leur patrie, sont par les loix des armes, & par la justice de leur bon droit, conservez & entretenus aux despens de la Republique. Car la recompense est vne des fortes colomnes de l'Estat aussi bien que la punition. C'est pourquoy les Princes qui sçavent accomplir exactement ces loix, meritent que les espées des soldats ne tranchent jamais

[1] Iusto cicatrix parta bello, honestat faciem. *Petrarc.* Speciosum pro justitia acceptum vulnus. *Id.*

[2] Socrates interrogatus, quænam civitas ritè gubernari possit, respondit: Cùm boni invitantur præmiis, injusti dāt pœnas. *E Platone.* Di grandißimo momento sarà, che il soldato sia sicuro, che se bene egli nella guerra resterà stropiatto & impotente, il Prencipe non l'abandonnerà, anzi il provederà d'honesto trattenimento, & modo di vivere. Rag. Stat. l. 9.
Sic Tullus Hostilius, agrum magnum & vberem promisit dividi viritim inter Romanos milites inopes. *Dion. Halyc.*
Eo impenditur labor ac periculum, vnde emolumentū atque honos speratur. *Livi.* l. 4.
Nil non aggressuri sunt homines, si magna conantibus magna præmia proponantur. *Ibid.*
Præmia bonorū malorumq; bonos malosque faciunt. *Plin. Paneg.*
-- Quis etiam virtutem amplectitur ipsam
Præmia si tollis? *Iuven. Sa. 10.*
Homo cùm sit animalium

omnium generosissimum,
non tam minis ac supplicijs
cogi, quàm præmijs opor-
tebit ad officium invitari
legibus. *Xenoph.inst.Princ.*

*que sous leur obeissance, &
que leur renommee soit gra-
vee à la pointe des armes
au Temple de l'immortalité.*

APRES la memorable bataille du
Tar, la Republique de Venize confiderant les merveilleux faits d'armes, & le fidele service de leurs soldats, resolurent incontinent de les recompenser selon leurs
merites. De Gouverneur ils font le Marquis
de Mantoüe General de l'armee, & augmentent la solde à ceux qui s'y estoient com-
portez vaillamment, donnent des pensions
& diverses recompenses aux enfans de ceux
qui estoient morts en la bataille, baillent
des doüaires aux filles, & assignent de bonnes pensions aux soldats qui avoient esté
estropiez à ce combat. Memorable exemple pour les autres Estats, & remarquable
au perpetuel honneur de cette Republique.

APHORISME XLIV.

Les Romains [1] tenoient à plus grand honneur d'emporter les Couronnes civiques qu'on donnoit aux soldats qui avoient sauvé la vie à plusieurs Citoyens: que celles qu'ils appelloient murales pour avoir franchy le premier les murs des ennemis : ou les couronnes Navales, pour avoir fait en mer quelque exploit digne de remarque. Car comme ils contrebalançoient la vie d'un de leurs soldats à dix de leurs ennemis, ils avoient en singuliere estime ceux qui avoient sauvé la vie à quelqu'un de la patrie. C'est pourquoy [2] un digne General ne doit jamais hazarder la fortune d'un assaut ou d'une bataille avec la perte manifeste des siens,

[1] Quòd si civicæ coronæ honos, vno aliquo, ac vel humillimo cive servato, præclarus sacerque habetur : quid tandem existimari debet vnius virtute servatus vniversus exercitus? Plin. l. 22 c. 4. Civica Corona, insigne clarissimum fuit militum : Cui cedunt Murales, Vallares, Aureæ, cedunt & Rostratæ. Plin. l. 16 .c. 3.

[2] Harei anZi voluto, servare un Cittadino, che amaZZare molti nemici. Scip. in Plut. Malo vnum Zophyrum quàm centum Babylonios capere. E Iustin. l. 1. Niuna vittoria è più vtile, più preclara, ò più preZiosa, che quella che s'acquista senza danno, & senza sanguine de' suoi soldati. Guicc. l. 15. Pelopidas rogatus vt seipsū servaret: Dux, inquit, hortādus est potiùs vt servet cives. Apoph. Alieno sanguini tanquam suo parcit, & scit, homini non esse homine prodigè vtendum. Senec. ep. 89. Rien ne doit estre plus recommandé à vn sage Gouverneur, que de pourveoir à la sauveté de ses gens, & espargner leur sang. Amy. Plut. Cic.

Q iij

Come Pastor quando fre- laquelle par maxime de
mendo intorno
Il vento, e i Tuoni, e bale- guerre il est asseuré de pou-
nando i Lampi
Vede oscurar di mille Nubi voir emporter autre-
il giorno, ment.
Ritrahe le Greggie da gli aperti Campi :
Et sollecito cerca alcun soggiorno
Oue l'ira del Ciel sicuro scampi :
Et con grido indrizzando, e con la verga
Le mandre inanti, e a gl'vltimi s'attergo.
Così il Generale, &c. Tasso Cant. 9.
Gl' è vero che la vittoria sanguinosa
Spesso far suol' il Capitan men degno :
Ma quella eternamente è gloriosa,
Et de' diuini honori arriua al segno,
Quando seruando i suoi senza alcun danno,
Si fa che gl'inimici in rotta vanno. Ariost. Cant. 15.

LE siege de Novare fut d'autant plus celebre que les troupes estoyent grades en l'vne & l'autre armee. Il y avoit plus de sept mille hommes d'élite dedans la place, avec tous les bourgeois de la ville, & plusieurs païsans qui s'y estoient retirez des villages circonvoisins pour éviter la furie des ennemis. La place estoit defendue par le Duc d'Orleans, qui l'avoit fortifiee & munie avec tous les avantages possibles. Les forces des Confederez estoient devant la ville en vne belle ordonnance. Il y avoit dans leur armee trois mille hommes d'armes, trois mille chevaux legers, mille chevaux Allemans, cinq mille hommes de pied Italiens,

& dix mille Lanſquenets commandez par le
Marquis de Gonzague pour les Venitiens,
& Galeas de S. Severin pour le Duc de Milan. Le ſiege de cette place ſe continua ſans
rien faire avec vne ſi puiſſante & ſi royale
armee: parce que le conſeil des confederez
eſtoit de ne tenter la fortune de la bataille
avec le Roy de France ſils n'y eſtoyent contraints par la neceſſité: & les Chefs de ces
troupes ne voulurent pas attaquer la place
par aſſaut, conſiderans la puiſſance des fortifications, le grand nôbre, & la valeur de ceux
qui eſtoient dedans, & ſur tout, parce que
l'armee ennemie n'eſtoit pas encore ſur pied
pour les venir forcer de lever le ſiege. Et
partant ils concluoient que la ville eſtant
pleine de peuple, & vuide de proviſions qui
ſe conſumoient peu à peu, elle devoit de neceſſité ſe rendre en peu de temps, ſans qu'il
fut beſoin de hazarder la vie de leurs ſoldats, & mettre leur armée en peril manifeſte.

APHORISME XLV.

LA couſtume de bien
faire reſſemble au la-
vement des tinturiers: elle
nettoye l'eſprit de la graiſſe

Educatio & diſciplina mo-
res facit, & id ſapit vnuſ-
quiſque quod didicit: Itaq;
bona conſuetudo excutere
debet quod mala inſtruxit:
Hæc bene docet loqui, bene
face re. Cic. de mor.

Q iiij

Adeo à teneris assuescere
multum est. *Virg. Georg. 2*
Natura inclina à male, e viene
à farsi
L'habito poi, difficile à mutarsi.
Ariost. Cant. 36.
Adde quod ingeniū longa
rubigine læsum
Torpet, & est multo quā
fuit ante minus.
Ovid. Trist.
Neque verò potest quisquā
nostrum subitò fingi, neque
cujusquam subitò vita mu-
tari, aut natura repente cō-
verti. *Cicer.*
Exercitus labore proficit,
labore consenescit. *Veget.*
Assuetus habitus mutat in
naturam. *Senec.*
— Nam morē fecerat vsus.
Ovid. Met. 2.
Exercitus dicitur, quòd me-
lior sit exercitando.
Varro.
Consuetudine levior labor
sit. *Livi. l. 25.*
Pugiles cœtibus cōtusi, ne
ingemiscunt quidem. *Cic.*
Tusc. 2.
Potest bovem ferre qui pu-
gilem sustulerit. *Petron.*
Sat.
Quod male fers, assuesce,
feres : benè multa vetustas
Lenit. *Ovid. art. 2.*
Solus & artifices qui facit
vsus adest. *Ovid. art. 1.*
Quo semel est imbuta recēs
servabit odorem
Testa diu. — *Horat. ep. 1.*

& lie vicieuse de l'educa-
tion : De sorte qu'il est aisé par apres à la raison &
à l'exercice trouvans vn
subjet si bien preparé de luy
donner la teinture en grai-
ne des vertus. Tel est
l'effect de la discipline militaire en l'exercice des armes. Non seulement el-
le leur donne la teinture de
bons soldats, ains elle in-
corpore mesme la vertu en
eux & en leur race. Mais
comme la Vertu morale par
faute d'exercice & par
manque d'vsage vient à
perdre ses habitudes accoustumees, & retourne à la
souilleure precedente de ses
vices & imperfections :
ainsi fait la vertu militaire en ceux qui ne s'y exer-
cent plus, ou qui en mépri-
sent l'vsage.

Entre toutes les nations celle de la Gaule a emporté le prix de tout temps pour sa vaillance : ainsi que le témoigne ce fameux guerrier & docte historien qui tint pour l'vn de ses plus grands trophees d'avoir conquis les Gaules. Mais plusieurs Roys ensuivans craignans l'impetuosité des peuples pour l'exemple de diverses conjurations & rebelliōs arrivees en ce Royaume, leur osterent l'vsage & l'exercice des armes, & les forcerent de s'appliquer au labourage des champs, ou aux arts mechaniques. Il n'y auoit que la Noblesse qui retenoit en depost & la valeur & la force ancienne de cette natiō belliqueuse. C'est pourquoy ces grāds Princes ne prenoient que les nobles avec eux lors qu'ils faisoiét la guerre. De sorte que le peuple perdit bien tost son ancienne reputation , & les Gaulois du dupuis ont esté tenus pour les pires pietons de l'Europe. Cette consideration fut cause que le Roy de France n'oza hazarder la délivrance de Novare : iusqu'à ce que le Bailly de Dijon luy eut amené force Suisses dans son armée pour renforcer sa Cavalerie & ses lances Françoises.

APHORISME XLVI.

1 Alcibiadis clypeum au-
reum & eburneum medium
occupabat Amor, fulmen
ruptum manu tenens. Sa-
therus apud Carthag. de Arc.
Homil. 9. de Incar.

2 Responsio mollis frangit
iram. Prou.

3 Degeneres animos timor
arguit. Virg. l. 4.

Contrariarum causarum
contrarij effectus : Et contraria ratio. Arist. Interp.

——— Grave & immutabi-
le sanctis
Pondus adest verbis: Et vo-
cê facta sequuntur. Statil.
Nemo potest personam fi-
ctam diù ferre: ficta in naturam suam cito recidunt:
quibus autê veritas subest,
quæcunque ex solido enas-
cuntur, in majus meliusque
procedunt. Sen. ep. ad Nero.
Nulla res multitudinem efficacius regit, quàm super-
stitio. Curt. l. 4.
Eò trahunt ij, quibus quæstui sunt, capti superstitione animi. Livi. l. 4.
Superstitione qui est imbu-
tus, quietus esse nunquam
potest. Cic. fin. 2.
Poris Antipater albo vtitur
pallio, intus autem totus est
purpureus. Plut. Apoph.
Combien que Benoist 3. & Ju-
les 2. ayens excommunié nos
Rois, si n'ont ils rien diminué,
ains plustost accreu l'obeissance
des subjets. Car il se trouve que
le porteur de la Bulle de l'in-
terdiction fut constitué prison-

L'Amour [1] au bou-
clier d'Alcibiade
brisoit les foudres
de Iupiter : comme [2] vne
accorte & amiable respon-
se emousse quelquefois la
pointe, & alentit la fureur
d'vn Prince courroucé. Vn
peu de sable sert de barriere à la mer, & les Alcyons
se bercent hardiment sur
ces ondes au milieu de l'hyver & des tempestes. [3] Vn
Prince qui craint tout n'est
point capable d'entreprendre aucune chose. Et il a
bien reüssi quelquefois aux
Romains pour auoir mespri-
sé de sinistres augures. C'est
pourquoy nos fleurs de lys
n'ont point perdu de leur
lustre pour auoir esté quelquefois frappees des fou-
dres du Vatican : lors que
les Roys sans s'estonner ont

apris à leurs peuples de faire distinction entre les clefs & l'espee. Car comme les causes qui sont contraires ne peuvent produire que de contraires effects : ils ont creu devoir rejetter avec mespris les menaces qui partoient non pas de la Religion , mais de l'interest & de la passion des autres.

mier , & la Bulle lacerée publiquement par Arrest de la Cour. Bodin. Rep. l. 3.
Iean de Navarre, se disant Côte Palatin, fit quelques Notaires, & legitima des bastards en vertu du pouvoir qu'il disoit avoir du Pape: & fut condamné par Arrest du Parlement, comme coupable de leze Majesté. Ibid.

A l'instance de l'Estat de Venize & du Duc de Milan, le Pape Alexandre VI. envoya l'vn de ses Massiers au Roy Charles, luy commander que dans dix iours il eut à sortir d'Italie avec toute son armee, & dans vn autre terme de faire sortir tous ses gens hors du Royaume de Naples. Autrement souz peine des censures de l'Eglise qu'il eut personnellement à comparoir à Rome devant sa Saincteté pour rendre raison de sa desobeïssance. Les Papes ont autrefois vsé de ce remede avec vn bon succez: Car Adriâ premier ne se seruit point d'autres armes pour côtraindre Desiré Roy des Lombards, de se retirer de Terni à Pavie, lors qu'avec

vne puissante armee il alloit troubler la ville
de Rome. Mais le Roy de France en se mo-
quant de ce commandement, respondit que
le Pape ne l'ayant voulu attendre à Rome
comme il retournoit de Naples où il estoit
allé pour luy baiser les pieds, il s'émerveilloit
grandement de le voir maintenant si desireux de sa presence & de sa compagnie.
Neantmoins pour monstrer à sa Saincteté,
combien il faisoit estat des commandemens
de l'Eglise, il luy promettoit d'y aller en dedans peu de jours, quoy qu'il deût se faire
voye à la pointe de son espee : & le supplioit
humblement de prendre la peine de l'attendre sans s'enfuïr de la ville comme il avoit
fait auparavant.

APHORISME XLVII.

Pittacus tãtam necessitatis
vim esse dicebat, vt nec dij
ipsi reluctari possent. *Laert.*
l. c. 5.
Necessitas ante ratione est:
Invenit viam aut facit.
Curt. l. 7.
Durum telũ necessitas. *Livi.*
Efficacior est omni arte,
imminens necessitas. *Curt.*
l. 4.
Nonnunquam necessitati,
quæ pars rationi est, parendum. *Plin. l. 6. ep. 39.*
Qui volens injuste agit malus est: Qui verò ex necessi .

L A necessité est de-
vant la raison &
la puissance. On ne
la peut ny regler par la raison, ny contraindre par le
pouvoir. Sa force est grande non seulement en resi-
stant aux mal-heurs qui
surviennent : mais en en-

treprenant des choses que les obstacles respects & dangers ont rendu grandement difficiles. Elle trouvera vn chemin, ou le fera. Et entre tous les triomphes qu'elle emporte dessus vn soldat ou vn Prince, celuy-cy luy donne plus de gloire, qu'elle le rend honneste homme en dépit de ses dens.

tate, non dico prorsus malu. *Phocyd. l. sent.*
Necessitas acuit ignaviam, in armis jacuit ingenium in arte: Nam necessitas tropum genuit. *Curt. 5.*
Thales interrogatus, quid esset in tota rerum natura robustissimum: respondit, Necessitas, superat enim omnia. *Laert. l. 1. c. 1.*
Diomedea necessitas. De iis dictum, qui coacti non sponte aliquid faciunt. *Adag.*

LE Roy de France avoit vn desir extreme de garder en ses mains Pierre-saincte & Serezzane. Ces deux places estoyent deux hameçons fort commodes pour attirer Genes à sa devotion. D'autre côté il eut aussi bien voulu conseruer Pise & Livorne ainsi qu'elles estoient, comme fort propres pour rafreschir ses vaisseaux qu'il envoyeroit de France au secours de la ville & du Royaume de Naples. Tous les courtisans & les principaux favoris fomentent l'inclination du Roy par vne lasche complaisance, & s'opposent aux Ambassadeurs de Florence qui estoyent à la Cour pour ce sujet. Mais vn accident nouveau ravale le cœur de ceux cy iusqu'à desesperer entierement de leur poursuitte, & releve le courage de ceux là

pour reſiſter plus puiſſamment au deſir des
Florentins. Les Florentins avoient aſſiegé
Pont de Sac , & les ſoldats forcez de la neceſſité furent contraints de ſe rendre avec la
place, ayans compoſé pour la vie. La foy
avoit eſté donnee , & ſur cette aſſeurance
toutes les troupes ſortent afin d'y faire entrer les ennemis. Cependant les Gaſcons
marchans pour ſortir de la porte ſont taillez
en piece peſle meſle avec les Piſans, & mille
cruautez exercees contre les morts. Quoy
que cét accident fut avenu contre la volonté
des Commiſſaires Florentins, leſquels meſme avec grande difficulté en ſauverent vne
partie : & par la ſuaſion de quelques ſoldats
qui avoient eſté autrefois priſonniers & fort
mal traitez des François, Si eſt-ce que cela ſe
prenoit à la Cour pour vn ſigne tres manifeſte de l'inimitié de ce peuple contre la nation
Françoiſe. De ſorte que cet accident adjou-
ſta pluſieurs difficultez aux precedétes, & refroidit les eſprits de ceux meſmes qui avoiét
eſpouſé leur party. En fin pourtant le traité
fut conclud , non pas que l'on fit force ſur la
memoire des promeſſes du Roy ſi ſouvent
reïterees: ny ſur la conſequence du ſerment
preſté ſi ſolemnellement : mais ſur la neceſſité que l'on avoit d'argent pour lever les
Suiſſes neceſſaires au ſecours de Novare, &

pour subvenir aux affaires du Royaume de Naples. Ainsi la necessité fut favorable aux Florentins, & combla le Roy Charles d'estre aussi bon que sa parole, en rendant toutes ces places, & restituant les droits qui appartenoient à la Republique de Florence.

APHORISME XLVIII.

Les bras ne sont d'aucun vsage sans les nerfs, ny les armes sans le concours des finances. La Statue de Memnon ne sonnoit mot qu'elle n'eut veu luire le Soleil sur l'Emisphere. L'or est la plus agreable & necessaire lumiere des soldats. Sans cela vous ne pouvez tirer parole ou action des troupes mieux équipees. Pour les victoires deux choses sont necessaires, le soldat, & l'argent. Et comme l'esperance du gain jette le soldat dans le peril des armes, c'est aussi le profit &

Νεῦρα τῆς ἡγεμόνιας, τὰ χρήματα. Pecunia nevus belli. Dion.

La prima cosa è pensa del pane, & poi delle Galee. Amyr. Plu.

Quemadmodum homines sine nervis ambulare nequeunt, ita nec bellum vsquam progredi sine pecunia. Lip. Polit l. c.

Δύο δ' εἶναι τὰ τὰς δυναμίας προσκευάζοντα, καὶ φυλάσοντα, καὶ επαύξοντα, ςρατιώτας καὶ χρήματα. Duo sunt quæ potentiä præparant, defendunt, & augent; miles & pecunia. Diou. l 4.

Bellū est non in armis maximè, sed in impensis & sumptibus, per quos efficacia arma & vtilia fiunt Thucyd. l. 2.

Crateris celebratur Ephemeris, ad hunc habens modum: Ponito coquo minas decem, medico drachmam: adulatori talenta decem, consiliario fumum: scorto talentum, philosopho tribolum. Notans hominü stultitiam, qui in res honestas

& cum primis neceſſarias minimum ſumerét impendij, ad turpia prodigi. *Lact.* l. 6.

Antequam inchoetur bellú, de copiis, expenſiíque ſollicitus debet eſſe tractatus. *Veget.* l. 3.

Quiſquis habet nummos ſecurâ naviget aurâ. *Petron. Sat.*

l'argent qui luy met les armes à la main avant meſme qu'on parle de cõbattre.

L A Cité de Novare eſt en grande deſtreſſe faute de vivres & d'autres proviſions. Le Roy de France ne peut lever des forces pour faire lever le ſiege, & la délivrer de cette extremité, faute d'argent. Le Bailly de Dijon eſt dépeché en Suiſſe pour y faire des troupes ; mais perſonne ne veut venir à des coffres vuides. En fin le Roy fait accord auec les Florentins pour la reſtitution de Piſe & des autres villes d'oſtage ; pour laquelle il reçoit vne groſſe ſomme d'argent. Le ſon de ces finances alla plus viſte que les courriers du Roy, & le bruit en fut ſi agreable & ſi puiſſant, qu'au lieu de dix mille Suiſſes que demandoit le Bailly, il en amena plus de vingt mille.

APHOR.

APHORISME XLIX.

EN vne tempeſte de la mer les Pilotes qui craignent le naufrage jettent vne partie de leurs biens dedans l'eau, de peur que la nef, eux-meſmes, & tout le reſte ne periſſe. Il en eſt de meſme[2] és tempeſtes de la guerre. Vn ſage prince doit adapter ſes conſeils & actios à la neceſſité du temps: & taſcher de ſauver vne partie de ſon Eſtat ſans expoſer le reſte à vne perte manifeſte. C'eſt pour cela que la ſageſſe eſt beaucoup plus neceſſaire en vn Chef que la Valeur.

[1] Gubernator, vbi naufragiũ timet, jacturã, quicquid ſanari poteſt, redimit. Laÿ. Alex.

Melius dimidium tranquillè obtinere, quàm de toto dimicantes perire. Iul.

Incerti fallax fiducia Martis. Sil. ſ. Simul parta ac ſperata victoria, vnius horæ fortuna evertere poteſt. Livi.l.30. Nuſquam minus quàm in bello eventus reſpondent. Ibid.

[2] Iprudenti Capitani (come ſogliono i ſavÿ Medici, nè corpi deboli, vſare molte volte per ridurgli alla Sanità, più toſto la quiete, & la buona regola d'ogni diſordine, che la Medicina) devono eſſi ancora andar più toſto cercando, temporeggiando, & procedendo ſedamente, & con ogni l'or vantaggio: che con vſar la forza dell' armi, & arriſchiarſi alla bataglia, liberare lo Stato dalli imminenti maggiori pericoli. Parut. l. 1. diſc. 4.

Non è meno offizio del valeroſo Capitano, fare operazione di Savio, che d'Animoſo. Guicc. l. 14.

Parva ſunt foris arma, niſi ſit conſilium domi. Cicer.

Fortitudo eſt, ſi quis robore hoſtes pugnantes devincit: conſilium verò extra prælium arte atque dolo victoriam adipiſci. Polyæn. l. 2.

R 7

LE Roy de France assemble le conseil
de guerre en sa presence, pour consul-
ter si maintenant que le secours des Suisses
est arrivé on devoit rendre Novare au Duc
de Milan sur les conditions qu'il offroit : ou
s'ils devoient entreprendre & risquer tout
leur pouvoir & moyens pour faire lever le
siege, & delivrer la place. Le sieur de la Trimouille disputant pour la negative discou-
rut en cette sorte : S'il ne s'agissoit maintenant, Sire, que d'acquerir de la gloire, ie ne
serois pas si hardy de vous donner conseil.
Mais comme il se traitte icy des moyens de
perdre ou de conserver celle que vous avez
acquise en la conquête du Royaume de Naples : Il n'y a celuy qui ne trouve bon mon
advis, si ie vous dy que sans aucun deshonneur vostre Majesté pouvoit demeurer en
France, & pardonner à tant de frais & de
dangers que vous avez couru avec les vo-
stres pour renger Naples à vostre obeïssance. Vostre Majesté mesme pouvoit s'en retourner en France avec moins de honte lors
qu'elle arriua à Ast, sans se mesler de Novare qui appartient au Duc d'Orleans avec
le juste tiltre de la Duché de Milan. Mais
maintenant qu'arrestée icy avec vne si puissante armee elle a publié que c'estoit a des-

sein de délivrer Novare; qui doute que ne la
deliurant point, vostre gloire & celle des
François ne se convertisse en vne infamie
perpetuelle? Car sans doute en l'estat present des affaires, la perte de Novare ne peut
estre autre en effect que la perte de tout le
Royaume de Naples, que la perte de tant de
Capitaines, que la ruïne de cette brave Noblesse, qui y est demeuree pour la deffense
de l'Estat, & sous la foy que vous leur avez
donnee de les secourir incontinent. Et puis,
quel secours, Sire, pourront-ils esperer, apres
qu'ils auront sçeu que vous estant trouvé
sur les frontieres d'Italie avec vne telle armee, & des forces si grandes, vous aurez cedé
aux ennemis? Le succez de la guerre dépend
de la reputation. Alors qu'elle decline, decline aussi la vertu des soldats, la foy des peuples s'aneantit, les subjets se rebellent, les
amis se retirent, le revenu defaut, les ennemis reprennent courage, & toutes les difficultez s'augmentent journellement. Toute
la gloire nouvellement acquise à Naples sera enterree en l'infame sepulture de Novare. Cette paix que l'on projette entre vostre
Majesté & le Duc de Milan ne s'accommode
point à l'état present de vos affaires. Aussi
bien n'est-elle pas faite en bonne foy de la
part du Milanois. C'est vn Prince convain-

eu affez notoirement de fraude & d'infidelité, il fçait temporifer, ne garde iamais rien
de tout ce qu'il promet finon ce qui tourne
à fon avantage. Voftre Majefté ne fera pas fi
toft partie qu'il fe departira de fon alliance,
& rompra les articles de ce traicté. Pour la
victoire elle eft indubitablement à nous au
cas que nous marchions vers Novare. Nous
en avons des affeurances en la valeur & grãdeur de voftre armée, l'opportunité que
nous avons du païs voifin, & la qualité de
l'ennemy contre lequel elle doit combattre.
Car ce font les mefmes foldats, la mefme Cavalerie, & les mefmes Capitaines que nous
avons batu & mis en fuite à la journee du
Tar, quand les François n'avoient que trois
mille Suiffes en leur armee, en laquelle
maintenant il y en a plus de vingt mille. Le
benefice auffi n'en fera pas fi petit : car fi nous
demeurons icy les maiftres, l'empire & les richeffes de toute l'Italie feront la proye de
vos foldats & la conquefte de vos armes,
puis qu'ils n'ont aucunes forces ailleurs qui
puiffent faire tefte à voftre armee apres que
vous luy aurez donné cette belle occafion
en laquelle elle vous puiffe donner & acquerir la victoire. La Trimoüille parloit de cette
forte ; alors que le Prince d'Orange contre-
pointant fon difcours fouftint l'affirmative,

& prouva au contraire : Que l'Eſtat preſent
des affaires du Roy ne donnoit ny temps ny
loiſir de joindre la force avec la ſageſſe : parce
qu'il eſtoit neceſſaire que Novare fut preſétemét ſecouruë, ou preſétemét réduë & perduë. Quicóque voudroit téter preſentemét
de la délivrer par la force, feroit contre tous
les principes de la guerre, & hazarderoit de
perdre toute l'armee. Le camp de l'ennemy
eſtoit tres-fort par l'induſtrie de l'art, & par
la nature de ſa ſituation. De tranſporter la
guerre en vne autre partie de l'Eſtat de Milan pour le divertir de ce ſiege, c'eſt ce qui
requeroit vn lóg-téps, & qui ne promettoit
pas vne iſſuë certaine. Vne longue demeure
feroit dangereuſe à l'armee ; d'autant que
l'hyver approchoit, & que les Suiſſes y eſtans
en ſi grand nombre eſtoient touſiours faciles à ſe mutiner lors principalement qu'on
leur manquoit de paye. A quoy le Roy ne
pouvoit donner ordre maintenant que ſes
threſors eſtoient entierement épuiſez. Qu'il
ne doutoit pas que la place ne ſervit grandement à l'honneur du Roy , & aſſeurance de
ſes affaires à Naples. Mais ce n'eſt pas le propre d'vn Chef d'armee de hazarder le tout
pour en conſerver vne partie. Qu'outre cela
cét affaire n'appartenoit pas directement au

Roy, qui n'eſtoit pas venu à Naples pour faire guerre en Piedmont, & qui ne pretendoit rien au Duché de Milan. Que partant il n'y alloit d'aucun intereſt de ſon honneur ou de ſon profit: pour leſquels il deût engager ainſi ſes fortunes pour la garde de ce qui n'eſtoit pas à luy. Qu'il eſtoit vray-ſemblable que le Duc romproit les articles de l'accord : mais qu'il eſtoit probable que quelqu'vn des confederez pourroit rompre avec luy, comme ainſi ſoit qu'vne aſſociation de tant de gens & de Princes qui ont tant de pretentions differentes ne ſoit de telle nature qu'elle puiſſe ſubſiſter longuement. Auquel cas la moindre ouverture qu'ils nous feroient , & le moindre nœud qu'ils romproient nous rendroit la victoire beaucoup plus ſeure & plus aiſee. C'eſt pourquoy il conſeilloit le Roy de ſe reſoudre à la paix, non que cette reſolutió fut de ſoy-meſme vtile ou profitable : mais parce que c'eſt vne regle entre les ſages Capitaines, qu'és deliberations difficiles & faſcheuſes ils doivent approuver pour facile & deſirable celle qui eſt neceſſaire, ou qui eſt moins remplie de difficultez ou de dangers. Le Duc d'Orleans auec pluſieurs de ſon party ſ'irrita du conſeil du Prince d'Orange; Mais en fin le Prince eut l'avantage, le Roy

se laisse aller à la necessité, la ville est renduë,
& la paix arrestée entre les François & le
Duc de Milan.

APHORISME L.

LA Medecine [1] or-
donne és regles de
la diete, de ne point
recevoir en l'estomach plus
de viande que la chaleur
naturelle ne puisse digerer,
& que la faculté expultrice
ne puisse aisément décharger. Autrement elle sur-
monteroit les forces de la
nature, & ruineroit l'habitude du corps. Aussi est-ce
vn precepte militaire de ne
pas entretenir davantage
de mercenaires estrangers
en vne armee, que l'on ne
les puisse ranger, ou s'en
servir, ou les renvoyer &
décharger quand on veut.
Car [2] comme ils n'ont pas
le courage si relevé, ny des
desseins si nobles que les

[1] Id cavendum Ducibus, e-
xemplaque pro documentis
habenda, ne ita exteris credant auxiliis, vt non plus sui
roboris, suarumque propriè
virium, in castris habeant.
Tac. An. 6.
Galba soleva dire, che alleggeva
non comparava soldati. Amir.
Tac. an. 17.

[2] Non juberi, non regi, cū-
ctaque ex libidine agere
volunt. Tac. de Morib.
Contra morē obsequij, contra fas disciplinæ, interdum
in vim meditātur. Tac. An. 1.
Omnia tanquā externa, aut
vrbes hostiū vrere, vastare,
rapere solent. Tac. Hist. 2.
Majori ex adverso merce-
de, jus fasque exuunt. Tac.
Hist. 2
Pecuniola proponitur, tym-
panū strepit: & ecce coeunt
aliquot ignoti inter se,
ignoranteique. Lip. è Livi.
2t.
Purgamenta vrbium suarū.
Curt. l. 9.
Quorū lingua vana, manus
rapacissimæ, gula immensa,
pedes fugaces, quæ honestè
nominari non possunt in-
honestissima. Lips. è Plaus.
Salust. & Cic.
La Mercenaria mal fida
canaglia

R iiij

PreZZar gl'antichi Impe-
ratori poco :
Da lor Nation più tosto
venti
Volcan, che cento di diver-
fe Genti. Arioft. Ag. 2.

foldats & fujets naturels,
aufli font-ils toufiours pro-
pres & appareillez pour de-
fobeïr à la moindre occa-
fion , faciles à rompre la
difcipline , & portez natu-
rellement à violer toutes les
loix des armes.

LES Suiffes qui ne fe battent jamais,
finon fur l'affeurance de leurs gages,
demandent trois mois d'avance au
Roy lors qu'il eft preft de f'en retourner en
France. Ils ne l'avoient pas encore fervy en
aucune action de guerre, à peine mefme
eftoient ils arrivez au camp, & encor en
beaucoup plus grand nombre qu'on n'avoit
demandé. Il n'avoit aucun befoin d'eux
maintenant : & outre tout cela les officiers
qui les avoient levez pour le Roy ne leur en
avoient rien promis. Neantmoins à caufe
que Louys XI. les avoit entretenu fur ces
conditions, ils ne veulent point qu'on agiffe
avec eux d'autre forte. En cefte opiniaftre
refolution ils font deffein de fe faifir de la
perfonne du Roy & des principaux de fa
Cour iufqu'à l'entier payement de leur folde. Le Roy craignant de tomber entre leurs

mains ſe ſauva par ſa diligence. Mais le
Bailly de Dijon & quelques autres chefs
qui les auoient levez furent arreſtez avec
furie : ſans que iamais ils les vouluſſent delivrer, iuſques à tant que le Roy leur
eut envoyé promeſſe , & donné
des oſtages pour aſſeurance de
ce qu'ils demandoient.

Fin du ſecond liure.

ESSAIS
POLITIQVES
ET
MILITAIRES.
LIVRE TROISIESME.

APHORISME PREMIER.

E tranchant¹ d'vn
rasoir qui coupe
bien vn cheveuil,
rebouche sa pointe
à vne substance plus solide :
où au contraire vne hache
quoy qu'emoussee tranche &
renverse encore des ormes

1 Omnia inconsulti impe-
tus cœpta , initiis valida,
spatio languescunt. *Tacit.*
Hist. 3.
Sed caret eventu nimius
furor, improba nunquam
Spes lætata diu. *Claudia.*
bell. Get.
Fortuna vitrea est cù splen-
det trangitur. *Prob*

2 Bona perinde sunt vt eius
animus, qui ea possidet : Si
qui bene vtitur, bona : qui

non vtitur, mala. *Terent.*
Divitem esse in vtendo magis, quàm in possidendo consistit. *Arist. Rhet. 1.*

3 Vincere scis Hannibal, vti victoria nescis. *Prob. de Hân.*
Vsus fructusque victoriæ optimus, pax est: neque ad alium quàm ad pacis finem justa bella suscipiuntur, *Petrar. dial. 103.*
Cum victoria vti potuit, frui maluit. *Var. de Han.*
Victoriam, nec victoris animo, nec magni Ducis more, metiens. *Petrar. Dial.*
Victoria alata est, vide ne evolet. *Idem.*
Hodie penes hostes erat victoria: at non habebant Ducem, qui sciat victoria vti. *Plus. in Cæs.*
Fermè fit vt res secundæ negligentiam creent. *Livi. l. 21.*
Nocere hoc primû decet: Quid facere victor debeat, victus pati. *Senec. Troa.*
Postquam vicisti, cave ne te vincat ira, superbia, cruditas, furor, rabies: Hi sunt enim victoriæ comites, & victorû hostes, à quibus sæpe clarissimi victores turpissimè victi sunt. *Petrar. dial. 103.*
Victor prælio sæpe victus est bello. *Idem.*

tous entiers. De mesme les esprits subtils & aigus sont plus propres pour avoir de fines & belles conceptions que des resolutions solides. Au lieu que des esprits masles & meurs ne s'attachent qu'à des affaires d'importance lesquelles reüssissent entre leurs mains. De sorte que l'aage mesme les rend plus adextres pour entreprendre des actions plus illustres. Les autres sont plus propres pour acquerir ce qu'ils pourchassent que pour le conserver, à gagner vne Couronne qu'à la porter. Là où l'excellence du benefice n'est pas en l'acquisition, mais en la jouyssance : Car les choses bonnes ne sont bonnes qu'à cause de leur vsage. C'est pourquoy celuy à qui la fortune a donné des victoires, mais à qui la nature n'a pas donné le jugement d'en bien vser : il a l'vn & l'au-

*tre pour sa plus grande
ruine.*

HISTOIRE.

CHARLES VIII. apres avoir couru l'Italie cõme la foudre & vn éclair, vid exhaler en fumee toute sa gloire & sa conqueste. Il sceut bien vaincre, mais il ne sceut pas bien vser de sa victoire. La fortune luy donna le Royaume de Naples, & sa faute luy ouurit vn chemin à le perdre. Il y laissa en partant vn Lieutenant tres-illustre de race, mais des forces foibles à le defendre, des moyens petits à le tenir, & point d'argent pour defrayer ses troupes. La flotte qu'il envoia pour leur secours par la mer, & l'argent qu'il y fit conduire avec renfort de soldats n'y peurent venir à temps pour la negligence & delay de ceux qui les conduisoyent. Sa Majesté mesme fait vne deshonorable retraitte par dessus les montagnes: non pas qu'il eut aucune crainte, ou qu'il manquast de forces, mais par vn trop grand desir de se voir en sa patrie, & d'y jouïr de ses pleniers plaisirs. Ainsi il s'en retourna de l'Italie plus semblable à vn vaincu qu'à vn vainqueur; & auec d'autant moins de gloire qu'il sembloit que sa fortune plustost que son espee l'avoit eslevé à vn si haut degré d'honneur, & luy auoit mesnagé cette conqueste.

APHORISME II.

Difficile est, cùm præstare ceteris concupiveris, servare æquabilitatem. *Cicero Offic.2.*
Μέγαν ὄλϐον ζαπωίψου οὐ δύνανται, Magnam fœlicitatem concoquere non possunt. *Pind.Olym. od. 1.*
Ἔν τῷ πολεμῷ εὐτυχία πλανάζοντις.
In bello ob secundas res, exsultantes. *Thucyd.*
Diu sordidi, repentè divites, mutationem fortunæ malè tegunt, accensis egestate cupidinibus immoderati. *Tac. hist. l.1.*
Fragilitatis humanæ, nimia in prosperis rebus oblivio est. *Curt. l. 9.*
Prospera animos efferunt. *Senec. Agam.*
Res secundæ valent commutare naturam, & rarò quisquam erga sua bona cautus est. *Curt. l. 10.*
Nescia mens hominum fati sortisque futuræ,
Et servare modum rebus plerumque secundis, *Virg. Aeneid. 10.*
Luxuriant animi rebus plerumque secundis,
Nec facile est æqua commoda mente pati. *Ovid. Art. 2.*

LES rivieres perdent d'autant plus de leur eau qu'elles sortent plus souvent de leur couche. En vne mediocrité de fortune les hômes ont des pensees mesurees & retenues dans les limites de leur petite condition. Dez que quelque bonheur leur arrive il est bien difficile qu'ils ne s'eschappent hors des bornes de leur devoir, ne voyās pas que par là ils s'escoulent & se perdent eux-mesmes dans les vastes pensees de leur nouvelle grādeur. Leur esprit ne peut digerer vne felicité trop grāde,& le bōheur les enyure de telle sorte,qu'ils ne sont plus à eux-mesmes lors qu'vne sinistre fortune les attaque. Cette pilule emplit le cœur des ventositez de la gloire, qui corrompent le sang de la raison; inonde le iugement, & alterent la iustice, par le desordre qu'elle apporte mesme quelquefois chez les plus gens de bien.

—regi fræni nequit
Et ira, & ardens hostis, &
victoria,
Gladiisque fœlix. *Sen. Troa.*
Arrogantis est, qui sibi res
magnas & præclaras sumit
& vendicat cùm non insunt, vel maiora quam quæ
insunt. *Arist. art. l. 4.*
Profectò hoc sic est, & puto
omnibus nobis
Vt res dant sese, magni atqs
humiles sumus. *Terent.*

TOVTE l'Italie retentissoit des loüanges du Senat de Venize & du Duc de Milá: chacun les estimoit dignes de trophees erigez à leur perpetuelle renommee, & la gloire de leurs faicts estoit accompagnee des vœux de tous les peuples qui leur souhaittoient la continuation & accroissement d'vne si grande prosperité. Ils avoyent par vne sage conduitte & resolution opposé leurs armes contre celles des François, combattu avec eux en pleine campagne, arraché la victoire de leurs mains, restably l'Italie en son ancienne splendeur, & delivré cette noble contrée de la subjection des estrangers. Mais l'ambition qui se mit aussi tost de la partie vint esteindre cette fortune, & eclypsa cette gloire par le desir desreglé de s'accroistre, & d'étendre leurs limites au detriment de leurs voisins. Ils se perdirent lors qu'ils trouverent les Pisans qui mendioient leur assistance contre les Florentins; car ils

entrerent en cette affaire à leur propre infamie, à la perte de leurs Eftats, & au boulver-
fement general de toute l'Italie.

APHORISME III.

1 *Chi offende, ſcriue in poluere;*
& chi è offeſo, in marmo. Por.
in Guic.
Quiſquis de accipiendo co-
gitat, oblitus accepti eſt,
nec vllum habet majus ma-
lum cupiditas, quàm quod
ingrata eſt. *Seneca. Phor.*
Ad hoc res rediit, ſi quis
quid reddit, magna haben-
da eſt gratia. *Teren.*
Quid citò feneſcit? quid tar.
dè? Gratia & injuria. *Laert.*
l. 5.
Nulli mortalium injuriæ
ſuæ paruæ videntur. *Saluſt.*
Apud homines beneficium
citò feneſcit. *Stob.*
Si quid benefeceris, leuior
plumâ eſt gratia,
Si quid peccatum eſt, plum-
beas iras gerunt. *Plaut.*

2 Procliuius eſt injuriæ,
quàm beneficio vicé exol-
uere. *Tac. hiſt. 4*
Proprium eſt humani in-
genij, odiſſe quem læſeris.
Tacit. Agric.
Injuriæ memoria tenaciſſi-
ma eſt, & beneficij breuiſſi-
ma. *Eraſm. Apop.*
Vlciſcendæ injuriæ facilior
ratio eſt, quàm beneficij re-
munerandi. *Cic. poſt red.*
La natura di chi offende, è di ri-
cordar ſi d'hauer offeſo. Por.
in Guic.

Apres l'audience [1] d'vn
jour en la ville de
Rome, l'Ambaſſadeur Cy-
nias ſe reſſouvenoit des
noms de chaque Senateur:
& Cyrus pouvoit appeller
de ſon nom propre chaque
plus petit ſoldat de ſon armee. Cette memoire ſi
excellente eſtoit autant loüa-
ble en eux, comme elle eſt
blaſmable en ceux qui ſe
ſouviennent des plus petits
torts qu'on leur fait. Ils
écrivent les bienfaits ſur la
póudre, & les offences dans
le marbre; auſſi bien celles
qu'ils font, que celles qu'on
leur fait. C'eſt pourquoy [2] le
remords que nous avons du
tort fait à vn autre, prend
de ſi profondes racines en
noſtre

nostre ame que nous ne
nous fions iamais à luy, &
ne traitons plus avec luy
en la franchise & sincerité
precedente.

En fin les affaires d'entre Carles VIII. & le Duc de Milan se terminerent à Vercel avec ces articles. Qu'il y auroit paix & amitié perpetuelle entre eux. Que Novare seroit renduë au Duc. Que Spezie & autres places des costes Orientales de Genes seroient reciproquement renduës. Qu'il seroit licite au Roy d'armer à Genes autant de vaisseaux qu'il voudroit, & se servir de toutes les commoditez de la Cité, pourveu que ce ne fut en faveur des ennemis de son Estat. Que pour plus grande asseurance, les Genevois donneroient ostages suffisans. Que le Duc rendroit les vaisseaux perdus à Rapale, & les douze Galeres arrestees à Genes. Qu'il armeroit presentement deux grosses carraques Genevoises, lesquelles le Roy vouloit envoyer à Naples avec quatre autres des siennes : & que l'annee suivante il seroit tenu de luy en fournir encore trois, de donner passage aux troupes du Roy par ses terres qui y entreroient au nombre de deux cens lances à la fois. Qu'au cas

S

que le Roy retournast en personne à l'être-
prise de Naples, le Duc seroit tenu de le suivre avec certain nombre de gens. Que les
Venitiens auroient puissance d'entrer dans
deux mois en cette confederation, à la charge qu'y entrans ils retireroient leur armee
de mer du Royaume de Naples, & ne pourroient donner secours à Ferdinand. Qu'au
mois de Mars prochain le Duc payeroit cinquante mille ducats au Duc d'Orleans pour
les dépenses de Novare : quitteroit au Roy
octante mille ducats de la somme qu'il luy
avoit presté à son passage d'Italie. Que Iean
Iacque Triulce seroit absouz du ban procla-
mé contre luy, & rentreroit en ses biens.
Que le bastard de Bourbon pris en la journee de Fornove, & le Seigneur de Miolans
pris à Rapale avec tous les autres prisonniers
seroient délivrez. Qu'il rapelleroit de Pise
Fracasse avec toutes ses forces & celles des
Genevois, sans prester desormais aucune aide à cette Cité contre l'Estat de Florence.
Qu'en dans vn mois il mettroit le chasteau
de Genes entre les mains du Duc de Ferrare
qui le consigneroit au Roy avenant que le
Duc manquast à quelqu'vne de ses promesses.
Le Duc accorda & jura tous ces articles sans
envie de les garder ; comme celuy qui ne
condescendoit pas à la paix avec vne foy en-

tiere & sincerité cordiale. Car comme c'est
la nature de celuy qui offense, il se souvenoit
par trop des injures & torts qu'il avoit faict
au Roy, c'est pourquoy il se defioit tousiours de luy, & se persuadoit qu'il ne devoit
plus jamais se fier à la foy de ce Prince. Et
pendant mesme qu'on dressoit cet accord,
il pensoit bien en verité qu'il seroit luymes-
me le premier qui romproit & fausseroit sa
promesse. Mais le desir de recouvrer Novare, & d'esloigner la guerre de son Estat l'a-
voyent induit à promettre ce qu'il n'avoit
pas envie de tenir. C'est pourquoy il executa aussi tost les articles qu'il ne pouvoit nier
estre en sa puissance, & n'admettoiét aucune
evasion. Il bailla les ostages : fit delivrer les
prisonniers : rend les vaisseaux pris à Rapale,
oste Fracasse de Pise ; consigna le chasteau
de Genes au Duc de Ferrare en personne.
Quant au reste de la convention qui ne requeroit pas vne execution presente, & qui
pouvoit estre coloree de quelques pretextes, il le rompit entierement par apres.

APHORISME IV.

1 Nuda eſt veritas, nec quæ-
rit angulos. *Adag.*
Nullæ duæ res inter ſe tam
amicæ & concordes ſunt,
quàm virtus & veritas: ger-
manæ ſunt a Deo genitæ &
humanis mentibus ſicut v-
tiliſſimæ, ita etiam integris
jucundiſſimæ. *Vves de anim.*
Ante Iovē generata, decus
divumque hominumque,
Qua ſine non tellus pacem,
non æquora norunt:
Iuſtitiæ conſors, tacitumq;
in pectore numen. *Sil.*
lib. 2.
Satis iis ſi quamcumque rimam effugio reperiant: ex
qua liberatos ſe eſſe jure-
jurando   interpretantur.
Cic. offic. 2.
Homines in duas partes
ſunt diviſi: aut captantur,
aut captant. *Petron. Sat.*
Aperta odia armaque de-
pelluntur, fraus & dolus obſcura, eóque inevitabilia.
Tacit. hiſt. 4.
Alij in ipſo Capitolio fal-
ſunt ac fulminantem peje-
rant Iovem. *Plin. l. 1. c. 7.*

2 Non bove mactato cœle-
ſtia numina gaudent,
Sed quæ præſtāda eſt, & ſine teſte fides. *Ovid. ep. 18.*
—— optimus ille
Militiæ, cui poſtremum eſt
primumque tenere
Inter bella fidem. ——
Sil. l. 4.

LA beauté[1] de la Verité gſſt en ſa nudité: c'eſt pourquoy elle ne cerche point les lieux ſecrets pour la cacher. Mais la fauſſeté eſt d'autant plus difforme qu'elle eſt nue: c'eſt pourquoy elle emprunte le fard & l'artifice pour couvrir ſa honte & ſa laideur. Il ſe faut bien garder de traicter avec ceux qui ſont tachez de ce vice, & qui ne craignent pas de ſe parjurer au Capitole devant Iupiter foudroyant. Car on ne ſe doit iamais fier à leurs paroles. Mais celuy [2] qui fait paroiſtre la verité en toutes ſes procedures, & garde ſa foy inviolable avec ſes alliez, doit eſtre d'autant plus eſtimé qu'il eſt le miroir des hommes, & le patron des Princes.

CONTRE les articles de Verceil le Duc
de Milan laiſſe Luc Malvezze dans Piſe avec vn bon nombre de gens, comme ſ'il
eut eſté à la ſolde des Genevois. Il permet
que deux carraques armees à Genes pour
Ferdinand allaſſent à ſon ſecours de Naples,
ſ'excuſant qu'elles eſtoient ſoudoyées avant
qu'on eut conclu la paix. Il empeſche ſe-
cretement que les Genevois ne baillaſſent
au Roy les oſtages : & leur perſuade de ne
laiſſer fournir les vaiſſeaux de Fráçois qu'il
devoit envoier à Naples ſans que premierement ſa Maieſté eut baillé caution de les
rendre, & promis de ne rien changer en
leur Eſtat. Ce qui fut de tres-grande conſequence pour la perte des Chaſteaux de Naples qui ne peurent eſtre ſecourus. Le Roy
ſe plaignit au Duc par homme exprez de
toutes ces cavillations, & lüy fit voir combien c'eſtoit choſe infâme à vn Prince de
n'avoir point de verité en ſes paroles, ny
d'aſſeurance en ſes promeſſes. À cela il reſ-
pondoit tantoſt, que ſi bien il avoit promis
de bailler les navires, il n'avoit pas accordé
qu'elles ſe peuſſent fournir de ſoldats François ; & tantoſt il diſoit que la Seigneurie
qu'il avoit de Genes n'eſtoit point abſolue,
ains eſtoit tellement limitee, qu'il ne

les pouvoit contraindre ez choses principalement que ce peuple jugeroit prejudiciable à sa conservation. Et pour donner plus
de force à ses excuses, il fit que le Pape souz
peine de censure luy fit commandement &
à tous les Genevois, d'empescher que les
François tirassent aucun vaisseau hors de
Genes. Tant ce Prince fut obligé de chercher d'artifices pour cacher la laideur de
son infidelité, laquelle il voyoit trop paroistre en la rupture de son alliance.

APHORISME V.

1 Legatus, vicarius est, est
enim locũ tenēs, fiduciariã
operam superioris obtinēs.
Bad. in l. postle orig. Juri.
Sactum & inviolabile apud
omnes nationes, legatorum
nomen. Caes. bel. Gal.
Sentio jus Legatorum cùm
hominum praesidio munitũ
sit, etiam jure divino esse
vallatum. Cic. Arusp.
Legatos & caduceatores nõ
solùm constituit sacris pro-
ximos, verùm etiam inter
ses ipsas sacras. Pasc. de Aes.
Si sint Legati hostium no-
strorum, inique quaeritur is
qui ab hoste hostiliter acci-
pitur: quippe hostis nihil
hostile sanctum putat. Pasc.
Legas.
2 Legatorũ privilegia violare, rarum & inter hostes.
Tacit. hist. L 5.

IL n'y a rien ¹ de plus sacré que le nom des Am-
bassadeurs. Car ils soustien-
nent en leurs personnes
aussi bien la Majesté que les
affaires de leurs maistres.
C'est pourquoy le Prince se
doit garder d'arrester ou
d'offenser l'Ambassadeur de
ses voisins avec lesquels il
n'a point guerre ouverte.
Qui fait autrement ² viole
le droit des gens, offense
les loix des armes, & se

rend en detestation à tous les autres Princes de la terre.

Legatos comprehendi. *Livi lib.* 2.
Ambaffador non porta pena. Pro. Ital.

De Legatis paululum addubitatum eft, & quanquä vifi funt commififfe, vt hoftium loco effeut; jus tamen gentium valuit. *Livi. lib* 1.

Contra jus gentium eft

DEPVIS l'accord fait à Thurin, Guy Antoine Vefpucce Ambaffadeur des Florentins partit de la Cour du Roy de Fráce avec toutes fes depéches pour f'en retourner à Florence. Cóme il paffoit fans foupçon par le Duché de Milan, à caufe que le Duc & Florence eftoient en amitié, & que la Republique ne f'eftoit pas encore declarée ennemie d'aucun des confederez: le Duc le fait arrefter en Alexandrie, & apres qu'on luy eut ofté tous fes papiers commande qu'on l'ameine Milan. Par l'infpeƈtion de fes lettres il cogneut la capitulation & les promeffes des Florentins avec le Roy. De forte que le Duc avife avec les Venitiens d'entrer en la guerre de Pife contre l'Eftat de Florence. Ce qui fut vne feconde flamme qui embraza de rechef toute l'Italie, & vne tache bien grande que le Duc ne peut jamais effacer.

S iiij

APHORISME VI.

1 Sunt & belli ficut pacis jura: juftè ea non minùs quã fortiter debes geiere. *Livi. lib. 5.*
Libertatem, patriam, parêtes, armis tegas. *Saluft. Cat.*

2 Invafio jufta & licita, cũ injuriam vindicas, & jure gentium res tuas repetis. *Lip. pol. l 5.*
Ita bellum fufcipiatur, vt nihil aliud quàm pax quæfita videatur. *Cic. off. lib. 3.*
Cũ duo funt genera decertandi, vnũ per difceptationem, alterũ per vim: cumque illud proprium fit hominis, hoc belluarum: confugiendum eft ad pofterius, fi vti non licet fuperiore. *Cic. off. l. 2.*
Gloriam & imperium meditaris? Peccas. Nec dirigēda aliò arma funt, quàm ad tranquillitatem & quietem. *Lip. è Cicer.*
Solus qui gloriam fpernit, veram habebit: nam more Crocodili non nifi fugientem fequitur. *Apop. Senec.*
Is mihi videtur ampliffimus, qui fua virtute in altiorem locum pervènit, nõ qui adfcendit per alterius incommodum & calamitatem. *Cic. pro Rofc.*
Tu ergo quæ habent fpeciẽ gloriæ, collecta ex inaniffimis fplendoris infignibus, contemne: brevia, fugacia, & caduca exiftima. *Cic. Tufc.*
3.

LA Couſtume a enſeigné les nations, la Raiſon les hommes, & la Nature les beſtes, que la defenſe de ſoy-meſme eſt touſiours loiſible; mais l'invaſion a ſes limites preſcrites, & n'eſt permiſe en tout temps. Car encor que la loy de la Nature ſemblé l'approuver, entant qu'elle donne tout à tous avec vne égale indifference: ſi eſt-ce que la loy de l'Eſtat qui ſepare les biens de chaque particulier, la reſtreint à ces deux conditions neceſſaires, à ſçavoir de ſe vanger d'un tort injuſte, ou de recouvrer vn juſte droit. C'eſt pourquoy la gloire & l'Empire ſont de tres-bonnes choſes ſi elles ſont bien acquiſes: mais elles ne ſont pas de bons mo-

tifs pour faire la guerre, &
entreprendre sur la possession
des autres.

LE puiffant edifice eflevé par les Princes d'Italie pour s'oppofer à la grandeur de Venize eft maintenant grandement efbranlé, par la ruïne de la principale pierre du coin qui eftoit le Roy de Naples. Le Roy de France eft retourné en fon
païs, & a laiffé Pife expofee au hazard, pour
eftre dejettee & balottee entre les Princes
d'Italie. Elle ne peut fe defendre foy-mefme, ne veut pas retourner fouz la domination des Florentins, & aime mieux fe refoudre à toute autre mifere ou fubjection que
de fe remettre en leur obeïffance. Venize
jette les yeux fur cette proye, comme ceux
qui la jugeoient vn moyen excellent pour
les aider à la domination de toute l'Italie, à
laquelle ils afpiroient. Le Duc de Milan la
marchandoit long-temps auparavant, & ne
tenoit pas à luy qu'il ne joignit cette Cité à
celles de fon obeïffance. C'eft pourquoy ils
ne manquerent pas de leur prefter fecours,
avec le confentement du Pape & des autres
confederez. Ils couvroient leur deffein du
pretexte d'empefcher les deniers & les troupes que les Florentins rentrans dans Pife

devoient envoyer au Royaume de Naples,
de la compaſſion qu'ils avoient de ce pauure
Eſtat affligé, & du deſir qu'ils faiſoient paroiſtre de ſervir en cela Ferdinand Roy de
Naples, à l'encontre des François. Mais l'experience fit voir que le principal motif de
leur entrepriſe eſtoit l'ambition ſouz les en-
ſeignes de laquelle ils batailloient à la faueur
de Piſe.

APHORISME VII.

Sicut ignis eſt vt vrat & lu-
cem præbeat: ſic Regis eſt
vt benefaciat & puniat.
Procop.
Κοινὴ φυλακὴ πάσης Μο-
ναρχίας, τὸ μηδένα ποιεῖν ἕνα
μέγαν. Communis imperii
cuſtodia eſt, neminem vnũ,
magnum facere. *Ariſt. pol.
l. 5.*
Nulli amicorum aut officia-
lium tuorum, nimis eſt in-
dulgenda potentia, ſed ita
moderāda, vt nec te in culpam aut reprehenſionem
coniiciant. *Dion. lib. 3.*
Periculoſum, privati hominis nomen, ſupra Principis,
attolli. *Tacit. Agric.*
His non ſolum magnos ho-
nores, ſed & longos dari,
abnuo. *Lip. pol. l. 4.*
Eſto mihi ſolus arbiter rerum, jure ac nomine regio.
Tacit. hiſt. l. 2
Non ſolũ à te præcipua vis,
ſed etiam apud te ſit. *Lip.
po. l. 4.*

LES Princes ont deux
mains. De la droite
ils verſent des faueurs ſur
ceux qu'ils aiment, & les
conſervent contre leurs ennemis. De la gauche ils les
retiennent en bride. Car
comme il eſt raiſonnable
qu'ils tiennent en vne main
ceux qui tiennent vn haut
degré de faueur aupres d'-
eux à cauſe de leur ſens,
merite, ou autre prerogati-
ve: Auſſi eſt-il autant requis qu'en l'autre ils tiennent la verge de juſtice pour

reprimer leur insolence alors qu'ils voudront abuser de leur faveur. Car quand le Favory vient vne fois sans respect à côtredire aux commandemens de son maistre, il offense l'honneur de celuy qui a placé ses liberalitez en vn si mauvais lieu ; & se rend d'autant plus coupable que son insolence fait voir à tout le monde combien il a receu ces faveurs indignement, & combien il s'en acquite ingratement.

Species ipsa gratiosi liberti aut servi, dignitatem habere nullam potest. Cic. ad Q. fr.

Ne ad famam tuam gestis exultes, sed ad auctorem & Ducem vt minister, fortunâ referas. Tacit. Agric.

Laserat ingrato leo perfidus ore magistrum,
Ausus tam notas contaminare manus:
Sed dignas tanto persolvit crimine pœnas,
Et qui non tulerat verbera, tela tulit. Martial. ep. l. 2.

L A ville, chasteaux, & le havre de Livorne, à la veuë des lettres du Roy furent soudainement rendus aux Florentins par Saillant Lieutenant de monsieur de Beaumont, auquel le Roy les avoit baillez en garde. Mais le sieur de l'Isle Commissaire deputé vers les Florentins pour leur faire ratifier l'accord fait à Turin, & leur rendre les places d'ostage, n'eut pas vn si heureux succez pour la ville de Pise. Il commença à traiter avec Antragues l'vn des Gentils-hommes suivans, & creature de Ligny, qui pour lors estoit l'vnique mignon du Roy,

pour la reſtitution de la citadelle de Piſe, &
des chaſteaux de Pierreſainte & de Mutron
dont il eſtoit Gouverneur ; afin d'arreſter a-
vec luy du jour & de la maniere de les conſi-
gner aux Florentins. Il luy en fait commandement de la part de ſa Majeſté, luy en donne lettres expreſſes, & luy fait voir l'importance de cette affaire de laquelle dependoit
l'avancement des affaires du Roy. Antragues induit par l'inclination de tous les Fraçois qui eſtoient en la ville de Piſe, ou des ſe-
crettes commiſſions qu'il avoit de Ligny, ou
de l'amour qu'il portoit à la fille de Luc do
Lante citoyen de la ville, commença à in-
terpoſer pluſieurs difficultez. Il donnoit
maintenant vne interpretation contraire
aux patentes du Roy : & peu apres affirmoit
qu'il avoit eu commandement de ne les rédre ſinon en recevât des ſecrets contreſings
de Monſieur de Ligni. Les Florentins ſont
contrains de renvoyer au Roy. Et le Roy
faſché contre Ligny de la deſobeïſſance d'-
Antragues, luy commande d'envoyer homme d'autorité pour le contraindre à ſon devoir. Mais l'obſtination de Ligny fondée ſur
la faveur du Roy fit prolonger la depéche, &
envoyer le ſieur de Lancepugne ſimple Gé-
tilhomme avec commiſſion côtraire au bon
plaiſir du Roy. Ce qui parut evidément lors

que d'Antragues ne voulut pas encore rendre la place, au grand prejudice des affaires des Florentins, plus grande diminution de l'autorité de son Maistre, & tres-grande preuve d'insolence au mignon mesme.

APHORISME VIII.

LES causes [1] plus petites produisent quelquefois de grands effects és actions humaines, & sur tout en celles de la guerre. Car un seul mot mal entendu renverse quelquefois de belles entreprises, & perd les entrepreneurs. C'est pourquoy [2] un sage General doit accoustumer ses soldats à cette discipline de ne prendre jamais l'allarme, ou de n'apprehender aucun danger soudain sur ce que les autres disent ou font. Mais de se soucier seulement des paroles ou des actions de ceux qui les commandent.

[1] Nil tam leve est, quod non magnæ interdum rei momentum faciat. Livi.lib 25.

Sæpe parvis momentis magni casus: Qui vt nihil timédi, sic nec contemnendi. Lip. pol.l. 4.

Nihil in bello oportet contemni. Aemi Prob.

Bellum ex momentis parvarum sæpe rerū dependet. Livi. l. 3 2.

Sæpe vana pro veris, maximé in bello valĕt. Livi.l.34.

Sæpe quod falsò creditum est, veri vicem obtinuit. Curt. l. 8.

Un petit accident est souventesfois le commencement des grands maux. Am. Plut. Agis.

[2] Ex quocumque vel levissimo motu, in fugam conjicitur miles, & cæteris metum incutere solet: itaque vel imprimis hoc cavere debet prudens Imperator, ne tales aliquæ voces, vel à se, vel à suis, in alium finem emissæ, malè intellectæ, motus alicujus causæ fiant: præstabit autem id si militem assuefcat, ne curet cujusquā dicta dataque nisi eorum qui ei præfecti sunt. Mat. Hist.l. 3.

Nocturni terrores Clearchi exercitum invaferunt: At ille præcepit, fi
noctu tumultus oriretur, nemo rectus confurgeret: hoc præceptum
docuit milites contemnere nocturnum terrorem. *Polyæn. Strat. l. 2.*

LES factions Guelfes & Gibelines a-
voient beaucoup de partifans dans
toutes les citez d'Italie. Dans l'Eftat
de Perufe les Baillons eftoient Chefs des
Guelfes, & les Oddi des autres. Ceux là eurent Spolette, Camerin, & quelques autres
villes voifines pour alliées; ceux-cy eurent
Foligny & Affize. Le party d'Oddi comme
le plus foible eft banny de Perufe, & côtraint
de recourir aux autres côfederez. Ils rafsē-
blent quelques forces au nombre de trois
cens chevaux, & cinq cens hommes de pied,
avec lefquelles ils rentrent de nuict dans Perufe, expofent quelques-vns à l'efpée, & mettent les autres en fuïte. Et neantmoins ils
perdirent par vne inopinée & petite avantu-
re cette belle victoire que la puiffance de
leurs ennemis ne leur pouvoit plus ofter.
Ayans marché fans refiftance iufqu'à l'vne
des entrées de la principale place, ils y trouvent vne chaine tédue. L'vn d'eux, qui pour
cét effect portoit vne cognée, voulãt rompre la chaine & fe voyant trop preffé de fes
côpagnons de forte qu'il ne pouvoit eftēdre
les bras, fe mit à f'écrier hautement, Reculez
vous, reculez vous: afin que f'élargiffans ils

luy baillaſſent le moyen de ſe mettre en be-
ſogne. Cette voix repetée de rang en rang
par ceux qui le ſuivoient, fut priſe par ceux
de derriere pour ſignal de quelque eminent
danger; de ſorte que ſans attendre davantage ils ſe mettent en fuïte. Ceux de devant
voyans les autres en route apprehendent
auſſi le peril de ce coſté. De ſorte qu'ils commencent à fuïr comme les autres, & laiſſent
là la chaine avec la victoire és mains de leurs
ennemis. Car ceux-cy prenans leur avantage de ce deſordre, prennent courage, ſe raſ-
ſemblent, pourſuivent les vainqueurs, en
tuent quantité, arreſtent les autres priſonniers, & ſe rendent de rechef les maiſtres dás
la ville qu'ils avoient penſé perdre.

APHORISME IX.

LES ſuccez[1] de la na-
vigation ſont longs
& incertains. Ce-
luy qui s'embarque ſur mer
doit fournir ſon vaiſſeau de
biſcuit. Comme[2] ceux qui
s'engagent à la guerre doivent faire bonne proviſion
d'argent, & donner bon or-

1 Jl faut du biſcuit devant
que s'embarquer. Am.Pl.Age.
2 Conſiliũ ab omnibus da-
tur. Periculum paucos ſu-
mit. Tac. hiſt. l. 3.
Che ſempre è riputato pazzo ex-
preſſo
Che piu ſi fida in altri, che in ſe
ſteſſo. Ariſt. Ca.40.
Incipere bellũ cujus licet,
deponi cũ victores velint.
Saluſt: Iug.
Vt in puteum facilè te im-
miſeris, haud facilè eduxe-
ris:ſic in bellum.Lip.pol.l 5.
Voyez la miſere d'vn homme,

qui ſe fie trop ès autres : qu'au
beſoin il eſt contraint de ſe taire.
Am. Plut. Græcc.
Qui s'appuye ſur les paroles &
ſignes de faveur des hommes, cõ-
te ſans ſon hoſte & ſe trouve
mal logé. Ibidem.
Ἐξαπάτησεν ἢ κριὰξ τὸν
ἄμπελον. i. Decepit vineam
palus ſuam. Ariſtoph.
Parùm tuta majeſtas ſine
viribus eſt. Livi. lib. 11.
Vilius conſtat armis erudi-
re ſuos, quàm alienos mercede cõducere. Veg. l. 1. c. 28.
Vires regni & Romani no-
minis in prima delectorum
examinatione cõſiſtit. Ibid.
E qual è dì pazzia ſegno più ex-
preſſo
Che per altri voler, perder ſe
ſteſſo. Arioſt. Ca. 24.

dre à leurs finances. Car
en vain l'on ſe fie aux
promeſſes des confede-
rez ſans bonne caution:
Car c'eſt joüer deſon reſte,
& expoſer ſes biens avec
ſa vie dans vn vaiſſeau qui
fait eau, pour courir vn
danger manifeſte : puiſ-
que bien ſouvent les trop
foibles eſchalats trompent
l'eſpoir de la vendange, &
font pourrir le raiſin.

LE Senat de Venize & le Duc de Milan
deſirent grandement de troubler l'E-
ſtat de Florence : afin qu'il ne peût recouvrer Piſe, ny ſecourir les François. A cet
effect ils ſe ſervent de Pierre de Medicis &
de Virginie Vrſin. Ils leur mettent des troupes en main pour ravager la Toſcane, & leur
perſuadent tout de bon d'entreprendre la
guerre contre les Florétins par les plus plau-
ſibles pretextes dont ils ſe peurét aviſer. Car
à l'vn ils propoſoient le retour à ſa chere patrie, la reſtitution de ſes biens, & la gloire de
ſa premiere puiſſance. A l'autre ils relevoient
le courage comme à vn brave Capitaine duquel la valeur ne pouvoit eſtre mieux em-
ployée

ployée qu'en vn si glorieux & si iuste dessein,
luy promettant vn perpetuel entretien, &
l'asseurant des forces de tous les confederez
qui devoient estre de la partie. Car Venize
& Milan se devoient jetter sur cet Estat du
costé de Siene; Bentivole qui estoit à leur
solde les devoit assaillir du costé de Bologne:
les fils de Catherine Sforze soudoyez par le
Duc, se devoyent ruer du costé de la Romagne:& ainsi les enveloper de toutes parts dãs
les armes. Medicis & Vrsin souz l'esperance
d'estre ainsi secondez ne manquent pas de se
mettre en campagne, & de commencer l'a-
ction. Mais Bentivole n'estant gueres deliberé d'entrer en guerre pour les interests
d'autruy côtre vne Republique puissante & si
voisine de son Estat, ne voulut pas prendre
les armes. Voire entre les confederez mesmes il n'y avoit pas vne mesme volonté. Car
le Duc de Milan agreoit fort que les Florentins eussent de telles traverses, afin de les
rendre moins puissans pour les affaires de Pi-
se:mais il ne desiroit pas que Pierre de Medicis qu'il avoit si fort offensé retournast à Florence, & recouvrast sa grãdeur. Et quant aux
Venitiens ils ne vouloient seuls embrasser
cette guerre, & avoir tout le fardeau dessus
leur dos. Les fils de Catherine Sforze n'e-
stoiét pas assez puissans d'eux-mesmes pour

T

continuer en ce deſſein. Ainſi faillit cette
belle entrepriſe à la perte tres grande de
ceux-là ſeulement qui ſ'engagerent trop a-
vant à la meſlee ſur l'eſperance de ces ſe-
conds.

APHORISME X.

Θύει μὲν ἐν Σπάρτῃ τῶν
ἀπος ρατηχῶν, ὁ μὲν δἰ ἀ-
πατης, οὗ παδὒς, ὁ βύλε-
ται δ'οι περαξαμ̍ϕ͂ος, βῦν· ὁ
δὲ δ'οι μάχης, Ἀλέχτωρα.
Sparte, ille qui rem dolo aut
ſuaſione confecit, bovem
immolat; qui prælio, Gallū.
Plutar. Marcell.
Facinorum militarium, ea
ſunt minoris laudis ac momenti, quæ propalàm ac per
vim tractantur, his quæ ex
occaſione & per dolum.
Thucyd. l. 9.
2 Illa belli furta pulcher-
rimam laudem habent, per
quæ hoſtes maximè deci-
piuntur, & amici plurimi
juvantur. Thucyd. lib. 5.
Malo nodo malus quæren-
dus eſt cuneus. Adag. Poly.
Quamvis in cæteris huma-
nis actionibus omnibus, de-
teſtabilis ſit vſus fraudis, tamen in bello gerendo, dolo
quis ſumma cum laude vti
poterit: nec minùs glorioſū
eſt hoſtem dolo quàm viribus ſuperare. Maccia. diſl. 3.
Plura conſilio, quam vi perficiuntur. Tac. an. l. 2.
Periculo atque negotiis ç6.

A SPARTE, [1] celuy qui
avoit conquis par fi-
neſſe & perſuaſion, ſacri-
fioit vn Taureau; au lieu
que celuy qui emportoit la
victoire par force, n'eſtoit
obligé que d'offrir vn coq
en ſacrifice. Car celuy-là
eſtoit d'autant plus obligé
aux Dieux, qu'il y avoit
moins du ſien en la victoire: & ceſtuy-cy devoit de
moindres vœux, par ce qu'-
il devoit à ſa valeur l'heureux ſuccez de ſa conqueſte:
comme on devoit à ſa con-
queſte des recompenſes· &
des loüanges non commu-
nes. Mais la plus grande
[2] gloire que puiſſe meriter

vn chef, est quand il peut repousser le clou des practiques de l'ennemy par vn autre, éventer sa mine par contremines, & le perdre sous la machine de ses propres artifices. Vne prudente police merite beaucoup contre la force, & la surmonte souuent. Mais de preualoir par quelques stratagemes contre la police mesme, c'est ce qui est beaucoup plus excellent.

pertum est, plurimùm inge-nium posse. Sallust. Cat.
Romani veteres bonum do-lum dicebat: & pro solertia
hoc nomen accipiebant,
maximè, si aduersus hostem
latronemve quis machina-retur. Vlpian. l. 1.
Fra lor' entrate, e in vltimo lor.
danno,
Hor' la forza, s'adopri, & hor'
l'inganno. Tas. Cant. 4.

Las soldats de Ferdinand lassez de manier les armes à l'encontre des François recourent aux artifices pour les vaincre plus aisement. Ils essayent d'en corrompre quelques-vns de ceux qu'on auoit mis en garnison dans le Bourg de Gisone proche de S. Severin: leur persuadent de trahir cette place & de la livrer entre leurs mains sous promesse de grandes recompenses. Mais ces courages estoient trop vifs pour se laisser corrompre, & trop masles pour s'é-porter à vne si grande lascheté. Ils estoient pourtant assiegez vivemēt, & là où ils n'eussent voulu s'abandonner aux promesses, il

T ij

estoit à craindre que le sort ne les abandonnast bien tost à la force. Ils creurent que les
ennemis leur donnoient vn tres-beau passage à leur liberté. Ils dissimulent finemēt leur
courage, font semblant d'avoüer l'entreprise, & assignent l'heure de l'executiō. Cependant ils donnent avis de l'affaire au Gouverneur qui en approuve l'artifice. Les Arragō-
nois viennent au temps prefix, trouvent la
porte ouverte, & entrent sans dire mot. Leur
finesse servit à les perdre, & les trompeurs
furent trompez. Sept cens deux resterent
morts sur la place tant cavaliers que pietons,
& les autres furent pris prisonniers, laissans
le reste de l'armee grandement affligez d'v-
ne perte & temerité si grande.

APHORISME XI.

a Rex eligitur, non vt sese
molliter curet, sed vt per
ipsum, ij qui elegerunt, benè beatéque agant. *Xenoph.
dict. & fact. Soc. l. 3.*
Malus ille qui ex magna
fortuna licentiam tantum
vsurpat. *Tac. hist. 3.*
Maximo imperio, maxima
— cura inest. *Ibid.*
Princeps remissum aliquã-
do animum habebit, num-
quam solutum. *Tac. hist. 3.*
Est virtus placitis abstinuis-
se bonis. *Ovid.*

Toutes choses [1] ont
leur temps. Les
fleurs ne sortent du
sein de la terre au Prin-
temps que pour s'épanoüir
aux rais du Soleil : & les
abeilles ne sortent pour s'é-
battre dessus les fleurs qu'en
vne belle saison, & lors que

le miel est entierement fa-
çonné dans leurs ruches. Le
Romain qui s'ébahissoit de
ces peuples lesquels s'éba-
toient avec des chiens &
des guenons, au lieu de se
joüer avec leurs enfans :
qu'eut-il dit de voir des
gens aujourd'huy qui s'em-
pressent d'autant plus apres
leurs plaisirs qu'ils sont engagez en des affaires de
tres-grande importance.
Nous nous devons compor-
ter avec nos plaisirs comme
avec des petits chiens : nous
joüer avec eux lors que nous
n'avons rien à faire, ou que
nous manquons de meilleur
entretien. C'est pourquoy [2]
le Prince qui prefere la douceur de ses plaisirs au soin
de son Estat, & aime plus
ses aises que son honneur;
rend alors son ennemy plus
fort à l'offenser, & se rend
moins puissant à se deffendre. Les estomachs qui sont
plus friands des choses ag-

— Sane hercle homo volu-
ptati obsequens
Fuit dum vixit: & qui sic suit
multùm hæredem juvât.
Ter. Hecyr.

[2] Tu civem patremque geras, tu consule cunctis:
Quippe nec ira Deûm tan-
tum, nec tela, nec hostes
Quantum sola nocet animis
illapsa voluptas. Sil. l. 15.
Solutè viventes despicabi-
les fiunt, & multas opportunitates præbent insidianti-
bus. Arist. Pol. l. 5.
Nemo celeriùs opprimitur,
quam qui nihil timet : Magna imperia non continen-
tur ignaviâ, sed virorum armorumque faciendum cer-
tamen. Tacit. an. 15.
Sperne voluptates, nocet
empta dolore voluptas.
Hor. ep. l. 1.
Fera est, mancipans sibi
homines voluptas : vel potiùs non fera, nam si apertè
pugnaret, citò caperetur:
nunc autem etiam ideo in-
visa magis, quòd celat ini-
micitiam, induta habitum
benevolentiæ: itaque dupli-
citer aversanda, & quòd
nocet, & quòd fallit. Plut.
l. cont. volupt.

T iij

greables au goust de celles
qui sont plus vtiles à la
santé, sont dangereux aussi
bien és Estats que dans les
corps des hommes.

MONTPENSIER avoit pris la ville
d'Arian, avec le Chasteau de S. Severin : & eut fait davantage si la disette des finances, & la difficulté d'é recouvrer ne l'eut
entierement empéché. Car on ne luy en envoyoit point de France, & n'avoit moyen
d'en tirer du Royaume pour payer les soldats. A cette occasion l'armee estant mescő-
tente, & principalement les Suisses, il luy e-
stoit impossible de pouvoir faire chose dont
l'effect respődit aux forces qu'il avoit. Dom
Federic & Cæsar d'Arragon empirent les
affaires des François en la Poüille. Le Comte de Pepoli a l'avantage sur Gratian des
guerres en l'Abuzze, d'Aubigny estant tousjours malade laisse le champ libre au grand
Capitaine Gonsalve dans la Calabre. De
sorte que les François avoient du pire par
tout le Royaume de Naples. Ferdinăd Roy
d'Espagne d'autre part est entré en personne
avec vné puissante armee dans la France par
Perpignan, & ravage tout le Languedoc.
Parmy tant de dangers le Roy s'arrestoit à

Lyon, où se laissant transporter aux joutes,
tournois, & autres plaisirs de la paix ; avoit
delaissé les pensées de la guerre.   Et neantmoins comme si sa fortune eut voulu relever sa gloire parmy la prosperité mesme des
autres, Ferdinand postposant tous ces avantages envoya luy offrir grande somme de
deniers : afin qu'il pleût à sa Majesté de luy
laisser la jouïssance pacifique du Royaume
de Naples, pour lequel il promettoit de luy
rendre tous les hommages avec cinquante
mille ducats de tribut annuel. Charles rejette ces offres , & quoy que reduit à des extremitez si grandes, fait d'autant plus paroistre son courage qu'il proteste que le Soleil
François est aussi capable d'éclairer deux
Royaumes , comme il a esté capable de leur
faire voir la lueur de ses armes. Mais en effect il fit bien voir par là que son esprit boüillant n'estoit point capable de maintenir vne
guerre, ny d'entretenir vne paix. Ce qui re-
donda à la grande declinaison de ses affaires
en Italie, & flettrissure de sa reputation par
tout le monde.

APHORISME XII.

1 Nemo potentes aggredi tutus potest. *Sen. Med.*
Auctoritatem tolle, tollis regnum: omnisque hic imperij contextus, in multas partes diffiliet. *Sen. de Cler.*
Ad fidem faciendam auctoritas quæritur. *Cic. Top.*
Ne patiatur hebescere aciē auctoritatis suæ. *Cic. Cat.*
2 Contemtus, pessima omnino res est regnis, quorum anima & vita, ipsa est auctoritas. *Lip. Pol. l. 4.*
Contemtus mors est & interitus regnorū: immò supra odiū, aliquo adspectu. *Ibid.*
Causa prima & motio evertendis regnis, plerumque ab odio fit: sed extrema & efficax maximè à cōtemtu. *Lip. Pol. l. 5.*
Contemtus excutit timōris frænum, & efficit vt non velis solùm, sed audeas & tentes. *Lip Pol. l. 4.*
Malum est principē habere sub quo nihil vlli liceat: pejus verò eum sub quo omnia omnibus. *Dion.*
Cum duę cauçę sint, ob quas insurgitur in tyrānos: Odiū & contemtus: alterā earum adesse tyrannis oportet, odium: è contemtu verò plurimæ fiunt Euersionum. *Arist. Pol. l. 5.*
Vt qui obtuso fræno conatur equū domare excutitur equo cōtemnente frænum: sic qui populū vincere conatur, nō satis instructus potentia ab imperio deturbatur. *Plin.*

L'autorité est la vie & l'ame de la Monarchie: & le mépris des subjets en vn Prince est plus dangereux que leur haine. D'autant qu'il vaut mieux vivre en vn Estat là où rien n'est permis, qu'en celuy où vn homme peut faire ce qu'il veut. C'est pourquoy le Prince qui endure impunement que son vassal change l'obeissance qu'il luy doit en vne volontaire contumace; semblable à vn Escuyer imprudent, il veut dompter les fougues de ce cheval sans la bride d'vne absoluë puissance, & se met en danger d'estre jetté par terre à la premiere occasion, avec le peril de ses affaires & au deshonneur de son gouvernement.

LE Roy de France iuſtement offenſé de
l'obſtination & deſobeïſſance d'Antragues, luy envoie vn dernier commandemét
avec menaces rigoureuſes, s'il ne rendoit la
citadelle de Piſe aux Florentins. Il depeſche
le ſieur Gemel, & peu apres Bonne couſin
dudit Capitaine; afin qu'averti ſerieuſemét
de ſon devoir par perſonne confidente, il
aviſaſt d'effacer avec l'obeïſſance les fautes
commiſes par le paſsé, & evita la punition
que meritoit ſa rebellion contre vne Majeſté ſouveraine. Tous ces avis ne l'empécher-
ent pas de continuer en la meſme contumace. Car Gemel chargé d'autres commiſſions ſ'en alla ſans rien faire, & Bonne qui y
ſurvint fut perverti par d'Antragues, & tiré
de ſon party. Ces deux trafiquent avec Luc
Malvezze Agent du Duc de Milan; & au
lieu de rendre la place aux Florentins comme le Roy commandoit, ils la vendent aux
Piſans comme le Duc deſiroit. Le prix en
fut de vingt mille ducats, deſquels ils en di-
viſerent huiĉt à la garniſon, & prindrent le
reſte pour eux. Par cette conſignation qui
fut faiĉte le premier iour de l'an 1496, la
cité eſtoit deſormais entierement à la devotion des ennemis du Roy; & les affaires des
François reduites à l'extremité dedans Na-

ples, pour manque de l'argent & du secours
promis par ceux de Florence en la capitulation de Thurin. Et combien que le Roy se
fust fort courroucé sur les plaintes de leurs
Ambassadeurs, eut envoyé Robert de Vest
premier gentilhomme de sa chambre pour
leur faire au moins rendre les autres places:
l'audace de Ligny fut si grande, qu'il joignit
d'autres commandemens contraires à ceux
du Roy, & conformes aux inclinations de
ceux qui avoyent la charge des places. Tellement que le bastard de Bienne Lieutenát
de Ligny dans Serezzane, apres y avoir fait
acheminer les compagnies & Commissaires
des Florentins pour en recevoir la possessiõ,
vend la ville aux Genevois pour vingtcinq
mille ducats: & le Capitaine de Serezanelle
fait le semblable de sa place pour vne autre
somme d'argent. Voire mesme la malice de
ces gens monta jusqu'à tel degré, que d'Antragues qui tenoit encor esouz son gouver-
nemènt les chasteaux de Pierre-saincte, de
Mutron, & Librafatte: vend les deux premiers aux Lucquois pour vingtsix mille ducats, & le dernier aux Pisans pour vne autre
recompense. Chose incroyable, que la volonté d'vn si grand Roy fut ainsi ravalee, ses
commandements méprisez, & sa douceur
abusee. Mais ceux là y adjousteront foy qui

auront cogneu la nature, l'efprit, & les mœurs de ce grand Monárque : & combien on s'enhardit contre vn Prince qui eſt tombé en mépris, ſouz lequel il ſemble que toutes choſes ſoyent permiſes.

APHORISME XIII.

Comme[1] la meilleure armure d'épreuve, & la plus forte tour de deffenſe à vn Prince qui commande ſur des ſujets fideles ſont ſes vertus : ainſi auſſi les citadelles ſont les meilleures brides pour des rebelles qui ſont forts. Il n'y a rien de plus neceſſaire pour les fléchir & remettre en leur devoir. Au lieu[2] que les autres qui veulent eſtre tenus pour ſujets non pour eſclaves, les haiſſent grandement, les appellent nids de Tyrans : & quand ils les tiennent en leur puiſſance les razent entierement. C'eſt pourquoy comme d'v-

[1] Circumvalla piis animũ intentionibus, honeſtis vitæ artibus: prudentiam & foraitudinem ante fores loca: iuſtitiam ac modeſtiam in propugnaculis: humanitatē & manſuetudinem vndique in muris : ſpem & fidem arcis in medio: providentiam ſupremo turris in vertice: bonam denique famam in circuitu. *Petrar. Dial.*
Vt ſubditi quos ſuſpectos habemus ; in officio contineantur, ſunt maris, foſſis & propugnaculis coërcendi. *Thucyd. l. 4.*
——— vrbem premit, Et concemnacem regibus populum ſuum Habet ſub ictu. ——— *Sen. Thieſt.*
Vbique arces ſunt compedes libertatis , verè ſedes ſervitutis. *Petr. dial. 82.*
Ego tibi oſtendam tutiſſimam munitiſſimamque arcē ſine muris, ſine turribus, ſine vllo prorſus operoſo apparatu. Si tu vis tutò vivere, bene vive : nil virtute ſecurius. *Tacit. Agric.*
[2] Domiti vt pareant ; non vt ſerviant. *Lip. Pol. l. 4.*
Non aſſuetæ frænis ſervitu-

tis , tumidæ gentium infla-
taque cervices, facilè ab im
polito jugo refiliunt. Flo.l.1.
Sicut in corporibus ægris,
nihil quod nociturûm eſt
medici relinquunt, ſic quicquid obſtat impèrio, ſive ſa-
luti, recidêdum eſt. Cur.l.6.
Durû, inviſum & grave eſt,
ſeruitia ferre. Senec. Tro.
Nids de la tyrannie ne doibuent
pas demeurer debout : ains demandent d'eſtre rarez apres que
les funeſtes & malentonteux
oiſeaux de proye logez dedans
ſons délogez. Am.Plut.Dem.

ne part c'eſt vne bonne police de reſtreindre par force
les naturels de ceux qui ne
veulent ſe laiſſer gaigner par
la douceur : ainſi de l'autre
c'eſt vne grande conſolation
à celuy qui a offenſé de voir
bruler les verges qu'on a-
voit preparees pour ſon cha-
ſtiment. Mais pour bien
faire, vn peuple ne les de-
vroit point meriter s'il ne
les veut endurer ; & vn
Prince ne les doit point
baſtir s'il ne les veut deſ-
fendre & garder de ſur-
priſe.

Les Piſans ont acheté la citadelle de leur
ville pour la ſomme de vingt mille ducats. Cher acqueſt pour vn peuple ſi pauvre,
& lequel eſt contraint de compoſer cette
ſomme par emprunt de quatre mille ducats
qu'ils tirent du Duc de Milan, quatre autres
des Venitiens, & quatre autres de Genes &
de Lucques, le reſte des plus riches de leur
ville. Dés que la citadelle fut remiſe entre
leurs mains, ils y entrerent peſle meſle à la
foule, & y trauaillerét avec telle furie, qu'ils

la razerent incontinent : & ne demeura de
cette admirable forteresse sinon la place toute nuë pour marque de leur indignation.

APHORISME XIV.

L'homme ¹ emporté de
vaine gloire ne se re-
garde iamais que dans vn
faux miroir, dont la glace
luy represente tousiours les
choses plus belles ou plus
grandes qu'elles ne sont en
effect. Cette humeur fla-
teuse remplit le balon de
ses vastes pensees du vent
de telle ambition, qu'il pre-
sume que la Fortune laquelle a esté vne fois sa bonne
amie, doit estre tousiours
par apres sa servante. Mais
les aisles de cette presomtion
avec lesquelles il vole si haut
sont faites de plumes em-
pruntees, & composees de la
cire molle d'vne incertaine
esperance, laquelle au ren-

¹ Quo tibi maximè places,
id ipsum te pessundabit, né-
pe opinio, qua tibi aliquis
esse videris : perdidit enim
etiam alios infinitos.   Ex
Menand.
Læta omnia sibi fingunt.
Tac. an. l. 1.
Rebus secundis etiam egre-
gij Duces insolescût: nimia
hæc autem fiducia, magnæ
calamitati solet esse.   Prob.
Res secundæ non habêt vn-
quam modum. Senec. Oed.
Heu cecæ mentes, tumefa-
ctaque corda secundis.
Sil. l. 1.
Sum fœlix, quis enim neget
hoc ? fœlixque manebò ?
Hoc quoque quis dubitet?
tutum me copia fecit,
Major sum quàm cui possit
Fortuna nocere. Ovid.
Met. 6.

2 Clades præscire qui re fugit suas,
Gravat timoré : dubia plus torquent mala. *Sen. Aga.*
Licet omne tecum Græciæ robur traha,
Licet arma longe miles & latè explicet:
Fortuna semper belli ancipiti est loco. *Sen. Theb.*
Ἀλαζονίας ἢ τὶς ἐκφεύγει δίκην, i. pœnam arrogantiæ effugit nemo suæ. *Menander.*
Tollitur in altum, Vt lapsu graviore ruant. *Seneca.*

3 Non minus in secundis adversa, quàm in adversis secunda, cogitanda sunt. *Iustin. l. 31.*
Continentia & moderatio in altissima quaque fortuna, eminentissimum bonū. *Curt. l. 6.*
Licet fœlicitas aspirare videtur, tamen ad vltimum temeritati non sufficit. *Curt. lib. 4.*
Fortunæ mutabilitas, est immutabilis. *Adag.*
Quæ modo læta manet, vultus modò sumit acerbos,
Et tantùm constans in levitate sua est. *Ovid.*

contre des moindres chaleurs du danger se fondent & luy defaillent. Car ² la fortune se comporte envers luy, comme l'Aigle avec la Tortuë. Elle le porte plus haut afin de le froisser plus aisement. C'est pourquoy les Princes ³ & les Monarques au milieu de leur prosperité doivent penser à l'instabilité du monde, & se ressouvenir que la Fortune n'a rien de constant que son inconstance.

LOVYS Sforze se laissoit emporter à la vanité sur l'heureux succez de ses affaires, & comme s'il eut tenu la Fortune attachee à ses costez, il se disoit son fils. Il ne pouvoit assez admirer son bonheur qui le faisoit reussir en toutes ses entreprises. Sa vanité se nourrissoit en la contemplation de ce que par son moyen & par son conseil le Roy de France avoit passé en Italie, Medicis qu'il haissoit avoit esté banny de Florence avec la

perte de ſes biens, Florence qui ſ'oppoſoit à
ſes deſſeins avoit perdu Piſe : les Arragonnois ſes ennemis capitaux avoient eſté chaſ-
ſez du Royaume de Naples. Et qu'ayãt puis
apres changé d'avis, il avoit procuré le retour de Ferdinand en ſon Royaume perdu,
dreſſé vne confederation ſi puiſſante contre
le Roy de France, & contraint le Roy de
France de ſortir ſi honteuſement de l'Italie.
Avec ces reigles tortues ce pauvre Prince
meſuroit l'avenir ; & jugeant tous les autres
beaucoup inferieurs à ſa prudence, il ſe promettoit de gouverner touſiours les affaires
d'Italie comme il voudroit, & contourner
vn chacun ſelon ſon induſtrie. Il ne diſſimu-
loit pas cette folle perſuaſion, il avoit meſme agreable qu'on le creût, & Milan ne re-
tentiſſoit que de la ſageſſe admirable de
Louys Sforze, de laquelle dependoit la
guerre & la paix d'Italie. Mais l'evenement
monſtra bien qu'il contoit ſans ſon hoſte,
quand peu apres il perdit ſes Eſtats, fut contraint de fuïr en Allemagne, & ſe vid enfermé dans vne forte priſon.

APHORISME XV.

Chez [1] les *Anciens les
filles eſtoient ſuffiſam-
ment riches qui avoient la
Vertu pour doüaire : mais
és ſiecles derniers celles-là
ſont aſſez filles de bien qui
ſont filles de biens. Es affaires* [2] *d'Eſtat ancienne-
ment la juſtice eſtoit prefe-
ree au profit : maintenant
le profit a prevalu ſur la
Vertu & la Iuſtice. De ſorte que l'ambition de regner
ne diſpute jamais l'equi-
té, ains ſeulement l'avantage de ſon entrepriſe.
C'eſt pourquoy l'on ban-
de bien ſouvent les yeux
à la juſtice, afin de marcher avec plus d'aſſeurance
à l'execution de ſes injuſtes
deſſeins.*

Les

Quindi auuien' che tra' prencipi è signori,
Patte convenzion' sono sì frali :
Fan lega hoggi , Re , Papi , Imperadori.
Doman saran nemici capitali :
Perche , quell' apparenze esteriori
Non hanno ! cor' , non han gl' animi tali ,
Che non mirando al torto , più ch' al dritto ,
Attendon solamente à lor profitto. Ariost. Cant. 44.

LES Pisans s'estoient affranchis de la subjection de Florence : mais ils a-voient besoin de mettre leur liberté à l'abry de quelque puissant Estat qui les voulut deffendre. Ils se presentent aux Venitiés, qui deliberent longuement sur cét affaire. Car l'inclination du peuple estoit bridée par l'autorité des plus vieux & plus estimez Senateurs lesquels y contredisoient de toute leur puissance. Ils faisoient voir que la protection de Pise estoit pleine de grandes difficultez, pource que par mer & par terre elle estoit esloignée de leurs limites, que par ainsi l'on ne la pourroit deffendre des continuelles fascheries des Florentins sans y faire de tres-lourdes dépenses. Que d'autre part les Florentins tres-riches & tres-puissans ne quitteroient iamais les armes tant qu'ils auroient ramené cette ville en leur obeïssance. Que tous les Princes d'Italie se banderoient incontinent contre Venize , s'ils voyoient cette ville jointe à la grandeur de leur Estat.

V

Que Sforze principalemēt seroit le premier
à se plaindre, comme celuy qui perdroit vn
si friand morceau, apres lequel il aspiroit dés
long-temps. Qu'on devoit craindre qu'à
l'occasion des Pisans il ne rappellast les François à son aide,& ne remist l'Italie en vn pire
estat que jamais. Que partant ce seroit vn
trait de bonne police de se joindre avec luy
en leur protection, de peur qu'abandonnans
les Pisans ils ne se missent entierement souz
son obeïssance, & qu'en les recevans tous
seuls ils ne se chargeassent d'vn lourd fardeau de dépense, de fatigue, & d'envie. Que
la Republique de Venize n'estoit point reduite en tels termes qu'elle fut contrainte
d'embrasser des dangereux conseils pour se
dépetrer de quelque prochain peril, ou des
resolutions hazardeuses pour rendre sa gloire plus illustre. Qu'elle estoit en estat de ne
pouvoir rien craindre ny desirer ; estant desormais eslevée en si grande puissance, dignité, & authorité, avec l'estonnement de toute
l'Italie, que tous les Roys & Princes de la
terre l'avoient en singuliere estime. Telles
estoient les raisons de ce party, mais Augu-
stin Barbarin Duc de cette Cité avec le plus
grand nombre du Conseil entreprennent le
contraire. Que c'est vne action d'honneur
de proteger les oppressez ; & chose qui im-

portoit à leur Republique, de reprimer par
ce moyen l'audace des Florentins. Que cét
Estat leur avoit fait perdre l'occasion de se
faire Seigneurs du Duché de Milan à la mort
de Philippe Marie Vifcomte, & apporté
beaucoup de dômage depuis peu en la guerre de Ferrare. Que la foibleffe & defvnion
des autres Princes Italiens les mettoit à l'a-
bry de la crainte. Et que Pife estoit vn puiffant échellon à leur Senat pour monter à la
Monarchie de toute l'Italie. Que Louys
Sforze & le Pape avoient tellement offensé
les François, qu'ils n'oferoient jamais se fier
en leurs armes. Que partant ils devoient cô-
fiderer combien peu fouvent ces belles occafions fe prefentoient : & quelle lafcheté ce
feroit de negliger celle cy en laquelle ils ne
pouvoient attendre que de la gloire en leur
Estat,& de l'accroiffement à leur domaine.
Que tous les dangers qu'on peut craindre
n'arrivent pas toufiours,& que de tous ceux
qui arrivent,la Fortune en peut bien-heurer
quelques-vns, & la prudence divertir les autres. Qu'en fin ils ne feroient jamais d'avis
que fur des craintes incertaines ils deuffent
abandonner la ville de Pife, laquelle certainement tourneroit à leur plus grande reputation fils en entreprenoient l'affiftance. La
premiere opinion eut bien de plus fortes rai-

fons, mais celle-cy prevalut pour avoir la
plus forte partie.

APHORISME XVI.

a Aperti isti & simplices,
qui animum in fronte pró-
ptum gerunt, nunquam apti
funt theatro publico. *Lip.
Pol. l. 4.*
Vt vitrum quia pellucidum
eft nihil celat: ita quidam
nihil tegere, nihil diſſimu-
lare norunt: quicquid in a-
nimo eſt, id protinus omnibus palàm. *Sto. de prud.*
plenus rimarum, hâc illâc
perfluit. *E Terent.*

Ceux qui portent ¹ leur
cœur deſſus le front,
& qui d'vn naturel ouvert
découvrent par leurs paroles comme à travers vn
cryſtal tous les plus ſecrets
replis de leurs penſees : ſont
plus propres pour vne table
de bonne compagnie, que
pour vne table de Conſeil.
Car ſur le theatre des affaires publiques les Acteurs
doivent par neceſſité porter
divers maſques, & les
changer en chaque Scene.
Car le bien & le ſalut d'vn
Eſtat eſt le centre où toutes
leurs actions & conſeils doivent tendre : mais où il ne
peuvent pas bien ſouvent
arriver qu'en biaiſant tant
ſoit peu, & diſſimulant leur
entrepriſe. Il faut main-

tefois boliner & louier pour
aborder à ce havre : & ce
vin ne perd pas entiere-
ment sa bonté pour estre de-
trempé de quelques gouttes
d'eau d'vne feinte salutai-
re. C'est pourquoy le Prince [2] peut pretendre vn desir
d'amitié avec les plus foibles, alors mesme qu'il pense & veut contracter avec
les plus forts. Il peut quelquefois quitter le chemin
royal d'vne candeur trop
ouverte, pour prendre quelque petit sentier à l'écart
de la dissimulation : pourveu que par là il puisse faire reüssir de plus grands
desseins pour l'vtilité publique, & qu'il ne ternisse pas
la candeur qui doit paroistre en la verité de ses paroles.

2 Vinum, vinum esse non
definit, si aqua leviter tem-
peratû:nec prudentia, prudentia,si guttulę in ea fraudis. Lip.Pol.l.4.
Si rectâ portum tenere nequeas, id ipsum mutata velificatione,assequaris. Cic.
ep. 19.
Brutus erat stulti sapiens
imitator, vt esset
Tutus ab insidiis,dire tyrā-
ne tuis. Ouid fast. 2.
Vtile multis —— Dissimu-
lasse fuit.   Ouid, art.2.
Proprium hoc est pruden-
tiæ, conciliare sibi animos
hominum , & ad vsus suos
adjungere. Cic. off. 2.
Hoc poni debet inter ma-
gna illa exempla,quæ habēt
aliqua ex iniquo, quod adversus singulos , vtilitate
publica repēditur.Tac.an.14
Necessarium est in parvis à
justitia abire, qui eam salvā
velint in magnis. Lip. è Plu.
Societatem alterius palàm
indue; ad alterum per oc-
culta & fida magis inclina,
Tacit. an. 12.

LES Venitiens preſſent Iean Bentivole, lequel ils avoient tiré à leur ſolde, de faire la guerre contre les Florentins du coſté de Boulogne. Et pour l'encourager à l'étreprise, au cas qu'il emportaſt
la ville de Piſtoye, ils luy offrent de la garder pour luy à leurs propres depens. Là deſſus il leur donne eſperance d'entreprendre
bien toſt ce deſſein:comme celuy qui voyoit
du peril de leur refuſer quelque choſe, à
cauſe que ſon Eſtat & ſes heritages eſtoient
plantez au milieu des confederez. Mais cependant il craignoit pareillement la deſcente de l'armee Françoiſe en ces quartiers, &
redoutoit vn bien plus grand peril de ce coſté que de l'autre. C'eſt pourquoy il envoye
ſecrettement au Roy de France pour ſ'excu-
ſer d'avoir engagé ſa promeſſe aux Princes
Italiens, & l'aſſeurer que jamais il n'en viendroit aux effects contre les Florentins : ains
qu'il vouloit entierement dépendre de
ſon authorité, & vivre en ſon obeïſſance.

APHORISME XVII.

Rien n'est cher de ce qui est necessaire. Quelques choses sont mises à vn haut prix, ou pour la rareté de la matiere, ou pour la perfection de l'Ouvrier, ou pour l'excellence de l'ouvrage. Mais ces choses qui sont seulement pour l'ornement & plaisir ne peuvent estre appellees cheres, parce qu'on s'en peut passer. Les autres qui sont de l'vsage ordinaire sont à vn prix raisonnable, à cause que plusieurs en vendent, comme plusieurs en achetent. Mais celles qui sont d'vne extréme necessité sont prises selon le besoin qu'on en a. Car quoy qu'vn baston ou la brāche d'vn arbre qui peut empécher vn homme d'estre noyé soit vne petite chose; il vaut mieux

Potiùs quàm venias in periculum, dividuū face. *Tacit.*
Melius, dimidium tranquille obtinere, quam de toto dimicantes perire. *Jul.*
Nunquam enim tam iniquę cōditiones deferuntur, quin aliquid boni habeant, & in quo tu viciſſe videri queas. *Mac. diſp. 2.*
Rebus inclinatis, melius eſt vt te inclines. *Lip. Pol. 5.*
Durum, ſed levius fit patiē tia,
Quicquid corrigere eſt nefas. *Hor. 1. od. 24.*
Feras quod lædit, vt quod prodeſt perferas. *Sen.*
Redime te captum, quàm queas minimo. *Terent.*
Cedit interdum generoſus ſpiritus vtilitati, & fortunæ viribus ſuccumbit: vbi, niſi tutiora conſilia elegerit, ſpecioſa ſequenti concidendum eſt. *Val. Max.*

V iiij

pourtant l'acheter d'vn ru-
de vendeur à quelque prix
que ce soit, que de se laisser
noyer sans ce secours favo-
rable. Ainsi le Prince qui
voit ses affaires decliner à
sa perte, doit incliner & se
rendre à des demandes dé-
raisonnables, plustost que de
se perdre avec toutes ses
bonnes raisons. Car ceux
qui perdent ne doivent pas
choisir, non plus que ceux
qui mandient ne doivent
pas estre les Aumoniers. Il
vaut tousiours mieux sau-
ver vne partie, & s'en al-
ler avec le reste, que de
s'obstiner à la perte de
tout.

FErdinand se voyant sans argent, & du
tout impuissant de se defendre, & de recouvrer entierement son Estat par soymesme, desire d'estre comprins avec les autres
confederez dans leur ligue offensive & de-
fensive à l'encontre des François. Le Roy
d'Espagne avoit grandement faict instance
afin qu'il y fust admis ; mais les Venitiens

l'empefcherent, perfuadez que fes necefli-
tez eftoient vn moyen propre pour faire tō-
ber vne partie de ce Royaume en leur obeïffance. Il defefpere cependant d'eftre fecou-
ru des Efpagnols, & les autres confederez
ne fe vouloyent pas foumettre à vne telle
dépenfe: De forte que par neceffité il eft forcé de mettre quelqu'vne des places importantes de fon Eftat entre leurs mains, s'il ne
veut pe.dre tout. C'eft pourquoy il fe re-
foult en fin de choifir le moindre de ces
deux maux,& leur configne Otrante, Brun-
duze, & Trane, avec Monopoli & Pulignan
qui eftoient lors entre leurs mains; à la charge de les rendre lors qu'il leur auroit rendu
la fomme de deux cens mille ducats pour
les fraiz qu'ils feroyent. En confideration de
ces oftages, les Venitiens devoyent envoyer
à fon fecours le Marquis de Mantouë General de leurs troupes avec fept cens hommes d'armes, cinq cens chevaux legers, &
trois mille hommes de pied. Ils devoyent y
maintenir l'armee navale qu'ils avoiët defia
fur fes coftes fans la pouvoir rappeller que
pour leur propre defenfe, & devoient luy
fournir quinze mille ducats en preft pour
fes neceffitez prefentes, jufques à vn entier
rembourfement de cette fomme & des autres fufdites.

APHORISME XVIII.

Quelques' Estats n'ont pas tant gaigné sur leurs voisins par l'espee, que par des consultations serieuses, & lentes resolutions. Car chaque chose est faite assez tost qui est assez bien faite. Les [2] grandes & longues actions requierent de grandes & longues deliberations; lesquelles doivent estre incontinent executées apres qu'elles sont meurement resoluës. Tous delais sont dangereux en ce seul cas, lors principalement qu'ils se font sur des occasions triviales & communes. D'autant qu'ils sont prejudiciables au succez de l'affaire qu'on entreprend, & ternissent l'honneur de celuy qui en fait l'entreprise. C'est pourquoy le Prince qui se void embarqué dans

[1] Priusquã feceris, diù consulas oportet: postquã consulueris, maturé est opus facto. *Salust.*

Περὶ τῶν μὲν δεῖ ταχὺ τὰ βελεύματα, βελεύεως δὲ βεαδίως, oportet consulere tarde, citò consulta exequi. *Arist. Pol. 4.*

Nam qui celeriter & exemplò consilium dant, quæ in rem sunt maximè consulût. *Cic. Philipp orat. 1.*

Ma può mal qual de gl'huomini esser buono,
Che maturo discorso non aiti,
Oue non s'habbia à ruminarui sopra
Speso alcun' tempo, è molto studio & opra. *Ariost. Can. 27.*

[2] Multa impetu valida, per tædia & moras evanuére. *Tac. b fl. 1.*

Sæpe multis in rebus nocuit cunctatio. *Lib. def.*

Pelle moras, brevis est magni fortuna favoris. *Sil. lib. 4.*

Tolle moras, semper nocuit differre paratis. *Lucan. li.*

Cum deliberare natura ipsa difficile sit ac grave, vos ipsum adhuc multò gravius reddidistis: nam reliqui omnes ante rem rerumque eventum deliberatione vti consueverunt, at vos post res tum demum deliberatis. *Demost. de Athen.*

vne action de cette nature,
ne doit pas dire & s'arrester,
mais il doit dire & faire.

LE Senéchal de Beaucaire venu par mer de Caiette representoit au Roy l'estat pitoyable de ses affaires en Italie, sans vn prompt & puissant secours. Ce Prince réveillé à la fin d'vn si profond sommeil reprend le soin de ses affaires, & donne ordre aux provisions. Ayant assemblé son conseil, il se resout d'envoyer en diligence Trivulce à Ast avec titre de Lieutenant de Roy, accompagné de huict cens lances, de mille Suisses, & deux mille Gascons. Qu'vn peu apres le Duc d'Orleans passeroit les monts avec autres compagnies. Que trente navires, entre lesquelles estoyent deux grandes carraques, l'vne appellee la Normande, & l'autre des Chevaliers de Rhodes passeroyét de la mer Oceane en la Mediterranée, pour se joindre à trente galeres qu'on y armoit és costes de Florence : afin d'aller ensemble au Royaume de Naples, y porter vn tresgrand secours de gens, de vivres, de munitions, & d'argent. Que Rigaud Maistre d'Hostel du Roy iroit à Milan solliciter le Duc de satisfaire promptemét au traicté de Vercel pour le secours des navires de Genes.

Que le Roy mefme fuivroit en perfonne a-
vec vne fi puiffante armee, qu'on ne doutoit
pas qu'il n'entrainaft de fon party le Marquis de Montferrat & de Saluces, le Duc de
Savoye,& tous les cantõs desSuiffes.Toutes
ces chofes furẽt ainfi genereufemẽt refoluës
& difpofees auec le confentement de tous
les Princes & Seigneurs du Confeil. Mais
lors qu'vn chacun f'attẽdoit à la fin du mois
de May que le Roy partiroit bien toft pour
paffer en Italie, il partit pour f'en aller à Paris, & à Tours rendre fes vœux à S. De-
nys & à S. Martin felon la couftume des anciens Roys de France. Outre qu'ayant arre-
fté de paffer les monts avec vne grande provifion de deniers pour obvier aux dangers
de l'annee precedente, il avoit befoin d'in-
duire les autres villes de France à l'en accom-
moder par l'exemple de la ville de Paris, de
laquelle il n'obtiendroit jamais rien de ce
qu'il vouloit f'il n'y alloit en perfonne. Mais
on eftime que la plus vraye & principale
caufe de fon voyage eftoit fondee fur l'a-
mour qu'il portoit à vne Damoifelle de la
Reyne. Cela divertit cette affaire fi meurement refoluë, & fi refolument entreprife, au
grand prejudice d'vn bien fi important.Sans
pouvoir eftre diverty luy-mefme par le confeil de tous les fiens, les prieres & larmes des

Florentins & bannis d'Italie, ny par la confi
deration de son honneur & de son interest
qu'il terniffoit grandement en ce delay.

APHORISME XIX.

Les armes de la guerre
sortent du magazin pu-
blic, & celles de la victoire
des forges de la Discipline,
où elles ont esté faictes des
mains de la valeur sur l'enclume d'vne ferme & cou-
rageuse constance. Si cette
échole ne leur a donné la
trempe & la façon, l'ex-
perience les pourra fausser
aisement, emoussera leur
trenchant, & fera tourner
leur pointe contre celuy-là
mesme qui les porte. C'est
pourquoy le soldat qui a soin
du corps & de ses armes,
doit avoir l'esprit appareil-
lé à toutes fortes de commandemens, laissant le reste du succez à la providence du Ciel, & au soin de

Ex difciplinæ finu omnes
triũphi manarunt. *Val. l. 2.*
Cum miles Centurioni, Cé-
turio Tribuno obfequitur,
facilis fit aditus ad Imperia. *Tac. an. l. 1.*
Ἔςὶν δ' ὀδὲν ὐτῶς εὔχρη-
ςον, οἴτε χαλὸν ἀτρό-
πως, ὅς ἤ τάξις. Eft ve-
ro nihil tam vtile aut decorum hominib·s, quàm or-
do. *Xenoph*
Intenti ad ducis nõ fignum
folùm, fed nutum. *Cur. l. 3.*
Paucos viros fortes natura
procreat: bona inftitutione
plures reddit induftria.
Veget. l. 3.
Difciplina acriter retenta,
Romano Imperio terrarum
principatũ peperit. *Val. l. 2.*
Parendo potiùs, quam Im-
peria ducum fcifcitando,
res militaris continetur.
Tac. hift. l. 1.
Miles hæc tria curare de-
bet: corpus, vt quàm vali-
diffimum & perniciffimum
habeat: arma apta: animum
paratum ad fubita imperia.
Cetera Diis immortalibus
& Imperatori curæ effe.
Livi. l. 44.

son Capitaine. Car rien n'est plus necessaire en vne armee pour le bien general de l'entreprise, ny pour le salut particulier des soldats qu'vne prompte & gaillarde obeissance, laquelle engendre les triomphes, & est couronnee à jamais par les mains de la gloire.

HViĉt cens Lansquenets arrivent par mer au secours de Ferdinand, & reçoiuent commandement d'aller loger à Troye voisine de la ville de Fogge dans le Royaume de Naples, où Ferdináď estoit logé avec toutes ses forces. Montpensier avec l'armee Françoise est logé à Porcine, entre Ferdinand & les Lansquenets. Ces soldats nouvellement venus, & desireux de signaler leur courage en quelque prompte occasion, sans avis de leurs Capitaines, & sans aucun commandement veulent de necessité & de leur propre teste sortir hors de la ville pour s'aller joindre à Ferdinand. Fabrice Colonne Gouverneur de la place les avertit du danger où ils s'alloient precipiter; & voyant que la douceur de cette persuasion ne pouvoit rien sur l'obstination de ces esprits temeraires, il joint la defense à ses conseils. Son autorité ne fut pas recognuë de ces gens qui ne vouloient rendre obeïssance qu'à leur propre passion. Ils sortent de la ville, se mettent à la campagne, & estans rencontrez des ennemis avec tel avátage qu'ils ne pouvoiét se sauver par la fuïte, ny se deffendre par les armes : Montpensier les tailla tous en pieces parce qu'ils ne se voulurent rendre à sa mercy.

APHORISME XX.

Ceux ¹ qui sont à couvert ne sont pas tousiours asseurez. Apres avoir commis vn méchant acte en secret, ou fait vn grand affront à quelqu'vn en çachette, nous avons tousiours le souvenir de nostre crime qui ne nous cache pas de nostre conscience, encor que le danger de la punition soit caché. Le méchant a beau travailler par tous ses artifices pour couvrir ses malices, & d'empescher qu'elles

¹ Pœnitet ô si quid miserorum creditur vlli,
Pœnitet, & facto torqueor ipse meo.
Cumque sit exilium, magis est mihi culpa dolori : ⊿
Estque pati pœnam quàm meruisse minus. *Ovid. Pon. 1.*
Perfecto demum scelere, magnitudo eius apparet. *Tac. hist. 1 2.*
Potest nocenti contingere vt lateat : nocendi fides non potest. *Seneca.*
Scelus aliqua tutum, nulla securum tulit. *Senec. Hip.*
Heu quantum misero pœnæ mens conscia donat? *Lucan. l. 5.*
Exemplo quodcumque malo committitur ipsi
Displicet Auctori : prima hæc est vltio, quod se
Iudice, nemo nocens absolvitur. *Iuven. Sat. 13.*

Conscia més vt cuique sua
est, ita concipit intra
Pectora ; pro facto spemque
metumque suo. *Ovid.*
fast. r.
Miser chi mal oprando si con-
fida
Ch'ogn' hor' star debba il male-
fitio occolto:
Che, quando ogn' altro taccia,
interno grida
L'Arica, e la terra stessa, in
ch' e sepolta. Ari. Cant. 6.
2 Cui lata est injuria, ab in-
ferente non creditur. *Lip.
Pol. l. 5.*
Vtrumque in vitio est, &
omnibus credere, & nulli.
Sen. ep. 3.
Reipsa paucis, at in specie
omnibus crede. *Lip. pol. 4.*
Cum inimico in gratiam
nemo tuto redit. *Publ.
Mim.*

ne viennent en public : car alors mesme qu'il tasche de les couvrir aux hommes, il ne se peut pas persuader à luy-mesme qu'ils ne soyent desia découverts. C'est pourquoy comme par la nature ils craignent tousiours ceux qu'ils ont offensé ; aussi par la raison n'ont ils garde de se fier en eux apres l'offense commise. Car il n'y a point de sincerité ny d'asseurance certaine aux amis reconciliez.

LE Duc de Milan avoit esté long temps amy juré & confederé avec le Roy de France : mais son esprit naturellement incõstant commença peu à peu de procurer secretement du mal pour traverser ses affaires, & puis finalement il se declare son ennemy iuré iusqu'au traicté de Vercel. Icy ils se reconcilient, & vne nouvelle paix, amitié, & ligue est conclue, avec intention pourtant de la part du Duc de n'executer rien de tout ce qu'il alloit promettre. Il practique avec quelques François que la ville de Pise ne fust rendue aux Florentins : sollicite le
Pape

Pape, les Veniciens, & Ferdinand d'embrasser la cause des Pisans. Sans se declarer ouvertement de sa part il les assiste d'hommes, de conseil, & d'argent. Anime ceux de Genes contre le Roy, leur persuade d'arrester ses vaisseaux en leur port lors qu'ils estoient prests de partir pour s'en aller à Naples. Parmy tant d'artifices, le Roy de France dresse tous ses preparatifs qui sont infiniment puissans, & est prest de se mettre en chemin pour entrer de rechef en Italie. Cete expedition ne touchoit personne de si pres que le Duc. Le Roy depesche son Maistre d'hostel pour luy faire reconnoistre que le temps est venu auquel il pouvoit effacer la memoire de toutes les injures passees, en restituant les vaisseaux qu'on avoit arresté à Genes, en envoyant les autres portez par les capitulatiõs, & souffrant que le Roy armast encore quelque flotte pour le service de Naples. Le Duc consideroit assez l'equité de la demande, le danger d'avoir vn ennemy si puissant, l'assiete de son domaine exposé aux premiers efforts d'vne si grande guerre. Mais son malheur l'emporta par dessus la raison ; & sa conscience coupable d'avoir tant offensé le Roy ne luy permit pas de se fier du depuis en ce Prince. De sorte qu'il refuse de satisfaire à ses justes demandes, rejet-

X

re les salutaires conseils qu'on luy donnoit de se reconcilier avec luy, & l'engage en d'autres desseins qui l'engagerent en vne ruine finale.

APHORISME XXI.

Deux [1] choses sont necessaires à vn Marchand, de l'argent en la bourse, & du credit à la banque. Deux choses requises en vn Prince, des finances en ses coffres, & du credit acquis par sa valeur & reputation. Qui veut [2] en vne Medecine d'Estat composer la juste doze de ces deux simples: doit pour chaque once du premier en mettre deux du dernier, s'il desire preserver en santé le corps & la gloire de son Estat. Mais pourtant luy seroit-il plus expedient de perdre sa reputation en dehors que de ne la pas retenir en dedans.

[1] Gli Stati e le Guerre, si governano per lo piu, con dué Terzi di riputazione, e vn terzo di Robba. Por. in Guic. Duo sunt quæ principatus comparēt, augeant, serve̅t milite̅ &pecunia. Dion.l.42 Opus sunt opes, & sine iis nihil fiet quod opus. Dem. Olym.1.

[2] Eumenes fratribus dicere solebat, si me vt rege vsi fueritis, vobis tanquam fratribus gratificabor: sin aute̅ tanquam fratre, ero vobis vt rex. Polyp. de pol. Imperij majestas, salutis tutela est. Curt. l. 3. Acre ea telum ad imperiũ, quæ multum in bellis administrandis, imperio militari valet. Cic. pro l. Man. Severitas regem decet, majestatem præstat,& dignitatem auget. Pet. de Reg. Facultas faciendi quod cuilibet visum, nō potest comprimere ingenitam hominibus pravitate̅. Ari.pol.l.3. Adhibenda est severita. Reip. causa, sine qua administrari civitas nulla potest. Cic. off. 2. Non enim ita natum est, vt pudori obsequatur, sed vt

D'autant que ny la solidi-
té de son jugement à entre-
prendre, ny la promptitude
de son esprit à executer, ne
peuvent faire reüssir ses
desseins alors qu'il n'a pas
vne Majesté absolument
puissante à commander, &
ses officiers vne prompte
obeïssance à faire ce qu'il
leur commande.

metui : nec vt abstineant à pravis ob turpitudinem, sed ob supplicia & pœnas. *Arist. Pol. 5.*

A militibus, Imperator potiùs quàm hostis, metui debet. *Val. l. 2.*

Vehementer pertinet ad bella administranda, quid hostes, magis verò quid subditi de suis imperatoribus existiment. *Cic.*

C'est en vain que l'expedition de Naples se conclud dans le Cõseil du Roy.
C'est en vain que le Roy se resout d'aller luy
mesme en Italie, & que toute la Noblesse
prepare son courage & ses armes pour l'accompagner en ces genereux exploicts. C'est
en vain que l'on donne ordre que les officiers preparent de bonne heure toutes les
choses necessaires pour vn si long voyage &
vne si grande action. Vn seul homme est capable de renverser tous ces desseins par sa
desobeïssance. Le Cardinal de S. Malo qui
avoit le maniment des affaires & l'Inten-
dance des finances, differe de fournir l'argẽt
qui estoit instamment necessaire pour dresser ces preparatifs. Le Roy s'offense de ses
delais, & chastie quelquefois sa negligence

avec de bien rudes menaces. Mais le Cardinal cognoiſſant le bon naturel de ce Prince
luy ſatisfaiſoit aiſement avec excuſes & promeſſes contraires aux effects. Tellemēt que
quand l'armee fut preſte de partir, les proviſions ne furent pas preſtes, ny les choſes en
tel ordre qu'il eſtoit requis à la neceſſité d'v-
ne telle entrepriſe. Ainſi l'execution des
choſes deſignees ſe retarda par ſon moyen,
& les troupes de Naples ſe veirent aban-
donnees à toutes les extremitez de la guerre.

APHORISME XXII.

1 Γνῶμαι πλίον κρατύ-
ρι, ἤ ἄϊεος χειρῶν.
Prudentia manuum viribus
præpollet. *Agath.*
Nullum Numen abeſt, ſi ſit
prudentia. *Juven. Sat. 10.*
Non tam magnitudine ·erũ
geſtarũm, quàm diſciplina
militari nobilitatus eſt.
Prob. de Iph.
La Diſciplina è il nervo della
milizia : & diſciplina chiamo
l'arte di far buon ſoldato : &
buon ſoldato colui, chi ardiſce &
obediſce. Rag. Stat. l. 9.
Πρὸς κέντρα μὴ λάκτιζε
τοῖς κρατοῦσί ου. Ne con-
tra ſtimulos tibi imperan-
tiam calcitres. *Eurip.*
2 Diſciplinam non poteſt
ſervare jejunus exercitus.
Caſſiodor.

LA plus [1] grande force
d'vne armee giſt en la
preſence & prudence du
Chef. Sa plus grande foi-
bleſſe vient du deſordre &
du defaut de la diſcipline.
La plus grande cauſe de ce
deſordre eſt le manque du
payement. Car la ſolde eſt
l'eau de vie du pauvre ſoldat. Et le defaut [2] d'icelle, eſt vne telle eau forte
qu'elle mange les portes fer-

rees de la discipline. L'espee des ennemis, & toutes
les forces de dehors ne rompent pas si aisément les sca-
drons d'vne armee, & met-
tent tout en route ; comme
l'espee de fer d'vn mutin
que nous nourrissons chez
vous, qui est la faim. C'est
pourquoy le Prince qui veut
estre gardé & obey en ce
qu'il commande, doit prendre garde de ne souffrir v-
ne plus grande puissance en
son camp que la sienne. Or
c'est vn puissant comman-
deur que la necessité.

Nec quies gentium sine armis, nec arma sine stipediis,
nec stipendia sine tributis,
haberi queunt. *Tac. hist. 4.*
Quibusdam ob necessitaté,
maxima peccandi necessi-
tudo. *Tac. an. 3.*
Omnia experiri necessitas
subigit: quippe cum primas
spes fortuna destituit, futura præsentibus vidétur esse
potiora. *Curt l. 7.*
—— Sors autem vbi pessi-
ma est
Sub pedibus timor est, secu-
raque summa malorum.
Ovid. met. 14.
Nullus est miseris pudor.
Senec. Oed.
Magister artis ingeniique
largitor venter. *Pers. pr.*
Sat.
Perdifficile est ad carentem
auribus ventrem verba fa-
cere : venter quippe cibi a-
vidus præcepta non audit.
Plut. in Cato.
Lysimachus superatus à
Dromichete, seipsum to-
tumque exercitum propter

sitim tradidit : Is postquam captivus bibisset, ô Dij, inquit, quam
parvæ voluptatis causa meipsum ex rege seruum feci. *Polyd. Plut.*

L'armee des François est en détresse à
l'Abruzze, & leur fortune declinoit
visiblement tous les jours. Toutes les
difficultez concouroient par ensemble pour
les assaillir & les perdre : La faute extreme
de deniers, disette de vivres, & haine des
peuples, discorde des Capitaines, desobeïssance des soldats, le depart de plusieurs hors
du camp, & les contradictions continuelles

de Perfi avec le fieur de Montpenfier. Bref
la neceffité & les defordres furent tels que le
Prince de Bifignan fut contraint de f'en aller
avec fes troupes à la garde de fon propre E-
ftat menacé par les gens de Gonfalve. Plufieurs des foldats du pays fortoient à la file
du camp, & repetoient leurs domiciles. Car
outre qu'ils n'avoient jamais efté payez, les
François & les Suiffes les traitoient fort mal
auffi bien en la divifion du butin, qu'en la di-
ftribution des viures. Les Lanfquenets faute
d'eftre payez fe rangerent fous les enfeignes
de Ferdinand.   L'armee neceffiteufe eftoit
contrainte de fe retirer peu à peu de lieu en
autre; de donner terre à l'ennemy, & de f'aller confiner en la Poüille. Ferdinand les fuit
toufiours en queüe, leur ferme tous les paffages pour les vivres, & pour les perdre plus
aifement leur ofte tout moyen & efperance
de combattre. Les François f'enferment dâs
Atelle, & les Arragonnois les inveftiffent
tellement, que les vivres y furent bien toft
confumez, l'efperance du fecours perdue, la
neceffité d'eau, & toutes chofes fupportees
iufqu'à l'extremité les porterent à vne entiere ruïne.

APHORISME XXIII.

LES javelots lIez en vn faiſceau par Scilu-re ne peuvent eſtre ny rom-pus, ny pliez: mais pris ſe-parement furent aiſement briſez & mis en pieces. Cela arrive és forces d'vne armee; dont le ſalut de-pend de l'vnion des infe-rieurs avec les ſuperieurs, & de ceux-cy les vns avec les autres. Les oppoſitions des Planettes alterent fort ſouvent les ſaiſons, & les troupeaux ne peuvent eſtre en aſſeurance tandis que les Bergers s'entrebattent. C'eſt pourquoy il n'y a rien ſi dangereux és ſervices de guerre ou de paix: que la diſcorde ou factions entre les plus grands d'vn Eſtat ou d'vne armee.

1 Scilurus octoginta libe-ros habens, moriturus faſci-culum jaculorum ſingulis porrexit, juſſitque rumpere. Quod cùm non poſſent, ipſe ſingula jacula exemit, atque ita facilè confregit omnia, filios admonens his verbis, ſi concordes eritis, &c. Plut. Apop

Η̈ Ν̓ τῶν ϛεατηγῶ ὁμο-νοία, μάλιϛα δ̓ πάντας τῆς βαρβάρης ἐπινόσν. i. maxime verò effectum eſt vnanimitate Ducũ, vt Bar-bari victoriam amitterent. Polyen. l. 1.

Optimum verò inimicitias omnes, & ambitioſa certa-mina exſcindere, atque a-deò nec nomina nova, aut aliud quid ex quo oriri diſ-cordiæ poſſint, ipſis permit-tere. Dion. l. 52.

Ibi ſemper eſt victoria, vbi concordia. Senec. Sent.

Concordiâ res parvæ creſ-cunt, diſcordiâ magnæ dila-buntur. Saluſt. Iug.

2 Πολλοί ϛεατιϛτοι Κα-είαν ἀπώλεσαν. Multi imperantes Cariam perdi-derunt. Adag. Græc.

Non è coſa che dia più noia à gli affarigranti, ò ſieno di pace, ò ſieno di guerra, quanto le gare de' Capitani. Am. in Tac. an. l. 2.

Factiones fuerunt eruntque

pluribus populis magis exitio, quàm bella externa, quàm fames, mor-bive; quæque alia in Deum iras velut vltima publicorum malorũ ver-tunt. Livi. lib. 3.

X iiij

Nobilium factiones trahunt ad se, & in partes, vniuerſum populum.
Arſt. Pol. l. 5.

Diſcordia & ſeditio, omnia oportuna inſidiantibus faciunt. *Curt.*

  Impius hæc tam culta nouaha miles habebit,
  Barbarus has ſegetes? En quò diſcordia ciues
  Perduxit miſeros?   *Virg. Egl.*

*Pour l'ambition naturelle des Magiſtrats, la Rep en ſouffrira, & luy aduien-
dra ce qu'il fit à la pucelle, pour laquelle les pourſuiuans entrerent en telle jalouſie & paſſion, qu'ils la demembrerent en pieces. Bod. Rep. l. 4.*

*N'eſt pas poſſible que les brebs ayent de bon temps, ſi les bergers s'entrebattent.
Am. Plut. Gracch.*

FERDINAND emporte Frangete d'aſſaut. Ses ſoldats ſe ruent au pillage. Les
Capitaines voyant l'ennemy arriver ſi prés
d'eux, travaillent incontinent à mettre leurs
troupes en ordre, & les ramener à leurs en-
ſeignes. Les ſoldats échauffez au pillage mé-
priſent leurs commandemens au peril meſme de leurs vies. Montpenſier & Virginie
Vrſin qui eſtoiēt fort proches des Arragonnois avec toutes leurs forces, épient cette occaſion, & eſperent vn grand avantage de ce
deſordre. Montpenſier deſireux de combattre aſſemble le Conſeil, Vrſin y fit voir la victoire certaine, & pria avec larmes qu'on ſe
haſtaſt de paſſer le vallon pour aller fondre
ſur ces gens que le tumulte & le deſordre ex-
poſoiēt à la valeur de leurs armes. Mais Perſi
l'vn des principaux de l'armee apres le General, pouſſé par la legereté de ſa jeuneſſe,
ou de l'envie qu'il portoit à la gloire de Mōt-
penſier empeſcha vn ſi brave conſeil par

quelques raifons legeres, & diffuada ouvertement aux foldats de combattre, incitant mefme les Suiffes & les Lanfquenets de fe mutiner en demandant leur folde, laquelle on ne leur avoir baillee de plufieurs mois. Ainfi Montpenfier fut contraint de fe retirer fans rien faire, & de voir journellement fes troupes & les affaires de fon maiftre tomber en decadence.

APHORISME XXIV.

Ces deux fameux Capitaines de Rome & de Grece, lefquels portez comme deux foudres, l'vn dans l'Occident, & l'autre en l'Orient, remplirent tout l'vnivers de leur gloire: font renommez particulierement pour leur extréme diligence, & pour avoir prevenu les bruits de leur venuë. Il n'y a rien de plus excellent en vn Chef que le travail aux affaires, la force dans les perils, l'induftrie aux entreprifes, &

Tam celer in agendo & cófulta exfequendo, vt perfæpe nuntios de fe, prævenerit. *Suet. de Caf.*

Nullam virtuté Regis iftius magis, quàm celeritatem laudaverim. *Curt de Al.*

Boni Imperatoris figna sũt hæc: labor in negotio, fortitudo in periculo, induftria in agendo, celeritas in conficiendo. *Cic.*

Quod temporis anguftiæ negant, fagacitate confilij eft adfecutus. *Val. l 7.*

Sæpenumerò in bello, ea quæ geri debent, celeritate faciliù, quàm vi perficiuntur. *Xenopb. lib. 6.*

Celeritas plurimũ momentia ad res præclarè gerendas habet: nihilq; magis ducé, quàm celeritatem & indefeffam curam in agendo, fectari oportet certum eft. *Calcbo. l. 6.*

Veni, vidi, vici. *Caf. apud Plut.*

———Rapit agmina ductor
Impiger, & torto Baleatis
  verbere fundæ
Ocyor, & missa Parthi post
  terga sagitta. *Lucan. l. 1.*
——Cæsar in omnia præceps,
Nil actu credens, cum quid
  supreffec agendum,
Inftat atrox. ——*Lucan. l. 2.*
Sed mora damnosa eft, nec
  res dubitare remittit,
Dum supereft aliquid, cun-
  cti coeamus ad arma.
Ovid. Met. 11.

la diligence en l'execution. Cette derniere partie benit l'action d'vn heureux succez, & couronne de gloire celuy qui l'execute. C'eſt pourquoy le Prince qui veut arriver au port d'vne heureuſe victoire, & par la porte des victoires entrer au Temple de la Renommee, y dòit aller par ce chemin.

LE chaſteau de Laïne eſt aſſis ſur le fleuve Sapri qui diviſe la Calabre de la Principale autre province du Royaume, & le bourg eſt de l'autre coſté du fleuve. Le Comte de Melete & Albert de S. Severin avec pluſieurs autres Barons & forces égales à celles des Eſpagnols arrivent en ces quartiers, & ſe logent pres de la place pour eſtre defendus du château contre ceux qui les viëdroyent aſſaillir par le droict chemin. Leurs troupes ſ'augmentoyent tous les jours, & faiſoyent leur deſſein lors qu'elles ſeroyent aſſemblees d'aſſaillir l'ennemy, & luy donner la chaſſe. Gonſalve a le vent de cette reſolutió à Caſtrovillare où il eſtoit logé, C'eſt pourquoi deſirant les prevenir, met ſon armee en câpagne vn peu devât la nuict:& fortât du droict chemin il prend les routes plus difficiles des montagnes. La diligence de ses troupes favorisa son dessein. Dez qu'il fut arrivé pres du fleuve, il commande à sa fanterie de prendre le chemin entre le château de Laïne & le bourg, vers le pont lequel estoit negligemmêt gardé, pource qu'on ne se doutoit pas d'vne telle surprise. Il passe luy-mesme la riviere avec sa cavalerie environ deux mille plus haut, arrive au bourg devant le jour; où ayât trouvé les ennemis sans escorte, sans sentinelle, & sans garde, il les rompt en vn moment, fait prisonniers onze Barons, & presque tous les soldats; parce que fuyans vers le chasteau ils rencontrent les gens de pied qui occupoyent le passage du pont. Celle cy fut la premiere victoire de Gonsalve au Royaume de Naples, laquelle fit grossir ses forces incontinent, diminua le courage des ennemis, & augmenta la gloire de ses faicts d'armes.

APHORISME XXV.

1 Non durat, nec ad vltimũ exit, nisi léta fœlicitas. *Sen.*
Σπεύδων ταχὺ πάντα διαλύων, μᾶλλον βραδύνει.
Qui nimiũ properat, serius absolvit. Monet Adagium instituendæ rei non tam celeritatem, quàm curam adhibendam esse, ne postea sit in mora quod in operis ingressu fuerit erratum. *Adag. Poly.*
Immodicis rebus breuis est & rara senectus. *Cardan.*
Ὡ̓ς εὐκόλος πτῶσιν αἱ λαμπραὶ τύχαι. O quam ruina splendidæ vitæ cita. *Comic. græc.*
Augustus Cæsar illud semper citò factum posse dici aiebat, quod cum factum esset, bene haberet: tarditatem enim quæ tuta esset, celeritati cui periculum esset conjunctum, anteponebat. *Fulgos. l. 9.*

2 Multi dum inferre pericula volunt, non cavent. *Sen. de ira.*
Princeps habere debet ad sua conservanda, & aliena obtinenda, idonearum rerũ facultatẽ. *Cic. de Inven. l. 2.*
⸺ Quoque fortuna altiùs Evexit atque levavit humanas opes,
Hoc se magis supprimere fœlicem decet. *Sen. Troa.*

LES choses¹ que l'on gagne aisement sont aisement perdues. Comme les fruicts d'Esté, elles sont bien tost meures, bien tost pourries : & ne peuvent durer jusques à vn rude hyver des troubles qui suruiennent. Car comme nous obseruons en la Nature des choses vegetantes, sensitives, & raisonnables : que tant plustost elles arrivent à leur juste croissance & perfection, plustost elles declinent à leur corruption : Ainsi cela est naturel en tous Royaumes ou Estats, d'estre perdus aussi facilement & promptement que facile & prompte en a esté la conqueste. C'est pourquoy ² tant plus grande est la fortune d'vn Prince en gai-

gnant, plus grand doit estre
son soin à bien establir &
conserver les choses qu il a
gaignees.

LES François assiegez dans Atelle par les forces vnies de Ferdinand, Gonsalve, & les Venitiens; reduits à l'extremité, vaincus de tant de maux qui les assailloyent tous ensemble, & abandonnez de toute esperance, s'abandonnent en fin au desespoir. Ils capitulent, & rendent la place avec toute l'artillerie, & autres villes que Montpensier tenoit encore dans le Royaume. Les autres Gouverneurs qui tenoyent les chasteaux & villes dans la Calabre, l'Abruzze, & Caïette, que le Roy leur avoit donnée en garde, suyvent l'exemple d'Atelle. Cette generale reddition des places fut suivie d'vne mortalité generale des hommes. Car de cinq mille François naturels qui estoyent en l'armee, à peine cinq cens retournerent en France. Ainsi Ferdinand est aussi aisement & aussi tost remis & rentré en possession de son Royaume, que Charles huictiéme s'en estoit aisement & promptement emparé.

APHORISME XXVI.

1 Turpis & fœda eſt illa vacillatio ſententiam nutantium, & certum ſignum nō certæ mentis: ideoque vileſcit ſemper, qui vacillat. *Lip. Pol.* 4.
Fœdaque inconſtantia, quæ juſſerat, vetat:que vetuerat, jubet. *Tac. hiſt. l.* 3.
Aliud ſtans, aliud ſedens de Repub. ſentis. *Sal. de Cic.*
Sunt qui ex aliena libidine huc illuc fluctuantes, agantur: interdum alia, deinde alia decernunt: vt eorum qui dominantur ſimultas atque arrogantia fert, ita bonum malumve publicum exiſtimant. *Saluſt.*
Ad honeſta ceu prava, juxtà levi haud fidendum. *Tac. an.* 13.
Ipſe inutili cunctatione, agendi tempora conſultãdo conſumpſit: mox vtrumque conſilium aſpernatus, quod inter ancipitia deterrimum eſt, dum media ſequitur, nec auſus eſt ſatis, nec providet. *Tac. de Fab. Valente.*
2.-- Facit conſtantia futile ne quid
Infirmumque geras.——— *Claud. pan.* 2.
——— Eſto animus tibi
Rerumque prudens, & ſecundis
Tẽporibus dubiiſq; rebus. *Hor.* 4. *od.* 2.
Otho humillimo cuique credulus, bonos metuens, rebus proſperis incertus. Vitellius mobilitate ingenij, quod palàm abnuerat, inter ſecreta convivij largitur. At in Veſpaſiano nihil tumidum, arrogans, aut in rebus novis novum fuit. *Tacis. hiſt.* 2.

LES actions[1] vne fois reſolues doivent eſtre de la nature des eſtoiles fixes, tenir touſjours vne meſme aſſiette: ſans eſtre ſujettes & emportees à des mouuemens irreguliers & retrogrades. Car l'inconſtance & l'irreſolution d'vn Prince dont les penſees ſont emportees par le premier mobile de diverſes perſuaſions, & ne s'arreſtent iamais au centre d'vne conſtance reſolue, ne tournent jamais qu'à ſon deshonneur, & au prejudice de ſes affaires. C'eſt pourquoy[2] il ne doit pas reſoudre; ou bien il doit pourſuivre l'entrepriſe avec reſolution.

CHARLES huictiéme avancé jufques à Lion, fe refout d'accomplir en perfonne fon voyage dans l'Italie. Neantmoins il retourne encore à Paris, avec intention & affeurance de n'y demeurer qu'vn mois, pour revenir incontinent donner ordre à l'execution de cette glorieufe & refolue entreprife. A peine y fut il arrivé, que quelques vns le divertiffent du voyage : à caufe que le profit de la victoire de Milan ne luy reviendroit pas, ains au Duc d'Orleans, auquel cet Eftat appartenoit de droict. Les autres luy confeillent d'y aller; mais apres qu'il auroit compofé tous fes differens avec le Roy d'Efpagne. Les autres le perfuadent d'attendre en France que la Royne qui eftoit groffe luy eut donné vn heritier pour fucceder à cette Monarchie qu'il expofoit par fon abfence à de bien grands dangers. D'autre part il fçavoit que fes troupes eftoyent en grande extremité au royaume de Naples, les exilez d'Italie les Florentins fes alliez & toute la Nobleffe l'incitoient, prioient, & preffoyét de partir: fur ce que principalement fes forces eftoient defia prefque toutes levées, & les provifions neceffaires toutes prêtes. Il demeure quatre mois en fufpens, f'il devoit aller, ou demeurer; quelquefois porté à vne resolution,& tantost à vne autre. Cependāt il perd tout ce qu'il avoit encor à Naples, à sçavoir ses troupes & les places. Ainsi son esprit flottant dans l'inconstance & en ces lōgs delaiz, perdit les fruicts de ses desseins, & ternit la grandeur de sa gloire.

APHORISME XXVII.

Cum vtilitas ad se rapere, honestas contrà revocare ad se videtur, fit vt distrahatur deliberando animus, afferatque ancipitē cogitandi curam. *Cic. off. 2.*
Turpe quidem dictu, sed si modò vera fatemur, Vulgus amicitias vtilitate probat. *Ouid. pon. 2.*
Pecuniæ imperiique libido sunt quasi materies omniū malorum. *Sallust. Cat.*
Si come alcuni cibi insipidi, ricevono sapore dalla concia che da loro il cuoco: cosi i prencipi, essendo dá se senza affeZione, inclinano à questa, ò à quella parte, secondo che l'interesse accōcia l'animo & affetto loro. Rag. Stat. l. 4.
I Prencipi sono di natura così fatta, che non hanno niZimo per amico, ne per inimico assolutamente: ma nelle amiciZie & inimiciZie, si governano, secondo che lor torna commodo. Bot. & Poly.

Les foibles appetits sont quelquefois incitez à gouster des viandes insipides, à cause des sausses savoureuses que leur donne vn expert cuisinier. Tout de mesme vn sage politique tire ses confederez à des actions desagreables en les assaisonnant du doux profit & du gain. Les Estats sont sans affection, & ne contractent pas leurs amitiez comme les particuliers par vne sympathie de volontez, & conformité de mœurs. Il n'y a que leur avantage particulier qui les conjoint & allie *allié par enfemble.*

Res animos invenit. *Plaut. Stich.*

Communis vtilitas, focieta-
tis maximum vinculum eft.
Liui l. 26.

POVR la crainte des appareils François, Louys Sforze & les Venitiens font entrer l'Empereur Maximilian dans l'Italie, avec promeffe de luy fournir foixante mille ducats pour trois mois. Mais le bruit de la venue des François devenant plus foible de iour en iour, renforça le courage des Venitiens pour ne contribuer leur part de la fomme promife, & d'empécher l'Empereur d'entrer en Italie. Le Duc au contraire delibera de f'en fervir pour l'âbition de ce qu'il avoit au paravant procuré pour fon affeurance. S'engage de payer tout ce que demandoit l'Empereur, & hâte fon voyage. Dez qu'il fut arrivé à Vigevene, le Duc côfeilla l'Empereur d'aller à Pife: luy perfuadant par vn difcours plein de fraude & de duplicité d'entreprendre la caufe des Pifans, & de fe rendre arbitre entr'eux & les Florentins. Ce Prince languiffoit dez long têps apres cette place, & efperoit qu'eftant mife en depoft ez mains de Cefar, il l'emporteroit aifement par argent, ou par fon credit, ou par fes fineffes accouftumees. Les Venitiens ne voulurent pas contredire à cette

Y

propofitiõ. Car quoy qu'ils s'apperceuffent
bien des deffeins de Louys, ils fe confioyent
de les rompre aifement, & efperoyent auffi
que par le moyen de Cefar les Pifans ayans
gaigné Livorne priveroyent les Florentins
de toute efperance de pouvoir jamais recouvrer leur cité; & eux mefmes en beau
chemin d'obtenir le fruict defiré de leurs
longues attentes. L'Empereur qui fe trou-
voit en neceffité d'argent, eftima que Pife
eftoit vne amorce fort propre pour en tirer
des Confederez ou des Florentins, ne fe
fouciant pas d'où il en euft, & embraffa l'affaire avec vne affection tres-grande. Tous
ces finiftres & particuliers deffeins eftoient
couverts du pretexte fpecieux du bien de
l'Italie, qui confiftoit à fupprimer les Florentins, & les forcer de quitter l'alliance de
France.

APHORISME XXVIII.

1. In milite vnius fors eft,
in Imperatore vniverfûrum
periculum. *Egefip.*
Vnus homo pluris fuit, quã
diverfa civitas. *Prob. de ep.*
E' μὲ δὲ αὐτὸν παρόντα,
πρὸς πάσας αἰτιατίαις.
Me verò (Ducem tuum)
pro quantis (navibus) æfti-
mas. *Demet. Plut.*

L'arme [1] d'un General
eft vn bafton, celle du
foldat vne efpee. A ceftuy-là
pour commander, & à ce-
luy-cy pour executer. Au
dernier il n'y a que la

vie d'vn homme en ha-
zard, de l'autre depend la
vie de tous. Le corps est v-
ne armee dont la poitrine
est le camp: les mains sont
comme l'Infanterie, les pieds
la Cavalerie, & la teste
le General. Si quelqu'vne
des autres parties defaut,
l'armee est imparfaite, mais
s'il n'y a point de Chef elle
est entierement inutile. Ce
Capitaine auquel son com-
pagnon se vantoit d'avoir
receu beaucoup de coups en
la bataille : Et moy, luy
respondit-il, j'estime à plus
grand bon-heur d'estre é-
chapé des coups au siege de
Samos, quand pour garder
nos fortifications ie m'ap-
prochay trop prés des murs
de cette ville. C'est pourquoy ² vn Prince qui com-
mande en vne armee doit
tousiours demeurer couvert
souz le bouclier sept fois
double d'Ajax, & n'expo-
ser jamais sa personne en

2 Dubiis præliorum exem-
ptus, summæ rerum & impe-
rij seipsü reservat. Tac.l.11.
Stetit sub Ajacis clypeo
septemplice tectus. Hom.
Ody. 9.
Non è cosa più indegna d'vn
accorto Prencipe, che'l comme-
tersi alla discretione della fortuna. Rag. Strat. 2.
Ordinatio exercitus instar
humani corporis : pectus
phalangem, manum levis
armaturæ milites, pedes E-
quitatum, caput Ducem æ-
stima. Reliquorum si quid
defit, mancus exercitus : si
deficiat Dux, totus inutilis.
Polyæn. l. 3.
Si status imperij, aut salus
provinciarum in discrimi-
ne vertatur, debebit in acie
stare princeps. Tac hist. 4.
Neutiquã mihi placet, quãdo nulla cogat res, commit-
tere se fortunæ. Livi. l. 7.
Rege incolumi mens omni-
bus vna est:
Amisso rupêre fidem ——
Virg. Georg. 4.
Κορυθαιολος Ηʹκτωρ.
Galea ornatus vel munitus
Hector. Hom.od. 9.
Clearchus Ciro dedit con-
silium, ne ipse se in periculum offerret, sed inspecto-
rem se pugnæ gereret. Pu-
gnantem enim corpore nil
magnum efficere : Si verò
quid damni acceperit, om-
nes se perditurum quos se-
cum haberet. Poly. Stra.l.2.
—— Ab non siavero
Ch'un vn Capo s'arrischi à
campo tutto:
Duce sei tu, non semplice guer-
riero,
Publico fora & non privato il
lutto :
Tu il Senno Sol, il scepro solo
adopra,

Ponga nbvi poi l'ardite, e'lser-
ro su opra. Tasso Cant. **7.**
vn peril manifeste, si ce n'est
lors que tout est perdu.

LEs Pisans fortifient leur ville & leurs limites, pour tirer plus librement toutes
leurs provisions, & empécher aux Florentins le libre trafiq de Livorne. Les Florentins pour donner ordre à ces deux grands
inconvenients, y envoient leur armee com-
mandee par Pierre Cappon leur digne General, pour faire déloger les Pisans de ces
places, & ouvrir le passage à leurs marchãds.
Pour cet effect ayãt assiegé Soiane, ce General fait gaster tous les passages du fleuve de la
Cascine, & met dessus la rive sa Cavalerie en
bataille afin que les ennemis ne peussent secourir la ville assiegee. Pendant qu'il se travaille en personne à faire plãter l'Artillerie,
& qu'ainsi il s'expose en vn lieu de danger; il
est frapé en la teste par l'vn des Arquebusiers
de la ville, & meurt incõtinent. Cette mort
fut vne fin indigne de ses vertus, tant pour
l'indignité de la place, que pour la petite importance d'vne telle entreprise. Cependant
pour ce subit accident les Florentins levent
le siege sans rien faire, & rompent leur des-
seing, qui avorta en la mort de cét insigne
personnage.

APHORISME XXIX.

L A' dissimulation se cache tousiours dedãs ses voiles : comme la vertu optique dedans l'œil, qui peut voir toutes choses & ne peut estre veuë. La plus frequente, quoy que la plus deshonneste couverture sous laquelle elle repose en asseurance, est l'amitié simulee : Et la plus belle [2] invention pour faire sortir ce Renard de la tasniere de ses protestations feintes, est d'y allumer le feu d'vne feinte croyance, par laquelle il est bien tost découvert.

[1] Multis simulationum involucris tegitur, & quasi velis quibusdam obtenditur vniuicuiuíque natura: frõs, oculi, vultu, persæpe mentiuntur, oratio verò quàm sæpissimè. *Cic. ad frat.*
Qui cito crediderit falletur sæpe, leuiíque
Est cordis. ——— *Verinus.*
O vita fallax, abditos sensus geris. *Sen. Hippol.*
Fronte & vultu simulatio facillimè sustinetur. *Cic. ad Lent.*
Totius iniustitiæ nulla capiralior, quàm eorum, qui cũ maximè fallunt, id agunt vti boni viri videantur. *Cic. offic.*
[2] Fiso res periit, diffiso salva remanlit. *Senar. pro.*
Fallacia alia aliam trudit. *Terent. Ant.*
Fallite fallentes, ex magna parte profanum
Sunt genus : In laqueos quos posuére cadant. *Ovid.*
Nil magis hic cavendum, quam ne diffidere videaris. *Lip. pol. l. 4.*

Non persuadebis, ne si persuaseris quidem. *Aristoph.*

A PRES que l'on eut arresté que l'Empereur iroit à Pise apres laquelle il aspiroit avidemment, il envoia de sa part deux Ambassadeurs à Florence. Ils entrerét dans le Senat, & luy representerent que sa

A iij

Majesté Imperiale desirant aller avec toutes ses forces contre les infideles, avoit jugé
tresnecessaire de passer au paravant en Italie, afin de la pacifier & mettre en plus grande asseurance. Que pour cette cause il re-
cherchoit les Florentins de se joindre avec
les autres Confederez, & de luy remettre la
cause de Pise entre ses mains, de laquelle il
desiroit connoistre. Le Duc de Milan ne
manqua pas de contribuer aux desseins de
Maximilian, & de les solliciter de sa part
d'entendre à cette affaire. Leur persuadant
qu'en cela seulement il n'estoit porté que du
soin de leur bien, & d'envie contre la grandeur Veniticne. Il proposa plusieurs dagers
qu'ils couroient avec toute la contree s'ils ne
consentoiét à l'arbitratió de Cesar. Protesta
qu'il n'y avoit point d'autre voye pour les
remettre dans Pise, & en écarter les Venitiens: Ce qui estoit tresnecessaire au bien
de l'Italie, & tresdesiré par les Confederez.
Mais les Florentins accoustumez aux prattiques du Duc, & concevans les desseins de
l'Empereur, répondent à ces propositions.
Qu'ils loüoyent grandement le glorieux
dessein de son voyage: admiroient la resolution Chrestienne en sa Maiesté Imperiale
de faire guerre contre les ennemis du nom
Chrestien: estoient trescontens de condes-

cendre à tout ce qu'il voudroit, & qu'ils se
confioyent grandement en sa bonté & justice. Mais que l'affaire ayant besoin d'vne
plus serieuse deliberation, ils luy feroyent
entendre leur intention par ambassadeurs
qu'ils envoieroient exprez, avec instructiõs
plus speciales. Ce pendant ils assemblent
tous leurs soldats, renforcent leurs compagnies rompues, fortifient Livorne, la rem-
plissent de vivres, d'hommes, & de munitions, & rendent la place asseuree contre le
siege que les Confederez y vouloient mettre. Et de faict ils l'assiegerent incontinent
souz le commandement de l'Empereur, qui
y demeura quelque temps en personne: jusques à tant qu'il fut contraint de se retirer
honteusement en Lombardie, & de là en
Allemagne, sans avoir faict en cette entreprise chose qui respondist à l'esperance d'v-
ne si grande armee, à la grandeur du nom
de Cesar, & à l'attente de ceux qui avoyent
financé tant d'argent pour le porter à cette
entreprise.

APHORISME XXX.

Ce que sont les armes au | 1 *Tiberio mandaua Dru-*
soldat, & le gouver- | *so suo figliuolo, co' princi-*
| *pali della città, & con due*

companie de' soldati della sua Guardia, alle legioni abottinati in Germania: il che fece, senza dargli cõmeßione limitata: Ma con ordine, di prendere sul fatto, quel partito che gli paresse megliore. *Am. in Tac. an. 2.*

Sunc mandata quædam αὐτοκρατες, & Legati quibus dantur tam literam mandata dicũtur αὐτοκρατορες: quorum mandatis continetur, nihil aliud, quàm vt Legatus vti facto opus erit, ita agat. *Pasch. Leg.*

2 Sua cuique mensura sicuti vires: nec vltra assuetũ procedit spacium, nec plus instituto onere recipit. *Fli. l. 8. c. 18.*

Legati munus est omnia ad præscriptum imperiumque Cõsulis agere. *Alex. de Ale.*

Quod militi arma & gubernatori clavus, hoc sunt Legato mandata. Mandatum est anima Legationis. *Pasc. Leg.*

Legatus aut Præco si denunciando aut renunciando falsam Legationem obierit: impiè se gesserit, & contra hanc actiones instituantur, *Plat. Rep. l. 4.*

Mitis Legatio, ni præferoces Legatos, Gallisque magis quam Romanis similes habuisset. *Livi. l. 5.*

nail au Pilote : cela est la commißion és mains d'vn Ambaßadeur ! Là où sa charge n'est point limitée, il peut negocier à sa discretion, & selon les occurrences. Mais alors 2 qu'elle est mesuree & prescrite en termes exprés, il doit imiter le Chameau : qui ne veut porter davantage que ce qu'on luy a mis au commencement sur le dos, ny aller vn seul pas outre sa journee ordinaire, sans exceder les termes de ses instructions.

LES Ambaßadeurs des Florentins võt trouver l'Empereur à Genes. Là apres l'avoir asseuré qu'il se pouvoit promettre de la Republique de Florence tout ce qu'il pouvoit desirer, ils le priét que pour mettre l'Italie en paix il fit remettre la ville de Pise en la puissance de Florence. Qu'apres

cela & non auparavant ils font tout prefts de
referer leur caufe à fa Majefté, & de l'avoir
pour arbitre. Cefte refpôfe ne fatisfaifoit pas
aux intériôs de Cefar, qui fur le Mole de Genes comme il montoit fur mer, leur dit qu'ils
entendroient fa volonté du Legat qui eftoit
lors en cefte ville. Le Legat les renvoye au
Duc de Milan, vers lequel ils fe vôt rédre in-
côtinét, pour luy demander audiéce. Le Duc
fait afsébler tous les Ambaffadeurs des côfederez avec fon Confeil en vne grãde folem-
nité, pour faire parade à l'ordinaire de fô elo-
quéce, & pour prédre fon plaifir des calamitez d'autruy. Comme on côméçoit à s'afsébler, les Ambaffadeurs Florentins reçoivét
commandement que fans chercher autre
réponfe ils euffent à retourner au païs. Ainfi
ils fe prefentent au Duc, & luy donnent à
entendre que s'en retournans à Florence ils
avoient bien voulu alonger leur chemin
pour luy faire la reverence comme il appartenoit à vn amy de leur Eftat, & prendre
congé de luy tout à l'heure. Le Duc eftonn-
né & fruftré de fon attente, leur demande
quelle refponfe ils avoient donc eu de Cefar. Ils repliquent que par les Loix de leur
Republique, ils ne pouvoiét communiquer
ny traiter de leurs commiffions avec autre
Prince que celuy auquel ils eftoiét envoyez.

Le Duc se troublant davantage de ces paroles, leur répond; Doncques si nous vous donnons la réponse pour laquelle nous sçavons que Cesar vous a remis à nous, ne la voudrez vous pas bien ouïr? Ils adjousterent qu'on ne leur avoit pas deffendu d'écouter, & que pour eux ils ne pouvoient deffendre à son Altesse de parler. Il repliqua, Nous sommes contens de vous la donner, mais cela ne se peut faire si vous n'exposez ce que vous luy avez dit. Les autres dirent qu'ils ne le pouvoient faire pour les raisons alleguees, & que cela estoit superflu, à cause que Cesar avoit fait entendre leurs propositions à ceux ausquels il avoit donné charge d'y faire la response en son nom. Le Duc ne pouvant dissimuler sa cholere, rompt l'assemblee incontinent, & les renvoye avec commandement de sortir incontinent de ses terres. Ainsi il receut en luy-mesme vne partie de la honte & moquerie qu'il avoit voulu faire à autruy.

APHORISME XXXI.

IL n'y a[1] aucune cause assez bonne pour l'entreprise d'vne guerre, si la justice n'y est jointe. La Justi-

1 Ex omni occasione quærūt triumphum. *Plin. Paneg.* Ab illis maximum discrimê est, penes quos aurum & opes præcipuæ sunt bellorū causæ. *Tac. an. l. 4.* Ad Superos Astræa recessit. *Iuuen. Sat. 10.*

ce² d'vne action est le Cap de bonne esperance par lequel les hommes voyagent & surgissent au port asseuré de salut, & és Isles triomphantes de la Victoire & de la Gloire. C'est pourquoy³ il n'y a rien qui encourage davantage les soldats en vn combat que l'equité de la cause. Pource que les actions qui sont iustes, outre l'aide des hommes sont ordinairement avancees par la faveur du Ciel.

2 Fugies ista Princeps: nec vnquam bello te implicabis, nisi iusto: Iustum autem est, quod tria hæc habet iusta, auctorem, causam, finé. *Lip. pol. l. 5.*
Causa velut Caput bonæ spei est, quod te ducit ad triumphales illas terras. *Id. ibit.*
Iustum bellum quibus necessariú, & pia arma quibus nulla nisi in armis relinquitur spes. *Liui. l. 9.*
In eum qui iure agere & satisfacere paratus est, nefas bellum sumere, tanquam in iniurium. *Thucyd. l. 1.*
Multó honestiùs tunc bella gerebatur, quàm nunc amicitiæ coluntur. *Iustin. l. 25.*
Vera victoria est quæ salva fit, & integra pietate paratur. *Livi. l. 2.*
Bono vinci satius est, quàm malo more iniuriam facere. *Salust. Iug.*

3 Euentus bel'i velut æquus iudex, vt de ius stabat, ei victoriam dabat. *Liui. l. 21.*
Δίκαια δράσας συμμάχε, τεύξη θεός. Iusta faciens pugna, & opem feret Deus. *Incert. Aut.*
Οὐδεὶς ςρατεύσας ἄδικα, σῶς ἦλθεν πάλιν. Omnia summa ratione gesta etiam fortuna sequitur. *Eurip.*
Causa iubet superos melior sperare secundos. *Lucan. l. 17.*
Frangit & attollit vires in milite causa,
    Quæ nisi iusta subest, excutit arma pudor. *Prop. eleg. 4.*

Livorne estroittement assiegee & par mer & par terre, est aussi bravement defendue par la garnison qui y est. Vn vent impetueux qui se leve, côtraint la flotte des ennemis de se ietter en mer de peur de se casser par le heurt sur le rivage. Le mesme vêt soufflât favorablemêt pour la flotte Frá-

çoife qui venoit de Provence vers le Pro-
montoire de Caiette, la pouffe dans le port
de Livorne, & porte aux affiegez vn heureux fecours de ce dont ils avoient befoin.
Peu apres vne autre tempefte f'éleve, qui fra
caffe le Grimaud, navire Genevois, avec l'artillerie & les hommes. Le femblable avint
vers la pointe de Sainct Iacques à deux galeres Venitiennes ; & les autres vaiffeaux
difperfez en autres lieux furent tellement
endommagez qu'ils en devindient inutiles
pour la prefente entreprife. De forte que
l'Empereur eftonné du courage des affiegez
fur la terre, & des orages fur la mer, fe veid
contrainct de partir, & de lever le fiege.

APHORISME XXXII.

Horridus miles effe debet, non cœlatus auro argētoq; fed ferro & animo. *Tac hift.*

Ad victoriam plurimùm re-fert, vt lectiffimos de pedi-tibus & equitibus (benè ar-matos) & poft aciem in fubfidium præparatos ha-beas. *Veget. l. 3. c. 17.*
Cùm tuas vires atq; arma, tam vim fortunę, martemq; belli communem propone animo. *Livi. l. 6.*
Dum vigilans, fobrius, pru-dens, tanquā de civili caufa inter partes judicaturus,

LE foin fpecial du Ca-
pitaine eft fur les ar-
mes des foldats , comme
celles qui fouvent prevaillent contre le nombre & la
valeur des ennemis. C'eft
pourquoy fi les feconds en
Duel prennent particulierement garde qu'il n'y ait
aucune inegalité és armes

des combattans : beaucoup plus vn Capitaine doit auiser que l'ennemy n'ait le mesme auantage. Car en vn simple combat la dexterité & l'experience de l'vne des parties en vsant de son espee, de l'agilité de sõ corps, ou de la vivacité de son esprit peuvent prevaloir contre ces auantages. Mais en vne bataille generale, où le combat est en vne assiette ferme, & en vn plus grand desir d'offenser que de se deffendre ; l'auantage des armes sert infiniment à emporter la victoire.

adhibito contilio, de luis & adverfarij copiis judicet: Et, si multis rebus superior invenitur, opportunum fibi non deterat confitium. *leg. l. 3. c. 9.*

Enfis habet vires, & gens quæcunque virorum est, Bella gerit gladiis:sed Medos prælia prima Exarmant, vacuæque jubét remeare pharetræ. *Lucan. l. 8.*

LE Pape Alexandre sixiéme voyant Virginie Vrsin & les principaux Chefs de cette famille retenus à Naples, prend l'occasion aux cheveux, les denonçe rebelles en plein Consistoire, & confisque leurs terres à l'Eglise, pour avoir contre son commandement assisté les François en la guerre de Naples. Il commande aux Colonnes de les assaillir d'vn costé, envoie ses propres forces souz la conduite du Duc de Candie, &

le Cardinal de Lune pour leur faire guerre
de l'autre. Les Venitiens confentent pareillement que le Duc d'Vrbin qui eftoit à leur
folde s'vnift aux compagnies de l'Eglife : &
le Roy Federic y envoie encor Fabrice Colonne avec troupes. Plufieurs villes & places
fortes font prifes fur les Vrfins : le principal
chafteau de Bracciane eft affiegé & defendu
vaillamment par Barthelemy d'Alviane.
Charles Vrfin & Vitellozze font faire mon-
ftre à leurs forces, & viennent promptemét
au fecours. Les Capitaines de l'Eglife crai-
gnás d'eftre enfermez au milieu de ces troupes & du chafteau, levent le camp de devant
Bracciane, & tirent droit contre leurs ennemis à Soriane. Le combat fut extremement
furieux entre l'vn & l'autre party, jufques à
tant que les Ecclefiaftiques rompus furent
entierement défaits, à caufe de l'avantage
des armes qu'avoient les ennemis. Car Vitelloze ayant armé les fiens de picques plus
longues que les communes, les fit choquer
contre les gens de pied des autres avec cet a-
vantage, qu'ils les mirent aifement en fuitte,
à caufe de la longueur de leurs armes.

APHORISME XXXIII.

C'est accuser vn homme de toutes sortes de crimes que de le convaincre d'ingratitude. Et quiconque prouve qu'il est entaché de ce vice, desaprouve toutes ses autres actions, & les tache d'vne eternelle infamie. Car il n'y a aucune obligation pour lier vn homme à vne honnesteté & loyale execution de son serment si forte que la recognoissance. C'est [2] pourquoy vn Prince se diffame grandement alors qu'il abandonne au besoin ceux qui auparavant luy ont rendu tres-fidele service.

[1] Benè igitur ratio accepti atque expensi inter nos convenit,
Tu me amas, ego te amo, meritò id fieri existimat:
Hæc qui gaudent, gaudeant perpetuo suo semper bono. *Plaut. Most.*
Cum fortuna manet, vultū servatis amici :
Cum cecidit, turpis vertitis ora fuga. *Petronius.*
Fœdum, id quidem est amicos deserere. *Cic off. 2.*
Ingratitudine nihil mali nō ineit. *Cic. ad At. 8.*
Ingrato homine, terra pejus nil procreat. *Auson. epig.*

[2] Ad robur & virtutem militū, valdè possunt præmia. *Lip. l 5.*
Præmia decreta iis qui in Olympiis aut Nemeis vicissent, Socrates contraxit: eaque majora decrevit iis qui in bello pro patria fortiter dimicassent. *Livid. 4.*
Romani (hic) mirifici, qui non solùm altiores ordines adfignabant à virtute, sed etiam publicè laudes cumulabant & honores, donabantque pro concione hastas, phaleras, coronas. *Lip. Pol. l. 5.*

Quemadmodum igitur convenit, homines dignos communem fructū percipere, ex civilis status prosperitate: It., vbi potentes pro tenuioris fortunæ hominibus facere sumptum non sustinent, ibi misericordiæ nullus locus in civitate relinquitur. *Ex Stobæo.*
Eadem sub bono principe virtutis præmia, quæ in libertate : nec tantùm benefactis ex conscientia merces, sed etiam præmia sunt. *Plin. Paneg.*

Par l'entremife desEfpagnols & de l'Ambaffadeur de Venize, la paix fe fit entre le Pape & les Vrfins. Les articles de cet
accord furent, qu'il feroit permis aux Vrfins d'achever le temps de leur fervice à la
folde du Roy de France. Que toutes les
places prifes en cette guerre leur feroient
rendues. Que pour cela ils payeroient au
Pape cinquante-mille Ducats, au fortir de
Iean Iordan & Paul Vrfins hors des pri-
fons de Naples, où Virginie Vrfin eftoit
mort vn peu auparavant. Que pour affeurance dudiſt payement, l'Anguillare &
Cervette feroient mifes és mains des Cardinaux Afcagne, & S. Severin. Que les
prifonniers de la iournée de Soriane, feroient rendus excepté le Duc d'Vrbin, pour
lequel Alexandre ne fit aucune inftance.
Ainfi il abandonna lafchement celuy qu'il
avoit appellé,& qui avoit efté pris à fõ fervi-
ce.Parce qu'il fçavoit bien que les Vrfins ne
pouvoient pas aifement fournir ladite fomme que par la rançõ du Duc. Ainfi le Prince
fut contraint de compofer de fa fortie,
moyennant la fomme de quarante mille ducats,& de la liberté de Paul Vitelli qui auoit
efté fait prifonnier du Marquis de Mantoüe
à la prife d'Atelle.

APHOR.

APHORISME XXXIV.

L'amitié [1], außi bien que le cryſtal, eſtant vne fois rompuë ne peut bien eſtre racommodee ni rejointe : Et [2] l'amitié qui eſt raccommodee n'eſt jamais ferme ny aſſeuree. Cette reconciliation reſſemble à vn certain onguent qui appaiſe la douleur & fait revenir la peau ſur la playe, ſans manger la mauvaiſe chair & en tirer l'humeur maligne. Außi eſt-il impoſsible de guerir cette bleſſeure ſans qu'il y reſte quelque pus ou cicatrice de déſiance, & deſir de vengeance. Ce qui ſe void en ceux qui ont offencé leur Prince, & qui ſe ſont reconciliez avec luy. Car ils craignent touſjours alors meſme qu'ils en ont moins de ſujet.

[1] Vt cryſtalli fragmenta ſarciri nullo modo poſsůt: ita difficillimum eos recōciliare qui ex arctiſsima familiaritate in mutuum odiů venerint. *Plutar.*

Vt Adamas ſi frangi contingat, in minutiſsima diſsſilicata arctiſsima neceſsitudo ſi quando contingat dirimi, in maximam vertitur ſimultatem. *Plin.*

[2] Nelle antiche & gravi inimicitie, è difficile ſtabilire vna fidele reconciliazione. *Por. in Guic.*

— manet alta niece repoſtů Iudiciů Paridis, ſpretæque injuria formæ. *Virg.*

Paucis credendum, nec niſi iis, quorum longo vſu coguta tibi fides. *Cic. ad frat.*

In victores victoſque nunquā ſolida fides coaleſcit. *Tac. hiſt. 2.*

Diſſenſio ab aliis, à te recōciliatio incipiat: cům ignoſcis, ita beneficium tuum tēpera, vt nō ignoſcere videaris, ſed abſolvere: quia graviſsimum pœnæ genus eſt contumelioſa venia. *Seuer. Moral.*

Il ne faut pas trop s'accoůter d'un puiſſant voiſin, & ennemy reconcilié. *Am. Plut.*

Chi offende, non perdonna. *Pro. Ital.*

Qui poſt veheméter inimicitias in gratiam redeunt, multa leviuſcula, ac temere accidentia, in ſuſpicionem rapiunt: atque in vniverſum omnia

Z

tanquam confulto & in malam partem facta, ad conceptum antè o-
dium apponunt. *Lion. l. 45.*

LES Princes de Bifignan & de Salerne
apres avoir eſte long temps de la faction Angevine contre le Roy de Na-
pleſ, ſe tournent du coſté d'Aragon, & ſe
remettét ez bónes graces du nouveau Roy
Federic. Biſignan ſortant vn ſoir du Chaſteau neuf de Naples, eſt aſſailly à l'improviſte & bleſſé par vn Grec. Salerne qui creut
que cela eſtoit faict par le commandement
du Roy en vengeance des offenſes paſſees,
ne peut diſſimuler ſon ſoupçon, part incontinent de la Cour, & ſe retire à Salerne. Le
Roy ſe juſtifia de ce meurtre, proteſte de ſa
ſincere affection envers luy & ſon nepveu,
& luy envoye le Grec pour l'examiner &
punir à ſa volonté. Le criminel avouë
qu'il a donné le coup pour l'injure que le
Prince de Biſignan luy avoit faict vn peu au
paravant en la perſonne de ſa femme, ſans
qu'vn autre ſujet l'eut porté à cet attentat.
Mais toutes ces raiſons du criminel, & la ju-
ſtification du Roy, ne peurent jamais diſpoſer ledict Prince de ſe fier en luy, ou le porter de rechef à vne reconciliation ſeconde.

APHORISME XXXV.

LES ¹ Romains e-
stoient si rigoureux,
qu'ils punissoient en
guerre les moindres trans-
gressions de leurs commandemens , encor que le bon
succez eut respondu à l'entreprise. Mais cette rigueur
ne doit & ne peut estre contrainte dans la rigueur de
ses termes. Car és actions
de cette nature , nous ren-
controns souvent par accident des avantages si
grands, que la raison ny le
jugement ne les pourroit
prevoir, beaucoup moins entreprendre. Les choses donnent conseil aux hommes,
& non les hommes aux
choses ausquelles ils doivent se conformer. Mais ²
ceux qui ont vne fois ou-
trepassé leur commission, &
voyent que par là ils ont

¹ T. Manlius, filio è prælio
prosperè gesto , redeunti:
quandoquidé adversus edi-
ctum nostrum extra ordiné
cum hoste pugnasti, &c. I
lictor, deliga ad palum. Li-
ut. l. 8.
Manliana imperia, non in
præsentia modo horrenda,
sed exempli etiam tristis in
posterum. Id. ibid.
Summum jus summa inju-
ria. Dictum de rigidis & aua
stet is : nã tum maximè dis-
ceditur ab æquitate , quum
maximè superstitiosè hære-
tur in legum literis. Adag.
Poly.
² Res dant consilia homi-
nibus, non homines rebus.
Itaque aptare te iis rebus
debes, præsertim in bello.
Lip. Pol. l. 5.
Surculum defringere. Dictũ
de iis qui non callent totam
disciplinam militarem, sed
ex ea paulalum quod ad præsens faciat decerpunt. Cic.
Statum mutantium rerum,
recto consilio in bonã partẽ
accepto , aliquoties divina
remedia repararunt. Am.
Marcel. l. 26.
Qui opportunæ occasionis
momentum neglexerit, ne-
que statim rei benè gerendæ occasionem arripuerit,
frustra deinde præter lapsã
occasionem revocabit. A-
gath. l. 4.
Hanc rebus novis inesse o-
portet constantiam, vt ra-
pienda sunt consilia , non

vne tres-belle occaſion de faire amende honorable de leur tranſgreſſion, & la rendre neceſſaire & vtile au ſervice de leur Maiſtre : ils commettent vne double faute s'ils ne pourſuivent leur deſſein.

TRivulce eſt Lieutenāt general du Roy en Italie, avec commandement exprez d'aider Batiſtin Fregoſe dernier Duc de Genes, & le Cardinal de Sainct Pierre aux liens pour les faire rentrer en leur patrie avec les autres exilez, & s'aſſeurer de la ville. Sa cōmiſſion ne paſſoit pas plus outre. Octavian Fregoſe fut envoyé aux Florentins pour ſolliciter cet Eſtat d'aſſaillir la province Lunigiane & la riviere de Levant, comme Paul Baptiſte Fregoſe avec ſes ſept galeres troubleroyent celle du Ponant. La glace ainſi rompue & le chemin ouvert, le Roy ordonne que le Duc d'Orleans ſuivroit incontinent avec vne puiſſante armee pour faire en ſon propre nom l'entrepriſe du Duché de Milan. Trivulce & Bateſtin prennent la ville de Novi avec quelques autres places voiſines detenues injuſtement par ceux de Genes, & yſurpees par le Duc de Milan. Le

Cardinal de Sainct Pierre aux liens ayant
forcé & emporté Vintmille, s'accoste & approche de Savone. Mais ne trouvant qu'aucun de son party se sousleva dans la ville, il
desespera de la prendre, & fut contrainct de
se retirer. En ce service apres la prise de Novi, si Trivlce eut avancé ses forces suivant
sa commission, il est croyable qu'il eut grandement avancé les affaires de son maistre.
Mais le desir qu'il avoit d'allumer la guerre
au Duché de Milan, dont il n'avoit nulle
charge, luy fit passer les bornes de sa commission. Il entre en cet Estat, assiege Bosco
& la prend avec vne incroyable diligence.
La prise de cette place mit l'Estat en desordre, & revolte manifeste. Car ils se soule-
verent incontinent les vns pour la crainte
qu'ils eurent des François, & les autres pour
le desir des choses nouvelles. Le Duc luy-
mesme ne se monstra pas moins timide en
cette adversité, que la prosperité l'avoit rendu insolent auparavant; & de peur de plus
grand méchef supplie le Duc de Ferrare son
oncle de ménager sa paix avec le Roy de
France. Galeas de S. Severin son General se
défioit avec toutes ses forces de pouvoir defendre Alexandrie, & estoit
prest de se retirer; Tant l'estonnement & la crainte avoient saisi les ef-

X iij

prits de tous les Milannois par cette seule a-
ction. Mais Triulce pour ne contrevenir davantage au commandement du Roy ne paf-
sa point plus outre, laiffe écouler l'occafion,
& l'arrefte entre Novi & Bofco: Cependant
il veid que fon fejour donna loifir au Duc de
remettre la paix dans fa contree, renforcer
fes compagnies, remonter le courage de fes
fubjets, & de faire venir les Venitiens à fon
aide. Ainfi Triulce penfant amender fon erreur, en commit vne plus grande.

APHORISME XXXVI.

1 Non fi deve prender partito nuovo, ove non fi megliori il vecchio: come ve-
diamo, che la natura non
lafcia perire il fiore, fi non
per il frutto. Bot. de Neu
2 Qui in arduis verfantur
negotiis, periculi meminiffe debent. *Erafm.*
Ne mihi periclitatione
laudeti : nam ego neque
nautam amo, nimis auda-
cem, neque continêtis præ-
fidem. *Eurip.*
Lævius fit patientia quidquid corrigere eft nefas.
Hor. v. Od. 28.
Magnum malum eft non
poffe ferre malum. *Bion.*
Laert.
Amo cautê defcendentes
in pericula. *Arift.*
Mora præfcua. *Caff. ep. l. 11.*

LA Nature[1] qui prefen-
te à l'vfage de l'hom-
me le bouton, la fleur, & le
fruict : ne luy permet pas
pourtant de cueillir la fleur
à fon plaifir s'il en arrache
le bouton : ny de joüir des
fruicts pour fon vfage s'il
en cueille la fleur. Tout de
mefme és actions humaines
il faut attendre que les caufes precedentes fe meurif-
fent & viennent en leur
faifon, fi l'on veut moiffon-

ner les fruicts d'vn effect defiré. C'eſt pourquoy [2] les Princes ont cette belle maxime d'Eſtat, de ne prendre pas avidement chaque fleur des belles offres qu'on leur fait, ſi elles n'apportent certainement avec ſoy les doux fruicts du profit: ny d'entrer en vne guerre, quoy que ce ſoit pour vne revanche juſte, ou recouvrement legitime de leurs biens propres, s'il ne leur apparoiſt des aſſeurances certaines d'vn bon ſuccez.

Multa, ne bellare neceſſe ſit, homines voluntate remittunt : quæ bello & armis cogi non poſſunt. Livi. 35.

Siſine cupiditate ſine impotentia, quietus ſecretuſque : Nam id beatius quàm ſuas alienaſque fortunas, ſpe metuque verſare. Tac. de Mor. Germ.

Quis furor eſt atram bellis accerſere mortem. Tib.l.1.c. 10.

C'eſt choſe dangereuſe s'aheurter à ce d'nt on voit qu'il ſera preſque impoſſible de venir a bout. Am. in Plut. Gracch.

L A Republique de Florence eſt profondement engagee en la guerre de Piſe, en laquelle elle trouve vne forte oppoſition de tous les Eſtats d'Italie, & particulierement des Genevois. Elle attend le temps de prendre ſa revanche, & l'occaſion ſ'en preſente par le moyen des François. Le Roy avoit entrepris la cauſe des exilez de Genes pour les faire rentrer dans leur païs. Il ſollicite donc les Florentins de ſe joindre avec luy en vne ſi belle entrepriſe. Cét Eſtat se réjouït grandement de voir qu'vn si mauvais voisin va avoir vn ennemy si puissant sur son dos : mais ils estiment que leur Estat ne devoit pas s'embrouiller en cette guerre, si premieremēt les affaires de France ne s'avancent & prosperent davantage : Et partāt ils refusent de lever les armes pour ce dessein.

APHORISME XXXVII.

1 Credulitas, error magis est quàm culpa : & quidē in optimi cujusque mentem irrepit facillimè. Cic. ep. l. o. Vt quisque est vir optimus, ita difficillimè esse alios improbos suspicatur. Cic. ad frat.

2 Fraus in parvis fidem sibi præstruit, vt cùm operæpretiū sit, cum magna mercede fallat. Livi. l. 28. Ὅτεω οὔτε βωμὸς, οὔτε πίστις, ουδ' ὅρκος ρόμει. i. In quibus neque iusiurandum, neque fides, neque altare locum habent. Aristop. In animis hominum multæ sunt latebræ, & multi recessus. Cic. pro Mil. Temerè affirmare de altero est periculosum propter occultas hominum voluntates multiplicesque naturas. Cic. ad Brut.

3 Μὴ πίστευε πάντα, πρὶν ἀτρεκέως τέρμα ὄψη. i. Noli credere celerrimè antequam verè fidem

LES bons[1] ne croyent pas aisément que les autres soient méchans : d'où vient qu'ils vivent sans soupçon ou méfiance. Et la credulité est plustost vne faute qu'vne offense : pource qu'elle ne nuit qu'à celuy qui la commet. Mais l'offense est à celuy qui trompe, pource qu'il promet davantage qu'il ne desire executer : faisant ainsi à autruy, ce qu'il ne voudroit pas estre fait à luy-mesme. Or l'excellence[2] de cés art est d'attirer les credules par l'execution des

chofes petites, pour les trom-
per par apres plus aifement
ez plus grandes. Mais le re-
mede dont il fe faut fervir
contre les maiftres de ces fub-
tilitez, eft de ne fe fier pas
en eux. Car celuy qui ne fe
fie & ne croid pas facilement
aux autres, peut difficilemēt
eftre trompé.

vidras, *Phocylid.*
Pragmatici homines om-
nibus hiftoricis præceptis,
verfibus denique cavere
iubent, & vetant credere,
Lip. ex. hift.
Magis amicorum invidiam
quam inimicorum infidias
cavere debemus. Illud
enim apertum, hoc celatum
eft malû, nocendique fraus
quæ non fperatur potentior
eft. *Seneca.*
Da chi mi fido, mi guardi
Iddio,
Da chi mi nõ fido, mi guar-
dero io. Prov. Ital.

CHARLES voyant que l'efperance de la mutation de Genes & de Savone ne luy avoit pas reüffi, fit treves avec le Roy d'Efpagne. Ce qui l'avoit fi long temps retardée, eftoit que le Roy defirant de pourfuivre fes entreprifes delà les monts, refufoit de comprendre au traicté les Confederez d'Italie. Et l'Efpagnol qui ne faifoit difficulté de confentir à cela que pour le regard de fon honneur, faifoit inftance qu'ils y fuffent compris, ou autrement qu'il n'y pouvoit entendre. Les Ambaffadeurs allerent plufieurs fois de part & d'autre, tant qu'à la fin les rufes Efpagnoles l'emporterent par deffus les François. Car le Roy d'Efpagne affeure celuy de France que la treve eftant conclue fur cette condition, il eftoit preft d'entrer en vne entiere paix &

parfaicte alliance avec luy : Et qu'alors il se
promettoit de trouver quelque puissãt pretexte pour joindre ses armes aux siennes à
la conqueste du Royaume de Naples, qu'ils
partageoyent desia par ensemble. Ainsi la
condition est acceptee, & la treve conclue
pour six mois par les puissans artifices de l'Es
pagne, & au grand prejudice de la France.

APHORISME XXXVIII.

1 Insperata accidunt magis
sæpè, quam quæ speres.
Plaut. Most.
——— Spero & Pavento
Læuo Giudici incertissimi di
Marte. Tasso. Can. 10.
Pessimu in dubiis augur
timor. Stat. l.3. 25.
Ita postquam adempta spes
est, lassus, cura, confectus,
stupet. Ter. And.
Nunquam minùs quàm in
bello, eventus respondent.
Salust Iug.
Incerti exitus pugnarum, &
Mars communis : qui sæpe
spoliantem jam & exsulta-
tem evertit & perculit ab
abjecto. Cic. pro Mil.
Nescis quid serus vesper
vehat. Varronis monitu m
ne præsentium successuum
prosperitate elati, futurorú
curam abiiciamus. Gell. à
Varr.
Frequenter jam fusa acies,
dispersos ac passim sequentes, reparatis viribus, inter-
emit. Veges. l. 3.

Les tragedies [1] ne peu-
vent estre representees
en aucun lieu avec tant de
naïfueté que sur le theatre
sanglant de la guerre. L'esperance & la crainte sont
juges incompetans & tres-
incertains en ces lices : &
ne peuvent determiner quel
costé a le meilleur, ou doit
emporter la victoire. Car
[2] le succez prouve pour la
pluspart le contraire de ce
que le commencement faisoit
ou esperer, ou craindre.
C'est pourquoy celuy-là ne
doit pas encore triompher

qui endoſſe les armes, mais celuy qui les poſe à la fin du combat. D'autant que la Couronne ſe donne non pas à celuy qui vainc, mais à celuy qui a vaincu & eſt deſia victorieux.

O Di, quante battaglie il fin ſucceſſo Diverſo a quel, che ſi credette inante. Arioſt. can. 10.

Victori non vincenti gloria. Alciat. Emb.

LA trêve eſtoit faicte entre les deux Roys dez le cinquiéme de Mars, auquel ils avoient poſé les armes; mais elle ne devoit commencer pour les Confederez qu'au vingtcinquiéme d'Avril. Pendant ce temps il eſtoit libre encore de ſoffenſer dans l'Italie de l'vn & de l'autre parti. C'eſt pourquoy Trivulce, Bateſtin, & Serenon ſen retournent avec cinq mille hommes en la riviere de Ponent, où ils aſſiegent Albingue. Dez le premier aſſaut ils franchiſſent les murs, entrent dedans la place, & ſ'en font preſque les maiſtres. Mais le deſordre avec lequel les troupes y entrerent, releva le courage des ennemis, leſquels en petit nombre les repouſſent ſi puiſſamment, qu'ils ſont contraints de quitter priſe, & de lever le ſiege. Tout au contraire, comme le Comte Gaiazze pour les Confederez ſe campe devant Novi, & en eſt repouſſé ſi vivement qu'il ſe levoit avec ſon armee, lors que les

assiegez ignorans son intention, & desesperans de se pouvoir defendre davantage, se
rendent à composition, & luy rendent la
place.

APHORISME XXXIX.

Proniores ad vindictam sumus quam ad gratiam.
Bod. l. 5. rep.
Gratia oneri, vindicta in
quæstu habetur *Tac hist.* 4.
Ἄμ' ἐλήτται ἢ τέθνηκεν ἡ
χάρις. i. Simul & misertum
est, interiitque gratia.
Comic. Græc.
Abs quivis homine cum o-
pus est, beneficium accipe
re gaudeas. Verùm enim
vero id demū juvat, si quē
æquum est benefacere is facit. *Terent. Adel.*
Qui larginntur indignis ea
quæ dignis cōferri debeāt,
tria committūt absurda: nā
& ipsi jacturam faciunt, &
in bonos contumeliosi sūt,
& malos roborant, materia
vitiorum suppeditata. *Ant.*
Serm. de bene.
Improbus est homo qui be-
neficiū scit sumere, & red-
dere nescit. *Plaut. Persa.*
Qui indignum aliquem ho-
nore afficiunt, simplicitatis
ac stultitiæ opinionem aliquam habent: qui vero de se
benemeritis paria non re-
ferunt, malitiæ suspicionem
incurrunt. *Demost. ad Leptin.*
Malo si benefeceris, id beneficium interit. *Plaut. Tri.*
Persusum vas est ingratus

LE bienfait est estimé
vne pesante charge;
la vengeance vn
doux rafraichissement &
profit. De là vient que les
hommes sont naturellement
plus prompts à se revancher
d'vn tort, qu'à recompenser
vn bien-fait. L'envieux
particulierement est entaché
de ce vice. Comme le Cra-
paut dans la fable il s'enfle aussi gros qu'vn Tau-
reau de sa passion, encor qu'-
il doive rompre; & d'vn
œil plein de dépit ainsi qu'-
vn Basilic tuë l'objet sur lequel il s'arreste. C'est vn
vase remply de toute autre
liqueur que du bien, tout ce
que vous y versez se ren-

verſe par terre, & ſe perd auſſi toſt. Il creve de voir proſperer ſes ennemis, qui l'ont pourtant comblé de bien-faits apres leur reconciliation, & ne ſonge qu'à leur nuire alors que les autres n'ont penſé qu'à luy faire du bien.

homûcio, ſé por omne quod infundis perfluit in nihilû. Cornat.

Rimarum plenus perdit tua dona ſceleſtus: Si ſapis integro vina reconde cado. Luſcin.

Qui in ea eſt ſententia vt exiſtimer, magnorum virorû inveterata odia beneficiis novis dilui, & in oblivionê induci poſſe, is vehementer fallitur. Mac. pro. c. 7.

LA tréve fait mettre bas les armes en Italie, & donne loiſir aux Confederez de reſpirer vn peu apres tant de traverſes & de craintes qu'ils avoyent receu du coſté des François. Le Duc de Milan ne peut aſſez loüer & élever la grandeur de Veniſe. Il fait paroiſtre à tous ſon grand contentement, & la recognoiſſance qu'il deſire faire des bien-faicts dont il eſt redevable à cette Republique. Il les remercie en public, il les exalte en particulier du ſecours ſi prompt & ſi puiſſant qu'ils luy avoyent envoyé en la neceſſité de ſes affaires. Il approuve grandement la ſageſſe de Iean Galeas premier Duc de Milan, d'avoir commis à la foy de ce Senat l'execution de ſon teſtament, comme à ceux qui eſtoyent d'vne fidelité inviolable. Ce pendant il ne pouvoit ſouffrir que la proye de Piſe laquelle il avoit pourſuivie avec tãt

d'artifices, de menees, & de peines, tombaſt
entre leurs mains, comme il eſtoit vraysem-
blable. C'eſt pourquoy il eſſaye d'obtenir
par ſon induſtrie ordinaire ce qu'il ne pouvoit obtenir avec les forces. Il remonſtre
premieremẽt au Pape & aux Ambaſſadeurs
d'Eſpagne, que la grandeur des Venitiens
eſtoit nuiſible à l'Italie : & puis pour remettre la contree en concorde, il propoſe de
leur arracher Piſe d'entre les mains pour la
rendre à l'Eſtat de Florence.

APHORISME XL.

1 Alcibiades cuidã dicenti,
Non fidit patria de te judi-
caturæ? Ego ſane, inquit, ne
matri quidem: vererer enim
ne inſciens pro albo calcu-
lo nigrum immitteret. Plut.
Alcib.
Κοινὸν Φυλακτήριον τῶν
ευΦρωνύπων Aπιςία.
Diffidentia prudentum ho-
minum commune theſaura-
rium. Demoſt.
Sapiente diffidentia non a-
lia res vtilior mortalibus.
Eurip.
Cautus enim metuit foveã,
Lupus, Accipiterque
Suſpectos laqueos, & opertũ
Miluius hamum. Hor. ep. 1.

Là où nous 1 ſommes li-
bres nous devons touſ-
jours choiſir le meilleur benefice : Où nous ſommes contraints il vaut mieux prendre le moindre des dan-
gers. C'eſt pourquoy en trai-
tant avec d'autres Eſtats
lors qu'il s'agit d'vn fait
que le plus foible ne voudroit accorder, il doit pluſtoſt mettre en avant quelque clauſe ou quelque cir-
conſtance impoſſible, que de

refuſer tout à plat la demande. Car cela ne donne point au demandeur vn plus grand avantage, & n'apporte pas au refuſant davãtage de déplaiſir. Au lieu ² que les plus forts s'offenſent d'ordinaire alors qu'on refuſe auſſi toſt d'accorder leurs propoſitions. Et nous obſervons tous les jours que pluſieurs ſont renvoyez plus ſatisfaicts ſans obtenir ce qu'ils pourſuivent, que les autres qui l'obtiennent apres de rudes paroles qu'on leur a dit, & vne façon importune avec laquelle on a traitté avec eux en leur pourſuitte.

LE Pape & les Ambaſſadeurs d'Eſpagne traittent avec les Venitiens ſur la reſignation de Piſe. L'Ambaſſadeur de Veniſe maintient que cete propoſition eſt pernicieuſe au bien general du païs. Car l'inclination des Florentins envers le Roy eſtoit telle, qu'en leur rendant cete ville on leur donnoit des verges pour battre plus puissamment tous les Confederez, & des armes plus fortes pour aider les François à l'entreprise d'Italie. Que neantmoins pour faire voir à tous que Venise est plus desireuse de leur amitié & de la paix du pays qu'aucun autre, elle seroit tousiours contente de rendre la place aux Florentins, pourveu qu'ils baillassent seureté suffisante, & promissent de ne plus aider les François. Que pour la seureté elle ne pouvoit estre meilleure pour vne matiere de si grande importance que le port de Livorne, lequel seroit mis entre les mains des Confederez. L'Ambassadeur sçavoit bien au certain que les Florentins ne consentiroient jamais de deposer vne place si importante à leur Estat. Ce fut pourquoy il mit artificiellement en avant cette clause, pour avoir toujours plus grand moyen de contredire à la proposition. Ce qui luy succeda selon qu'il l'avoit pensé, & divertit le Pape & les autres Confederez de cette puissante entreprise.

APHORISME XLI.

3 Amicus omnium, amicus nullorum. Cic. de Am.
2 Hydra & monstrum multorum capitum, est ipsa multitudo: Ingenio mobili, seditiosum, atque discur-

Celuy qui est amy à tous, n'est vray amy à personne: & qui a plusieurs testes

teſtes n'en a point. La populace ² eſt vn monſtre à
cent teſtes, qui par conſe-
quent n'a point de teſte pour
cervelle, ny cervelle pour
gouvernement. Et com-
me en vne Medecine, s'il
n'y a la deue proportion des
ſimples qui entrent en la
mixtion, il y a du mal pour
le remede, & non pas du
remede pour le mal. Ainſi
dans vn Eſtat populaire, où
il n'y a nulle temperature
égale, & vn puiſſant con-
trepoids de la Nobleſſe contre ce fort Ingredient de la
multitude, il y a vn grand
deſordre & vn chemin ou-
vert à la confuſion.

dioſum, cupidum novarum
rerum, & otio adverſum.
Saluſt. Jug.
Vulgus ſine rectore, præ-
ceps, pavidum, ſecors atque
etiam vecors. Tac. an. 4.
Procacia plebis ingenia.
Idem l. an 2.
Vulgus audacia turbidum,
niſi vim metuat. Tac. an 6.
Vulgus ægris oculis alenâ
felicitatem intuetur. Idem
l. an. 2.
Sic eſt vulgus, ex veritate
pauca, ex opinione multa,
judicat. Cic. pro Roſc.
In imperfecta multitudine
eſt varietas & inconſtantia,
& crebra tanquam tempe-
ſtatum, ſic etiam ſententia-
rum cōmutatio. Cic. pro Do.
Nihil in vulgo modicum,
terrent ni pavent: vbi perti-
muerint, impunè contem-
nuntur. Tac. an. 1.
Vulgus eſt ad deteriora
promptum. Id. an. 16.
Non delectu aliquo aut ſa-
pientia ducitur ad judi-
candum, ſed impetu non-
nunquam & quadam etiam
temeritate: non eſt enim
conſilium in vulgo, non ratio, non diſcrimen, non di-
ligentia: ſemperque ſapien-
tes ea quæ populus feciſſet,

ferenda, non laudanda duxerunt. Cic. pro Planc.
Non ego ventoſæ plebis ſuffragia venor
Impenſis cænarum, & tritæ munere veſtis. Hor. 1. ep. 19.

L A forme du Gouvernement eſtabli dernierement à Florence n'eſtoit pas bien
compoſee. La Mixtion eſtoit bien faicte de
ces deux Simples, à ſçavoir, l'Optimatie, &
la Democratie: mais avec trop de diſpropor-

tion. Car ce dernier eſtant chaud au ſupre-
me degré, eut bien toſt l'avantage ſur l'autre.
D'où vint que la corruption des ſoupçons,
craintes, deſordres, jalouſies & factions ſ'en-
gendra dans le corps de cet Eſtat. Car la Nobleſſe y eſtoit la moins eſtimée & moins puiſ
ſante : & neantmoins le peuple les eſtimoit
ambitieux, comme ſ'ils n'euſſent deu avoir
aucun credit dans la Republique. Cette vile
populace s'avance & ſ'entremeſle aux deliberations de plus grande importance,
dont ils n'avoyent aucune capacité : Change le ſouverain Magiſtrat de deux mois,
& veut tout faire ſelon ſa folle fantai-
ſie. Par ce moyē les affaires de cet Eſtat ſont
maniees avec vn grand deſordre, & vne confuſion manifeſte. Ces deſordres eſtoyent
d'autant plus dangereux, qu'outre les longs
travaux & dépenſes ſouffertes en la guerre,
la famine eſtoit grande dans le païs. Et tout
cela par enſemble mettoit la Cité en vn danger extreme. La mauvaiſe diſpoſition des
affaires de Florence releva le courage à Pierre de Medicis, & luy donna l'eſperance de
pouvoir rentrer en ſa patrie dont il avoit
eſté banny injuſtement. Il eſtoit ſollicité à
cela par ſes neveux & quelques autres citoyens de la ville : Le Pape l'y incitoit pareillement avec le Cardinal de S. Severin;

le Duc de Milan, Genes, & le Senat de Venise. Il est vray que l'entreprise ne luy reüssit
pas: non par la faute de ses amis en dehors,
ou celle de ses partisans au dedans : mais par
vn accident auquel il ne peut apporter de
remede. Car vne forte pluye l'empécha
d'arriver assez matin à l'vne des portes de la
ville où les conjurateurs l'attendoient avec
ses troupes: Ainsi pour sa confusion la fortune supplea à la negligence de ses adversaires, & s'opposa à ses justes desseins.

APHORISME XLII.

LA [1] corruption a reduit
les Loix sous sa puis-
sance. Les miserables sont
exposez à la risee du pu-
blic, où les méchans de-
vroient estre attachez pour
les avoir violees. Mais celuy qui execute mal ce que
commandent la Iustice &
les Loix, est pire en vn
Estat que celuy qui les viole. Qui ne punit pas vne
offense commise sous sa charge quand il en a le pouvoir,

[1] Qui non vetat peccare
cum potest, jubet. Seneca.
Qui enim castigare aut saltem cohibere cum possit,
non cohibet: palàm est, eum
permittere & pené manda-
re. Philo.
Inducit maximã illecebrã
peccandi impunitatis spes.
Cicero.
Quis eum metuet, apud que
condium, immò constrictü
ferrum sit? Sen. de Cle.
Quid leges sine moribus va-
næ proficiunt? Hor. 3. od. 24.
Mores leges perduxerunt
jam in potestatem suam: Et
miseræ etiã ad parietes sunt
fixæ terreis clavis, vbi ma-
les adfigi erat æquius. Plaut.
Trin.
Nihil in discordiis civilib.
festinatione tutius, vbi facto magi quàm consulto est
opus. Tac. hist. 1.

Quod ipsa natura retinere in officio non poteſt, ij magnitudine pœnæ maleficio ſubmoveri debent. Cic. pro Roſc.

il la commet luy-meſme. Il n'y a pas de plus grande offenſe en vne Republique, ny choſe qui nuiſe davantage à ſon repos, qu'vne faction mortelle entre les grands. C'eſt pourquoy [2] le Prince qui connive à ces factions, & tarde trop à reprimer ces inſolences ; outre la faute qu'il commet, s'expoſe à vn mépris bien grand & à vne honte publique.

[2] On meſpriſe & deteſte ceux qui laiſſent vivre leurs ſujets en toute licence de mal faire, & conſentent les puniſſans avec les loyers. Am. l'hu. Cic. Ce qui donne vœont & moyẽs aux hommes de grands eſprits de conſpirer contre leurs princes & d'attenter à l'vſurpation de la couronne, eſt l'imbecillité & la neantiſe d'iceux princes. Haill. l. 1.

LES factions des Guelfes & des Gibelins ſe renforcent dans l'Eſtat de l'Egliſe. Vn chacun apprehende quelque notable méchef qui ſuyvroit bien toſt ces deſordres. Alexandre ne ſe ſoucioit pas beaucoup de l'affliction de ſes ſujets, & ne ſe troubloit gueres des choſes qui offençoyent ſa renommée. Il fuyoit la dépenſe en ces choſes, & ſe repoſant ſur les autres, il n'eut point aſſez de ſoing de prevenir ce méchef, ou donner ordre à eſtouffer ces ſemences de diſcorde. Alviane eſt appellé & introduict dans Todi par les Guelfes, ſaccage preſque toutes les maiſons des Gibelins, & tue cin-

quante trois des principaux de ce parti. Suivant cet exemple, Antoine Savelle entre
dedans Terni, & les Gattefques par l'ayde
des Colonnes furprennent la ville de Viterbe. En ces deux places ils commirét de femblables outrages & meurtres deffus les
Guelfes.

APHORISME XLIII.

IL y a des degrez és vices:
& quoy qu'en la Morale
les Philofophes tiennent les
excez moins odieux & mé-
chans: les Politiques neant
moins en parlent d'autre forte. Comme ceux à qui l'experience fait voir qu'on en
doit pluftoft juger par les
effects qu'ils produifent,
que pour la faute qu'ils font.
Par cette regle il appert que
la Convoitife & l'Ambition
font deux vices d'autant
plus odieux par deffus les
autres, qu'ils portent plus
puiffamment l'homme à des
actions deshonneftes & mé-
chantes.

Contumax res libido, æftro
percita, & ad infaniam proximè accedens. *Tac.hif.l.r.*
Et ruit in veritû damni fe-
cura libido. *Ovid.*
Ambitio res ventofa, nullû
habens exitum aut termi-
num. *Seneca.*
Complures fe fcelere con-
taminarunt imperij cupiditate. *Cicero.*
Quæque fuccenfas agit libido mentes. *Sen. Hippol.*
Quifquis fecundis rebus e-
xultat nimi, Fuitque luxu,
femper infolita appetens:
Tunc illú magnæ dira for-
tunæ comes
Subit libido. —— *Idem.*
Maximè adducuntur pleri-
que, vt eos juftitiæ capiat
oblivio, cum in imperiorû,
honorum, gloriæve cupidi-
tatem inciderint. *Cic.off.1.*
Libido Lex viro infipienti.
Ficis.
In reliquis vitiis fequitur
victoria pugnam,
Vincitur at celeri fæva libido fuga:
Nemo etenim nifi qui me-
tuet fugietque periculum,
Tutus ab hac poterit vi-
vere pefte diù. *Bilii.*

CESAR Borgia Cardinal de Valence ne
pouvoit supporter que le Duc de Candie son frere aisné fut avancé par le Pape à
vne si haute grandeur temporelle, & qu'il
fut fait General de l'armee Ecclesiastique, à
laquelle dignité il aspiroit luy-mesme : comme estant entierement alioné de l'affection
du sacerdoce. Il estoit aussi passionnement
animé contre luy de le voir son corrival
aux amours d'vne sienne maistresse. Ainsi
poussé de la luxure & de l'ambition, puissans ministres de toute grande malice, il le
fit tuer vne nuict, & jetter son corps dans
le Tybre comme il alloit seul à cheval par
la ville de Rome.

APHORISME XLIV.

1 E'ξ ὧν ἔπαθες, ἔμαθες:
Παθήματα μαθήματα.
Nocumenta, documenta.
Adag. Græc.
Miseria, Prudentiæ bona
mater. *Lip. ann. l. 3.*
——— Grande doloris
Ingenium est, miserisque
venit solertia rebus.
Ovid. Met. l. 6.
-- Nec enim fortuna que-
renda
Sola tua est: similes aliorum
respice casus;
Mitiùs ista feres. ————
Ovid. Met. vlt.

Ce qui nuit, duit. Et
l'affliction du mal ré-
veille en nous l'affection
au bien. Les grandes tra-
verses sont de bonnes le-
çons pour la reformation
de nostre vie. Car tant
plus sensible est la pointure
de la calamité, tant plus

grand est le sentiment de noste misere, & le desir de nous en retirer. Si ce n'est² à des cœurs que la malice a endurcy comme rochers au milieu de ces vagues si salutaires. Ce fer s'endurcit sur l'enclume, & ces terres arides ne sont capables ny de recevoir la semence, ny de produire de bons fruicts. Car le Singe est tousiours Singe, & ces natures ingrates ne sont capables de changement, ny pour la pointe des traverses, ny pour les bons mouvemens que l'affliction excite dans leur ame.

Ictus piscator sapit. *Adag. Lat.*

Quod sors feret, feramus æquo animo, Istuc viri est officium. *Ter. Pho.*

2 —— Ad mores natura recurrit Damnatos fixa, & mutari nescia. *Iuuen. Sat. 13.*

Naturam expellas furca licet vsque recurrit. *Hor. ser. l. 2. Sat. 2.*

Le plus grand iugemét qui sçauroit auenir aux méchans, est, qu'ils se condamnent eux-mesmes, & n'en deuiennent pas meilleurs. *Am. Plu. Di.*

Vnicuique dedit vitium natura creato. *Prop. l. 2.*

Quicquid infixum & ingenitum est, lenitur arte, non vincitur. *Sen. de ira.*

Le mortier sent tousiours les aulx. *Prov. Gall.*

Simia semper simia. *Chrys.*

ALEXANDRE abbatu de tristesse pour la soudaine & violente mort du Duc de Candie son fils, en déplore la perte avec beaucoup de larmes. Il repasse sur toute sa vie passee, & ayant honte de plusieurs de ses actions s'en accuse avec vne grande contrition au Consistoire des Cardinaux, les supplie de se joindre avec luy pour reformer les abus de sa Cour, & remettre tout en bon or-

A a iiij

dre. Il s'y employa mesme quelques jours a-
vec ceux qu'il avoit depute du College, re-
tranchant les excez de tous ses officiers, &
donnant beaucoup de bonnes esperances de
ce zele admirable qui luy avoit touche le
cœur de nouveau. Mais tost apres lors qu'il
cogneut le certain auteur de ce meurtre, il
laissa là premierement sa bonne intention,
& puis ses larmes, & en fin retombe au train
ordinaire de ses pratiques precedentes.

APHORISME XLV.

Proditio tantum incommo
di humano generi adfert,
quantum salutis bona fides.
Val. l. 9.
Nulla potest esse in tanti
sceleris immanitate puniē-
da, crudelitas. Cic. Catil.
Proditionis convictos pu-
ni, & graviter puni.
Nam insidiatori aut latro-
ni, quæ potest inferri injusta nex? Lip.
Impia proditio sceleri pœna vindicāda est. Cic prouil.
Δικαστὴ τοῖς ἔσασαν,
ὅπερ ἱερςσύλοις. Punian
tur tanquam sacrilegi. Plat.
dg. l. 9.
Ne sanguinē nostrum lar-
giare, & dum paucis sceleratis parcis, bonos omnes
perditum eas. Salust. Cas.
Est vtilius vnius improbi
supplicio multorum im-
probitatem coercere, quàm

EN vne trahison ceux
qui la celent sont aussi
criminels que ceux qui l'entreprennent. Il n'y a point
de circonstance qui puisse a-
moindrir ou aggraver da-
vantage le crime. Tous sont
en vn semblable degré d'offense, & tous obligez aux
mesmes supplices qui leur
doivent estre infligez par
les Loix. Car celuy-là commet vn aussi grand crime
contre l'Estat qui ne veut
reveler & prevenir vn fait

qui touche le pu' uc, que celuy qui l'intente & l'execute. C'est pourquoy la punition ne peut estre ny trop
prompte, ny trop cruelle à
l'encontre de telles gens. La
plus grande pitié que doit
avoir vn Prince en cette
affaire, est de n'en avoir aucune. Il est par tout ailleurs expedient de paroistre
misericordieux : icy il ne doit
avoir aucun lieu pour la clemence. Nous en conser-
võs beaucoup d'autres, quãd
nous ostons ceux cy. Voire
mesme nous conservons ceux
cy, lors que nous leur ostons
l'occasion de faire plus de
mal & de s'obliger à vne
repentance plus grande. On
ne peut donner vne mort
injuste à vn traistre & à
vn larron. Cestuy cy n'est
attaché qu'à vn crime, &
bien souvent ne veut point
avoir de compagnon. Ce-
luy-là est tous les deux ensemble, & ne peut rien fai-

propter improbos multos
vni parcere. Cic. in Ver.
Tua cautio, nostra cautio
est. Cic. pro Ma.
Lacus a domesticis hosti-
bus munies. Curt. l. 3.
Qui dubitat vlcisci, improbos plures facit. Senec. Sent.
Nulla cujusquam miseri-
cordia, quia flagitiorũ de-
formitas prævalebat. Tac.
an. 11.
Facinus non admittit lenta
consilia. Ioseph. f. 278.

*re tout feul. De forte que
fi l'on ne previent fa malice il en attirera d'autres : &
tous enfemble vous ruine-
ront à la fin fi vous ne les
ruinez de bonne heure.*

L'Entreprife de Pierre de Medicis fur la ville de Florence vint incontinent en lumiere. Plufieurs nobles citoyens s'enfuirent, & plufieurs furent emprifonnez. Les criminels furent aifement convaincus de la conjuration ; & Nicolas Ridolfe, Laurent Tournabon, Ianot Pucci, & Iean Cambi font condamnez à mort pour l'avoir follicité de venir, & receu argent de Laurent pour favorifer le deffein. Bernard de Nere Gonfalonier de la ville fut auffi condamné pour avoir fceu & celé l'entreprife : luy qui pour fa dignité rendoit fa faute d'autant plus grande qu'on luy avoit fié la premiere charge de l'Eftat. Les parens de ceux qui avoyent fubi ce jugement, appellent de la fentence au Grand Confeil du peuple, en vertu d'vne Loy qui fut faite lors qu'vn peu au paravant le gouvernement populaire fut eftably. Ceux qui avoient efté autheurs de la condamnation, craignans que la compaffion de l'aage de la Nobleffe, & du grand

nombre des parens n'adouciffent ez efprits
du peuple la feverité du jugement, propo-
ferent à la table des Senateurs f'il eftoit plus
expedient de pourfuivre l'appel, ou bien de
l'empefcher. En fin l'authorité & le nombre
furent plus forts de ceux qui craignoyent lo
danger d'vne fedition, au cas qu'on tardaft
davantage l'execution de la fentence. De
forte que par commandement des Magi-
ftrats ils furent executez la nuict mefme en
prifon.

APHORISME XLVI.

LES exemples ne font
point garands des a-
ctions des Princes, & ne
les juftifient pas. Lors principalement qu'ils font pris
de ceux-là dont la vie eft
generalement & jufte-
ment taxee d'injuftice. Et
neantmoins telle eft la de-
pravation de la nature de
l'homme qu'il imite pluftoft
le pire que le meilleur : &
en l'imitation du mal il
excede toufiours l'exemple,

Duo illa nos maximè mo-
vēt, fimilitudo, & exemplū.
Cic. 3. de orat.
Id genus hominum vniver-
fis eft advorfum, atque omni populo malè facit; malè
fidem fervando, illis quoque abrogant fidem, qui nihil meriti. Quippe ex eorū
ingenio, ingenium horum
probant. Plaut.
Vbi femel à recto deerratū
eft, in præceps pervenitur,
neque quifquam fibi turpe
putat, quod alteri fuit fru-
ctuofum. Vellei. l. 2.
Quod exemplo fit, id etiam
jure fieri putant, homines.
Cic. ad Sulp.
L'imitazione del male, fu-
peral'eßempio: Si come per
lo contrario, l'imitaZione
delbene è fempre inferiore.
Por. in Guic. l. 6.

Prodest sine dubio custodē
tibi proposuisse, & habere
quem respicias: longè autē
melius eu, cum iam profe-
ceris tantũm, vt te tui etiã
tui reuerentia, & te cum re-
ceris, cum quo peccare non
audeas.　Sen. ep. ad Lucil.

——— Dociles imitandis
Turpibus ac pravis omnes sumus: & Catilinam
Quocunque in populo videas, quocunque sub axe,
Sed nec Brutus erit, Bruti nec auunculus vsquam. Iuuen. Sat. 14.

au lieu qu'en imitant le bien il fait beaucoup moins qu'il ne luy est proposé.

LE Roy de France avoit determiné de ne plus consentir à l'accord que demã-doit le Roy d'Espagne s'il y comprenoit l'Italie: & il sembloit chose bien dure à l'Espagnol de laisser cette contrée à l'abandon de ses armes. En fin pourtant ils conclurent vne tréve dont ils se pourroient dédire en dans deux mois apres le iour de la conclusion d'icelle; en laquelle ils ne comprirent aucun des Princes Italiens. Ces Confederez s'estõ-nent de cette omission, & s'en plaignent au Roy d'Espagne. Le Roy pour se iustifier, al-legue qu'il l'avoit peu faire aussi bien sans le sceu des Confederez, comme il avoit esté licite au Duc de Milan de faire la paix de Vercel sans leur en communiquer. Neant-moins pour monstrer qu'il ne veut pas les desobliger en cela, il leur promet de revo-quer la tréve aussi tost qu'on luy aura rem-boursé cent cinquante mille ducats qu'on luy devoit pour la guerre qu'il avoit faicte,

& que les Venitiens avec cela quitteront
leur intereſt & poſſeſſion de la ville de Piſe,
pour le repos commun de toute l'Italie.

APHORISME XLVII.

LA Iuſtice & la Fortu-
ne ſont couvertes d'vn
bandeau ſur les yeux : pour
nous repreſenter ce que l'v-
ne fait , & ce que l'autre
ne doit pas faire. Car l'v-
ne a de couſtume de donner
ſans nul reſpect, & l'autre
ſans nul reſpect de prendre.
C'eſt pourquoy le Prince qui
par tricherie , ou crainte , ou
autre fin particuliere , manque de faire droit à vn chacun, ſe retire des regles
preſcrites de la Iuſtice &
Equité. Comme celle qui
n'admet perſonne pour ſeoir
en ſon thrône Royal , que
ceux dont les yeux ſont
voilez au reſpect des perſonnes, & dont les mains ſont

Iuſtum & tenacem propo-
ſiti virum,
Non civium ardor prava ju-
bentium ,
Non vultus inſtantis tyrãi
Mente quatit ſolida. *Hor.*
3 car. 3.
Nihil in penatibus ejus ve-
nale ſit, aut ambitioni per-
vium. *Tac. an. l. 13.*
Corrũpentia ſenſus dona: ‑‑
‑‑ perſuadere dona, & diis
fama eſt. *Claudian.*
Κελου ἄς χϱον ἐλκαν.
Iudicium donis emptum.
Phocyl.
Iudices, neque ωϱωπολί-
πlαι , neque δωϱϱφαγοι
eſſe debent. *ex Heſiod.*
‑‑‑‑‑‑ bonus atque fidus
Iudex, honeſtum prætulit
vtili , &
Rejecit alto dona nocentiũ
Vultu. ‑‑‑ *Hor. l. 4 od 9.*
‑‑‑‑‑‑ provincia cum te
Rectorem accipiet, pone irę
fræna, modumque
Pone & avaritiæ. *Iuven. Sat.*
18.
Ὅι δὲ δίκαις ξείνοισι, ἢ ἐν-
δήμοισι διδϜοι
Ἰθείας ἢ μὴ τί πϱϱεκβαί-
νϖσι δικαιϖ,
Τοῖσι πϊθάλε πόλις, λαοὶ
δ' αϛθϸϖν ἐν αὐτῇ.

Qui jura tam hoftibus, quâ
popularibus dant jufta, nec
a jufto quicquâ exorbitant,
iis viget vrbs, populus verò
floret in ipfa. *Hefiod. lib. 1.*
Vir juftus eft, non qui non facit injuriam,
Sed qui cum injuriari poffit, non vult tamen,
Nec qui à parvis capiendis inftituit,
Sed qui magna fuftinet non accipere,
Quamvis habere queat & poffidere fine periculo: *Philem. in*
Palamid.

fermees à l'acceptation des
prefens.

AV traitté de Vercel il y avoit pour article que le chafteau de Genes feroit mis en depoft entre les mains du Duc de Ferrare, pour feureté des promeffes du Milannois, à condition qu'il le garderoit à fraiz communs du Duc de Milan & du Roy de France deux ans entiers: & qu'il le rendroit au Roy au bout du temps, au cas que le Duc n'accomplift pas entierement fes promeffes: donnant luy-mefme au Roy fon fils Ferrand en oftage pour affeurance de depofer la place en temps & lieu, fuyvant les conditions precedentes. Le temps eft expiré, Sforze a failly de fa part à l'executió de plufieurs articles. Le Duc de Ferrare demáde au Roy la moitié de la dépenfe faicte en la garde du chafteau; ce qu'il accorde incontinent. Mais parce que le Roy n'avoit pas efté fatisfaict des conventions que Louys Sforze luy avoit accordées, il prie le Duc de Ferrare de tenir toufiours la place iufques à tant que par la

iuftice on fceuft affeurement auquel des
deux il la devoit configner. Cette demande
eftoit tres raifonnable, & iufte. Mais l'inftance faicte par les Venitiens, & les prieres de
Louys Sforze fon gendre eurent beaucoup
plus de pouvoir fur l'efprit du Ferrarois. Outre l'Archevefché de Milã que Sforze avoit
donné au Cardinal Hyppolite fon fils ; & en
fin la crainte d'avoir pour ennemis ces deux
puiffans voifins, les Venitiens & le Duc de
Milan, le font condefcendre de rendre lé
chafteau à Sforze, apres qu'il l'eut payé
de toute la defpenfe qu'il avoit faicte
à le garder. A raifon dequoy les Venitiens
pour monftrer qu'ils fe fentoyent obligez
de cet acte, prirent fon fils Ferrand à leur
folde avec charge de cent gens-d'armes.

APHORISME XLVIII.

Qui endure [1] *vn coup de la main de fes en-nemis, en demande vn au-tre : & celuy qui fouffre vne injure fans la punir, eft affeuré d'en recevoir beaucoup d'autres.*

[1] Impunitæ injuriæ exem-plum, omnibus minatur in-juriã : Etenim fi liceat im-punè lædere, nullus erit tu-tus ab improborum violen-tia. *Plut. de Cat.*
Veterem ferendo injuriã, invitas novam. *Senec. de ira.*
Princeps nifi fe ab injuriã vindicaverit,
—— fubverfa jacebit
Priftina majeftas foliorum, & fceptra fuperba. *Lucre. lib. 5.*
Ne

Subitis offensis, vel intempestivis blanditiis mutabilem, meritò condemnant. *Tac. an l. 2.*

Voila le malheur d'vn siecle miserable & injuste, de cognoistre l'injustice, & ne l'oser dire, ny en faire la punition: voila comment les Princes souvent cognoissent le mal, & jugeans au contraire donnent l'absolution: estans à cela contraints par les temps ausquels pour leur injustice ils donnent cette licence, & apres en reçoivẽt les premiers le mal. Haill. Estat. l. 3.

Vitellius contemptior in dies segniorque. *Tac. hist. 2.*

Gravius est côtemni, quam stultitia percuti. *Seneca.*

2 Vnius improbi supplicio, multorũ improbitas coercetur. *Cic. in Ver. 3.*

Si crebra nimis sit eorum insolentia, & tanquam mala herba nimiùm succreverit, falce est recidenda. *Lip. Pol. l. 5.*

...point ressentir vne injure receuë d'vn estranger, & se vãger de quelques excez cõmis par ses domestiques déroge grandement à l'honneur du Prince. Car celuy-là monstre ne lascheté de courage, & l'autre vne grande foiblesse de jugement. C'est pourquoy[2] le Prince qui ne veut pas recevoir par deux fois vne injure, doit remedier à la premiere contre vn estranger par la lance, & contre vn sujet par la Loy.

——— primo in limine siste
Conatus scelerum, atque animos infanda parantes. *Stat. lib. 5.*

LE Duc de Ferrare depesche son Ambassadeur vers Charles huictiesme pour s'excuser de ce qu'à cause du voisinage des Venitiens & du Duc de Milan, qui presque luy avoient denoncé la guerre: il avoit esté contrainct d'obeïr à la necessité en la restitution du chasteau de Genes. Cete action estoit de tres-grande iniustice; qui touchoit l'honneur du Roy, & incommodoit ses affaires en Italie. Le Roy neantmoins ne s'en ressentit aucunement

ment, & ouït l'Ambaſſadeur avec la meſme
indifference que ſi l'on eut traitté de choſe
de neant. Ce pendant il eſtoit alors plus que
iamais reſolu de retourner en Italie, dont il
avoit de treſbelles occaſions & de tres-puiſ-
ſants moyens. Il avoit faict trêve avec le
Roy d'Eſpagne, & renouvellé l'alliãce auec
les Suiſſes. Les Florentins accordoient que
d'Aubigny avec cent cinquante lances Frã-
çoiſes paſſeroit en Toſcane pour eſtre Chef
de leur armée : & le Marquis de Mantouë,
lequel apres ſes victoires de Naples pour les
Venitiens avoit eſté caſſé par eux, ſollicitoit
le Roy de le recevoir à ſon ſervice. Le nouveau Duc de Savoye ſ'eſtoit confirmé en
ſon amitié. Bentivole promettoit de le ſuy-
vre dez qu'il ſeroit paſsé en Italie; & le Pape
douteux s'il ſe devoit conjoindre avec luy,
eſtoit au moins reſolu de ne ſe point oppo-
ſer à ſon entrepriſe. Mais les courtiſans arre-
ſtoient le Roy par divers artifices. Les vns
inventoient tous les jours de nouveaux plaiſirs & exercices des armes ou de la chaſſe.
Les autres luy conſeilloient de ne point partir de la France qu'avec vne armee puiſſante
& par mer & par terre pour ſubjuguer toute
l'Italie. Les autres luy propoſoiét mille difficultez pour le divertir de ce voyage. Et le
Cardinal de S. Malo Intendant General des

Fiances, au lieu d'eſtre puni de ſes premiers delais continuoit en ſes longueurs accouſtumées, deſpenſant l'argent du Roy en choſes non neceſſaires, & retardant d'en envoyer aux Vrſins & à Vitelli pour payer leurs ſoldats dans l'Italie. Ainſi la volonté du Roy, qui dependoit de celles de ſes mignons, ſe refroidit entierement de cette expedition ſi chaudement entrepriſe. Ainſi il part à l'improviſte de Lion, de là il ſen alla à Tours, & en fin ſe rendit au chaſteau d'Amboiſe, où bien toſt apres il mourut.

APHORISME XLIX.

1 Tractare ſacra illotis, quod aiunt, manibus. *Adag.*

2 Πολιτικὴν ἀρετὴν ἱερωσύνῃ συνάπτει, τὸ κλωθεῖ ἔςι τὰ ἀσύγκλωςα: velle civilem virtutem cōjungere cum ſacerdotio, eſt miſcere omnino non miſcenda. *Syneſ. ep. 64.*
Οὐ γὰ θεωεία καὶ πράξις πολιτικὴ, ὡς τὰ πολλὰ συείναι πεφύκασι. Spiritualis contemplatio & civilis adminiſtratio, vt plurimùm inter ſe omnino non conveniunt. *Niceph.*
Tantum religio potuit ſuadere malorum? *Lucret.*
Nihil in ſpeciem fallacius, quàm prava religio eſt, vbi

IL ne faut[1] point toucher aux choſes ſainctes qu'avec des mains lavees: & ces mains qui[2] touchent les choſes ſainctes ne doivent point ſe meſler du maniment des affaires publiques. Leurs armes ſont leurs prieres: & la main des Eccleſiaſtiques ne doit point ſe lever pour reformer les Conſeils d'vn Eſtat, ny leur voix eſtre em-

ployee pour les vouloir re-
prouver. Celuy d'entre eux
qui émeut des troubles &
des seditions, est en un mouvement excentrique , &
plante de Cyprés sur les O-
lives dont sa teste doit estre
tousiours ornee. En ce cas
la raison leur impose silen-
ce, s'ils ne sont ou du Conseil , ou dedans le Conseil.
Autrement en preschant la
sedition au peuple, ils divi-
sent l'Estat, & se détruisent
eux-mesmes.

Deorum numen prætendi-
tur sceleribus. *Liui.* l. 39.
Δυσχεραίνοντες τῇ πατρία
πολιτεία, ψόγον ᾗ κατηγο-
ρίαν ἀεὶ τῶν νομίων μελε-
τῶντες. Male affecti erga
patria instituta, & in repre-
hensionem semper legum
accusationemque intenti.
Phil. de confu. Ling.

SAvonarole homme d'vn esprit bouillât
& violent, avoit de temps en temps per-
suadé les Florentins en ses sermons de se
gouverner par vn estat populaire; ce qu'il
avoit obtenu. Il avoit esté cause de la loy
nouvellement establie, par laquelle on ap-
pelloit des Magistrats au Conseil populaire:
& laquelle pourtant il ne souffrit avoir aucun effect lors que les conjurateurs de Medicis y avoyent voulu recourir avant que de
perdre la vie. Il avoit confidement predict
vne grande felicité à l'Estat de Florence, &
vne grande declinaison du Siege Romain;

comme par esprit prophetique & revelatiõ
divine. Il est acculé maintenant devant le
Pape de prescher scandaleusement contre
les mœurs du Clergé & de la Cour de Rome, de nourrir des discordes en la ville de
Florence, & de n'avoir pas vne doctrine
conforme entierement à la foy de l'Eglise
Catholique. On luy interdit la predication,
& est cité à Rome, sans qu'il voulust obeïr à
l'vn ny à l'autre de ces commandemens. En
fin Savonarole ayant si long temps gouverné la cité de Florence, & conduit cete barque selon sa volonté, est tiré du monastere
de Sainct Marc, & conduit dans les prisons
publiques. Apres avoir esté degradé par sentence du General des Iacobins & de l'Evesque Romolin, qui fut depuis Cardinal de
Surrente, Commissaires deputez par le Pape, il fut laissé en la puissance seculiere. Incontinent par autre sentence du Magistrat
il est condamné au gibet avec deux autres
de ses freres, & son corps estãt reduit en cendres apres sa mort, ne peut empescher que
la grandeur de ses actions & de son eloquë-
ce n'ait survescu à vn supplice si honteux.

Fin du troisiesme liure.

ESSAIS
POLITIQVES
ET
MILITAIRES.
LIVRE QVATRIESME.

APHORISME PREMIER.

NTRE *les Eſtats* [1] *qui trafiquent ou diſputent par enſemble ; la moindre alteration de l'vn , porte les autres à des reſolutions nouvelles. Cela ſe void particulierement en la mort des*

[1] Nunquam os operit , nec pupillæ motu, ſed totius oculi verſione circumſpicit: celſus hiäte ore, colore mirabilior , mutat namque eū ſubinde. *Plin. nat. biſt.*
Nō timemus Veſpaſianum, ea principis ætas,ea moderatio. *Tac. biſt. 4*
Finis Neronis varios motus animorum non modò in vrbe apud patres, apud populum,apud vrbanum militē, ſed omnes legiones, duceſ-

Bb iij

que concinerat. *Tac. hist. l.1.*
Finis vitæ eius nobis luctuo-
sus, extraneis etiam ignotis-
que non sine cura fuit. *Tac.*
Agric.

Postquam provecta jam se-
nectus, ægro & corpore fati-
gabatur, aderatque finis &
spes novæ, pauci bona libertatis, plures bellum pavesc-
ere, alij cuperæ, pars multo
maxima imminentes domi-
nos variis rumoribus disse-
rebant. Trucem Agrippam,
&c. *Tac. an. l.1.f.3.*

a Temporibus serviendum:
nec quicquam tutius, quam
de illius consiliis, ex ipsius
indole moribusque judica-
re, aut eorum qui apud illū
magni. *Lip. an. l.3.*

Principis naturam quocum
rem habiturus es, aut ipse
cognoscas oportet, aut tan-
gas ad lapidem illum Ly-
dium communis famæ. Sin-
guli enim decipere & deci-

Monarques dont la perte
fait prendre toute vne nouvelle face à son Estat. C'est
pourquoy en ces occasions les
voisins à guise du Cameleon
qui a tousiours les yeux ouverts, & change souuent de
couleur, doivent changer
leurs premiers desseins selon les occurrences, & regarder aussi bien de l'œil
gauche sur tout ce qui peut
nuire, qu'auec le droit sur
ce qui leur peut estre avantageux.

pi possunt, nemo omnes, neminem omnes fefellerunt. **Plin. Paneg.**
Chi ha à fare prognostico delle deliberaZioni d'altri, debbe (non si
volendo ingannare) hauer in consideraZione, non tanto quello che
verisimilmente farebbe vn Savio, quanto quello sia il cervello e la
natura di chi ha à deliberare. Guicc. l. 7.
Verùm ibi prudentia conspicua hic, vbi quæ discriminis naturam
prospicit, atque iniquæ rationis quod est, id tanquam commodum ad
rem præsentem accipit. *Macc. pr. 31.*

LOVYS douziesme n'agueres Duc
d'Orleans succede à la Couronne de
France. Il estoit vray-semblable par
toute raison d'Estat qu'il ne s'engageroit pas
si tost ez guerres d'Italie avant que d'avoir
bien composé son Estat. Mais les Princes
d'Italie qui estoyent les plus judicieux, ju-

geoyent bien du contraire, & soupçonnoiét
assez probablement que les troubles seroyét
beaucoup plus grands qu'au paravant. Ils
voioyent qu'vn si grand Empire estoit es-
cheu à vn Prince d'aage meur, expert aux
exercices de la guerre, reglé en sa despense,
plus moderé que son predecesseur : & lequel
outre ses pretensions au royaume de Naples, comme estant Roy de France, demandoit droiét au Duché de Milan, entant que
Duc d'Orieans. Toutes ces considerations
les firent de bonne heure penser à eux, &
donner ordre à leurs affaires.

APHORISME II.

*Vne fille qui est belle
& riche n'est jamais
sans amoureux. Non plus
qu'vn grand Estat nouvel-
lement privé de Seigneur,
qui n'a faute de Princes
qui y aspirent. Et ces Competiteurs ne manquent pas
de quelque tiltre ou pretexte pour justifier leur pretention. Mais en cette con-
currence, ce n'est pas tous-*

Virorú armorumque faciē-
dum certamē, id in summa
fortuna æquius quod vali-
dius. *Tac. an. 15.*
Qui isto gladio prævalet, is
optimè de finibus disputat.
Plut. apop.
————— E che ripone
Nella spada sua legge, & sua ragione. *Tasso, cant. 2.*
Sua retinere, privatæ dom⁹:
de alienis certare, regiam
laudem putant. *Tac. an. l. 15.*
Ipsum armis, ipsumque ju-
bent decernere ferro,
Qui regnú Italiæ & primos
sibi poscat honores.
Aeneid. 11.
Si non dominaris filiola, injuriam te accipere existi-
mas. *Suet. de Agrip.*

Bb iiij

Hæc acies victum facтura nocentem est.(Subtilissime malitia est hoc poëta.) Lip. à Luc.

In armis jus ferre:& omnia virorum fortium esse. (improbum est hoc.) Lip à Livio.

Cornelius Centurio ostendens gladij capulum , non dubitavit in curia dicere , hic faciet si vos non feceritis. Suet.fol. 102.

jours le plus juste tiltre ; mais la plus forte espee qui prevaut ordinairement.

LOVYS Duc d'Orleans frere de Charles sixiéme,& grād pere du Roy Louys douziéme espousa Valentine fille de Iean Galeas premier Duc de Milan. Son douaire fut la cité & la province d'Ast, avec grand nombre de deniers, & la condition expresse qu'elle ou ses heritiers succederoyent au Duché de Milan en defaut de ligne masculine. Cete convention qui d'elle mesme n'estoit valable, à ce qu'õ dit, à cause que l'Empereur estoit mort, fut confirmée par l'authorité du Pape qui pretend que l'administration de l'Empire vacquant luy appartient. A la mort de Philippe Marie Viscomte dernier heritier masle de la lignée de Galeas, Charles Duc d'Orleans, fils de Louys & de Valentine commença à pretendre la succession du Duché. L'Empereur Federic soustient que cet Estat est devolu à l'Empire à faute d'heritier masle. Alfonse Roy d'Aragon & de Naples disoit que le Duc Philippe Marie l'avoit laissé son heritier par son dernier Testament:Mais François Sforze pere de Louys present Duc, qui avoit espousé Blanche fille vnique, mais bastarde de Philippe Marie grand guerrier de son téps, plus puissant en armes que ses autres competiteurs, plus prudent en ses deliberations, & plein de succez en ses entreprises, fait son tiltre bon avec l'espée, emporte le prix esperé de tant de Princes, & prend possession du Duché de Milan.

APHORISME III.

C'est [1] vne aussi grande folie de perdre ce qui est nostre par trop de negligence, que c'est offense d'occuper sur les autres par vne trop grande ambition. Car de ne pas rechercher nostre droit est manque de prudence, ne le pas recouurer est manque de pouvoir; mais de ne le pas demander du tout est le quitter entierement, & abandonner le tiltre. Comme ceux qui abandonnent le jeu auoüent qu'ils ont perdu.

[1] Non minùs est turpe sua relinquere, quàm in aliena invadere injustum & ambitiosum. *Salust. Jug.*
Quænam est causa cur Philippus plures res quàm nos superiori bello ex animi sententia gessit? hic ipse militat, labores perfert, periculis adest, neque occasionem rei bene gerendæ prætermittens, neque vllam animi partem omittens: nos vero nihil facientes hîc perpetuo sedemus cunctabundi, &c. *Demost. Phil.*
Quòd multa bello perdidimus, ignaviæ nostræ jure adscribi convenit. *Dem. Oly.*
Nihil agendo homines malè agere perdiscunt. *Cato. ap. Col.*
Segnities specie recti velata cucullo,
Non se, non alios vtilitate juvat. *Alciat. Emb.*
Qui quitte le jeu, le perd. *Pro. Gall.*

Neque eſt prudencia ſolum
χτωμένη, ſed & χρωμένη:
ne ea m auξωα, ſed
& φυλάτχοα. lib. de Con.
2 Nam cōtinuitas tempo-
ris eſticere poteſt, vt quod
pernicioſo more & exem-
plo inveteravit, potētiūs
ipſo lege dominetur. Bod.
Rep. l. 2.
Agros regis Apionis quon-
dam habitos, & populo Rom. cum regno relictos, proximus quiſque
poſſeſor invaſerant, diutinaque injuria & licentia, quaſi jure & aquo
nitebantur. Tac. a'. l. 14.
Dimut nt illi præſcriptio temporum (ſine interruptione & interpella-
tione) legitimæ creationis vim habet. Bod. Rep. 325.

C'eſt pourquoy [2] le Prince qui ne veut point quitter ſon droit ſur quelque Eſtat: doit de temps en temps renouveller ſes pretentions, & en prendre le tiltre.

CHARLES Duc d'Orleans, pere du Roy Louys douxiéme, incontinent apres la mort de Philippe Marie Viſcomte prend le titre & les armes de Duc de Milan, encore qu'il fuſt priſonnier en Angleterre. Il demeura là vingtcinq ans apres la bataille d'Agincourt, en laquelle les Anglois emporterent vne tresfameuſe & admirable victoire ſur les François. Apres ſon retour en Fráce au temps de Louys onziéme il renouvelle ſes pretenſions, ſans que ſa pauvreté & les troubles du Royaume luy donnaſſent loiſir de péſer plus ſerieuſement à cette entrepriſe. Louys Duc d'Orleans ſon fils eſperoit bien de pourſuivre les deſſeins de ſon pere ſouz ledit Louys onziéme ſon beaupere, & Charles huictieſme ſon beau frere. Mais ayant touſiours eſperé & attédu en vain le ſecours

qu'ils luy promettoyent, il peut seulement
s'emparer de Novare lors que Charles le
laissa dans la ville d'Ast à son retour d'Italie.
En fin il ne fut pas si tost parvenu à la Couronne, que par deliberation arrestée en son
conseil il s'intitule non seulement Roy de
Frâce, & pour le regard du royaume de Naples, Roy de Hierusalem & de l'vne & l'autre Sicile, mais encore Duc de Milâ. Et pour
donner à cognoistre à chacun quelle estoit
son inclination aux choses d'Italie, il escri-
vit incontinent des lettres pleines d'amitié
& congratulation au Pape, aux Venitiens,
aux Florentins touchant son avenement à
la Couronne : & envoya gens exprez avec
publique declaration à tous les Princes d'I-
talie pour leur donner clairement à cognoistre qu'il avoit deliberé de poursuivre son
droict dessus Milan.

APHORISME IV.

L'Eale animal Ethiopi-
que[1] a deux cornes lon-
gues d'vne coudee, qu'il
peut remue en combat-
tant ainsi que bon luy semble. Car il les peut mettre

[1] Eale magnitudine Equi
fluviatilis, cauda Elephâti,
cciore nigra vel fulva : ma-
xillas Apri habens, majora
cubitalibus cornua, mobi-
lia, quæ alterna in pugna si-
stit, variarque infesta aut o-
bliqua. Plin. nat. histor. lib.
8. cap. 21.

en dehors pour offenser, ou
les retirer en dedans pour se
deffendre : ou bien il en pouf-
se vne en dehors , & retire
l'autre en dedans en mef-
me temps pour tous les
deux vsages.   Ainsi [2] les
hommes sages doivent ap-
pliquer leurs conseils & a-
ctions, pouffant ou retirant
les cornes de leur pouvoir ;
selon que le temps & les occasions le requierent.   Car
comme les Nochers chan-
gent leur course fur le changement du temps & du
vent , fans pourtant changer de deffein d'aller furgir
au havre : Tout de mefme
les Princes fur chaque nouveau fujet doivent changer
les voiles de leurs refolutions, & prendre vn autre
chemin pour aller plus facilement gagner le port defiré du falut public, & du
bien de l'Eftat.

2 Non cui fum eundem te-
nere oportet, fed portum.
Lip. pol. l. 4.
Hominem etiam frugi fæpe
flectit occafio. Seneca.
Confilia ad eventus & tempora accommodanda, & fæ-
pe intlectenda funt. Lip. an.
lib. 3.
Sic poëta laudat Vlyffem
πολυτροπον, ὴ πολυμήτιν.
Homer. Od.
Les advis doivent eftre accom-
modez à la neceffité du temps.
Am. Plu. Cat.
Honeftè fervit, qui fuccum-
bit tempori. Senec. Sent
Præfentem mulge, quid fu-
gientem perfequeris ? A-
dag. ex. 25.
Temporibus femper cautus
fervire memento ,
Nec reflare velis adversùm
flamina venti. Phocylid.

LOVYS XII. eſt reſolu d'aller en Italie pour pourſuivre ſes droicts au Royaume de Naples, & au Duché de Milan. Le Pape pouſsé de ſes propres intereſts deſiroit auſli que les choſes ſe renouvelaſſent en Italie par ce nouveau Roy, les Venitiens eſtans hors de la crainte du Roy Charles pour les torts & injures qu'ils luy avoient faicte, ne monſtroient qu'ils euſſét aucune défiance du nouveau Roy. C'eſt pourquoy ils luy envoient leurs Ambaſſadeurs pour luy congratuler, & ietter les fondements d'vne ferme alliance. Les ſeuls Florentins commençoient à ſ'eſtranger en leur eſprit de l'amitié des François; car ils n'eſtoient pas liez d'vne correſpondance ſi eſtroitte avec ce nouveau Roy, comme ils avoient eſté avec les precedens par les traittez d'Aſt & de Florence, pour lequels ils avoyent mieux aimé ſ'expoſer à beaucoup de perils, que d'abandonner ſon alliance. C'eſt pourquoy ils eſtoient preſts de mépriſer l'amitié de la France, & de ſe joindre avec le Duc de Milan; eſperans beaucoup plus de ſupport en la faveur certaine & prochaine de la Lombardie, qu'au ſecours eſloigné & incertain de la France,

APHORISME V.

1 Nullum violentum man-
fivum. *Aver. Metap.*
Nullum violentum perpe-
tuum. *Arift. phy. l. 2.*
Fœlix criminibus nullus
erit diù. *Aufon. fol. 9 2.*
Origo tyranni iniquitas eft,
& de radice toxicata, mala
& peftifera germinat & pul-
lulat arbor, fecuri qualibet
fuccidenda. *Sarisb. l. 8.*

2 Quippe ita fe res habet, vt
plerúq; qui fortunâ mutatu-
rus eft, côfilia corrûpat effi-
ciatq; quod miferrimû eft,
vt quod accidit, id etiâ meritò accidiffe videatur : &
cafus in culpam tranfeat.
Vell. lib. 2.
Mentem fcilicet tunc adi-
mit hominibus divina illa
mens. *Lip. pol. l. 1.*

3 Elephanti perpetua dif-
cordia cum Dracône : Qui
ipfum circumflexu facili
ambit, nexuque nodi per-
ftringit. Commoritur ea
dimicatione, victufque cor-
ruens, complexum elidit
pondere. *Plin. nat. hift. lib.*
8. cap. 11.

Comme en la Nature,
ainfi en la police d'vn
Eftat, tout ce qui eft violent n'eft pas de duree. C'eft
pourquoy il eft bien difficile de voir vn vieil Tyran.
Car encore que fa malice appuye fon Eftat de la force &
de la plus fine practique : fi
eft-ce [2] neantmoins qu'à la
fin l'efprit divin luy affollit
l'efprit, la Iuftice du Ciel
confond fon injuftice fur la
terre, & fes propres confeils,
ainfi que les yeux d'vn Ba-
filic fur vn miroir, fe retournent à fa propre ruïne.
De là vient [3] que comme en
la guerre mortelle entre le
grand Elefant & le Dragon
venimeux : alors que l'Ambition & l'Envie fe rencontrent au cœur d'vn Prince,
elles y font en vn perpetuel
combat : jufques à tant que

la queuë venimeuse de son
envie enlaçant les pieds
ailez de son Ambition le
fasse choir par terre, &
qu'il y demeure crevé sous
le faix de ses passions & de
sa propre ruine.

LOVYS Sforze empoisonneur de son neveu, vsurpateur de Milan, & incendiaire de toute l'Italie, void maintenant le Duc d'Orleans son competiteur au Duché de Milan élevé à la Courône de France, sans voir aucun moyen d'accorder avec luy. Il recognoist par experience que de tous les Estats d'Italie il n'y en avoit point de si puissans pour l'assister en cette extremité que l'Estat de Venize. Neantmoins en emulation de sa grandeur à cause qu'elle tiendroit Pise, & d'envie de ce qu'elle moissonneroit les fruicts de ses longues practiques & travaux : il se joint en ce temps dangereux avec l'Estat de Florence contre elle pour le recouvrement de cette Cité. Il presumoit follement en cela que la guerre de Pise seroit finie avant que le Roy peût mettre gens hors de son Royaume. Il supposoit aussi vainement que les Venitiens estoient trop sages pour permettre que l'armee Françoise mit de rechef le pied en l'Italie. Luy qui les y avoit appellé autrefois, & qui estoit beaucoup plus coupable de ce crime. Toutes ces conjectures mal fondees ouvrirent les écluses à toutes ses infortunes, desquelles le torrent impetueux l'emporta jusques dans la France où il mourut en vn miserable exil.

APHORISME VI.

1 Zforzarsi con altrui spesa, far la strada à quanto egli con speranza haueua disegnato. Por. in Guic.
Proinde arriperent vacui occupatos, integri fessos: dum alij Vespasianum, alij Vitelium foveant, patêre locum adversus vtrumque. Tac. hist. 4.
Priùs agitato & turbato stagno, sic capiunt anguillas. Aristoph.
Ita defessos & exangues, prædæ futuros. Sal. de rep. or.
Hostium dissensionem lucū sibi esse sentientes. Jobel. Jud. l. 5.
Græcorûque dissensio, causa Philippi incrementi & potentiæ. Plut. Alex.
Dum sævis ruerent in mutua vulnera telis
Vngue leæna ferox, dente timendus aper,
Accurrit vultur spectatum, & prandia captat,
Gloria victoris præda futura sua est. Alc. u. 135.

LA Raine 1 & la Souris feroient bien mieux de s'accorder que de se battre, pendant que le Milan les aguete pour s'en gorger. Car c'est vne practique pour le moins aussi vieille que Philippe de Macedone de nourrir la discorde entre deux Princes voisins, afin que le troisiesme plus fort les voyãt fatiguez les prenne à son avantage, & se ruë sur eux. C'est pourquoy 2 l'on donne vn tres-bon conseil au plus foible qui a flairé cette finesse de composer le different *rend qu'il peut avoir avec sa partie, & de se joindre tous deux ensemble pour dissiper tous les complots de leur commun ennemy.*

2 Καταλύσαντες τὰς ἔχ-θρας, ᾗ τοὺς κατ᾽ ἀλλήλης ἐόντας πολέμους. i. mutantes inimicitias, & odia in concordiam. *Herodot.* Sic Gnosij Gortiniique inito inter se foedere, & omnia communi consilio agentes. Polyb. lib. 4.

Sic Iudæi visis Titi castris in monte Olivarum, in vnum ordinem coegere qui antea trifariam divisi : & licèt bello intestino sanguis per portas Hierusalem efflueret, contra Romanos tamen quasi vnus vir. Ioseph.

Eaque in re par est imitari Cretenses, qui crebris seditionibus bellisque civilibus exagitati, extrinsecus adventantibus hostibus, pacem ac societatem coiverunt : (Hinc verbum Syncretismus.) *Plut. de frat. amor.*

IL y avoit vne guerre ouverte entre les Colonnes & les Vrsins au territoire de Rome. Plusieurs chasteaux & villes sont prises de l'vn & de l'autre costé, jusques à tant qu'ils combattirent ensemble auec toutes leurs forces au pied de Monticelle dans le païs de Tivoli. Là apres vne longue & furieuse bataille les Vrsins furent mis en fuite, perdirent leurs Enseignes, & laisserét Charles Vrsin prisonnier. Depuis ce succez le Pape se mesla de les accorder, faisant paroistre qu'il avoit du regret de voir la guerre allumee dans vn païs si proche des terres de l'Eglise. Mais comme il n'y marchoit pas simplement, aussi ses desseins ne luy reüssirent ils pas selon son esperance. Ce pendant les Vrsins ayás remis nouvelles forces sur pied s'allerent camper à Palombare, & les Co-

Cc

Ionnois se preparoient pour l'aller secourir. Mais l'vne & l'autre partie s'estant apperceuë que le Pape donnant tantost courage aux Colonnois, & tantost aux Vrsins, nourrissoit la guerre entr'eux, pour pouvoir finalement les opprimer lors qu'ils auroyent consommé & leurs forces & leurs finances: ils parlementerent ensemble à Tivoli sans l'interposition d'aucun autre: & le iour mesme ils conclurent vne paix honorable & profitable à l'vne & à l'autre partie.

APHORISME VII.

1 Fortuna omnipotens, & ineluctabile fatum. *Virg. Aen. 8.*
Solent quidem fata suis vti mediis. *Mac. dif. l. 2.*
Non è causa più difficile à scifare, che il fato: nissun rimedio è di bastanza à contra i mali determinati. Por. in Guicc.
Quæ fato manent, quamvis significata, non vitantur. *Tac. hist. 1.*
Certa si decreta sors est, quid cavere proderit? *Auson. fol. 92.*
Negli animi acciecati dall' immoderata cupiditate, la prudenza soffocata della temerità, non ha parte alcuna. Mac. disc. l. 2.
Nec declinari transcendi-

IL y a¹ de certaines gens, qui comme ces faux Soleils plus ils reluisent dans les nues de la grandeur, & tant plus ils se dissipent & courent à leur ruine. Telle est la force du Destin, qu'il effectue ses desseins sans aucune autre assistance à l'encontre de toute resistance. Et neantmoins pour l'ordinaire il ne travaille pas tout seul, ains il est accompagné des causes subalternes. Les ²conseils, les entreprises, les actions d'vn Prince, que les malheurs poursuyvent & assiegent de pres, concourent & conjurent mesme à sa perte.

que posse agmina fati & volumina. *Gell. l. 6. c. 2.*
a Ingenia tamen mentium nostrarum perinde sunt fato obnoxia, vt proprietas eorum est ipsa qualitas: est enim quasi fatale & consequens, vt mala ingenia peccatis & erroribus non vacent. *Id. ibid.*
Prævalebant jam fata consi-

liis, omnemque animi ejus aciem præstrinxerant. *Gell. l. 2.*
Sive dolo, seu jam Troiæ sic fata ferebant. *Virg. Æn. 2.*
Crede mihi, miseros prudentia prima reliquit,
Et sensus cum re consiliumque fugit, *Ov. Pont. l. 4.*

IAMAIS Prince ne fut plus secret & cauteleux en ses prattiques, jamais moins ouvert & constant en ses amitiez, que Louys Sforze. Mais jamais il n'avoit eu plus de besoin que maintenant de cette procedure subtile, ny plus de subiet de garder bonne correspondance avec les Venitiens: ou au moins de ne les aigrir & irriter avec contumelie. Ce pendant contre son vieil naturel transporté du desdain & déplaisir extreme, il se laisse aller à plusieurs paroles insolentes, & à de grandes menaces à l'encontre de cet Estat. Refuse passage à leurs troupes qui alloient à Pise par le chemin de Parme & de Pontreme. Fait que l'Empereur chassa leurs Ambassadeurs de sa cour: Envoie aux Florentins trois cens Arbalestriers, & contribue à la levee de trois cens hommes d'armes: Leur preste à plusieurs fois plus de trois cens mille ducats:& offre plus grand secours à leur Estat alors qu'ils en auroient besoin pour leur plus grand service. Ainsi ce pauvre Prince en s'allienant de Venize qui l'avoit tant obligé en ses necessitez, se priva de ses meilleurs amis, & travaillant à leur nuire, ne veid pas qu'il travailloit à sa propre ruine.

APHORISME VIII.

1 Cæteris mortalibus in eo stare consilia; quid sibi conducere putent : principum diversam esse sorté, quibus præcipua rerum ad famam dirigenda. *Tac. an. 4.*
Tot tantorumque bonorum & munerum quæ dij largiũtur, nullus est fructus aut vsus rectus, sine lege, jure, & principe. Ius, finis est legis: Lex, opus est principis: Princeps autem imago Dei omnia administrantis. *Plut. ad imperit. ducem.*
Gloriam & honorem, & imperium bonus & ignavus æquè sibi exoptãt. Si bonus, vera nititur : sed ignavus quia bonæ artes desunt, dolis atque fallaciis cõtendit. *Salust. Cat.*
Nec tibi quid liceat, sed quid fecisse decebit
Occurrat, mentemque domet respectus honesti.
Claudian. ad Theodo.
Reip. causa qui non id facit potiùs, quàm sui quæsti, animus haud induci potest eũ

LES Monarques' se proposent premierement l'honneur en toutes leurs entreprises: & puis le bien public : & finalement leur propre interest & profit. Mais ² l'estat populaire renverse & pervertit cet ordre. Car leur premiere intention est fondée dessus son bien privé, de là il pense au bien public, & pour le dernier lieu il regarde à l'honneur. Or cette diversité de procedure procede non pas des formes diverses des deux gouvernements; ains des di-

vers naturels de ceux là qui
gouvernent. Pour monstrer
quelle grande difference il y
a, d'estre gouverné par vn
Prince, ou par vn citoyen.

quod vtile sit. *Thucyd. l. 6.*

O ciues, ciues, quærenda pecunia primùm est,
Virtus post nummos. *Hor. ep. l. 1.*
Priuatam vtilitatem bono publico anteponunt. *Cic. off. l. 3.*
Sogliono communemente più negli huomini senza comparazione,
gli stimoli dell' interesse proprio, che il rispetto del benefizio commu-
ne. Guicci. l. 13.
Vulgus amicitias vtilitate probat. *Ovid.*

effe civem & fidelem, & bo-
num, sed legitimam. Plaut.
Mer.

2 Nō didicit movere puel-
la, tibia. Quæstui solo ser-
vimus, non lactamur cami-
lenis. *Aristain lib. 1 ep. 14.*
Civitati principatum obti-
nenti, nihil non honestum

IL y avoit long temps que la dissension a-
voit separé les deux Estats de Genes & de
Venise en des haines mortelles. Leurs que-
rélles ne se pouvoient esteindre : & lors que
les occasions se presentoient pour les reconcilier, les Genevois jaloux de la grandeur
de Venise se retiroient entierement de toute apparence d'accord. Ce qui les animoit
davantage, estoit la crainte de leur voisinage alors qu'ils seroient paisibles possesseurs
de Pise; ce qu'ils desiroient d'empescher. Et
neantmoins, comme ils sont peu soucieux
du bien public, ils permettent que les vaisseaux Venitiens qu'on employoit à ce service, vinssent prendre port & se rafreschir
sur les costes de Genes, pourveu qu'ils payas-
sent bien pour cela, ainsi qu'ils avoient ac-
coustumé : & que leurs marchands conti-

Cc iij

nuassent à trafiquer avec eux, afin de rendre le commerce plus libre & plus vtile. En quoy quelques particuliers citoyens avoyent interest, & en tiroyent quelque avantage.

APHORISME IX.

1 In ventre mollis tenuisq; cutis Crocodilo : ideò se vt territi mergunt Delphini, subeuntesque alvum illa secant spina. Plin. nat. hist. lib. 8. cap. 25.

2 Nusquam culpâ malè rem gessit, semper consilio vicit. Plutarch. de Iph.

De instantibus atque improvisis verè, & de futuri callidissimè coniiciebat. Thucyd. de Themist.

In obeundis expeditionibus, dubiù cautior, an prudentior. Suet. de Cæs.

Essendo tassato di non esser molto pugnace, rispose : che la sua Madre l'haveva generato, non soldato, ma Capitano. Bot. de Scip. è Plutarch.

La prudence doit conduire & manier la force. Am. Plut. ΦΟΚ.

Plerunque quæ secundùm rationem hominibus prospera eveniūt, stabiliora sūt quàm quæ præter opinionē. Thucyd. l. 3.

3 Parendo potiùs quàm imperia Ducum sciscitando, res militaris continetur. Tac. an. l. 1.

LE Daufin voyant qu'il ne peut offenser le Crocodile à cause de ses dures escailles ; s'enfonce dans la mer, & se coule dessous son ventre, qu'il luy coupe avec l'espine du dos, & le tue. Ces animaux sçavent cela par la nature, & les hommes ont appris par experience d'attaquer leurs ennemis par où ils peuvent estre offensez, sans s'amuser aux choses impossibles. Car la prudence aide la force, où la force toute seule ne peut prevaloir. C'est [2] pourquoy la conduitte est laissee au Capitaine, & l'obeissance aux soldats. Cetuy cy ne doibt pas demander pourquoy,

mais doibt faire ce que ce-
luy là luy commande.

Militem privatum non folū
debere eſſe φιλόπονον, fed
& εὐπειθῆ τοῖς ἄρχουσι. i.
non ſolùm v lementem ad ſua
beundum, ſed & promptum ad parendum. *Xenoph. Cyroped. l. 1.*
_____ Tum o regina quod optes
Exp'orare labor, mihi juſſa capeſſere fas eſt. *Virg. Aen. 1.*
Tam neſcire quædam milites quam ſcire oportet:ita ſe Ducum auctoritas, ſic rigor diſciplinæ habet: ſi vbi jubeantur, quærere ſingulis liceat, pereunte obſequio etiam imperium intercidit. *Tac. hiſt. 1.*

PAVL Vitelli General des troupes Florentines ayant pris Calcinaye, fit ſemblant d'aſſieger Caſcine, ſe campe devant
les murs, leve la terre, & raſe tous les empeſ-
chemens. Les bourgeois & les payſans eſtoient en cette creance, lors qu'il part de là à
l'improviſte, paſſe la riviere d'Arne, met le
camp devant le bourg de Buti, envoye trois
mille hommes de pied occuper les côtaux
voiſins, conduit luy-meſme l'Artillerie par
la voye difficile de la montagne avec grande quantité de pionniers. En fin il emporte
la place le ſecond jour,& rend ſa charge plus
illuſtre par cette glorieuſe victoire. Il avoit
faict cete entrepriſe de la ſorte, à cauſe qu'il
iugeoit que Piſe ne pouvoit eſtre reduicte
par douceur, pour l'obſtination des citoyés;
ni cōquiſe par la force des armes, pour leurs
fortifications, munitions, & multitude de
gendarmes. C'eſt pourquoy il regardoit à
les conſumer, & faiſant la guerre à la main
droicte du fleuve d'Arne, empeſcher le ſe-

cours qui leur viendroit de pays estranger.
Apres la prise de Buti il fait vn bastion sur le
mont de S. Iean de la Vene, vn autre sur
Pietre douloureuse: & se campe devant celuy que les Pisans avoient faict pres de Vi-
copisan, qu'il emporte. En fin il met le siege
devant le chasteau de la Verrucole, & presse
les Pisans de tous costez avec le Comte Rinucce. En tous lesquels exploits & services
d'importance on ne remarque pas tant la
promptitude de ses soldats ez executions,
que sa propre prudence en la conduite de
ses genereuses entreprises.

APHORISME X.

1 Insidiantur temporibus
aliena appetentes. *Lip. pol.*
l. 4.
Prosperis tuis rebus certant
ad obsequium, si tunam
adversam omnes ex æquo
detrectant. *Tas. hist. l. 2.*
Δρυὸς πεσούσης πᾶς ἀνὴρ ξυ-
λίνεται. Ruente quercu, li-
gna quivis colligit. *Scol. in*
The.
Quò vtilitas vexillum suum
prætulit & explicuit, illuc
eunt. *Lip. pol. l. 4.*
Postulabant, non vt assequerentur, sed causam seditio-
ni. *Tas. hist. 4.*
Crescit interea Roma Albæ
ruinis. *Mac. è Livi.*
Sic serpens serpentem edit
vt Draco fiat. *Adag.*

DEZ qu'vn [1] Chesne
commence à tomber,
chacun se rue sur les branches. Et les Serpens devorēt
les autres serpens pour deve-
nir Dragons. Les Vsuriers
n'ont point d'autres plaisirs
plus grands que dans la necessité du peuple, qu'il plume
comme il veut. Et le Prince
avare ne donne pas vn grain
d'orge de son assistance, qu'-

au prix d'vn des plus beaux joyaux de la Couronne de son voisin. Le prix est à la verité bien haut, mais aussi la necessité est bien grande. De sorte qu'il ne peut avec son honneur l'octroyer, ny avec sa seureté denier. En fin pourtant ^a *dans vn dilemme si hazardeux il doit plustost exposer toutes ses fortunes à la chance d'vne bataille, que de partager sa Couronne avec vn amy si avare, si faux, & si ambitieux.*

a Postulavit Alcibiadės quę adeo modū supergrederentur, vt per Athenienses(& si ingentibus sanè postulatis acquiescerét)staret, quò minus conveniretur. *Thucyd.* l 8.

Ah nimiū quod amice petis, moderatiùs opta, Et voti quæso cōrahe vela tui. *Ovid*

Iustam rem & facilem esse oratam à vobis volo, Nā iustè à iustis iustus sum orator datus. *Plaut. Amp.*

ALexandre sixiéme desirant d'avancer Cesar Borgia, qui quittoit les benefices Ecclesiastiques, & l'eslever à des estats temporels; regarde la destresse à laquelle estoit reduict Federic Roy de Naples. Il luy envoye signifier qu'estant prié de se joindre à la France, il est prest de le refuser, & de se mettre de son parti, au cas qu'il voulust donner sa fille avec la principauté de Tarente à Cesar Borgia. Par là il presumoit que si Borgia d'vn esprit haut & de cœur grand, estoit Seigneur d'vn si important

membre du royaume de Naples; entant que
mary de la fille du Roy, il auroit occasion,
avec les forces & les droicts de l'Eglise, de
despouiller son beau pere de son Estat, lequel estoit pour lors delaissé des Barons,
mal voulu du peuple, & destitué de forces
suffisantes. Mais Federic qui descouvrit la
fraude, choisit plustost de reietter cette alliance, & d'estre abandonné de ce costé. De
sorte qu'en deux dangers il aima mieux
s'exposer à celuy qu'il ne pourroit éviter de
dehors, que de s'engager à vn autre qui l'alloit indubitablement ruiner au dedans, &
attendre le sort des armes au milieu d'vne
fortune si desesperee.

APHORISME XI.

Νομίζετε εἶναι τὸ καλῶς
πολεμεῖν τὸ ἐθέλειν, ἢ τὸ
κισχύνεαζ, ἢ τὸ τοῖς ἄρχυσι
πείθεαζ. Velle, vereri, obe-
dire, boni militis munia.
Thucyd. l. 3.
Ne locum deserant, ne ordines turbent milites. *Veget.*
l. 9.
Ne vltrà quàm expedit, aut
conglobent agmen, aut la-
xent. *Idem* l. 2.
Custodiendi milites intra
limites, aliter solvitur militiæ tua, immò perit. *Lip. pol.*
l. 5.

ES Morales c'est bien
vn plus grand vice de
commettre vne meschance-
té, que d'obmettre vn acte
vertueux. Ainsi en la police
militaire, il est pire pour vn
soldat de faire ce qui luy est
defendu en son camp, que
de ne pas faire ce qui luy est
commãdé sur l'ennemy. Car

cecy le prive seulement de quelque bel avantage : mais cela l'exposé manifestement à toute surprise & peril.

Omnibus imperij neruis, ad reuocandam pristinæ disciplinam militiæ debes inniti. *Valer. l.* 2

Remedium seueritate quæsita est, idque vsu salubre & misericordia melius apparuit : quippe pauciores illa castra deseruêre, quàm ea in quibus ignoscebatur. *Tac. an.* 11.

Sic Pactium primipilum, tenere se munimentis & majores copias operiri jussum, rupto imperio pugnantem, corbulo increpitum Pactium, & præfectos militesque tendere omnes extra vallum jussit : nec nisi precibus vniuersi exercitus exsoluti sunt. *Idem.*

Φιλοχίνδυνον μετ᾽ εὐταξίας. i. periculum subire instructo ordine. *Xen. Iust. Cyr.*

APRES la victoire que les Pisans emporterent à Sainct Real, leurs soldats & les stradiots Venitiens dans le transport d'vne trop grande insolence s'escarterent à plaisir par la campagne, en desordre, & sans autre soin que de se resiouïr : De sorte que ny pour la douceur des promesses, ny pour la rigueur des menaces les capitaines ne les peurent jamais renger à leur devoir souz vne juste discipline. Paul Vitelli General des forces Florentines, qui espioit l'occasió, embrasse incontinent vn si bel avantage. Il se met en embuscade pres de Cascine, & se rue de là sur les Venitiens conduits par Marc. Martinengue, avec telle impetuosité, qu'il les met incontinent en fuitte : Tue plusieurs des stradiots avec Iean Gradenique Capitaine d'hommes d'armes, & arreste prisonnier François Chef des stradiots avec cent chevaux.

APHORISME XII.

1 *L'esperance demeure la derniere en la boëte de la vie humaine.* Am. Plut. Cat.

Spes quæ magna sunt, pusilla facit: quæ pusilla, prorsus nulla. Cato in Plut.

Thales sciscitatus quid maximè esset commune omnibus, Spes, respondit: hanc enim etiam illi habent, qui aliud nihil. Stobæ. serm.

Spes nihil aliud quàm vigilantium somnium. Plato.

2 Nec quicquam potest esse diuturnum, cui non subit ratio. Vellei. l. 2.

Hæc talia velut repentè fatigata deficiunt. Curt. l. 4.

Spesso è proprio de gli huomini, farsi facile con la voglia & con la speranza, quello che con la ragione cognoscono esser difficile. Por. in Guic.

— Che'l miser suole
Dar facil credenza à quel che vuole. Arioft. ca. 1.

Nous embrassons volontiers l'esperance, quand elle est conforme à nos desirs. Amm. Plut.

Alternant spes timorque fidem. Ovid. Epist.

Cùm fallax vbi libet, tum in bello fallacissima spes est Petr. dia. 12.

Nam multa præter spẽ scio multis bona euenisse. S. at ego etiam qui sperauerint spem decepisse multos. Plaut. Rud.

L'Esperance [1] est en l'esprit de l'homme comme l'esprit vital en son corps: la premiere qui possede son cœur, & la derniere qui l'abandonne. Mais l'Esperance qui n'est fondee que sur nostre propre desir, ressemble à cette plante laquelle se leve la nuict, & croissant sans aucune racine, est aisement arrachee du vent, & perit. Ainsi les actions [2] des hommes s'évanouissent, & se dissipent facilement lors qu'ayans la nuict de l'ignorance pour moment de leur production, & leur desir ou volonté pour racine, elles semblent tresbelles & tresfaciles à l'œil de l'imagination: pendant que la raison & l'euenement font bien paroistre & juger le contraire.

LEs soldats de Pise ont vn grand desir
de surprendre & raser le fort basti par
les Florentins sur Pietre douloureuse:
sans considerer toutes les forces d'alentour
dont cette place estoit gardee, & la prudence de Vitelli leur digne General. Ainsi ils
s'imaginent que l'entreprise est aisee si on
l'execute soudainement. A ce dessein ils s'y
presentent devant jour avec deux cens chevaux legers, & plusieurs gens de pied au nō-
bre de quatre cens, tous animez d'vne belle
esperance. Mais y trouvans plus grande resistance qu'ils n'avoient estimé, ils y perdirent plus de temps que leur dessein ne requeroit. De sorte que pendant l'assaut ils
descouvrent Paul Vitelli sur les montagnes
qui venoit avec vne partie de l'armee pour
secourir la place. A cette veuë la crainte succede à l'esperance, & leur persuade de se retirer promptement. Comme ils retournent
vers Pise, ils rencontrent Vitellozze en la
plaine, qui estoit venu en ce lieu avec l'autre
partie de l'armee pour empescher leur retour. Pendant qu'ils se battent avec luy, Vitelli arrive avec ses troupes. Ainsi embaras-
sez de l'vn & de l'autre costé, ils se laissent
aller au desespoir, s'abandonnent à la fuite,
en laquelle ils sont chaudement poursuivis,

plufieurs des chevaux perdus, & plufieurs gens de pied taillez en pieces.

APHORISME XIII.

Stare omnes debemus tanquam in aliquo orbe Reip. Qui cum verfatur, eam deligere partem debemus, ad quam nos illius vtilitas falufque convertit. *Cic. pro Pla.*

Novis ex rebus aucti, tuta & præfentia, quàm vetera & periculofa mallent. *Tac. an. 1.*

Ad confilium de Rep. dandum, optimum eft noffe Remp. *Cic. de orat. l. 2.*

Circa bonum prudentia quadrupliciter fe gerit; quum aut acquirit bona, aut tuetur, aut adauget, aut prudenter vtitur. Hi prudentiæ funt canones, quibus ad vtramque vtendum eft fortunam. *Plat. de mor.*

Ὁ νῦν ἔχων εὔχεται βελτίονα, προσδοκᾷ ἡ τὰ τέτερα, χρῆται δ᾽ ἀμφοτέροις. i. Sapiens meliora optet, altera quoque exfpectat, vtrifque vtitur. *Plat. de tranq.*

Ὁ χρήσι μ᾽ εἰδὼς, ὑκ᾽ ὁ πόλλ᾽ εἰδὼς, σοφός. i. Qui vtilia novit, non qui multa novit, fapiens eft. *Aefchilus.*

Tu vires fine mente geris, mihi cura futuri eft:
Tu pugnare potes, pugnandi tempora mecum
Eligit Atrides: tu tantùm corpore prodes,
Nos animo: quantoque ratem qui temperat anteit
Remigii officium, quanto eft dux milite major,
Tantum ego te fupero. —— *Vlyf. Ajaci Ouid. Met.*

LES hommes d'eftat ne doivent jamais s'arrefter à l'exemple du Mercure en vne refolution obftinée fur quelque affaire que ce foit. Ils doivent fe tourner au branle de leur Republique: & n'arrefter fon mouvement aux occurrences, que fur le feul poinct du profit & du falut public.

LA guerre avoit long temps duré entre les Florentins & les Venitiens pour la querelle de Pife. Pendant cela la Republique de Florence n'avoit envoié aucuns Ambassadeurs à Venise, partie pour n'offenser l'esprit du Roy Charles leur allié, partie pour ne s'exposer à vn honteux refus à cause de leur foiblesse. Ayans jugé leurs prieres inutiles vers ce Senat, lesquelles ne seroient point accompagnees ni de reputation, ni de forces. Mais maintenant que le Roy estoit decedé, qu'ils estoient les plus forts à la campagne, & que le Duc de Milan s'estoit entierement declaré contre les Venitiens; outre que le Duc de Ferrare & autres les asseuroyent que ceux de Venise voudroient bien entendre à la paix si l'on traittoit avec eux comme superieurs, & non pas côme égaux: ils eurent esperance de pouvoir trouver quelque moyen de composition honneste. Là dessus ils changent leur premiere resolution, & se laissent aller à l'occurrence des affaires. Ils choisissent Guy Antoine Vespucce & Bernard Rucellai, deux des plus honorables citoyens pour ambassadeurs de la Republique vers les Venitiens. Admis en la presence du Duc & du Senat pour avoir audience, ils s'excusent de ce qu'ils estoient envoiez si tard sur la qualité des temps & divers accidens qui avoyent troublé leur Republique. Demandent franchemét qu'ils eussent à s'abstenir de la deffense de Pise, comme estant vne demande tres-iuste, & digne d'vn Senat si equitable comme ils en avoient la reputation. Le Duc leur fit response, que si l'on proposoit quelque moyen par lequel on peut conserver la liberté des Pisans, ils feroient connoistre à tout le monde, que ni la convoitise de s'accroistre, ni leur interest particulier ne les avoient poussez à la defense de Pise. Les Florentins receurent plusieurs avis sur ce sujet & par les Senateurs, & par l'Ambassadeur du Roy d'Espagne; mais les trouvans injustes, ils ne voulurent s'arrester davantage à Venise. Ainsi ayans essayé de flechir cet Estat par cette soumission, ils retournerent à Florence asseurer leurs concitoyens que les Venitiens n'abandonneroient jamais que par necessité la defense de Pise.

APHORISME XIV.

1 *Come aiviene à vn fiume, che mentre corre entiero, & con tutta l'acqua in vn letto, fa con grandissimo impeto il suo corso, & spaventa le città benche benissime murate : ma se si divide in più parti, perde la forza, & è passato à guazzo d'ogni vno. Cosi*

PEndant que la [1] riviere coule dans son lict avec toute son eau, son courant est plus impetueux, sa force se trouve plus grande, & les plus hardis n'osent s'avanturer au passage. Mais si elle *si elle est divisée en divers bras, sa course est plus tardive, & sa profondeur beaucoup moindre; de sorte qu'on la peut passer aisément, & seurement. Il en arrive* 2 *ainsi au courant des actions guerrieres. La puissance vnie est la plus forte: & les meilleurs moyens pour l'affoiblir est de la divertir, & faire diviser en plusieurs & divers services.*

appunto le forze d'vn esseruto, &c. Rag. Stat.
Moltiplicandosi la forza & certù de' moteri, si fa il moto maggiore. Pat. l. 2. diic. 5.

2 Satis validi si simul incubuissent, per intervallù adventantes, neque cùstantià addiderant turbatis, & pavore fugientium perterrebantur. Tac. de Mili. Apionÿ. Nam Cecinna non simul cohortes, sed singulas acciverat: quæ res in prælio trepidationem auxit, cum dispersos, nec vnquam validos, pavor fugientium abriperet. Tac. an. l. 17.
Vitellius dum dispergit vires (inquit Tacitus) dieda

ad esser tagliati à pezzi, & fatti prigioni i più valorosi soldati suoi, & insino alla morte risoluti à morir in seruizio suo. (infert Ammiratus.) Am. e Tac.
Virtus vnica fortior. Pro. 1. as.
Dividens quod vnum validissimum erat, vtrumque reddidit imbecillius. Onup. de di. Rom. Imp.
Dum singuli pugnant, vniuersi vincuntur. Tac. Agric.
Sic Horatius solus, vniuersis nequaquam par, capessit fugam vt hostes f egregaret. Liui. l. 1.

L'Armee des Florentins est forte & tres-puissante au territoire de Pise, & les Venitiens trouvent toute la puissance trop foible qu'on leur pouvoit opposer pour leur faire resistance, ou les forcer de lever le siege. C'est pourquoy ils prennent de nouveau à leur solde le Duc d'Vrbin, & autres Capitaines avec cinq cens hommes d'armes pour assaillir les Florentins par vn endroit : Pierre Medicis, Charles Vrsin, & Barthelemy

Dd

d'Alviane par vn autre. Sollicitent Iean
Bentivole de se ruer sur eux du costé de
Boulogne. S'efforcent de disposer les Sienois à accorder qu'on fist la guerre par leur
quartier, & donner passage à leurs forces.
Toute cette entreprise n'estoit à autre fin
que pour presser les Florentins de tous costez afin de les contraindre de retirer quel-
quesvnes de leurs forces d'aupres de Pise, à
la defense d'autres places: & qu'ainsi ils peus
sent plus aisement par apres fondre sur le
reste de l'armée, & la rompre, au lieu que
maintenant estant ainsi vnie elle ne pouvoit
estre vaincue.

APHORISME XV.

1 Multitudo omnis sicut
natura maris, per se immo-
bilis est; vt venti & auræ
cient, ita aut tranquillū, aut
procellæ in vobis sunt : &
causa atque origo omnis
furoris penes auctores est,
vos contagione insanitis.
Livi.l.8.
Populi mobilem animum,
& si se Ducem præbuisset,
easdē illas adulationes pro
Vespasiano fore. Tac.hist.l.3.

2 Nobilium factiones tra-
hunt ad se,& in partes,vni-
versum populum. Arist.pol.
l.2.
‒‒‒ æ magistratuū

NOVRRIR 1 vne fa-
ction entre les Offi-
ciers d'vne grande famille,
ou entre les plus Grands
d'vn Royaume, c'est chose
qui de soy-mesme n'est pas
vne mauvaise police: pourveu qu'elle soit limitée du
respect que l'on doibt à la
puissance souveraine. Mais
en vn Estat libre, c'est chose

qui est pleine de grands dangers. Car en ce gouvernement les Grands sont semblables aux vents forts & contraires. La populace est semblable à la mer, qui de soy-mesme est paisible, mais emeuë par les orages, est extrememement furieuse & enragée. C'est d'où vient ² que les effets de ces factions en ces Estats aboutissent ou à vne generale dissipation de l'entiere Republique, ou à vne particuliere vsurpation de la Souveraineté d'icelle, par celuy qui sera le vainqueur.

& potentium factiones. *Id pol.l 5.*
Alta sedent civilis vulnera dextræ. *Lucan. l. 1.*
Vsque adeò miserum est civili vincere bello. *Idem.*
Nec aliud discordantis patriæ remedium fuisse,quam vt ab vno regeretur.*Tac.an. lib.1.*
Sic Augustus, cuncta discordiis civilibus fessa, nomine principis sub imperium accepit. *Tac. an. 1.*
Sulla quod exiguum restabat sanguinis vrbi
—— Hausit. *Lucan.l.2.*
Neque alius solet esse discordiarum exitus inter claros & potentes viros, nisi aut vniversus interitus, aut victoris dominatus ad regnum. *Cic. de aruspp.*

I L y avoit vne grande division dans Sienne entre les citadins: Parce que Pandolfo Petrucci s'estant par sa finesse acquis vne grande authorité dans la ville, Nicolas Bourguese son beau-pere, & la famille des Belanti ne pouvoient supporter sa grandeur. Ceux cy desiroient qu'on accordast libre passage au Duc d'Vrbin & aux Vrsins, lesquels de la part des Venitiens alloyent contre l'Estat de Florence. La meilleure par-

Dd ij

tie des citoyens se met de ce costé, y estant
attirée par l'autorité de la Noblesse, & la
hayne inveterée qu'il avoit conceuë contre les Florentins. Pandolfe à la persuasion du Duc de Milan estoit de l'o-
pinion contraire, laquelle il deffendoit
avec de plus fortes raisons, mais dans vn plus
foible parti: De sorte qu'à cette occasion il
estoit en danger d'esprouver la puissance de
ses adversaires, s'il ne les eut prevenu par sa
dexterité. Il fait venir dans Siene plusieurs
de ses amis qui demeuroient aux environs:
Envoye aux Florentins, qui luy dépeschent
au mesme temps à Pogge Imperial trois
cens hommes d'armes, & mille hommes de
pied. Avec la reputatiõ de ces forces il rem-
barre la hardiesse de ses adversaires, & fait
arrester vne tréve pour cinq ans avec les
Florentins. Peu apres Pandolfe devenu plus
grand par ses menées, trouva moyen de faire tuer Bourguese son beau-pere, donna de
l'espouvente aux autres de ses ennemis, &
s'asseure de l'vsurpation tyrannique de Siene.

APHORISME XVI.

LA[1] consolation que nous recevons de la chaleur du Soleil est d'autant plus sensible que la froidure estoit plus grande qui nous avoit saisie. Tout de mesme, [2] d'autant plus grande estimons nous la puissance qui nous a déliuré, que grande a esté l'extremité du peril que nous avons couru. Iusques là que nous attribuons bien souvent aux miracles & à la fortune, ce qui trouve sa source en la Nature. Il est bien vray pourtant que [2] toutes ses operations encore que naturelles, sont disposees & conduites par vne providence surnaturelle, laquelle prepare le sujet à l'influence & aux admirables effects qu'elle veut produire en luy.

[1] Passio recipitur, non tam per conditionem agentis, quàm dispositionem patietis. Canon log. Receptiuum nó recipit per modum imprimentis, sed per modum receptiuitatis. Scal. ex. 16.

[2] Eædem stellæ non vsquequaque pruinas aut calores cient, sed mutant & variát, tempestatesque eodem in tempore alibi placidas, alibi violentas movent: cur nó eventu quoque rerum ac negotiorum, alia efficiunt in Chaldæis, alia in Getulis, alia apud Danubiú, alia apud Nilum? Gell. l. 14. c. 1. Et casus imprudentiæ succurrit, vt pictori quondam equum pingenti, cum ex tædio spongia in opus impacta esset, quod ars imitari non potuerat, casus expressit. Bod. rep. 4. Sic ipsa dimicationis hora, resolutus repenté Rhenus, cum transiturat ad Antonium copias barbarorum inhibuisset, mira fœlicitate Domitianum absentem victorem fecit. Suet. in Do. Victoriam illi prælio ertor dedit. Flor. l. 4. Centum doctum hominum consilia, sola hæc devincit dea. (Fortuna.) Plaut. Στρατηγικὴ τέχνη εὐτυχίας πλείστης δεομένη. Ars militaris plurimùm à fortuna dependet. Plato.

Exiſtimo olim Maximo, Marcello, Scipioni, Mario, & exteris magnis Imperat. non ſolum propter virtutem, ſed etiam propter fortunam, ſæpius imperia mandata atque exercitus eſſe commiſſos. *Cic. pro leg. Manil.*

3 ———— *Iddio*
Ha ſotto i piedi il fato, e la natura,
Miniſtri humili, è'l moto, è che'l miſura. Taſſo cant. 9.

Providentia omnia inferiora reguntur. *Tert. in Vlat.* .
Non hæc ſine numine Divum
Eveniunt. ———— *Virg. Aen. 2.*
Non hæc humanis opibus, non arte magiſtros
Proveniunt, major agit Deus. *Virg. Aen. 12.*
———— Deum namque ire per omnes
Terraſque tractuſque maris, cœlumque profundum. *Virg. Geor. 4.*
Vt hominum membra, mente ipſa & voluntate moventur: ſic ſumine Deorũ omnia ſinguntur, moventur, atque mutãtur. Cic. nat. Deor. l. 3

PIERRE & Iulien de Medicis prennent le Bourg de Maradi appartenant aux Florentins, aſſis ſur l'Apennin du coſté qui regarde la Romagne. Ils ſe campent devant la Roche-Chaſtillon qui eſt en lieu eminent au deſſus dudit Bourg d'vne aſſiete & deffenſe imprenable. Ils eſperent pourtant de la prendre, ſinon par autre moyen, au moins par faute d'eaux, dont ceux de dedans eſtoient dépourveus, à cauſe de la hauteur de la place, & de la dureté du rocher. Les aſſiegez meſmes contrains par cette neceſſité ſont tous preſts à ſe rendre, lors que ſoudain contre toute eſperance il tomba telle abondance de pluye, qu'elle remplit toutes les ciſternes & les vaiſſeaux. De ſorte que les aſſaillans fruſtrez de leurs eſperances par ce ſoudain accident, levent le ſiege, & ſe

retirent. D'autre part les Florentins rencontrerent vn autre, & auffi eftrange accident
du cofté de la mer. Paul Vitelli fe campe devant Librafatte, & emporte deux tours pro-
chaines, où il met fon artillerie. Dés le premier jour il fait vne bréche fi large aux murailles de la ville qu'il ne doutoit pas de l'emporter au matin enfuivant. La mefme nuiêt
eftant d'aventure tombé vn pan de la muraille, les matieres haufferent de quatre braf-
fes le rempart qu'on y avoit commencé. De
forte qu'ayant effayé en vain par trois iours
d'y monter avec les échelles, il commença à
en redouter l'iffuë : à caufe que principalement fon armée fouffroit beaucoup de dommage d'vne piece de dedans qui tiroit par
vne baffe canonniere. Mais fon induftrie &
fa vertu fut aidee de la fortune, fans la faveur
de laquelle les plus braves Capitaines fouvent fe trouvent trompez en leurs deffeins.
Comme il eftoit preft de lever le fiege, vn
coup d'artillerie tiré du câp rompit la piece
qui les endômageoit, tua l'vn des meilleurs
canóniers dás la place, & le boulet paffa tout
au travers de la ville. Cet accident eftôna les
affiegez, d'autant plus que pour l'artillerie
qui eftoit dans les tours, ils n'ofoient f'affem-
bler ny fe monftrer pour faire tefte. Ils fe ré-
dent le quatriefme iour; & la fortune donna

Dd iiij

à Vitelli ce qu'il n'eut osé se promettre par les armes,

APHORISME XVII.

1 *La vertu n'a jamais son lustre, s'elle n'est pas combatue: & l'homme ne se monstre jamais vertueux, si non alors qu'il est picqué d'honeste ambition, pour faire de beaux & grands exploicts, & tousiours pour l'utilité publique.* Bod. rep. l. 4.
Les partialitez que tu nous reproches sont utiles au public: car nous debatons à qui mieux, pour vaincre son ennemy en mieux faisant. Id. l. 5.
a Semper ita evenit, vt sint inter collegas aemulationes: Quae deponendae sunt aut saltem seponendae, Aristidis & Themistoclis exemplo. Lip. an. l. 3.
Iulius Classicianus Suetonio discors, bonum publicū privatis simultatibus impediebat. Tac. hist. l. 14.
Periculosa cosa è l'invidiosa distribuzione della gratia, & dello sproportionato honore. Rag. Stat. l. 3.
Sic ego torrentem qua nil obstabat eunti,
Lenius & modico strepitu decurrere vidi:
At quacunque trabes obiectaque saxa tenebant,
Spumeus & fervens, & ab obice saevior ibat. Quid. Met.
Aemulatio quae ex contentione procedit, quis eorum sit major, & praecedentia

Le Soleil est plus riant & plus beau lors qu'il nous éclaire du milieu des nües, & des vapeurs qu'il dissipe à la pointe de ses rais. Aussi est-ce dans les rencontres où la Vertu rencontre vn meilleur lustre. C'est pourquoy les Princes qui veulent surpasser les autres en gloire, doivent écarter les nües tenebreuses des passions & perturbations de l'ame; afin que leur vertu puisse reluire & relever leur dignité par son éclat. Cette emulation comme elle est la meilleure, est aussi vn puissant & pressant esperon pour le porter aux actions dignes d'vn brave courage. Mais a celle qui n'a point d'autre but que quelque sotte pre-

eminence d'estre le premier est le remore du bien, & le ver qui ronge la beauté des plus belles actions & plus genereux services.

vocatur) inter Duces exitiabilis, maximisque negotiis nihil magis nocet. *Amm.l.2.* Ex discordia Consuli mala quæque in administratione rerum militarium evenire, & prope ad vltimum discrimen suis & collegæ certaminibus nuper vetum. *Livi. lib.* 10.

Remedium Tiberij huic morbo, vt non pares, sed titulis & auctoritate differentes mitterentur. *Ammirat. l. 2.*

LOVYS Sforze entretient à son service le Marquis de Mantoüe, l'vn des braves soldats de son temps, & Capitaine le plus renommé de toute l'Italie. Sa reputation & dignité acquise dans les combats estoit pour avancer de beaucoup les affaires du Duc pour la ville de Pise. Le Duc avoit promis au Marquis de le faire general de toute son armée en dans trois mois. Le temps est expiré sans qu'on accomplisse la promesse. Car le Duc ne vouloit ny déplacer Galeaz de S. Severin, ny luy déplaire: Comme celuy qui estoit aupres de luy plus grand en faveur qu'en merite, & qui s'opposoit puissamment au Marquis, lequel d'ailleurs ne pouvoit endurer vn tel corrival en cette charge. Croyant donc qu'il estoit offensé en sa personne de ce refus, sa dignité blessee, & son service tres-mal recompensé: il s'en retourne à la solde des Venitiens qui le desiroient grandement pour la mesme af-

faire de Pise , en laquelle ils se declaroient
ennemis jurez du Duc.

APHORISME XVIII.

1 Sono inutili i consigli dilligenti & prudenti, quando l'essecuxione procede cõ negligenxia, & con imprudenxia. Por. in Guic.

2 Neque è periculo principis fama clementiæ affectanda. Tac. hist 2.
Næ ista mansuetudo & misericordia illi in miseriam vertat. Salust. Cati'k
Tales isti abscindendi: non tam vlciscendi causa, quàm vt in præsens sceleratos ciues timore ab impugnanda patria deterreas, & in posterum documentum statuas, ne quis talem amentiã velit imitari. Cic. ad Brut.
Supplicium de iis sumēdũ: non tam vt ipsi pereant, quã vt alios pereũdo deterreãt. Sen. de ira.
Debitas pœnas dabit: lentũ est dabit. Dat: hoc quoque lentũ est: dedit. Sen. Her fu.
Seram post scelus veniam quærebat. Plu. de Doll.
Consulere securitati justa vltione, & modicis remediis primos motus consedisse. Tac. an. 14.
Nisi vindices delicta, improbitatem adjuvas. Sen. Sene.

IL seroit bien meilleur de ne point faire de Loix & de defenses contre les abbus du temps, que de ne les point executer alors qu'elles sont faictes , & qu'on les a violées. Car cecy rend l'offense de chaque particulier vn crime & vn peché public : pource que d'obmettre la punition d'vne transgression , c'est la commettre. C'est pourquoy le conseil de supprimer vne conspiration , & de ne punir hastivement les offenses selon la loy ; non seulement n'apporte point de profit, mais traine beaucoup de dangers. Il ne faut iamais mespriser vn peril qui touche la Republique , ny le dissimuler, ou mécroire par vne folle douceur. Il y a quelquefois de la cruauté en la misericorde, encore que rarement il y ait de la misericorde en la cruauté.

Qui culpæ ignoscit vni, suadet pluribus. *Idem.*

Est quædam crudelis misericordia. *Adag.*

LES partisans de Medicis avoient conspiré la trahison de Bibiene, chasteau de grande importance au païs Casentin. Les Florentins ausquels l'affaire importoit grandement, prennent quelque soupçon de cette mauvaise prattique par le bruit general du peuple, & par avis particulier qui leur en fut envoyé de Boulogne. Mais les diligens avis & prudents conseils sont inutiles quand on les execute avec trop de negligêce & d'imprudêce. Ils y envoyêt incôtinêt vn Commissaire pour prevenir ce méchef, & asseurer la place. Sa diligence à se saisir de ceux dont il se doutoit le plus, & qui estoyêt coulpables de la menée, mit les affaires en tresbon estat : mais ayant imprudément adjousté foy à leurs protestations & paroles, il les remet en liberté. Il ne met aucunes gardes aux portes, & permet qu'on les ouvre tous les matins aussi tost qu'on souloit au temps où l'on n'avoit aucune messiance. De sorte qu'en ces choses, & autres, il fut si negligent, qu'il rendit facile le dessein d'Alviane deputé pour l'execution de l'entreprife. Car ayant envoyé quelques cavaliers en habit de vivandiers, apres qu'ils eurent marché toute la nuict, ils arrivent de bon matin à la porte, laquelle ils occupent incontinent. Apres ceux cy survindrent à la file autres gens de cheval, qui se disoyent par les chemins estre des gens de Vitelli General des troupes Florentines. Les conspirateurs voyans leurs amis arrivez, se levent incontinent en armes, se joignent avec eux, & se font maistres de la place.

APHORISME XIX.

Dum festino omnia celeriter percurrere, tardior sum. Plat. rep. 7.
Perdre l'haleine au milieu de la carriere. Prov. Gall.
Cou tépo & con la paglia maturano le nespole. Pro. Ital.

a *Scito militibus cupidinem pugnandi convenire: Duces prudentia, consultado, cunctatione sæpiùs quâ temeritate prodesse.* Cic. ex Enni.
Vnus homo nobis cunctando restituit rem. Com. d Liu.
Non minus est Imperatoris, consilio superare, quàm gladio. Tac. de Suet.
Cunctator natura, vt cui cauta potiùs consilia cum ratione, quàm prospera ex casu placerent. Paulino.

LE furieux [1] Coursier perd bien souvent son haleine, & se rompt au milieu de la carriere : Là où le Limaçon arrivé au coupeau de la montagne en son temps assigné, aussi bien avec sa coque & sa tardiveté, comme l'Aigle avec son vol & ses aisles. Avec le temps & la paille les hommes meurissent les nestes, aussi bien que les affaires avec le loisir & les moyens. C'est pourquoy [2] le Prince qui veut qu'vne chose soit bien, doibt avoir la patience d'attendre qu'elle puisse estre bien faicte. Il nuit autant d'anticiper l'occasion, comme de la retarder alors qu'elle est offerte. Le fruict n'est non plus profitable quand on le cueille avant sa maturité, qu'apres sa pourriture. Les hommes d'vn esprit bouillant & impetueux faillent principalement au premier. Car ils n'apperçoivent pas si tost l'ombre de quelque occasion, qu'ils courent apres elle : & pensans prendre quelque chose de solide, ils n'embrassent que de l'air. Au contraire les Chefs prudens & avisez estiment bien plus seur de laisser & lasser l'ennemy par la longueur de ses delais, que de mettre tout au hazard par vne precipitation trop grande. En cecy est le danger, en cela est la vertu Fabiane.

Non stimava egli le parole altrui, dove n'andasse l'interesse publico, & la salute della patria : ne si curava che la cautela si chiamasse timidità, ô la consideraZione tardanZa, ô la disciplina dappocaggine : Et voleva anZi esser tenuto dal savio nemico, ch'lodato da paZZi cittadini. Boter. de Fab. max. è Liv. Fabio Massimo aspettando con paZienZa la buona occasione del combattere, sosteneva le parole sconcie, che di lui si dicevano : non rispondendo altro, che haveva per più vile, che temeva i maledici, che chi fuggiva da' nemici : perche questo fuggiva da' fatti, & quello solamente dalle parole. Lotti auvert. 406. Fabius novam de Hannibale victoriam commentus est, non pugnare, vt qui frangi virtute non poterat, morâ comminueretur. Hinc illi cognomen novum & reip. salutare, (cunctator.) Florus l. 2.
Vn Capitano che d'indito
　è di saggio,
E di magno, è d'invitto
　mome merta,
Non dico per richeZZa ô
　per linaggio,
Ma perche spesso habbia
　fortuna esperta:

Non fi fuol mai fidarfi ful vantaggio
Che la vittoria fi prometta certa :
Sta fempre in dubbio , ch' haver debbia cofa
Da ripararfi il fuo nemico afcofa. Ari. Cant. 51.

Lviane avec les exilez Florentins font forts en la province Cafantine; comme ceux qui outre Bibiene avoyent pris plufieurs autres places & chafteaux. Le Duc d'Vrbin, Charles Vrfin , & autres Capitaines fe joignent à luy avec fept cens hō. mes d'armes & fix mille hommes de pied. . Les Florentins y envoyent incontinēt Paul Vitelli General de leur armée , pour l'oppofer à ces forces, & prevenir ce danger eminent. Dez qu'il y fut arrivé, il prend refolution de fuyvre fa vieille couftume pour obtenir plus feurement la victoire, qui eftoit de n'avoir efgard ni à la longueur du temps, ni à la grandeur de la peine, ni à l'excez de la defpenfe : aimant mieux proceder avec toutes provifions neceffaires, que pour vn defir de gloire d'avoir aifement & promptement vaincu, mettre les chofes en peril avec toute fon armée. Il confideroit que le païs eftoit montagneux & fterile, que les païfans ne manqueroient pas de bien faire, & d'efpier les occafions, & qu'Aretzo eftoit affeurée d'vne forte garnifon fouz le Comte Rinucce. Il bouche les paffages des Alpes

& autres pas du païs avec bastions, gardes &
trenchees, & autres fortifications, afin que
les ennemis ne peuffent eftre fecourus de
nouvelles forces, ni f'aider les vns les autres.
Par ces moyens l'ennemy porté à des neceffitez extremes, defefpere de la vie & de
tout fecours. Ainfi il fe defrobe avec des
troupes entieres, lefquelles pour les fâcheux
paffages eftoyent dévalifez ou par les païs-
fans, ou par les foldats de Vitelli, qui fe rendit ainfi maiftre de la campagne, & victorieux de cette puiffante armée.

APHORISME XX.

Celuy qui donne la vie
à la Loy, peut donner
la vie à celuy qui a forfaict
contre la loy. Mais jufques
à ce que la loy foit abrogee
par la mefme puiffance qu'-
elle eftoit eftablie, le Prince ne peut anneantir fa force, ny garantir le faict.
C'eft pourquoy il fe doibt
bien garder que l'or ou les
grandeurs luy faffent rien

Πάντα ἄνια τῷ πλύτῳ.
Omnia venalia nummis.
Arift. Rhet. l. 2.
Aurea nunc verè funt fecu-
la, plurimus auro
Vænit honos, auro conci-
liatur amor. *Ovid.*
Haud facilè emergunt quo-
rum virtutibus obftat
Res angufta domi : fed Ro-
mæ durior illis
Conatus. —— *Iuven. Sat. 3.*
O effecrabil avariZia, ô in-
gordo
Fame d'havere : io non mi
meraviglio
Chi ud alma vile, è d'altre
macchie lorda,
Si facilmente dar poffi dì
piglie. *Arioft. can. 34.*

Curia pauperibus clausa *entreprendre contre les loix* est:dat census honores, *divines.*
Inde gravis Iudex, inde se-
verus Eques. *Ovid.am.3.*
Quid satis est si Roma parum? Vnde habeas quærat nemo, sed oportet habere. *Iuvn. Sat. 14.*
Quandoquidem inter nos (n. Romæ) sanctissima divitiarum
  Majestas: ———— *Idem Sat. 1.*
Vrbem venalem, si emptorem invenerit. *Salus?. Iug.*
Cuidam in quiete ostensum Innocentium quartum apud summum Iudicem accusari, quod Ecclesiam convertisset in mensam nummulariorum. *Mat. Paris.*

CÆSAR Borgia Cardinal de Valéce entre vn matin au Consistoire pour supplier le Pape & les autres Cardinaux, que comme il n'avoit jamais eu d'inclination aux Ordres Ecclesiastiques, il luy fust loisible de quitter le chapeau & dignité de Cardinal, pour embrasser la profession à laquelle son humeur le portoit davantage. Dez que cela luy fut permis, il prend vn habit seculier en leur presence, & de Cardinal Archevesque de Valence, il est faict soldat & Duc de Valentinois, du nom de Valence en Dauphiné, que le Roy luy donna en titre de Duché, avec vne compagnie de cent lances, & vingt mille livres de pension, outre l'esperance qu'il luy donnoit du mariage de Charlotte fille de Federic Roy de Naples, laquelle estoit nourrie à la Cour de France. Par toutes ces faveurs le Roy prattiquoit le divorce d'avec sa femme qu'il avoit espousee comme par force & par commandemét du Roy

Louys

Louys XI. pour estre contrefaicte, bossue, & sterile ; afin d'espouser par apres Anne Duchesse & heritiere de Bretagne, laquelle luy apportoit ce riche Estat pour le joindre à la Couronne de France. L'affection du Roy pressa grandement cette affaire : & la cause ayant esté commise par le Pape à l'Evesque de Sette son Nonce Apostolique, & aux Archevesques de Paris & de Rouën, la Royne ayant contredict quelque temps, en fin acquiesça au divorce, recevant le Duché de Berry avec trente mille livres de revenu pour l'entretien de sa personne. Le Roy en ayant obtenu la dispense, promit au Pape de l'aider à reduire la domination absolue de la Romagne en son obeïssance, & de luy fournir presentement trente mille ducats pour la garde plus seure de sa personne.

APHORISME XXI.

CEluy qui [1] propose vne affaire à son amy, en demande conseil : mais celuy qui luy fait part d'vne affaire resolue, veut qu'on la tienne secrette. Au premier cas l'amy doit ouvrir son

[1] Atque adeò quâ non sint retegenda illa quæ princeps vult esse tecta, in ipsis priscarum fabularū involucris explicitum est : nam & Thamyris à musis, & Tiresias à Pallade excæcati sunt : Marsias ille hispidus & multibarbus ab Apolline excoriatus, & Lini temeritas morte punita. Pasch. leg. cap. 21. Alexander, cum arcana

Ee

quædam literasHæpheftioni legiffet, detractu digito annulum ori ejus admovit. *Caffiod.l.8.*

Scire volunt fecreta dom°, atque inde timeri. *Iuven. Sat. 3.*

Cōfiliarij arcani effe debēt, nec tamen arcanorum fcrutatores. *Lip. pol. l. 3.*

Abditos principis fenfus,& fi quid occultius parat exquirere, anceps, periculofum. *Tac.an.l.3.*

2 Digito compefce labellum:

Accufator erit qui verbum dixerit, hic eft. *Iuven. Sat. 1.*

Tiberius ex viginti confiliariis vix duos aut tres incolumes præftitit. *Suet. in Tib.*

Thrafillum fecretorum temeré confcium, in mare præcipitare deftinat. *Idem.*

Quæ fuaviffima & pulcherrima habent Reges, ea confpectui funt expofita, cœnæ, opes, beneficia: fi vero arcani quid eft, cavè accefteris aut moveri μὴ προσάλης, μηδὲ κινήσης. *Plut. de curi.*

Lingua fuit damno, lingua faciente loquaci,
Qui color albus erat, nunc eft contratius albo. *Ovid.*

——— Tanti tibi non fit opaci,
Omnis arena tagi Vt à magno femper timearis amico. *Iuven. Sat. 3.*

cœur, au fecond il doit cacheter fes lèvres. Car il eft dangereux d'eftre du confeil d'vn grand Prince, & de ne le point tenir fecret.

LE Duc de Valentinois eft arrivé en France, portant avec foy vn chapeau de Cardinal pour George d'Amboife Archevefque de Rouën, lequel ayant toufiours participé aux dangers & à la fortune du Roy, eftoit en grande authorité pour lors, & manioit abfolument les affaires de fon maiftre. Le Duc cela quelque temps d'avoir auffi apporté la bulle de difpenfe pour le mariage du Roy avec la Ducheffe de Bretagne. Efperant que le defir de l'obtenir rendroit le Roy plus facile à fes deffeins pour fon mariage avec la fille de Naples, que ne

feroit pas la memoire de l'avoir receuë si
promptement. Mais l'Evesque de Sette re-
vele au Roy la verité de l'affaire; sur laquelle le Roy consomme le mariage avec sa nouvelle espouse, & contrainct le Duc de luy
delivrer la Bulle, laquelle il ne pouvoit plus
retenir. Ce pendant le Nonce qui avoit descouvert le secret fut enlevé par le poison, &
privé de la vie.

APHORISME XXII.

IL y a une loy de *Nature*,
une autre de *societé*, une
troisiesme d'*armes*, une qua
triesme des *Gents*, & une
cinquiesme d'*Estat*. Et chacune de celles cy en leur ordre se resserrent & entre-
tiennent l'une l'autre par
de certaines bornes, asseu-
rances & provisions admi-
rables. Car quoy que l'arbitration d'un tiers entre
deux partis contraires ou
ne soit pas reiglee selon le
compas des quatre premie-
res loix, ou autrement soit

*La natural ragione dalla
civile, & la civile dalla
militare, & quella dalla
ragione delle Gëti, & questa da quella dello stato, non
scapestratamente, ma con
alcuni freni & ritegni si
confina. Am. in Tac. l. 11.
In niuna cosa più si palesa
quanto vaglia un prencipe,
che nelle proposte che gli si
fanno: nelle quale sò non si
sta accorto, si possono piglia-
re grandissimi errori. Id.
l. 6.
Si ha à por mente à colui, il
quale propone ô cosiglia alcuna cosa, se in quel consiglio si tratta del pericolo del
proponente, ô del vtile &
benefizio di colui à chi si
propone. Idem.*

Ee ij

Regum pactiones sunt ἀπατηλοὶ ἐν ὁμολογίαις. *Dion. Halic.*
Sobrius esto, & memineris diffidere. *Epichar.*
Minime debes ambigere, licet ad agendam causam tibi descendere (ait Cyrus) τίς δ᾽ ὁ δικάξων. i. Sed quis Iudex? (inquit Armenius) Is qui potestas ex arbitrio suo te tractandi, (respondet Cyrus.) *Xenoph. l. 2.* Hei mihi (inquit Vulpes Rubo) confugi ad te tanquam ad auxiliatorem, sed tu pejus me tractasti: Heus tu (inquit Rubus) errasti, quæ me apprehendere soleo *Aesop. fab. 70.*

Fratres duo, reges Thraciæ, disceptationum suarum Iudicem Philippum eligunt: qui more ingenij sui ad judicium veluti ad bellum, inopinantibus fratribus, instructo exercitu supervenit, & regno utrique non judicis more, sed fraude lationis ac scelere spoliavit. *Iustin. lib. 8.*

permise sans limitation des circonstances. Neantmoins la loy de l'Estat ne l'allouë pas si ce n'est avec cette restriction, de ne se rapporter jamais à vn plus grand en vne matiere de grande consequence; si l'on doute de son indifference, & redoute trop sa grandeur.

LE Roy de France estimant necessaire de se joindre en mesme temps les Florentins & les Venitiens qui avoyent de grandes inimitiez par ensemble, fait de tresgrandes instances pour leur persuader de mettre à part toute querelle pour la ville de Pise, & remettre la ville & cette affaire entre ses mains. Les Florentins jugeoient bien leur alliance necessaire avec les François: mais ils se resouvenoyent du Roy Charles, & craignoyent qu'il ne leur arrivast autant en ce mesme subiect souz le Roy d'à present: comme il leur estoit arrivé souz son predecesseur. C'est pourquoy ils ne se peuvent refoudre à paffer outre, fi ce pendant la ville n'eft mife en depoft entre les mains de leur General Vitelli. Les Venitiens tout de mefme font en femblable volonté de f'allier au Roy de France, & de depofer leur querelle avec les Florentins, quand ce ne feroit que pour fe revanger par les armes des torts qu'ils avoient receu du Duc de Milan. Mais neantmoins ils refufent de permettre que l'affaire de Pife foit mife à fon arbitration, ni d'en confentir le depoft en main tierce. Efperans que pour le regard de la reftitution des fraiz pour la guerre de Pife, & pour laiffer la defenfe d'icelle avec moins de deshonneur, ils auroyent de meilleures conditions en la practique qui fe faifoit à Ferrare.

APHORISME XXIII.

VN bafton [1] eft facilement trouvé pour battre vn chien : & vne petite querelle fervira toufiours contre celuy dont les fortunes declinent. Car là où il n'y a aucune crainte de revange, il y a petite con-

[1] Facilè invenias baculum quo canem cedas. *Pro. Lat.* An non vides hanc anfam quærere, refcindendæ irritandæque pactionis? *Plaut.* Secundis rebus labefactatis, quàm formidatus antea eft, tam contemnetur. *Saluft. hift.* 1. Nunc quia contraxit vultú fortuna, recedes, Auxilio poftquú fcis opus effe tuo. *Ovid.*

a Nullum est officium tam
sanctû atque solenne, quod
non avaritiâ comminuere
ac violare potest. Cic. pro
Quint.

Hʼ φιλαργυρεία τ̃ο κεφα-
λαιον τ̃ων κακων. Avaritia
malorum caput. Apollinar.
Τ̃ω κερδι῀ η῀ σοφία νικα-
ται. Lucrum superat sapiē-
tiam. Pindar.

Avaritia, fidem, probitatẽ,
cæteraſque artes bonas ſub-
vertit; & ambitio multos
mortales falſos fieri ſube-
git. Saluſt. Cat.

—pereunt diſcrimine nullo
Amiſſæ leges, ſed pars vilit-
ſima rerum
Certamen moviſtis opes. —
Lucan. l. 3.

ſcience dʼoffenſe. Ce qui
arrive principalement ez
eſprits de ceux qui ſont poſ-
ſedez du deſir des richeſſes.
Car pluſieurs faveurs re-
ceuës ne ſont pas ſi fortes
& puiſſantes pour les porter
à te vouloir du bien, comme le moindre refus eſt
capable de te faire rejetter
de leur preſence, & acquerir leur indignation.

LE Roy de Romains entre dans la
Bourgongne en armes pour la defenſe de ſon fils lʼArchiduc dʼAuſtriche à
lʼencontre du Roy de France. Le Duc de
Milan le ſecourt dʼvne grande ſomme de
deniers: comme celuy qui ſe perſuadoit ou
que la guerre quʼil feroit aux François, le
divertiroit de lʼentrepriſe dʼItalie : ou que
ſe faiſant quelque accord entrʼeux, il y ſeroit compris, ainſi que le Roy des Romains
luy en avoit donné parole certaine. Mais
apres pluſieurs diſputes & menées, le Roy
fait vne nouvelle paix avec lʼArchiduc, qui
eſtoit pareillement Duc de Bourgogne, par
laquelle on luy devoit rendre les places du

païs d'Artois. Et afin que cette chose sortist son plein effect au profit de son fils, le Roy des Romains consent de faire tréve avec la France pour plusieurs mois, sans qu'il fist aucune mention du Duc de Milan; contre lequel il sembloit courroucé, pour n'avoir exactement satisfaict à toutes les demandes de deniers qu'il luy avoit faictes de temps en temps: Et ainsi l'abandonna en proye aux armes & à la valeur Françoise.

APHORISME XXIV.

LE nom[1] d'Egalité bien entendu est vne des choses plus justes & profitables qui soit en vn Estat: quand elle est prise en vn sens & proportion geometrique. Car comme en matiere de taxe ou d'imposition, la meilleure levée n'est pas selon le nombre du peuple, mais selon la suffisance de chaque particulier. Et comme en l'eslection des offices le meilleur choix est selon la dignité & suffisance de celuy qui

[1] Deū semper γεωμετρει inquit, Plato *Sympos. l.* 8. Hic, non tam appendūtur, quàm numerantur sententiæ. *Lip. pol. l.* 3. Lycurgus Arithmeticã proportionem, vt popularem & turbæ aptam, Lacedæmone ejecit: Geometricam verò vt paucorum modesto imperio & legitimo regnó convenientem, introduxit: Quippe illa numero æquale omnibus tribuit, hæc ratione, cuique id quod meretur non sorte aut libra, sed discrimine virtutis aut vitij. *Plut. Symp. l.* 8. Communem se relationem de ea re fieri non passuros, ne par honos in dispari merito esset. *Livt. bel. Ma.* Honores prout quisque aliquod sui specimen dederit: neque iis qui ex certa parte civiũ sunt, potiùs quàm ex

E e iiij

virtute. *Thucyd. l. 2.*
Τοῖς πολλοῖς ἀρέσκειν, τοῖς
σοφοῖς ἔχειν ἀπαρέσκειν. i.
quod placet vulgo, sapientibus displicet. *Plut. de li. educ.*
Quæ ego scio non probat
populus: Quæ populus pro-
bat ego nescio. *Seneca.*
Chorus enim major est, mès
meliùs cōcini: *Plut. de vire*
Il popolo più si governa
con la volontà, che con la
ragione. Por. in Guic.
Il volo ignorante ogni vn
riprende,
E parla più di quel, che me-
no intende. Ari. Cã. 28.
Et quum in suffragiis dādis
omnes sint æquales, suo
quisque commodo vacant,
ex quo nihil perfecti effici
suevit. *Thucyd l. 1.*
Mille hominum species &
rerum discolor vsus,
Velle suum cuique est, nec
voto vivitur vno. *Persius*
Tres mihi convivæ propè
dissentire videntur,
Poscentes vario multùm diversâ palato. *Hor. 2. Ser. 2.*

doit avoir la charge : Ainsi ez deliberations des affaires d'Estat, le plus solide jugement doibt avoir plus de poids : & les voix estre considerées non par le nombre, ains par la valeur seulement. Mais [2] dans les Estats libres, la pluralité des voix surmonte bien souvent les plus fortes, & la force du nombre emporte les raisons qui sont les mieux fondées. D'où l'on void que cette forme de gouvernement ne peut pas estre si bonne, que celle de la Monarchie.

LE Roy de France recherche les Venitiens de se confederer avec luy pour la guerre de Milan : & leur offre pour le loyer de la victoire la cité de Cremone & toute la Guieradadde. Cette chose estoit desiree de quelquesvns, & reiettee des autres. Antoine Grimani homme de grande authorité opine pour l'affirmative ; Prouve l'action estre legitime & necessaire en revange des torts qu'ils avoyent receuz du Milannois:

Honorable, à cause que le monde peut voir
que les desseins de cette Republique n'e-
stoyent point abiects & communs : ains ex-
cellents & magnanimes pour la conservation de son honneur. Ce qui ne se peut perdre si aisement que de donner occasion aux
autres de penser qu'on n'a pas la hardiesse
ou le pouvoir de se ressentir des injures receuës. Estant expedient que la repentance
de celuy qui auoit faict tant de tort à Venise,
seruist d'exemple aux autres pour estre plus
retenus & souples à l'avenir : Profitable par
l'vnion de deux si beaux Estats au domaine
de leur Republique. Et puis la necessité que
l'Estat avoit de maintenir son ancienne dignité, les contraignoit de s'vnir avec le Roy
de France, qui les en sollicitoit le premier.
Qu'au reste les machinations de Sforze ne
pourroyent rien contr'eux lors que deux
puissances si grandes & si voisines seroyent
vnies par ensemble : Que les desseins des
François seroyent facilement bornez par la
prise du Duché de Milan : pource qu'estans
plus prõpts à conquerir, que prudens à conseruer, ils auroyent plus de besoin de regarder à s'establir fermement dans Milan, que
de commodité de penser à choses nouvelles, comme la cõqueste de Naples leur avoit
dernierement appris. Pour lesquelles rai-

fons il concluoit qu'on acceptaſt la confederation contre le Duc de Milan : parce qu'elle
les mettoit en aſſeurance pour le preſent à
eux meſmes, en credit envers les eſtrangers,
& en poſſeſſion de deux tresgrands Eſtats.
Ce qui tourneroit à la plus grande gloire de
toute leur Republique. Mais Melchior Tre-
viſan fut de contraire avis, & dit : que ſi bien
les injures du Milannois eſtoyent grandes,
plus grande devoit eſtre leur prudence à en
eſtouffer le ſentiment, juſqu'à ce qu'on puſt
plus aiſement luy faire reconnoiſtre ſa faute,
ſans luy faire perdre ſon Eſtat. Que c'eſtoit
vne honte à leur Senat d'appeller maintenant le Roy de France, & s'allier avec luy,
apres qu'ils avoyent faict tout ce qui eſtoit
de leur poſſible pour le chaſſer loing de l'I-
talie avec tous les Princes Chreſtiens. Qu'a-
pres la cõqueſte de Naples par le Roy Charles huictieſme deſnué de beaucoup de vertus royales, ils devoyent bien augmenter
leur crainte au nom de ce nouveau Roy, dõt
la prudence & les merites eſtoyent dignes
de beaucoup d'autres Couronnes. Que Naples alors eſtoit eſloignée de la France, ce
qui diviſoit la force des François : mais que
Milan eſtoit ſi contigu de ce royaume, que
pour l'en chaſſer il leur faudroit remuer
tout l'Vnivers. Autrement en temps de paix,

ils feroyent toufiours en grande defiance &
foupçon, & en temps de guerre expofez à
tous les dangers qu'on devoit craindre d'vn
voifin victorieux & tres-fage. Que Louys
Sforze n'eftoit pas vn Prince fi puiffant qu'-
ils deuffent redouter fes armes : ni fi fort animé contr'eux, qu'il n'y eut moyen de l'ap-
paifer. Au refte, ez affaires d'Eftat c'eft vne
grande infamie quand l'imprudence eft accompagnée du dommage, l'auarice payée
d'vne defpenfe exceffive, & l'ambition pu-
nie d'vne jufte confufion. Qu'on leur promettoit Cremone fils la pouvoyent obtenir, fils y vouloyent mettre les fraiz neceffaires avec le Roy, fans lequel mefme il feroit toufiours en leur puiffance de l'emporter tous feuls. Que mefme les Milannois a-
pres avoir reconnu le Roy de France pour
leur Seigneur legitime, ne fouffrirôt pas que
Cremone fuft démembrée de leur Duché,
& le porteroyent pluftoft à faire la guerre
aux Venitiens. Qu'il faut par confequent
pardonner à l'ambition & au courroux. Car
de fe laiffer tranfporter de courroux contre
fon propre profit, c'eftoit legereté : & efti-
mer davantage les petits que les tres-grands
dangers, c'eftoit imprudence, & indigne de
la fageffe de leur Senat. Cet avis n'eut point
tant de force, encor qu'il fut fouftenu de

plus fortes raisons, & de l'autorité de plusieurs Senateurs. De sorte que l'avis contraire l'emporta, tant pour la hayne dont ils
estoyent possedez, que pour le desir de dominer sur les autres. Car il n'y a que ces motifs qui puissent conduire aisement les hommes à des resolutions dangereuses.

APHORISME XXV.

e Non est ynius mens tantę
molis capax Tac.hist.l 1.
Magna negotia magnis ad-
jutoribus egent. Vell.l. 12.
2 Consultor ille sit ubi vir
qui sapit,
—— Sapientis enim cōsilia
sapientia. Comic. Græc.
Triplex natura ingeniorum
hominum; vnum per se in-
telligit:alterum, quum fuerit ei demonstratum:tertiū,
quod ne admonitum quidē,
ne dum per se id præstare
potest. Primum illud maximè excellit : quod huic additur excellit quidem : at
quod tertiū est prorsus inutile est. Mac.prine.cap.22.
Nemo fidelius dare potest
consilium,quàm qui id alteri suaderet, quod ipse si in
eodem loco esset facturus
fuerit, Saline apud Plut.
Dubitatur an præstabilior
princeps sapientissimus sine
consilio;an stupidus prudē-
tium Senatorū multitudine
abundans. Sapientibus quidem neutrum horum pro-
batur. Bodin. l. 2.

LES grandes affaires
requierent plusieurs te-
stes pour les resoudre , &
plusieurs mains pour les effectuer. Vn seul cerveau
n'est pas capable d'vne si
haute charge , ny vn seul
bras suffisant pour vn fardeau si pesant. C'est pourquoy le Prince ne doit pas
estre si obstiné en sa propre
opinion, quoy que fondee sur
des raisons probables : qu'il
ne se rende aux avis de ses
fideles Conseillers, qui sont
& plus forts, & plus justes,
& plus demonstratifs. Car
comme celuy qui refuse tou-

tes fortes de confeils eft pire qu'vne befte, aufsi celuy qui n'en a point befoin, eft plus qu'vn homme.

L'Ambaffadeur de Venize traite vne Ligue avec le Roy de France : & y infere toufiours que le Senat ne vouloit pas qu'ō y parlaft des affaires de Pife, ny qu'on en rapportaft la caufe au jugement de fa Majefté. Le Roy prend cette méfiance en tres-mauvaife part: & fe perfuade que s'il n'a cette puiffance fur les Venitiens & fur les Florentins, il ne fera affeuré ny des vns, ny des autres. Pour cette caufe il s'incline à faire pluftoft la paix qui pour lors fe traittoit avec le Roy des Romains, à condition qu'il feroit permis à l'vn de faire la guerre à Louys Sforze, & à l'autre de la faire contre les Venitiens. Il fait donc refpondre par les deputez qui traittoient en fon nom avec l'Ambaffadeur de Venize; qu'il ne vouloit convenir avec eux fi l'on n'achevoit le dépoft de la ville de Pife, dont ils avoient parlé auparavant. Et luy-mefme dit aux Ambaffadeurs des Florentins, qu'ils fe tinffent affeurez que jamais il ne traitteroit autrement avec les

Venitiens. Mais le Duc de Valentinois avec
les Agens du Pape, le Cardinal de S. Pierre
aux liens, Iean Iacques Trivulce, tous les
Italiens qui pour leur propre interest l'incitoient à la guerre, & tous les plus braves de
son conseil l'epescherent de demeurer en ce
propos. Ils luy persuaderent avec plusieurs
grandes, graves, & puissantes raisons, que
c'estoit vn trespernicieux conseil de se priver de la force & hayne des Venitiens contre le Milannois, pour crainte de perdre celui des Florentins, dont le secours estoit foible, & beaucoup esloigné du Duché : Que
cela pourroit estre cause que Sforze quittant les Florentins, se remettroit du costé
de Venise, avec lesquels il se rendroit beaucoup plus puissant : de mesme que souz le
Roy Charles leurs forces iointes ensemble
firent paroistre à la iournée du Tar, & à la
reprise de Novare. Que c'estoit vn conseil
plein de tromperie, de faire vn fondement
sur l'alliance de Maximilian, où il y avoit
tant de danger, & si peu d'asseurance. Avec
ces raisons ils émeurent tellement le Roy,
qu'ayant changé d'avis, & sans parler davā-
tage de Pise, il consentit qu'on achevast &
souz-signast la Ligue avec les Venitiens.

APHORISME XXVI.

LES perils sont moins évitez qu'ils sont inco-gneus, ou non attendus. Et ces conseils reüssissent bien mieux, dont l'ennemy voit l'execution avant qu'il en ait oüy la relation. Les Au-tels [2] du Dieu des Conseils estoient dressez dessous la terre, pour monstrer que les desseins des Princes doivent estre cachez & secrets. Il ne faut pas en l'armee que personne cognoisse à quel service Scipion conduit ses troupes, si c'est Lelius. Aussi n'est il point convenable que les choses determinees dans vn Conseil soient communi-quees à d'autres qu'à ceux sans lesquels elles ne peu-vent s'effectuer. Car com-me l'Expedition est la vie de l'Action, ainsi est le Si-lence de la Resolution.

[1] Citiùs venit periculum, cùm contemnitur.

Inopinata magis premūt mala. *Seneca.*

[2] Anima consilij, secretū. *Lip pol. l. 5.*

Metellus aliquid militiç in-terrogatus, si, inquit, tunicā meam arcani mihi consciā scirem, exutam in igne ab-iicerem. *Plut. de Grac.*
Num omnes nuntios palàm audiri, omnia consilia cun-ctis præsentibus tractari, ra-tio rerum aut occasionum velocitas patitur? *Tac. hist. 1.*
Primum præcipuumque eo-rum quæ ad fœlicem exitū requiruntur, est silere. *Tac. an. l. 3.*
Res periculi plena, in sena-tu decreta manare in vul-gus. *Bod. l. 3.*
Nemo omnium quò iretur, præter C. Lælium, sciebat. *Livi. de exp. Scipionis.*
Consò, quem faciebant cō-siliorum Deū, Ara sub ter-ra: quia planè arcanum de-beat esse, & tectum consi-lium. *Plut. in Rom.*
Antigonus, filio quem erat regni hæredem habiturus, vocem arcanam non credi-dit: sed quæreti quando ca-stra essent moturi: Quid, in-quit, metuis ne solu tu non audias tubam? *Plut. de Grac.*
Vestra clementia, revocatis ad interiora majoribus, ea disponit quæ non sunt om-nibus publicāda: de quibus

adjuuare etiam soletis, ne quis ante rem completam, quicquam vel audiat, vel intelligat. *Capitol. ad Diocletian.*

Sicome delle frutte, altre sono che si mangiano la state, & altre che si serbon per il verno: così bisogna far delle cose segrete: serre quelle che si possan dire, da quelle che infino à vn certo tempo, s'hanno à tacere. Am. de Secr.

LA ligue eſt en fin conclue entre le Roy de France & les Venitiens; dont voicy les articles. Qu'au meſme temps qu'il aſſailliroit le Duché de Milan, ils feroyent le ſemblable du coſté de leurs frontieres. Qu'ils auroyent Cremone & toute la Guiradadde. Que le reſte du Duché ſeroit au Roy avec quarante braſſes par tout le long de la riviere d'Adde. Qu'ils ſe deffendroyent reciproquement l'vn l'autre en la poſſeſſion de leur nouvelle conqueſte. Laquelle convention fut ſi ſecrettement contractée, & avec tel ſilence, que Sforze ne peut pas ſçavoir ſi toſt qu'ils avoyent faict cette ligue pour leur commune deffenſe, comme on l'avoit du commencement publié en France & à Venize: ſans pouvoir ſe douter d'aucune choſe qui le touchaſt. Et le Pape meſme qui s'eſtoit ſi fort conjoinct avec le Roy, ne peut que ſur le tard en avoir vne certaine connoiſſance.

APHOR.

APHORISME XXVII.

C'EST *une vertu digne d'un Prince, & un advis Manlien, de se preparer pour la guerre alors qu'on veut parler de paix: Et de ne differer ses provisions pour l'un, encore qu'il traitte des conditions avātageuses pour l'autre. Autrement il semble mendier ou acheter la paix: & ne la gaigne ainsi qu'avec un prix trop haut, selon que la necessité quelquefois le contraint de donner à ses adversaires. Le Crocodile est terrible à l'encontre de ceux qui fuyent, au lieu qu'il s'enfuit de devant ceux qui le poursuivent. C'est pourquoy le Prince ne doit jamais traitter la paix avec les armes bas ou l'espee rengainee; & ne la doit jamais conclurre qu'avec le bouclier, & sur des termes pleins d'asseurance.*

Ostendite modò bellum, pacem habebitis; videant vos paratos ad vim, jus ipsi remittent. *Mavl. apud Plut.* Media pace incauti circũveniuntur. *Tac an. f. 291.* Pacem optatis magis quàm defenditis. Pacem sub clypeo parare. *Salust. hist. 1.* Iamais sage prince ny bon Capitaine, ne fit la paix desarmé. *Bod. rep. l. 5.* Intempestivo belligerandi studio deditos numquam nisi atratos pacè decernere. *Demades de Athen. Plut.*
— Dices non esse ad bella fugaces
Qui pacem potuere pati. —
Lucan. l. 2.
Silent leges inter arma; nec se expectari jubent, cùm ei qui expectare velit, ante injusta pœna luenda sit, quàm justa repetenda. *Cic. pro Mil.* Nec citò perit ruina qui ruinam timet. Semper enim metuendo sapiens vitat malum. *Pont. de fort.* Crocodilus terribilis est in fugaces, fugax contrà in sequentes: ita quidam si concedas ac metuas, tum ferociunt: si strenuè contemnas & obsistas, statim concedunt. *Plin. l. 8. c. 25.*

Ff

LES forces Venitiennes font beaucoup affoiblies au païs Caſentin. Plus de quinze cens chevaux, & grand nombre de gens de pied avoient quitté leur armee. Le Duc d'Vrbin, Alviane, Aſtor, Baillon, Pierre Marcel Proviſeur Venitien, & Iulian de Medicis ſont contraints d'abandonner Montalone & Vernie, deux paſſages tres commodes pour recevoir ſecours, ou pour ſe retirer en aſſeurance. Ils ſe retirent en diligence dans Bibiene, où ils ſont auſſi grandement tourmentez des ennemis, & de la faute de vivres. Cependant la Republique de Venize traittoit avec Florence pour vne finale compoſition de tous leurs differens. Et neantmoins, quoy que la paix fut ſi fort avancée, & preſte d'eſtre concluë, les Venitiens ne laiſſent pas de preparer leurs troupes pour le ſecours des aſſiegez, qu'ils leur envoyĕt ſous la conduite du Comte de Petillane : non qu'ils eſperaſſent tirer aucun ſervice de cette armee, mais pour faire leur condition meilleure dans l'accord.

APHORISME XXVIII.

IL est bien [1] difficile que l'homme de condition ne choppe quelquefois à la pierre d'offense. Ce qui arrive bien plustost en cette charge de gouvernement, en laquelle il est obligé d'user de son autorité avec espargne s'il la veut conserver durée. C'est pourquoy [2] le General qui ne se conserve pas dans les limites de sa condition, en paix, & n'use point de l'avis de son conseil en guerre, ne manquera jamais d'ennemis secrets entre ceux qu'il aura messprisez en un temps, ou negligez en l'autre.

[1] Tam est difficile in omni vitæ genere, sic te gerere, vt ne impingas. *Lip. an. l. 3.*
Neque quisquam omnium libidini simul & vsui paruit. *Salust. Cat.*
Memini Regem Ludovicũ mecum sic loqui: vt diceret, fieri aliquãdo vt operæ navatæ laudabiliter minus pretium sit, idque culpa eorum qui navassent: dum elati quadam confidentia, insolenter & protervè se gererent. *Commin. l. 1.*
Potentia cautis quàm acrioribus consiliis tutiùs habetur. *Tac. an. 11.*
Sed Demea, hoc tu facito cum animo cogites;
Quàm vos facillimè agitis, quàm estis maximè
Potentes, dites, fortunati, nobiles,
Tam maximè vos æquo animo æqua noscere
Oportet, si vos vultis perhiberi probos. *Terent. Adel.*

[2] Civitas rimandis offensis sagax. *Tac. hist. 4.*
Il n'y a rien si dangereux entre une armée, que quand un Chef outrecuidant se veut gouverner

selon son sens, sans respecter ses compagnons. Am. Plut. Ag.
Celuy qui se hausse trop, donne occasion à ceux qui s'estiment autant que luy de se liguer & chercher à quelque prix que ce soit, les moyens de le jetter par terre. Am. Plut. Gr.

Non si può dar precetto meglio, che di mozzar l'autorità d'un Generale, divenuto troppo potente & orgoglioso. Rag. Stat.

FF ij

PAVL Vitelli General des troupes Florentines avoit exercé cet office avec v-
ne grande reputation, & manié les guerres
avec vne singuliere prudence suivie de tres-
heureux succez. Ayant maintenant l'ennemy resserré dans Bibiene devient journellement plus imperieux en ses demádes, & plus
absolu en ses volontez. Il vouloit estre payé
devant le temps, ne pouvoit compatir avec
les Commissaires Florentins, & bien souvét
en la deliberation & expedition des affaires
s'attribuoit beaucoup plus d'autorité qu'il ne
sembloit raisonnable. Sans leur sçeu il donne sauf-códuit au Duc d'Vrbin malade pour
pouvoir seurement sortir du païs Casentin.
Sous la confiance de ce sauf-conduit Iulian
de Medicis s'en estoit allé avec luy, & sorty
de cette ville assiegee. L'Estat des Florentins
se persuade, que si l'on eut fait difficulté de
laisser partir le Duc, le desir d'aller recouvrer sa santé en son Estat, l'eut contraint
d'accorder de faire sortir les gens qui estoiét
dans Bibiene. Aussi se plaignoient-ils de ce
que Vitelli avoit laissé écouler Iulian, lequel
s'estoit monstré rebelle auparavant, & alors
estoit venu avec les armes à l'encontre de la
patrie: Là dessus plusieurs des Citoyens
taschoient de l'excuser, comme ceux qui fa-

vorifoient fon party, & loüoient grandemét
fa conduite & fes faits d'armes. Les autres ne
pouvoient fe laffer d'en médire, & de l'abaif-
fer d'autant plus qu'ils defiroient relever le
Comte Rinucce ancien & fidele Capitaine
de la Republique. Ce Comte avoit plufieurs
parens d'autorité dans la ville, & eftant décheu par l'infortune de la bataille de S. Real,
envioit la grandeur & la gloire de l'autre.
C'eft pourquoy mefme fe trouvant avec fa
compagnie au païs Cafentin, il ne fe mon-
ftroit gueres prompt aux entreprifes par lefquelles il pouvoit arriver accroiffement de
reputation au General de l'armee. Et dans la
ville il pouffoit à la deftruction de fa fortune
par les rapports qu'il femoit parmy le peuple
convoiteux de chofes nouvelles. Voila quel
fut le commencement de la cheute de Vitelli, qui termina fa vie avec autant de confufion, comme il l'avoit paffee en gloire.

APHORISME XXIX.

LES Eftats populaires
attribuent à leur pro-
pre courage & conduitte les
bons fuccez de la guerre ou
de la paix : & à la faute du

[1] Cafus tantùm adverfos
ducibus tribuunt : fecundos
fortunæ fuæ. *Probus.*
Ad reprehendenda aliena
dicta & facta ardet omni-
bus animus, vix fatis apertú
os aut lingua prompta videtur. *Saluft. Cat.*
Iniquiffima hæc bellorum

cõditio est, prospera omnes
sibi vendicant; adversa vni
imputantur. *Tac. Agric.*
Vulgus fingendi avidum.
Tac. bk f. 33.
Ad tristem partem strenua
est suspicio. *Senera Sent.*
Quippe homines plerique
sumus δύσζηλοι, suspiciosi.
Hom. Od. 11.
Hinc inde commentum &
nota ars ducũ, hostem ducē
in suspicionem apud suos
adducere. *Amm. l. 11.*
2 Ad summum gradum cũ
claritatis veneris, consistes
ægrè, & cum descendas, de-
cides. *Tac. an. l. 5.*
Cecidit egò cadet qui sequitur. *Laberius.*
*Ceux qui commencent à perdre
leur credit en vn estat, sont aisement désarçonnez* Am. Plut.
Gr.
*Le peuple abandonne en necessi-
té ceux qui se sont le plus employé pour eux.* Idem.
Ἐςὶ γὸ τῆς πολιτικῆς τε &
πολεμικῆς πρᾶξις κατά-
λυσις: i. Dissolutio vtriuf-
que. *Demostb.*

General tout ce qui ne reüssit pas à leur plus grand
avantage. Leur langue ne
semble pas assez prompte,
ny leur bouche assez ouverte pour flestrir sa reputation. C'est pourquoy 2 ceux
qui sont eslevez en ces charges, doivent bien prendre
garde qu'ils sont assis sur
vn throsne de verre facile
à se casser. Car si vne fois
la populace vient à mespri-
ser son authorité, ou soupçonner ses actions: il a beau
se conduire avec toute la
plus grande prudence, &
appuier sa dignité de mille
genereux exploits; il luy
est impossible d'éviter sa ruïne & sa perte.

V ITELLI a bloqué l'ennemy de toutes parts dans la ville de Bibiene. Il
demande secrettement aux Florentins qu'on luy envoye quatre mille hommes pour emporter plustost la place, chasser
entierement l'ennemy du païs Casentin; &
pour finir cette guerre avec vne plus avan-

tageufe victoire. Les citoyens fur quelques degoufts precedens de fes procedures, foupçonnent deformais de tous fes confeils, & rejettent fa demande. Et d'autant que quelque chofe d'importance feftoit faicte fur l'ennemy mal ordonné, plus par les païfans que par les foldats, fans fon confeil ou affiftance, ils ravalent & detractent de fon honneur: Voire mefme comme pour la grande opinion qu'ils avoient de fa valeur, ils feftoyent promis bien pluftoft la victoire; ils attribuoyent deformais la continuation de la guerre au manque de fa fidelité, & au defir de continuer en fa charge pour eftre toujours grand: attribuans par le naturel ordinaire des peuples, à vne mauvaife volonté, ce qui fe devoit pluftoft attribuer à l'impuiffance, caufée par l'afpreté des temps, & faute des chofes neceffaires.

APHORISME XXX.

CHACVN [1] *doit avoir credit en fon art: mais nom pas le pouvoir de nous perfuader ez chofes qui retournent à leur particulier avantage. Car l'Architecte*

[1] Vnicuiq; in arte fua credendum. *Arift.*
Navem agere ignarus navis timet, abrotonum ægro
Non audet nifi qui didicit, dare: quod medicorum eft
Promittunt medici: tractat fabrilia fabri. *Horat.ep.2.*
Ne futor vltra crepidam. *Adag.*

F f iiij

a Fuit ei confuetudo, vt fi de jure, aut de negotiis tra- étaret, folos doctos & difer tos adhiberet: fi verò de re militari, milites veteres & fenes benemerito, & loco-rum peritos, & bell rum ac caftrorum. *Lamp. d. Severo.* Peritiffimos Centurionum diffentientes, & fi confule-rentur vera dicturos, intimi amicorum Vitellij arcuére: ita formatis principis auri-bus, vt afpera quç vtilia, &c. *Tac. hiſt. z. fol. 76.* Minimè enim omnium bel-lum, ex decretis procedit, fed ipfum ex fe multa inve-nit, & vt res funt natæ. *Thu-cyd. l. 1.*

nous confeillera touſiours de baſtir, encore que d'ailleurs nous n'ayons ni la bourſe, ni les matieres ſuffiſantes. Ainſi dans les Eſtats[2] l'on doit ſe ſervir du ſoldat pour le maniment & l'execution d'vne guerre: mais non pas l'admettre touſiours au con-ſeil lors qu'il ſera queſtion de l'entreprendre.

Confilium inveniunt multi, fed docti explicant. *Senec. in fine.*
Quinetiam in defendenda vrbe, minifterio alieniffimorum vtuntur, fed confilio tamen intimorum. *Tac. hiſt l. 3.*

LE Comte Petillane avec fes troupes avoyent importuné le Senat pour e-ftre envoyé contre l'Eftat de Floren-ce. Il arrive au bourg d'Elci place de grande importance au Duché d'Vrbin, fur les limi-tes des Florentins. Là il rencontra Charles Vrfin & Pierre de Medicis, comme en vn lieu qui eftoit le rende-vous des forces en-nemies, & par où il devoit paffer l'Apennin, pour aller fecourir ceux qui eftoyent affie-gez dans la ville de Bibiene. Il void les trou-pes de Vitelli luy venir au devant, les Alpes chargées de neges, les paffages eftroits & dangereux: lefquels au refte font grande-ment difficiles à franchir, mefme en la plus belle saison de l'année. Tout cela l'espouventa tellement, qu'il n'osa jamais essayer de passer: encore qu'avec de grandes plaintes il y fust incité par les persuasions & commandements exprez du Senat de Venise. Ne voulant maintenant mettre ses troupes en danger, luy qui au paravant avoit asseuré le Senat qu'aucun danger n'arresteroit ni son courage, ni ses troupes.

APHORISME XXXI.

L'Arbitrage [1] qui se rend entre deux Estats ennemis, est semblable à vne medecine que l'on donne à vn corps dont le foye est grandement chaud, & l'estomach grandement froid & debile. Ce qui aide à l'vn ordinairement nuit à l'autre. Ainsi [2] la resolution des arbitres contente peu souvēt aucune des parties, & souvent déplaist à toutes les deux. C'est pourquoy comme ceux cy sont soigneux qu'il

[1] At qui inæqualem temperiem sunt sortiti, ita vt his aliud jecinoris tēperamentum sit, aliud ventris, aut alicujus eorum quæ circa jecur sunt, iis diversum est quod adsumptu jucundum est, ab eo quod cuique particulæ est idoneum. *Gal. San. tuen. lib. 6.*

[2] Neque veteranorum, neque possessorum gratiam tenuit: alteris pelli se, alteris non pro spe meritorum tractari, quærentibus. *Suet. Octa. fo. 91.*

Vnde Bunas Atheniensis, quum controversiam (inter Caydonios & Eleos) vtriq; ad ejus arbitrium deferrent, convenerat autem vt à manibus temperarent, donec ille de negotio pronunciasset; per hūas occasiones rem in lōgum distulit, nec vnquam de lite voluit pronunciaie. *Eraſm. ex Xen.*

In receptis arbitriis nemo qui noluit obligatur. *Bol. l.3*

Ne depugnes in alieno negotio. *Adag. 38*

Non noſtrum inter vos tantas componere lites. *Virg. Eglo.*

y ait des peines & obligatiõs tres-eſtroittes pour autoriſer davantage leur jugement: auſſi doivent ils bien prendre garde à eux avant que d'en prendre la charge. Car il vaut mieux demeurer ſur ſes pieds, & reſter neutre entre les deux parties: que de s'engager en vne affaire, où il n'y a pour ſoy aucune eſperance de gain, mais pluſtoſt vn danger evident de perdre ſes peines & ſes amis.

LE Duc de Ferrare eſt choiſi pour arbitre par les Eſtats de Florence & de Veniſe ſur la querelle de Piſe: & firét vn libre & abſolu compromis pour huict iours en ſa perſonne. Iceluy apres avoir bien tout conſideré & diſcuté, prononça la ſentence le ſixieſme iour d'Avril. Que dans huict iours prochains les Florentins & les Venitiens ceſſeroient de s'offenſer l'vn l'autre. Que les Florentins leur payeroyent iuſqu'à douze ans conſecutifs la ſomme de quinze mille ducats par an pour les fraiz de la guerre. Que les Venitiens retireroyent leurs forces de Piſe & de Bibiene. Que tou,

tes les fautes commifes feroyent pardon-
nees aux Pifans, aufquels il feroit permis
d'exercer toutes fortes de meftiers & de
marchandifes. Que les fortereffes de Pife
& des lieux qu'ils tenoient le jour de la fentence demeureroient en leur puiffance. Que
la garde de ces places ne feroit pas mife entre les mains de perfonnes fufpectes aux
Florentins, & qu'elles feroyent payees du
revenu que les Florentins tireroient du domaine de Pife. Que toutes les fortereffes
prifes durant la guerre par les Florentins
au territoire des Pifans, feroient confer-
vées, ou rafées, felon le choix des Pifans.
Que les Pifans choifiroyent vn Iuge ou Po-
deftat pour juger des caufes civiles. Que le
Capitaine de la citadelle efleu par les Florentins, connoiftroit feulement des caufes
d'appel: & ne pourroit proceder en aucun
cas criminel où il feroit queftion de fang,
de banniffement, & de confifcation, fans le
confeil d'vn Affeffeur choifi par Hercules.
Que les biens meubles & immeubles occupez tant d'vne part que d'autre fe rendroy-
ent à leurs maiftres, fans reftitution toutefois des fruicts, dont chacun demeureroit
abfouz. Qu'au refte en toutes autres chofes
ils laifferoient aux Florentins l'entiere jou-
iffance de leurs droicts en la ville & au ter-

ritoire de Pise. Et que tant pour le regard
des forteresses, que pour toutes autres choses, ils ne machineroient rien contre la Republique de Florence. Dez que cette sentence fut publiée à Venise, on entendit par
toute la cité de grandes plaintes du peuple
& de la Noblesse contre le Duc de Ferrare,
& contre les principaux qui avoient manié
cet accord : Ne pouvans supporter qu'on
vint à faillir de foy aux Pisans avec vne si
grande infamie de la Republique, & se plai-
gnans de ce qu'on n'avoit pas assez pesé la
dépense de la guerre. Les Florentins se s'-
meuvent de ce qu'ils sont foulez, en ce qu'il
leur falloit rembourser les fraiz que leurs
ennemis avoyent faict en vne guerre si injuste, & qu'on ne leur rendoit que le titre
de Seigneur en la ville de Pise. Les Pisans
se complaignent qu'on les abandonnoit en
la main de leurs ennemis, en vn plus dur es-
clavage qu'ils n'estoëit avant la prise des armes, & sans asseurance aucune de leur liberté. De sorte que tous ensemble voulurent
mal au Ferrarois, & commencerent dés lors
à luy porter vne haine mortelle.

APHORISME XXXII.

L'Amitié des Princes est souvent personnelle : Ce qui ne se rencontre pas és Estats libres & absolus. Car ceux-là sur quelque gratieuse entreveuë, lecture de lettres eloquentes, reception de bien-faicts, affinité de sang, & ressemblance d'humeurs, compatissent aux pertes, congratulent aux succez, suppleent les defauts, relevent les detresses, & redressent les torts l'vn de l'autre. Là où les Estats libres n'executent aucun de ces bons offices que pour leur particulier interest. Et ceux qui les reçoivent ne sont en faveur aupres d'eux, qu'au temps qu'ils les reçoivent. Rien n'a plus courte vie entr'eux que la memoire des bien-faits. Vne once d'inimitié

Niuna cosa è più breve, niuna ha vita minore, che la memoria de benefizij. Por. in Guic.

Vilia quæcunque prioribus annis, & sordet quidquid spectavimus olim. Calphur. Sic Lynceus clarissimè cernunt quæ ante oculos, sed oblivio illis rei ab oculis remotæ. Erasm.

Ttemior offensarum quàm beneficiorum tenaciorque memoria. Petrarch.

Tempestate oborta sub arborem hanc confugitis, inter digrediendum frondes ejus stringitis. (Themistocles Atheniensibus,) Plut. f. 541.

Si humeris quempiã in cœlum subvexeris, & tandem minùs molliter deposueris, infensiorem tibi ex hoc, quàm conciliatiorem ex altero fore. Adag. Teut.

suppofee parmy eux, furpefe
vne livre entiere d'amitié
precedente. Et ne point con-
tinuer à leur faire du bien,
c'est commencer à leur faire
du mal. ils fe mettent à cou-
vert fouz les arbres durant
la tempefte , & puis ils en
coupent les branches au beau
temps , fans fe foucier du
benefice receu, ny de la fa-
veur precedente.

L es Pifans ne fe fuffent jamais revoltez de l'obeïffance des Florentins, &
n'euffent pas ainfi couru à vne rebellion manifefte pour recouvrer leur liberté,
fans l'encouragement & les promeffes de
Venife. Cette cité en leur plus grande extremité entreprit leur protection : laquelle
quoy qu'elle fut jointe à leur particulier
profit, eftoit pourtant vne action agreable,
& qui meritoit de grands remerciements
de ce peuple. La neceffité des temps, & l'importance de fes affaires prefentes la contrai-
gnent maintenant de quitter leur deffenfe:
mais neantmoins elle les laiffe en beaucoup
meilleur eftat qu'elle ne les avoit trouvez,
& qu'eux mefmes n'euffent peu jamais ef-

perer, ni ſe promettre ſans elle. Ce nonobſtant, comme s'ils eſtoyent obligez d'oublier le paſſé, ils ſe plaignent de leur dur trai-
ctement, penſent eſtre trahis, & crient tout
haut par l'vnivers contre ſon injuſtice. Voire meſme leur deſpit & cholere les tranſ-
porterent tellement, qu'aux premieres nouvelles de la ſentence arbitraire du Duc de
Ferrare, ils deſchargent leurs garniſons hors
de la citadelle, oſtent leurs ſoldats de la garde des portes; & ne voulurent pas meſme
endurer qu'ils demeuraſſent vne ſeule nuict
dans leur ville. Comme ceux qu'ils enviſa-
gerent du depuis, comme gens ſans foy &
ſans parole, traiſtres en leurs promeſſes, &
qui avoient trahi la liberté d'vne pauvre
ville affligée qui s'eſtoit miſe en la protection de leur Eſtat.

APHORISME XXXIII.

VN perſonnage d'au-
torité & d'eſtime peut
eſchapper avec vne parole
deſguiſee, & faire paſſer
vne piece ainſi fauſſe ſouz
le coin royal & courſable de
ſon credit. Mais celuy qui

Sæpe falsò plorat quis vti
mox
Nulla fides damnis, veriſ-
que doloribus adſit. Ho-
rat. ep. f. 268.
Non ſi crede al bugiardo,
ſe dice il vero,
Si crede al verace, benché
bugia. Prov. Ital.
Vbi quis ſemel peierarit,
ei credi poſtea, etiamſi per

ESSAIS POLITIQVES

464

plures juret Deos, non convenit. Cic. pro C. Rab.

Qui ont rompu leur foy, leurs compagnons mesmes à la fin ne se fient en eux. Am. Plu. Ant.

Tiberio raccommanda suoi Nipoti al Senato (& questo faceva da dovero) ma diceva ancora (fintamente) che voleva reder il governo della rep. & che i consoli ò qualunque altro ne pigliasse la cura. Et con questi suoi modi di favellare, faceva sì, che le cose ch' egli diceva da dovero quantunque honeste, non gli erano credute. Am. è Tac. hist. l. 4.

Mendax hoc lucratur, vt cum vera dixerit ei non credatur. Laert. l. 5.

Nec semel irrisus, triviis attollere curat
Fracto crure planum: licet illi plurima manet
Lachryma: per sanctam juratus dicat Osyrim,
Credite: non ludo: crudeles tollite claudum:
Quare peregrinum, vicinia rauca reclamat. Hor. 1. ep. 17.

est reconnu pour ses perfidies ordinaires, & dont la langue a faict divorce d'avec la verité, il gaigne cela par ses frequentes menteries, qu'on ne le croid jamais plus: encor qu'il dise vray, & qu'il prenne tous les Dieux pour tesmoins de ses paroles.

Les Pisans se voyans ainsi abandonnez, se resolvent plustost de courir toute risque, que de se rendre aux Florentins lesquels ils avoyent grandement offensez. Ceux de Genes, Lucques & Siene plus propres de donner vn mauvais conseil, que puissans de leur donner aucune consolation, les encouragent secrettement à cette obstination & rebellion detestable. Il n'y a que le Duc de Milan, lequel contraire à ses vieilles coustumes, est devenu pere de paix, leur persuade de se soumettre, & offre de faire tant envers les Florentins, qu'outre le pardon

pardon du paffé, les conditions de la fentence leur feroient plus avantageufes. Ce peuple accouftumé aux practiques du Duc, mé-
prife fes paroles ; & pour effayer fi fon ancienne convoitife ne le tenoit plus en hale-
ne, ils luy offrent franchement la domination abfolue de leur Eftat. Le Duc amorcé
de ces offres, eut bien voulu les accepter:
mais la malice des temps, la grandeur de fes
ennemis, & la crainte de la venue des François en fes terres, le forcerent de refufer le
prefent. Seulement pour tefmoigner fa bô-
ne volonté envers eux, il effaya par tous
moyens de convier les Florentins à vne
plus grande bien-vueillance , & leur faire
croire qu'il ne tenoit pas à luy que les Pifans
ne fe remiffent fouz leur gouvernement.
Mais il eftoit bien difficile de perfuader ces
chofes aux Florentins, qui croioyent au côtraire, que le Duc les encourageoit à cette
contumace, encore qu'il le niaft avec infinis
fermens. Tant peu on attent de fincerité &
de fideles actions de celuy qui f'eft acquis
par fes perfidies ordinaires la reputation d'e-
ftre double, cauteleux, & artifan de men-
fonges.

Gg

APHORISME XXXIV.

CEluy[1] qui accompagne de delais & de tromperies l'execution de ses promesses, n'a pas dequoy se plaindre s'il est trompé de la mesme façon. Et là où il n'y a juste cause de plainte, là il n'y a aucune preuve d'iniustice. C'est pourquoy[2] à cause que les Estats sont souvent ruinez par fraudes & tromperies: ils estiment treslegitime de se conserver avec les mesmes moyens d'vn ennemy public qui est maistre en ces artifices.

1—— Et fronte politus
Astutam vapido servat sub
pectore vulpē. Pers.sat 5.
Ipse longè aliter animo agitabat, tamen pro tempore
benignè respondit. Salust.
de Jug.
Sic Lysander versutus &
plæraque fraude miscens,
veritatè aiebat nihilo meliorem esse mendacio: sed
vtriusque dignitatem &
precium vsu definiri. (Hoc
autem perfidū nimis.) Plut.
in Lac. apopht.f. 229.
Etiam qui ex illis (principibus) Rhetores non sunt, figuratè tamen loqui sciunt.
Mur. de prin.
Solere in præsentiarū, orationis suavitate mulcere
eos à quibus suspicantur, in
exequendo autem, ea postea
agere quæ sibi conducant.
Thucyd. l. 6.
2 Per fraudem & dolum regna evertūtur. Quidni præserventur? Lip pol. l. 4.
Fallere fallentem non est fraus. Cretisare cum Cretensi. Pro. Lat.
Α'λωπκιζν πρὸς ἑτέραν αλώπηκα. Cum vulpe junctum, pariter
vulpinarier. Adag. grec.
Si l'vn des ennemis se soit departy de sa promesse, & a trompé l'autre, il n'a que
plaindre s'on luy rend la pareille: mais pourtant, la perfidie ne se doit vanger ny
repeter, apres qu'on a traitté paix & accord ensemble. Bod. rep. l. 5.

LE Roy de France offre à l'Estat de Florence de se joindre avec elle au recouvrement de Pise si tost qu'il aura conquis Milan: pourveu qu'ils luy pro-

mettent de l'aider de cinq cens hommes
d'armes en cette guerre pour vn an. Le Duc
de Milan leur avoit offert premierement de
les assister avec toutes ses forces pour la re-
duction de cette ville: si apres son service ils
se vouloient obliger à sa defense avec trois
cens hommes d'armes & deux mille hommes de pied. Les Florentins ne se pouvoyét
resouldre sur ces offres & ces demandes,
tant pour la difficulté de la matiere, que
pour la division des esprits. Car les promesses du Roy estoient conditionnelles, & celles du Duc estoyent toutes presentes. Mais
aussi ils jugeoient que le Duc ne pourroit
resister aux François & à l'Estat de Venise
liguez ensemble; pour laquelle occasion il
leur sembloit bien dangereux de se rendre
ceRoy pour ennemy, dont les armes cour-
royent dans peu de mois par toute l'Italie.
Outre que la memoire des plaisirs receuz
par Louys Sforze en la guerre contre les Venitiens, estoit aisement effacee par le souvenir de la rebellion de Pise avenue par son
moyen. Et puis se declarans pour luy, le
Roy pourroit aussi bien à l'aide du Pape &
des Venitiens leur empescher le recouvrement de Pise. C'est pourquoy ils craignent
d'offenser le Roy, & ne veulent pas degou-
ster le Duc: auquel pour ce sujet ils envoiét

vn Secretaire public auec cette response:
Qu'ils ne manqueroient pas de luy fournir
le secours demandé, aussi tost qu'ils auroient
remis les Pisans en leur obeissance. Mais
que ce leur seroit vne chose pernicieuse d'en
faire vne expresse convention avec luy:
d'autant qu'ez citez libres, où l'on ne pouvoit rien expedier sans le consentement de
plusieurs, les choses ne se pouvoient tenir
secrettes. Et que cela estant manifesté, le
Pape, les Venitiens, & le Roy prendroyent
occasion de secourir les Pisans: dont il aviē-
droit que cette promesse leur nuiroit, & luy
seroit inutile. Ce pendant par autres Ambassadeurs ils asseurent le Roy de leur fidelité : & s'obligent par escrit envers sa Majesté de se joindre avec luy pour ses guerres
d'Italie. Le Duc trouve cette response pleine de subtilité, comme maistre passé en cet
art : & desespere entierement de l'amitié de
cette Republique.

APHORISME XXXV.

x *A consigli celesti , non si
puo resistere.* Por. in Gui.
Multa accidunt ex fato ira
vrgente, vt iis obviam ire
nemo potest. *Mac. disp.2.*
Quòd divinitùs contingere
debet, homo à se nulla arte

IL n'y a rien' de plus nuisible & dangereux aux
affaires d'vn Prince, que
son irresolution , & tergi-

verſation. Il eſt pourtant bien difficile qu'vn Prince demeure touſiours conſtant lors qu'il void ſes fortunes à leur periode, & ſon Eſtat en manifeſte peril. Mais il n'y a rien ſur la terre qui puiſſe reſiſter aux ordonnances du Ciel. Car celuy dont la ruine eſt decretée, ſe perd dans l'embaras de ſes perplexitez; & courant à ſa perte, il acheve² & défait follement ce qu'il avoit bien commencé. Comme ſi le malheur faiſoit premierement perdre l'eſprit à ceux dont le Deſtin a conjuré la perte.

eſpellere poteſt. *Herod.l.9.*

—— Sors omnia verſat.

Et ſi fata Deum, ſi mens nō læva fuiſſet. *Virg.*

Haud equidem credo qͣ ſit divinitùs illis

Ingenium, aut rerum fato prudētia major. *Vir.Ge.1.*

Perche l'huomo nè per ſtar nè per fuggire,

Al ſuo fiſſo deſtin può contradire. *Ario.Ca.27.*

2 Occulta vis fati tunc maximè vrget,quú miſero mētis arbitrium eripit. *Incert. Auctor.*

Hoc placet ô ſuperi, cùm vobis vertere cuncta Propoſitum, noſtris erroribus addere crimen;

Cadimus, irruimus, nocituraque poſcimus arma. *Lucan.l.9.*

Stultum facit fortuna quem vult perdere. *Senec. in fin.*

L E Duc de Milan privé de tout autre ſecours, n'eſpere plus qu'en ſon conſeil, & en ſes propres forces. Tous les autres Princes l'abandonnent en cette extremité: & le Roy de Naples ſeulement qui promettoit de l'aſſiſter, avoit plus de volonté pour cela que de puiſſance. C'eſt pourquoy il prend le meilleur expedient qu'il peut trouver en vne neceſſité ſi grande où il voyoit ſes affaires reduites. Il regarde ſoi-

gneusement à fortifier Anon, Novare, &
Alexandrie de la Paille, villes exposees aux
premieres armes des François. Resoult de
leur opposer Galeaz de S. Severin avec la
plus grande partie de son armée; & d'exposer le reste contre les Venitiens souz la
charge du Marquis de Mantouë. Mais apres
qu'il eut ainsi partagé ses forces avec tant
de prudence, il les ordonne aussi tost d'vne
autre façon. Car ou par imprudence, ou
pour avarice, ou méfiance, ou pource que
l'on ne peut resister aux conseils du Ciel; il
rallie ses troupes, & congedie le Marquis
sur plusieurs difficultez qu'il luy propose,
refusant de lui payer quelque reste des vieilles soldes, & exigeant de luy des sermens &
cautions non accoustumees pour l'asseurance de sa foy. Il fait cela sur l'asseurance que
les Venitiens empeschez à la guerre des
Turcs ne le molesteroient pas de ce costé, &
sur le desir de complaire à Galeas de Sainct
Severin, lequel ne pouvoit endurer que le
Marquis luy fust preferé au titre de General
de l'armée. Ainsi il laissa ce costé nud aux
troupes des Venitiens, & se priva de ce brave guerrier, lequel il rechercha par apres
quand il estoit trop tard, & que sa peniten-
ce luy estoit inutile.

APHORISME XXXVI.

CINQ¹ *choses sont re-quises en vn brave* General : *Science , Valeur, Prudence, Autorité,& For-tune. Celuy qui n'est pas re-nommé & orné de toutes ces vertus , ne doibt pas estre reputé propre pour cette charge: & ces vertus ne peu-vent estre acquises que par l'exercice & l'espreuve. Car le plus grand tireur d'ar-mes n'est pas tousiours le meilleur combattant: ny le plus beau coureur de lance, le meilleur soldat; ny le plus grand favory en cour , le meilleur Commandeur en vn camp. C'est pourquoy ² le Prince est mal avisé qui defere cette charge à son mignon, lequel il aime ou pour sa courtoisie, ou pour quelque autre respect; au lieu de desirer & rechercher*

¹ Boni ducis τεχμήϱια quinque, sciëtia, virtus, providentia, auctoritas , fortu-na. *Lip. pol. l. 5. è Cicer.* G.ᵉ *buomini debbon esse ti-rati à gl' honori , per gradi, non per salti.* Amirat. l. 6. Non *bisogna star solo ad esser nobile : perche l'arte della guerra s'apprède con lo star ne gl' esserciti, col ve-der il nemico in viso , & con venir seco alle mani: nó con esser nato de padri illu-stri, &c.* Idem l. 17. Dux sit in lus castris senior, dum miles in illis. *Lucan. l. 2.* Tu quis es qui tam magni-fice? eques ne an sagittari°? nihil inquit horum, sed qui sciam hisce omnibus impe-rare. *Plut. Apop. fol. 187.*

² *Bisogna di valor segni più chiari,* Che por con leggiadria la lancia in mano. Ario. Can. 16. *Convien ad vn Prencipe baver summa cura & av-vertenza nell' elettione de' capitani , che hanno à pre-porre à grandi imprese: Có-siosa cosa che , se questi non saranno di natura & di co-stumi conformi à pensieri del Prencipe, indarno se gli*

Gg iiij

daranno gl'ordini & le commiſsioni. Parut.l.2.diſ.

Tiberius hortabatur Senatum, vt eligeret Proconſulē in bello contra Tacfarinatem, gnarū militiæ, corpore validum, & bello ſuffectu‑rum. *Tac. hiſt. l. 3.*

E grādiſsimo errore nel dar i carichi militari, non riguardar ad altro, oltre alla ſola nobiltà. Idem.

Talche egli non dava vffizio, ò tirava à dignità cittadino alcun, s'egli non era à baſtanza cognoſciuto, ch' egli lo meritaſſe. Ain. ſ Tac. l. 4. de Tiberio.

Dux Bruto, Cato ſolus erit. *Luca. l. 2.*

Non erunt honores vnquam fortuiti muneris. *Auſ. fol. 91.*

Neque enim quærendus erat quem legeret: ſed legendus qui emine‑bat. *Vellei. lib. 2.*

en luy de plus exquiſes, illuſtres, & dignes perfections, qui doivent neceſſairement accompagner ceux qu'on veut admettre à cette charge.

GALEAS de Saint Severin galand courtiſan de ſon temps, mignon du Duc de Milā, brave coureur à la lance, plein de grace aux armes, & adroict à toutes ſes actions, eſt faict General de l'armée Milannoiſe. Il a ſouz ſon commandement mille ſix cens gēdarmes, mil cinq cens cheuaux legers, dix mille hommes de pied Italiens, & cinq cens Allemans. Avec ces belles troupes il a charge d'attendre delà le Pau l'armée Françoiſe qui paſſoit iournellement les monts, en nombre de mille ſix cens lances, cinq mille Suiſſes, quatre mille Gaſcons, & quatre mille autres de divers quartiers de la France. Le Duc luy avoit faict commandement de regarder pluſtoſt à defendre Anon & les autres places, que de s'expofer au combat general en pleine campagne : mettant deformais tout fon fecours en la longueur de la guerre. Ce pendant il fouffre que les François enlevent à fa barbe Arezzo, Anon, Valence, Baffignan, Voguerre, Chafteauneuf, Pont-couronne, & Tortone, toutes places de marque & d'importance à l'Eftat. Ainfi fans fecourir ces villes comme il eut deu, il admire premierement ce fuccez de l'ennemy, & puis il fe retire avec tous fes gens dás Alexandrie. Seulement s'excufa-il de fa crainte & de fa lafcheté, fur ce qu'il difoit que fes gens de pied ne valoyent rien, & que les peuples eftoient deformais peu fideles à leur Prince. Cette action luy acquit vne grande infamie, & ternit grandement la fageffe du Duc : lequel avoit conferé vne charge de telle confequence, & en vn temps fi dangereux, à vne perfonne de fi peu de merite.

APHORISME XXXVII.

1 Invidia regni etiam inter Domefticos, infida omnia atque infefta facit. Liui.l.1. *Duoi interni Auolto, Sdegno & Dolore.* Taff. Ca. 10. Vetera odére, nova expetút, odio fuarum rerum mutari

L'Envie[1] empoifonne incontinent le cœur de l'homme ; & le dédain qu'il conçoit à l'encontre de fon

omnia student. *Salust.*

Heu heu , quàm brevibus
pereunt ingentia caulis?
Imperium tanto quæsitum
sanguine, tanto
Servatum,quod mille ducū
peperere labores,
Quod tatis Romana manus
contexuit annis,
Proditor vnus iners angu-
sto tempore vertit. *Claud.
Ruff.* 2.

2 Suadeo vt occurras huic
malo:nam nisi incipien·, &
nondum adultum melioribus
cōsiliis flectatur , teque
remque publicam pessun-
dabit. *Cic. Phil. l. 5.*

Digitum præscindi oportet , ne ob eam rem gangræna ad brachium
perveniat. *Varro frag.*
Fortioribus remediis agendum: facillimumque est cuilibet rei in ipso
introitu obsistere. *Poly. l. 3. 79.*
Gravius est contemni quam stultitia percuti. *Seneca.*
Μετὰ τὸν πόλεμον ἡ συμμαχία , i. post bellum auxilium : Dictum
quando serius adhibetur remedium. *Adag. Erasm.*

Prince le porte à d'estran-
ges trahisons C'est pour-
quoy ² le Prince qui void
cette méchante plante creuë
parmy ses Capitaines au
temps de leur employ ; &
ne cherche pas à la déraci-
ner avec vne tres-prompte
main , court le grand chemin de sa propre ruine.

L E Comte de Gaiazze commandant sur
les forces du Duc qui estoient en la Guiradadde contre les Venitiens, se sentit incontinent touché d'envie contre son frere
puisné Galeas de Sainct Severin , beaucoup
moindre soldat que luy, & ne peut supporter davantage qu'il luy fust preposé en la
surintendance de l'armée, & en tous les hōneurs & faveurs que luy faisoit le Duc. Sur
ces dédains qu'il nourrissoit en son ame, il
traicta & accorda avec le Roy de France.
Ce qu'il ne peut faire si secrettement, que le
Duc n'en fust averti. Mais au lieu d'obvier à

ce mal, il répondit en foupirant à celuy qui
luy en donnoit l'avis; Qu'il ne fe pouvoit
perfuader en Gaiazze vne fi grande ingratitude. Que fi toutefois la chofe eftoit veritable, il n'y pouvoit remedier; eftant reduit
à ce poinct, qu'il ne pouvoit plus fe fier à
perfonne, puis que ceux qui avoyent receu
tant de faveurs de luy, le trahiffoyent de la
forte. Ainfi il laiffa là cet affaire, & commã-
da au Comte de paffer le Pau avec fes forces,
& de f'aller joindre avec fon frere contre
les François pour la defenfe d'Alexandrie.
Le Comte de Gaiazze avoit fait dreffer vn
pont fur le Pau, mais il differa tant qu'il
peut de paffer, pour n'aller fubir le commã-
dement d'vn autre qui luy eftoit inferieur
en tant de fortes. Ce pendant Galeaz f'enfuit fecrettement d'Alexandrie avec vne
partie des chevaux legers, & la laiffe à l'a-
bandon de l'ennemy qui la prend, & la fac-
cage. Tout le refte du Duché fuyt la fortune du vainqueur, & fe rend en fon obeïffance. Le Duc avec fes fils, freres, & quelque
peu d'amis eft contrainct peu apres de f'enfuïr en Allemagne.

APHORISME XXXVIII.

1 *Come il prencipe ha com-minciato vna volta ad ef-fer odiato, ô bene ô male che è si faccia, ogni cosa è mal fatta.* Am. in Tac. an.l. 17.

Vidi cruentos carcere in-cludi Duces,
Et impotētis terga plebeia manu Scindi Tyranni. *Sen. Her. fur.*
Vtraque cædes finistrè ac-cepta: & invifo femel prin-cipe, feu benè feu male fa-cta premunt. *Tac. hist. 1.*
Ni gradus servetur, nulli tutus est summus locus. *Sen. in fine.*

2 Ἄπαντα χαιρῷ χάεῳ ἔχει τρυχώρδρα. 1. Omnia tempestivè gratiam habēt. *Menander.*
Opprime dum nova funt fu-bita mala femina morbi. *Ovid.*
Serò atq; stultè, quod priùs cautum oportuit, postquam concedit rem, post rationē putat. *Plaut.*
Sero fapiunt Phryges. *Adag.*
Καιροὶ καὶ καταλύουσι τὰς τυραννίδας. i. Occasiones autem dif-folvunt tyrannides. *Menander.*
Temporibus medicina valet, data tempore profunt,
Et data non apto tempore vina nocent. *Ovid. remed.*

Quand [1] vn Prince commence vne fois d'estre haï de ses sujets, & que ses fortunes declinent: tout le bien ou le mal qu'il peut faire est tousiours pris en mauvaise part. Toutes choses ont bonne grace en leur temps. Et les reformations [2] ne font point de fuffifans remedes, si elles ne se font en faison. Ces medecines prises hors de temps, empoisonnent plustost le corps de son Estat & de ses affaires, quelles ne les preservent.

LE Duc de Milã avoit mal ordonné ses affaires de guerre: en cõfiant les prin-cipales places & les charges de son ar-

mée à des perfonnes ou impuiffantes pour
entreprendre, ou infideles pour executer. Il
avoit pareillement mal reglé fon gouvernement politique, en fe faifant hair à fon peuple pour la corruptiõ de fes mœurs, & main-
tes exactions qu'il leur avoit impofees. La
plus grande partie de fes villes & de fes plus
fortes places eftoient prifes de force par l'ennemy, & les autres fe rendoient par vne generale revolte. Ainfi voyant qu'il eftoit reduit en telles angoiffes,& que fon Eftat couroit fi impetueufement à fa perte, il f'avifa
quoy que trop tard, d'affeurer la principale
& capitale ville de Milan en fon obeïffance.
Pour cet effect par vne convocation generale du peuple, il enroolla tous les hommes
de la ville qui pouvoient porter les armes,&
leur fit vne pitoyable & tres-ardente harangue. Car les déchargeant d'vne partie des
tailles & autres impofitions,il excufa fes procedures trop violentes fur la neceffité du
temps: promit de les affranchir encor plus
pleinement, & de donner par vne bonne reformation vn fidele reglement à tous les defordres & concuffions dont ils fe pouvoient
plaindre. Là deffus il attefta leur fidelité,
éguillonna leur courage à la defenfe de
leur vie,de leur patrie, & de leur Prince, qui
n'avoit autre volonté que de les aimer &

affister à iamais. Mais ces paroles furent
ouïes avec plus d'attention que de profit:
les Milannois commencerent à disputer incontinent avec les autres villes à qui se rendroit le premier au Roy. Toute la cité se
soufleve incontinent en armes : ils tuent
Antoine de Landriane son Thresorier general au sortir du chasteau : forcent le Duc
de sortir, & se revoltent en sa presence pour
s'abandonner à la fortune, & à la domination des François.

APHORISME XXXIX.

1 Ἔγω προδοσίαν φιλῶ,
προδότας δ' ἐκ ἐπαινῶ.
proditiones, non proditores
amo. *Plut. de Phil.*
Amo prædituros, non pro-
ditores. *Stob. de eadem.*
Rem amant, non reum. *Lip.*
pol. l. 4.
Le più volte, come s'egli
s'era servito dell' opera loro à bastanza è satio; in
luogo di quelli, messo in o-
pra de gl'altri, usava egli
stesso di spegnere quei vec-
chi, & pernizosi, & di
già venuti al como. *Am.*
Tac. hist. l. 4. de Tiber.
Camillus pueris virgas dedit, quibus proditorè age
rent in vrbem *Liv. l. 5.*
Sic Virginem, quæ Sabinis
Romæ portas prodidit: dum

Les creatures¹ ne font
aimées que pour l'v-
sage, & le service que nous
en tirons. Lors qu'vn cheval ne peut plus travailler,
nous luy ostons la peau : &
quand les vers à soye ont
tissu leur peloton, nous les
y laissons mourir. Ce que
le peuple fait envers les bestes brutes, les Princes e-
strangers le font envers cette brutale populace qui trahit son Prince ou sa patrie

entre leurs mains. Ils les cheriffent feulement pour leurs deffeins. Aiment les trahifons, mais non les traiftres. Et ces miferables qui fe voyent au defefpoir pour le mépris des autres, n'ont point [2] de plus cruel bourreau en eux-mefmes que leur propre confcience.

pretium rei petit, illi ipfi clypei obruebant. *For.l.1.* Gl' effecutori delle fceleratezze di molta importanza, fono da' prencipi rifguardati, come fe tali fervigij gl' improverffero. *Am. in Tac. an. lib. 15.* Les Lacedemoniens condamnerent leur Capitaine Phebidas, d'avoir empris la Cadmée, côtre la teneur du traitté fait avec les Thebains, & neantmoins ils rendirent la place. *Bod. rep. l. 5 è Plut.* Quand ceux qui aiment les trahifons ne fe peuvent plus fervir

des traiftres ils en tiennent peu de compte : Ce qui met les traiftres en defefpoir, dont s'enfuit l'honteufe mort qu'ils ont bien merité. *Am. Plutar.*
2 Illo nocens fe damnat, quo peccat die. *Sen. in fine.*
Heu confcientia, animi gravis fervitus. *Ibid.*
Vt primùm quis improbè egit, jam obftrictus pœnæ tenetur, & fuavitate flagitij veluti efca illico devorata, confcientiam intrà vrgentem plectentemque habens fluctuat. *Plut. de hi qui ferò pun.*
Sicut malefici cùm ad fupplicium educuntur, quifque fuam effert crucem, fic vitiofitas ex fefe fabricatur fingula tormenta. *Plut. ibid.*
La confcienza è potentißimo & certißimo flagello di chi fa male. *Por. in Guic.*

BERNARDIN de Cottenatif de Pavie ancien ferviteur du Duc, & grandemét avancé par fon maiftre, fut faict Capitaine du chafteau imprenable de Milan, & fa foy preferée à celle d'Afcagne frere du Duc qui s'eftoit offert d'en entreprendre la charge. A fon defpart de la cité il laiffa avec luy trois mille hommes de pied fouz capitaines fideles, avec provifion de vivres, de munitiós, & de deniers, fuffifáte pour le defendre par plufieurs iours iufques à só retour d'Allemagne.

Ce brave Gouuerneur ne veid pas si tost son maistre parti de la ville, que sans attendre aucun coup d'artillerie, ni autre forme d'assaut, vend cette place au Roy de France pour bonne somme de deniers, la charge de cent lances, pension perpetuelle, & beaucoup d'autres faueurs. Petite recompense pour vne si grande desloyauté. Mais il acheua cette action auec vne bien plus grande infamie & hayne qu'il s'acquit de tous les François, ausquels il auoit trahi ce chasteau: Tellement qu'estant reietté d'vn chacun comme vn venimeux serpent, mocqué par tout où il se trouuoit auec paroles pleines d'opprobres, & tourmenté de sa conscience, il languit quelque temps entre la honte & le desespoir: iusques à tant que peu de iours apres la tristesse l'enleua de cette vie.

APHORISME XL.

Laurus fulmine sola non icitur. *Plin. na. l. 15.* Omnis terrarum exhalatio rigens ac gelida, quicquid accipit ignei vaporis extinguit: quæ ratio immunem Scythiam & circa rigentia à fulminum casu præstat *Plin. l. 2. c. 20.*

Les foudres[1] ne touchent point les lauriers, & ne tombent jamais és regions Septentrionales, ou és contrees qui sont esloignees du Soleil. Ainsi les paisibles & mediocres Estats

ſtats ne ſont point ſujets aux forces de la Fortune, ny au danger des puiſſances plus hautes. Bien ſouvent les cedres ſont battus & abbatus par la tempeſte ſur les montagnes, quand les bas arbriſſeaux ſont en repos dans les vallons. Les petites charges ſont baſties ſur de l'acier, les plus hautes ſur de la glace. La condition de celle-là eſt touſjours ferme : de celle-cy la montee en eſt difficile, la demeure inconſtante, & la deſcente ruïneuſe. Car les hommes y parviennent par degrez : mais tombent tout en vn coup. Il n'y a [2] point d'arreſt entre la plus haute & la plus baſſe fortune.

[1] Qui jacet in terra, non habet vnde cadat. *Ovid.*

Paupertas ſumma eſt fœlicitas, ſtatum enim non metuit. *Seneca.*

Ex mediocritate fortunæ pauciora pericula. *Ta. an. 14*

Humili loco, ſed certa ſedet

Sordida parvæ fortuna domus:

Altè virtus animoſa cadit. *Seneca.*

——— O vitæ tuta facultas Pauperis, anguſtique lares, ô munera nondum Intellecta Deum : quibus hoc contingere templis Aut potuit muris, nullo trepidare tumultu, — Cæſarea pulſare manu? *Lucan. l. 5.*

Fortuna ſævo læta negotio, &
Ludum inſolentem ludere pertinax. *Hor.*

Dum excelſus ſteti, Nunquam pavere deſtiti. *Sen Thieſt.*

[3] Fortuna levis eſt, citò repoſcit quæ dedit. *Senec. Sent.*

Regum majeſtas difficilius ab ſummo ad medium detrahitur, quàm à mediis ad ima præcipitatur. (inquit Tacitus.) [1] *Re per la loro grandezza non ſono ſi facili à cadere come i privati : ma ; ſe punto conminciano à ſdrucciolare, non hanno riparo.* Am. in Tac.

Sic nubibus ipſis inſerta caput
Turris pluvia vapulat auſtro. *Seneca Oed.*

Non enim his gradibus quibus ad ſumma perventum eſt, itur: ſæpe inter fortunam maximam & vltimam nihil intereſt. *Sen. de ben.*

Imperium cupientibus nihil medium inter præcipitia & ſumma. *Tac. hiſt. l. 2.*

Vt alta ventos ſemper excipiunt juga,
Imperia ſic excelſa Fortunæ ſubjacent. *Sen. Oed.*

Difficiliùs principem à primo ordine in ſecundum, quàm ex ſecundo in noviſſimum detrudi. *Summ.*

Hh

LA ville & le chasteau de Milan est maintenant à la devotion des François. Mor-
tare & Pavie se rendent. Toutes les villes
des provinces de Cremone & de Guiradadde font de mesme. Le peuple, les Adorni, &
Iean Louys de Fiesque se battent à qui rendra plustost Genes au Roy. En fin toutes les
autres places & forteresses de ce Duché font
joug, & reçoivent tresvolontiers les enseig-
gnes de France sur leurs murs. Ainsi l'armée
Françoise ayant passé les monts à la my-
Aoust, avoit desia conquis vn si fort & noble Estat devant la fin de Septembre. Et
Louys Sforze si riche, si grand, & l'vn des
plus puissans Princes d'Italie, décheu de sa
fortune, chargé d'ignominie, & privé de
son Estat, est contrainct de s'enfuïr avec ses
enfans & ses freres, n'emportant avec soy
que la memoire de sa grandeur passée.

APHORISME XLI.

Nelle cose di stato è regola generale, non doversi per suo proprio sollevamento valersi di forze straniere, che siano di molto superiori, & più potenti delle proprie. Perche così conviensi dipendere dalla voglia altrui. Parut.l,1.disc.14.

Quand l'estomach a re-
ceu beaucoup de vian-
de, toute la chaleur des parties exterieures y court incontinent pour le disposer
au nutriment, & repousser

ET MILITAIRES. Liu. IV 483

tout ce qui luy eſt nuiſible.
Car la Nature ſe deffend
avec bien plus de ſoin d'vn
inteſtin ennemy, que d'vn
externe : comme eſtant plus
dangereux à la ſanté d'vn
homme, ou au bien d'vn
Eſtat. C'eſt pourquoy elle
tire toutes ſes forces des
places frontieres du corps, à
cette Metropolitaine de l'e-
ſtomach pour la conſerver de
toute ſurpriſe, & la maintenir en bon eſtat. Or ce
qui arrive en la conduite
de la Nature, ſe doit pra-
ctiquer en la diſcipline de
la guerre. Comme en vn
corps, ainſi en vne ville de
garniſon, les principales
forces doivent eſtre naturelles, & de nos propres ſujets. Car ſi la plus grande
& plus forte partie ſont
mercenaires & eſtrangers :
il ſera touſiours en leur
puiſſance d'y viure à leur
diſcretion, de controller nos
commandemens, & de ren-

Neminem ignotum militē
inter ſuos admittendum.
Ioſeph. in vi.
Quare & homines cives a-
lienis præferendi ſunt, &
qui vnà ſunt aliti, iis qui
contubernales non ſunt.
Xen Cyr. l. 8.
Turbulento mercenarioru
militum motu res Cartha-
ginēnſium vexatæ. *Polyb.*
l. 3.
Poſſumus peregrinos illoru
conducere majori merce-
de: mercenariæ enim magis
quàm vernaculæ ſunt co-
piæ. *Thucyd. l. 1.*
Si quoſdam tentabis regni
cuſtodes efficere, nuſquam
aliunde prius incipe, quàm
ab eo qui ex eodem loco
natus eſt. *Xen. Cyr. l. 8.*
Exercitum contractum ex
diverſiſſimis gentibus, vt
ſecundæ res tenent, ita ad-
verſæ diſſoluunt. *Tac. Agri.*
Sic Carthaginenſes per milites conductos extraneos,
Hiſpanos alios, alios Gallos,
Græcos, profugoſque & ſer-
vos, extremum ferè diſcrimen devenère. *Polyb. hiſt. 1.*
fo. 32.

Hh ij

*dre la place aux ennemis de
la patrie.*

AV mesme temps que par le Roy de
France les armes se remuoient contre
le Duc de Milan, Paul Vitelli ayant assemblé les compagnies & les provisions des Florentins s'en alla contre la ville de Pise. En
son chemin il mit le siege devant la ville de
Cascine, laquelle estoit munie de bonnes
fortifications, & suffisamment fournie de
soldats, vivres, & autres provisiós necessaires.
Mais Vitelli n'eut pas si tost cómencé à faire
joüer le canon, qu'il l'emporta en dedans
vingt-six heures. Car comme ceux de la
place eurent commencé à craindre pour le
grand abbatis que l'artillerie avoit fait des
murailles : les soldats estrangers qui y estoiét
les plus forts voulans les prevenir se rendirent apres avoir composé seulement pour
leurs personnes & biens propres : laissans
les Commissaires & les soldats des Pisans à
la discretion de l'ennemy victorieux.

APHORISME XLII.

Toutes les choses requi-
ses en vn digne Gene-
ral, sont en luy, ou par nature, ou par precepte, ou
par experience. Il n'y a que
la seule Fortune laquelle
orne toutes ses autres vertus de la couronne de gloire. Car le bon-heur ne dépend point de nous, il vient
de la main de Dieu qui le
donne. C'est pourquoy la
Science, la Valeur, la Prudence, & l'Autorité condui-
sent ordinairemët l'Avant-
garde de toutes ses actions
avec vn bien petit succez :
mais la Fortune & son bon-
heur meinent l'Arrieregarde avec toute la victoire &
les avantages qu'il em-
porte.

Θεῦ δ' δῶϱϱ ἐςι, ὠτυχῶ
ϱωτῖς.   Dei donum est
fœlicitas. *Thucyd.*
Fœlicitas, comes ferè consilij est & rationis:sed tamẽ
paulò benigniùs quibusdã
attributa à Deo. *Lip.pol.l.4.*
Assai ben balla à chi fortu-
na suona. Prou. Ital.
Ars militaris plurimùm
fortunæ eget. *Plato de leg.*
Murique vicem fortuna
tuetur. *Lucan. l. 10.*
Fortuna anco più bisogna
assai,
Che senza; val virtù raro
ò mai. Ariost. Ca. 6.
Fortuna plus homini quàm
consilium valet. *Sen. Sent.*
Multa quæ provideri non
possunt, fortuitò in melius
casura. *Tac. an. 3.*
Consilium cui impar erat,
fato permisit. *Tac. an. 6.*
Inde Octavianus nepoti suo
precatus, gravitatem Pom-
peij, fortitudinem Cæsaris,
fortunam suam, *Iulian. Cæs.*
fol. 88.

Hh iij

VITELLI avoit pris Cascine, la Tour de l'embouchure d'Arne, & le bastion de l'Estang : De sorte que les Pisans ne tenoyent plus autre chose dans tout le païs que le chasteau de la Verrucole, & la petite tour d'Ascagne, lesquelles il ne voulut molester pour l'incommodité qu'il y avoit à passer la riviere, & pour le peu de profit qui reviendroit du temps & des fraiz de cette entreprise. C'est pourquoy il se campa avec toute son armée devant la ville de Pise, non du costé de l'Arne qui empeschoit le secours des Lucquois : mais de l'autre costé du fleuve, vis à vis de la Tour de Stampace : Pource qu'il luy sembloit que prenant cette forteresse, il viendroit plus aisement à bout de la ville : ou pour plus grande commodité des vivres qu'on amenoit des bourgades assis sur les collines : ou à cause que les Pisans n'avoyent commencé aucun rempart de ce costé, dont ils ne se defioyent pas comme ils avoient faict de l'autre. Il planta son artillerie, se mit à battre le bastion de Stampace avec le port S. Antoine & la porte de la mer, où il fait bresche suffisante pour y donner l'assaut. Ce pendant il découvrit que ceux de dedans avec les femmes mesmes n'ayans cessé de travailler iour & nuict, avoient fait

à l'opposite de la muraille qu'on battoit, vn
rempart de bonne hauteur & largeur, avec
vn fossé fort profond. Là dessus il demeure
pensif, considerant le peril qu'il y avoit de
mener ses soldats à la bresche, & iugeant
plus à propos d'emporter premierement
Stampace. Car y mettant l'artillerie, il s'asseure d'incommoder par le flanc tout le costé que les Pisans deffendoyent, & avoir la
victoire avec moins de perte & de difficulté. En fin Paul Vitelli le dixiesme iour du
siege, fait donner l'assaut dez le poinct du
iour à la tour de Stampace : & nonobstant
que ses soldats fussent grandement offensez
par l'artillerie de la vieille citadelle, il l'emporte plustost & plus aisement qu'il n'avoit
estimé. Cette prise fut suivie d'vn tel estonnement des Pisans, qu'abandõnans les remparts ils se mettoyent en suitte par toute la
cité. Ses soldats qui estoient restez au camp
entendans que la forteresse estoit gagnée,
desirans de piller la ville, accouroyent à la
foule pour y entrer, & alloyent bravement
franchir les murailles destituées de defense.
Mais Vitelli ne connoissant point son avantage, & comme la fortune luy vouloit donner la ville en cette matinee, rappella les
soldats, & les fit retourner aux trenchées.
De sorte que les assiegez voyans que les Flo-

tentins ne pourſuivoyent pas la pointe de
leur victoire, & ſollicitez par les plaintes des
Dames qui les encourageoyent à la defenſe, commencerent incontinent de retourner aux remparts, continuer leurs fortifications, & pointer leur canon avec plus de
courage contre la tour de Stampace & toute l'armée ennemie. Avec cela la peſte ſe
mettant à leur ſolde, alla ravager le camp
des Florentins, & diminua tellement les forces & les troupes de Vitelli, qu'il fut contrainct de lever le ſiege, & de ſe retirer en
diligence. Ainſi ce iour qui devoit eſtre
bien heureux pour ce grand Capitaine, &
le charger d'honneur & de victoire, fut le
commencement de ſes calamitez & la cauſe de ſon entiere ruine. Car ſur ce ſuiet, &
autres accuſations il fut peu apres démis
de ſa charge, arreſté priſonnier, & executé
à Florence.

APHORISME XLIII.

Providendum, ne civi qui
inſigni aliqua injuria affectus eſt, demāderur provincia adminiſtrandi rem aliquam magni momenti.
Mace. diſc. l. 2.
Ομοίως ἐπισφαλὲς, μανιο-
μώφῳ δῶναι μάχαιραν, ἢ
μοχ?ηρῷ ἀναμαι. i. Tani

C'eſt mettre vne eſpee
és mains d'vn hom-
me furieux: que de donner
vne charge de grande con-
ſequence à vn Citoyen que

l'on a grandement offensé. Car l'on a tousiours sujet de ne se fier en luy : & il n'a iamais sujet de s'asseurer de personne. Cela empesche grandement le bien general d'vn Estat, & avance bien fort la ruïne du personnage. D'autant que les mécontentemens qu'on luy donne ne luy semblent jamais petits : & les moindres fautes qu'il fait semblent tousiours bien grandes aux autres. Ainsi l'Estat n'est jamais asseuré de sa fidelité quand il est employé par eux : ny luy de leur faveur quand il est accusé devant eux.

est periculosum, malitioso potentiam, quàm furioso gladium dare. *Aeschin.*

Animos verò eorum qui iniuriam passi sunt nondum didicistis, quos metus sceleratis iniiciunt, quas vltrices affectiones in nefarios immittunt. *Xenoph. Cyr. ad filios.*

Tanta in egregio sive vindictae cupiditas, vt facilè intelligamus, quid de nostris hominibus sperare, aut exspectare debeamus, si quando magna injuria afficiantur. *Mac. dif. 4. de Claudio.*

Neque enim cuiquam mortalium injuriae suae parvae videntur, multi eas graviùs & quo habuêre. *Salust. Cat.*

Ad motum comprimēdum, exercitu ampliore, & non instrenuo Duce, cui tamen tutò tanta res committeretur, opus esse. *Suet. in Vesp.*

Traditos fasces, regio quodam furore retinebant. *Flor. l. 1.*

Gladium dedisti quo se occideret. *Adag.*

L'Estat de Florence avoit beaucoup mescontenté & desobligé Vitelli, pour avoir favorisé le party du Comte Rinucce qui briguoit l'Estat de General, & luy avoient donné authorité égale à la sienne : pour la difficulté que le Senat avoit faict de luy envoyer promptement les provisions qu'il demandoit durant la guerre Casentine pour les traverses qu'on luy avoit

donné en ſes affaires particulieres, pour le
ſoupçon qu'on avoit eu de ſa fidelité en ſa
charge: & pource qu'en ſon abſence on parloit ordinairement en la ville à ſon deſavan-
tage. Et neantmoins apres l'avoir deſobligé
de la ſorte, ils luy donnent encore la charge
principale, & le continuent en l'office de
General en la guerre de Piſe. D'où les affaires ne luy ayans pas reüſſi ſelon ſes glorieux
deſſeins, il fut contraint de partir, & de s'en
aller à Livorne. Comme il y eſt, le peuple
Florentin continuant en la mauvaiſe opiniõ
qu'il avoit conceuë contre luy, & qu'il re-
doubloit à cauſe de ſa retraicte infructueu-
ſe, luy envoya des Commiſſaires ſouz ombre de regarder avec luy en quels lieux on
diſtribueroit les compagnies. Ils parlerent
peu de cela: & incontinent ils ſe ſaiſirent de
ſa perſonne par le commandement du Souverain Magiſtrat. On l'emmene auſſi toſt à
Florence, eſt empriſonné, & accuſé de pluſieurs crimes. Que par ſa faute Piſe n'avoit
pas eſté priſe le meſme iour qu'on força la
tour & le baſtion de Stampace. Que pour la
meſme raiſon il avoit tant differé de donner
l'aſſaut. Qu'il avoit pluſieurs fois entendu
les Piſans leſquels l'eſtoient venu trouver,
ſans en rien communiquer aux Commiſſaires. Qu'il avoit levé le ſiege contre le com-

mandement public, & abandonné Stampace fans grande neceffité. Qu'il avoit invité quelques Capitaines de f'emparer avec luy de Cafcine, Vicopifan, & de l'Artillerie;afin de pouvoir manier à fa volonté les Florentins à la paye de leur folde, & les forcer à l'accord de toutes leurs demandes. Qu'au païs Cafentin il avoit eu des intelligences & correfpondances fecrettes avec les Medicis. Qu'il avoit traitté au mefme temps avec les Venitiens de fe mettre à leur fervice, fi toft que le temps feroit expiré pour lequel il f'eftoit mis à la folde des Florentins.Que pour cette occafió il avoit donné faufconduit au Duc d'Vrbin & à Iulië de Medicis pour fortir feurement hors de Bibiene. Les opinions furent diverfes touchant les chefs de fon accufation : Mais outre le foupçon de fes actions paffees, on ne pouvoit plus le lafcher fans f'affeurer d'avoir en luy vn ennemy iuré de leur Republique. C'eft pourquoy il eft condamné fur ces articles, fans autre examen de tefmoins, ou confeffion du criminel, & executé le iour d'apres fon emprifonnement. Car on craignoit que le Roy de France, qui pour lors eftoit à Milan, ne demandaft la vie d'vn fi grand Capitaine, laquelle ils n'euffent ofé luy refufer.

APHORISME XLIV.

1 Nimium difficile eft reperiri amicum, ita vt nomé cluet : quo, tuam cum rem credideris, fine omni cura dormias. *Plaut.*
Omiffa fpe fallaci auctore, teipfum tuaque omnia cognitæ permitte fidei. *Lip. pol. l. 5.*
Paucis credas, nec nifi iis, quorum longo vfu cognita tibi fides. *Ibid.*
Σωφρονος δ᾽ ἀπιϛίας ϟκ ὁ-ϛιν ἄλλον χρησιμότερον βρωτοῖς. Sapiente diffidentia nô alia res vtilior mortalibus. *Euripid.*
2 O præclarum cuftodem ovium (vt aiunt) Lupum. *Cicero.*
Sic Geftius Ruftium puerũ vnâ cum pecunia apud fe depofitum, interfecit. *Plut. in Paral.*
Sic Antonius, regem Armeniorum fpecie amicitiæ illectum, dein catenis oneratum, poftremò interfecit. *Tac. an. 2.*
Eheu quid volui mifero mihi? floribus Auftrum
Perditus eft liquidis immifi fontibus apros. *Virg. egl. 1.*
Sic Polydorum auri quondam cum pondere magno
Infœlix Priamus furtim mãdarat alendum
Threicio regi. —— Polyd.. m obtruncat & auro
Vi potitur. —— *Virg. Aen. 3.*

IL eſt [1] bien difficile de ſe priver d'vne choſe qui eſt bien chere. Mais bien plus difficile de trouver à qui nous la devions confier lors que nous ne la pouvons garder en aſſeurance. Tant plus vn autre deſire de l'avoir en ſa garde, tant plus il pretexte que c'eſt pour noſtre bien, & tant plus devons nous eſtre ſur nos gardes de ne luy pas commettre ce depoſt. Car [2] cela eſt bien dangereux de mettre l'Aigneau en la garde d'vn Loup : comme il n'eſt gueres ſeur de donner vn enfant qui pretend à quelque ſouverain heritage entre les mains de celuy qui en a la poſſeſſion.

ISABELLE d'Arragon mere du ieune
Galeaz, fils & heritier de Iean Galeas Duc
de Milan, avoit touſiours eu ce Prince en ſa
charge depuis la perte de ſon pere, lequel
eſtoit mort par poiſon. Louys Sforze ſon
oncle eſtant preſt d'abandonner le Duché,
& de ſenfuyr en Allemagne, le demande
inſtamment à la Princeſſe, la ſuppliant de
le commettre à ſa conduite, & l'aſſeurant
qu'il le garderoit treſſoigneuſement, en le
menant hors de cet eſtat deſolé, & le tirant
des mains du Roy de France leur commun
ennemy. La Dame luy refuſe ſagement ſa
demande, & garde touſiours ſon fils avec
elle. Louys douzieſme apres ſa conqueſte
de Milan, ſen retournant en France, eſſaye
de vaincre la Princeſſe, & fait tant par la
douceur de ſes diſcours, qu'elle luy octroye
imprudemment ſon fils, lequel il emmene
avec luy en France, & l'enferme dans vn
monaſtere.

APHORISME XLV.

VN Eſtat [1] n'agueres
perdu par la cruauté
& oppreſſion d'vn Prince,

[1] Si come le coſe naturali,
ſi conſeruano con quei
mezzi, co' quali ſi ſono ge-
nerate: coſi le coſe della

conseruaZione de gli stati, sono l'istesse. *Reg. Stat. l. 2.*

Nouum imperium inchoãtibus vtilis clementiæ fama. *Tac. hist. 4.*

Melius beneficiis imperiũ custoditur, quàm armis. *Sen. de ben.*

Atrocior quàm nouo regno conduceret. *Tac. de Mirb.*

Non aureum aut sceptrum regnum seruat, sed amici multi sceptrum regibus verissimum maximeque securum. *Xen. Cyr. l. 8.*

Non enim exercitus, neque thesauri præsidia regni sũt, verùm amici. *Salust. Iug.*

2 Illud clarũ testatumque est, quod homines fœlicitatem adsequantur, benignitate in alios, & bona de se opinione : iidē cum adepti quæ voluerant, ad injurias & impotentiam in imperiis dilabuntur; sit meritissimò, vt vnã cum imperantium mutatione, ipsi quoque subditi se & affectus suos mutent. *Liui. l. 10.*

Ciuium non seruitus tibi tradita, sed tutela : Nec resp. tam tua est, quàm tu reip. *Sen. de cle.*

Tu ciuem patremq; geras, tu consule cunctis,

Non tibi : Nec tua te moueant, sed tua publica damna. *Claud. ad Honorium.*

Crebra & si modica, famã partæ victoriæ lacerant. *Tac. hist. l. 4.*

— patriæ impendere vitã, Nec sibi, sed toti genitum se credere mundo. *Lucan. l. 2.*

——— vrbi pater est, vrbique maritus, Iustitiæ cultor, rigidi seruator honesti, In commune bonus. ——— &c. *Idem.*

venant à estre reconquis se doit conseruer par des moyens contraires, & est mieux gardé par amour que par force. Les sceptres d'or ne maintiennent pas les Royaumes, mais les amis & l'affection des sujets sont vn sceptre bien puissant en la main de ceux qui les gouuernent. Le Prince victorieux peut penser qu'il est aussi bien à l'Estat, que l'Estat est à luy. C'est pourquoy 2 il doit bien prendre garde non seulement comme il se gouuerne en personne entre ses nouueaux sujet; mais aussi quelles gens il leur laisse pour les gouuerner en leur absence. De peur que ce qu'il a gaigné par once ne se perde par liure : & qu'il n'acquiere plus de deshonneur en la perte, qu'il n'auoit eu de gloire en la conqueste.

3 Non faciendo nocens, sed patiendo fuit. *Auf. de Claud.*

Ne provinciæ nouis oneribus turbarentur, vtque vetera sino auaritia, aut crudelitate magistratuum tolerarent; prouidebat. *Tac. de Tib. an. 4.*

Quibus Aerarium est spoliarium ciuium, cruentarumque prædarum receptaculum. *Plin. Paneg.*

Tondere pecus decet, non degluber. *Suet. Tib.*

I signori, chi hanno trovato modo d'accrescergli il peculio regio, guadagnavo à uncie, & perdono à libbre. *Am. in Tac. l. 4.*

I popoli aggravati sopra le lor forze, ò disertano il paese, ò si rivoltano contra il lor' Prencipe, ò si danno à nemici. *Rag. Stat. l. 1.*

Hauena l'occhio che le provincie di nuove gravezze non fossero oppressate, & le vecchie potessero tolerarsi, senza che da' Governatori loro fosse l'avaritia ò l'ambitione, ò crudeltà, in parte alcuna vsata. *Tac. de Tib.*

Quand vn meschant homme gouverne les affaires d'vn Estat, il ne faut attendre que des exactions & ruine du peuple: Mais luy de sa part au lieu de s'amender, fortifie sa tyrannie, mesprise les maistres, & contraint tout le monde de chercher remede. *Am. Plut. Agis.*

LOVYS douziesme desirant de s'en retourner en France, donna l'ordre qui luy sembla plus commode aux choses qu'il avoit acquises: Mais non pas avec tel soin & prudence qu'il devoit. Il laisse Iean Iacques Triulce Gouverneur general du Duché, Milannois de naissance, & ennemy de profession à Louys Sforze, & Chef de la faction Guelfe. Les peuples de cet Estat ne garderẽt pas long temps la fidelité qu'ils devoyent au Roy: Car ils se degousterent incontinent de l'humeur insolente des Frã-çois, murmurerent des daces qu'on n'avoit pas entierement levées, & se plaignoyent avec les Gibelins grandement puissants à Milan, de ce qu'on avoit donné le gouver-

nement de la ville à vn homme de faction
contraire. Outre cela, le naturel factieux de
Trivulce, son esprit hautain & remuant, &
son affection trop grande à ceux de son party, augmenterent merveilleusement cette
mauvaise disposition du peuple. Mais il es-
trangea entierement de luy les esprits de la
Commune, alors qu'en plein marché il tua
de sa propre main quelques bouchers, qui
suivans la temerité des autres du vulgaire,
refusans de payer les impositions qu'on avoit
laissé dessus eux, s'opposoient avec les armes aux ministres deputez pour en recueillir les revenus. Pour lesquelles raisons la
pluspart de la Noblesse & du peuple en general s'irriterent grandement contre luy;
& lassez du gouvernement present, comme
estans convoiteux de choses nouvelles, cõ-
mencerent à souspirer apres le retour de
Louys Sforze, & desia ne cessoyent d'implorer son nom publiquement dans les
meilleures compagnies.

APHOR.

APHORISME XLVI.

LA Diligence porte la vie dedans soy, & est pareillement assistée en dehors par la Fortune. C'est sur elle qu'elle s'appuye plus volontiers, & qu'elle s'attend bien plus souvent que sur des consultations lentes & trop meurement pesees. C'est pourquoy l'action qui est vne fois resolue, doit estre mise incontinent en execution. Car il n'y a rien qui avance plus les affaires, que l'expedition, & la promptitude. La flesche descochée roidement, donne avec plus d'asseurance dans les flancs de la biche, laquelle au moindre bruit eut evité le coup. Et les braves Capitaines doivent marcher en Tortue pour les resolutions, & en foudre pour l'execution des choses qu'ils ont vne fois resolues.

More fulminis quod vno eodemque momento venit, percussit, abscessit : nec vana de se prædicatio est Cæsatis, antè victum esse hostê quàm vitum. *Flor. l. 4. c. 4.* Cæsar cum Pharnacem superasset, ad amicos scripsit, ἦλθον, εἶδον, ἐνίκησα. *Plut. in Lac. Apopht.* Facto, non consulto in tali periculo opus esse : maximû bonum in celeritate putabat. *Sal. Cat. de Cethego.* Hanc laudem imprimis attribuerunt Alexandro Curtius, Cæsari Suetonius. *Lip. an. 2.* S'arma frettoloso & con la spene Già la vittoria vsurpa, & la preuiene. *Tasso. can.* 17. Τὸν δὲ τῦ πράττειν χρόνον εἰς τὸ παρασκευάζεσθαι ἀναλίσκομῦ : οἱ δὲ τῶν πραγμάτων καιροὶ τὴν ὑμετέραν βραδῦτητα ἢ ῥαθυμίαν, ὐ μένουσι. Agenoi tempus in apparatu consumimus: rerû autem occasiones non expectant ignaviam vestram & tarditatem. *Demo. Phili.* Pergit properus, & præveniens inimicorum astus, amicorumque pœnitentiam. *Tac. an. 6. de Artabano.* Nullus cunctationi locus est in eo consilio, quod nô potest laudari nisi per actû. *Tac. hist. 1.* Ita impigrè rem agentę

Ii

vt ducem abeſſe, nec cives, nec hoſt s ſentirent *Livi. de Mag.*
Commi tum pop. Rom. qui ſub tam lenti, maxillis edit. *Aug. de Ti.*
apud Criſp.

LOVYS Sforze avec ſon frere Aſca-
gne eurent avis en Allemagne, comme
le peuple de Milan eſtoit degouſté du gouvernement des François, & irrité contre
les inſolences de Trivulce. Sur ces nouvelles il n'attédit pas le ſecours tardif de l'Empereur, ains levant luy-meſme huict mille
Suiſſes, & cinq cens hommes d'armes Bourguignons, reſolut de venir en perſonne faire l eſſay d'vne meilleure fortune. Il arriva
à Come, qu'il prit incontinent, & ſe rendit
à Milan avant qu Yves d'Alegre, qui eſtoit
pour le Pape en la Romagne, peuſt arriver
avec ſes forces au ſecours de Trivulce. Par
cette diligence il ſe rendit Maiſtre de tout
le Duché. Là où ſi Sforze ne l'eut prevenu
avec cette incroyable promptitude, toutes
ſes eſperances euſſent eſté fruſtrées, ſes deſſeins eſtouffez en leur naiſſance, le peuple
empeſché de le recevoir, & tous les moyens
de mettre meſme le pied dans le Duché, où
il rencontra vn ſi favorable accueil de la
Fortune.

APHORISME XLVII.

ENcore [1] qu'il soit vray que l'homme d'Estat aussi bien que le Pilote puisse changer sa course selon le vent & les occasions, qu'il puisse arriver heureusement au port de son asseurance, encore qu'il tourne les voiles, & ne garde pas en sa course la droicte ligne d'une sincere procedure : Si est-ce qu'il ne luy est jamais permis par quelque moyen, ou pour quelque fin que ce soit, de fausser sa foy, ou de rompre sa parole. La foy [2] se doit mesme garder au meschant, & celuy qui l'a perduë, ne peut rien perdre davantage.

[1] In turbido rerum humanarum pelago, fas est obliquare sinus: & si rectá portú tenere nequeas, id ipsum mutata velificatione adsequi. Cic. ad Lent.
Si prudentiam amplecteris, vbique idem eris, & provt rerum & temporis varietas exigit, ita te accommodes tempori, nec te in aliquibus mutes: sicut manus quæ eadem cùm in palmam extéditur, & cùm in pugnam adstringitur. Sen. de virt.
Si quam rem accures sobrie & frugaliter,
Solet illa rectè sub manus succedere;
Atque ædepol fermè vt quisquá rem accurat suá,
Sic ei procedit. Plaut. Persa.

[2] Fidem qui perdit, nil vltrà potest. Senec. sent.
Privatim præterea fidé suá interponit, quam ille non minoris quam publicam ducebat. Sal. Cat. de Cassio.
Vera victoria, quæ salva fide & integra dignitate paratur. Flor. l. 1.
Pac fidelis sis fideli, cave fidem fluxam geras. Plaut. Capt.

Fides etiam perfidis præstanda. Lip. pol. 2.
Nec vlla res vehementiùs remp. continet quàm fides. Cic. off. 3.

APRES que Louys Sforze eut assemblé
mil cinq cens hommes d'armes outre
les gens de cheval Bourguignôs, & adiousté
aux Suisses beaucoup de pietons Italiens; il
laissa le Cardinal Ascague devât le chasteau
de Milan, passa le Thesin, & vint mettre le
siege devant Novare. Les François qui e-
stoient dans la ville, ayans perdu l'esperance
de se pouvoir deffendre, & d'estre secourus à
temps, accorderent de luy rendre la place
apres avoir receu sa foy qu'il leur seroit permis de se retirer en asseurance,& d'emporter
tous leurs biens. Sforze jura ces articles assez
legerement, pour le desir qu'il avoit d'estre
maistre de la ville. Plusieurs de son conseil
jugerent cét accord nuisible à ses affaires, &
luy conseillerent de rompre sa foy. Ils luy firent voir que la défaitte de ces compagnies
estoit de grande importance pour la victoire, que plus il puniroit d'ennemis, & tant
moins en resteroit-il dans ses terres. Là dessus ils luy persuadent que s'il estoit licite suivant l'autorité & l'exemple des grands de
violer sa foy pour conquester vn Estat, qu'il
devoit estre beaucoup plus licite de la rompre & violer pour le conserver. Le Duc sollicité par ces raisons plausibles n'y voulut jamais entendre, estimant chose indigne d'vn

Prince de fauſſer ſon ſerment. Seulement en
ſ'acquittant de ſes promeſſes il pourveut à
ſon profit, qui eſtoit de leur donner ſeure eſ-
coite pour les conduire iuſqu'à Vercel hors
des confins de ſon domaine.

APHORISME XLVIII.

LES *ſoldats mercenaires*
quoy que levez, par com-
miſſion, ſont pires que ceux
qui ſont originaires. Mais
ces ſoldats eſtrangers & fo-
rains, qui ſont pris par le
tambour, ſont les pires de
tous. Car leurs actions ſont
touſiours tachees de coüar-
diſe, & eux meſmes enclins
à la perfidie. C'eſt pour
cela qu'vn Prince doit
bien veiller ſur toutes
les actions de ſes gens, qui
ne ſont à ſon ſervice que
pour devorer ſon threſor: &
faut qu'il prenne garde de
ne les point lever ſans pu-
blique vtilité & autorité
des Eſtats, ny de mettre ja-

Quamvis res noſtræ ſint, pater, pauperculæ,
Modi é & modeſtè melius
eſt vitam vivere:
Nam ſi ad paupertatem ad-
migrant infamiæ,
Gravior paupertas fit, fides
ſubleſtior. *Plaut. Perſa.*
Exteri milites infidi, refra-
ctarij, tumultuarij, non fide,
non affectu tenentur. *Lip. é*
Tacit.
Præferendos tibi cenſeo
genitos milites, nõ aſcitos.
Curt. ad Alex.
Peregrinum & mercenariũ
militèm mos induxit, non
ratio. *Lip. pol. l. 5.*
Falſus erit teſtis, vendet
perjuria ſummâ
—— exiguâ. *Juven. Sat. 14.*
Nulla fides pietaſque viris
qui caſtra ſequuntur. *Luc.*
Inde ferè ſcelerum cauſæ,
nec plura venena
Miſcuit, aut ferro graſſatur
ſæpius vllum.
Humanæ mentis vitium,
quàm ſæva cupido
Indomiti cenſus. ————
Juven. Sat. 14.

mais fa vie entre leurs
mains, s'il ne veut s'expo-
fer à vn danger manife-
fte.

LOVYS Sforze avec 8000 Suiffes &
autres forces mit le fiege devãt Novare. Yves d'Alegre averty par Trivulce
vint avec toute fa cavalerie &les Suiffes pour
la fecourir. Mais paffant par Alexandrie, les
Suiffes venus avec luy, ou pour n'eftre point
payez, ou pour autre raifon, le quitterent, &
f'en allerent en l'armee du Duc de Milan, lequel puis apres emporta la ville. Le Roy de
France connoiffant la rebellion de Milan,
depefche le Sieur de la Trimouille en Italie,
avec plus grand nombre de Suiffes, & fix
cens lances. Le Duc avoit la plus part de fes
Suiffes levez fans commiffion ou commandement des Cantons, comme celuy qui en
ayant affaire avoit pris tous les volontaires
qui s'eftoyent venu renger fouz fes dra-
peaux. La Trimouille approche de Novare avec toutes fes troupes, & le Duc qui e-
ftoit dans la ville fe met en eftat de leur refifter, & de leur donner bataille. Comme les
deux armées font preftes au combat, les
Suiffes de Sforze prenans l'occafion fur ce
qu'ils ne recevoyent argent au iour qu'on

leur avoit promis, fufciterent quelque tumulte dans le camp. Le Duc qui fe doutoit
par conie&tures que ces gens couvoiēt quelque trahifon, y accourut incontinent: vfa
de tresgracieufes paroles, & leur donnant
toute fa vaiffelle d'argent, les pria d'attendre que les deniers fuffent venus de Milan.
Ce pendant il envoye les chevaux legers &
les Bourguignons pour commencer la mé-
lée: Mais cela ne peut remedier à fon malheur prochain; Car les capitaines Suiffes al-
leguerent qu'ils ne vouloyent venir aux
mains avec leurs propres freres, parēs, amis,
& qui eftoient de mefme nation, fans le cō-
gé de leurs Seigneurs. Puis auffi tous leurs
foldats f'écrierent avec eux qu'ils vouloient
foudainement partir pour f'en retourner en
leurs maifons. Le Duc ne pouvant ny par
prieres, ny par larmes, ny par promeffes, flechir aucunement leur barbare déloyauté, les
pria au moins de le mener en quelque lieu
d'affeurance. Ces gens ne voulurent jamais
luy accorder fa demande : ils confentirent
feulemēt qu'il fe meflaft parmy eux en habit
d'vn de leurs gens de pied:afin f'il n'eftoit re-
cognu de fe fauver à l'aide de la Fortune.
Cette condition qui fut acceptee de luy par
vne derniere neceffité, ne fut pas pourtant
fuffifante pour le fauver. Pendant qu'ils che-

Ii iiij

mmoient en ordonnance par le milieu de l'armee Françoise, il fut recogneu par ceux qu'on auoit chargé de cela, ou par les Suiſſes meſmes qui en avertirent les autres, pendant que meſlé dans vne compagnie il cheminoit à pied veſtu & armé comme vn Suiſſe. Ainſi ce grand Duc fut arreſté priſonnier en vne vile condition de mercenaire. Ce qui fut vn ſi triſte ſpectacle, que les larmes en coulerent des yeux de pluſieurs de ſes ennemis meſmes. Galeas de S. Severin, Fracaſſe, & Antoine-Marie ſes freres furent faits auſſi priſonniers, leſquels ſ'eſtoient pareillement meſlez en meſme habit parmy les Suiſſes. En quoy les Suiſſes ne ſe peurent purger d'vn grand crime, de l'avoir premierement abandonné au beſoin, & expoſé par apres à la miſericorde de ſes propres ennemis qui ne cherchoient qu'à le perdre.

APHORISME XLIX.

Contrahe, de multis grādis acervus erit. *Ovid. vemed. 2.*
Divitiæ grandes homini sūt vivere parce. *Lucret. 5.*
Magnum vectigal parsimonia. *Adag. Eraſm.*
Huic epulæ viciſſe famem, magnique penates
Summoviſſe hyemem. *Lucan. de Caton l. 2.*

L'eſpargne [1] eſt vn bon revenu à vn homme privé : mais rien n'eſt plus nuiſible à l'honneur d'vn Prince, ny plus prejudiciable à ſes affaires. Car [2] il n'y a amorce plus friande que celle-cy qui avec vn hameçon d'or, ny armes à l'epreuue d'vne lame d'argent, ny citadelle si forte qui puisse tenir long-temps apres qu'vn mulet chargé d'escus y aura peu entrer.

Magnæ opes, non tam multa capiendo, quam haud multa perdendo,quæritur. *Dion. l. 52.*
Vtere diuitiis tanquam moriturus,& idem
Tanquam victurus parcito diuitiis:
Parcere diuitiis qui tempore nouit & vti,
Ille modum seruans inter vtrumque sapit. *Th. Mo.*
è *Lucian.*
Imperat aut seruit collecta pecunia cuiq. *Hor. Ser.*

Ἀργυρέαις λόγχαισι μάχου, καὶ πάντα νικήσεις. Argenteis pugna hastis & omnia vinces. *Philip. apud Plut.*
La plus forte place du monde sera tousiours prise, pourveu qu'vn mulet chargé d'escus y puisse entrer. Bod. rep. l. 5.
Pecuniarum cupiditas Spartam capiet. *Erasm.* 487.

L'Entreprise du Roy au secours de Milan luy ayant heureusement succedé, fut cause que peu apres il licentia les compagnies fort satisfaictes & contentes. Les gens de pied des quatre Cantons Suisses s'en retournans en leur pays prennent la forte ville de Belinzone, place de grande importance, assise dans les montagnes; & passage fort propre pour empescher la descente d'aucun secours au Duché de Milan du costé des Suisses. Ils offrent cette place au Roy dez le commencement pour vne petite somme de deniers. Mais comme il avoit desia faict de grands fraiz, il perdit vne grande chose pour espargner vne somme si petite, & refusa de la retirer de leurs mains.

Cependant les temps & accidens vindrent bien toft apres, qu'il veut volontiers retirer en leur baillant vne bien plus grande somme, fans qu'il peuft plus rien obtenir de ces peuples.

APHORISME L.

Non tam rebus fecúdis fuã fœlicitatem fentiunt, quàm malis conflictati eam defiderans. *Dion. Caff*

Aftutùm fortunæ folét mutarier:varia vita eft:Nos divi em cum meminimu, atque iste pauperes nos. *Plau. True.*

Miferum iftuc verbum eft & peffimum, habuiffe, & nibil habere. *Plaut. Rud.*

Cade: & breu' hora, opere fi lunghe atterra. *Taffo Can. 12*

—— Si come il folgore non cade
In baffo pian, ma fu l'eccelfe cime:
Cosi il furor di peregrine fpade
Sol de' gran re l'altere tefte opprime. *Arioft. Can. 45.*

Magna documenta inftabilis fortunæ, fummaque & ima mifcenti. *Tac. hift.4.*

Cunfta mortaljum incerta, quantoque plus adeptus foret, tanto fe magi in lubrico diftans. *Tac. de Tib. an. 2.*

O vita noftra di Travaglio piena
Come ogni tua allegreZza poco dura?

IL n'y a rien de conftant icy bas: & la Fortune fe joüe en l'élevation des vns, & en la depreffion des autres. Mais le bon-heur de celuy qui a efté miferable eft d'autant plus grand qu'il goufte vn double contentement au fouvenir de fa mifere paffee, & en la jouyffance de fa felicité prefente. Au contraire la plus grande mifere eft d'avoir efté heureux. En fomme, l'eftat des hommes eft variable en leur grandeur; & leur mifere eft tres-grande en leur cheute.

Il tuo gioir è come Aria Serena
Ch' alle fredda Stagion troppo non dura. Arioft. agg. 2.
Quando tengas mas Fortuna
Mira que es como la Luna. Prov. Hisp.
——— *Quicquid in altum*
Fortuna tulit ruitura levat. *Seneca.*
Quanto più ful inftabil Ruota vedi
Di fortuna, ir in alto al miferabil huomo:
Tanto più tofto hai à vedergli i piedi
On' hor' ha il Capo, è far cadendo il Tomo. Arioft. Can. 45.

LOVYS Sforze dernier Duc de Milan, Prince doüé de treſbelles parties, excellent en eloquence, d'vn eſprit trespuiſſant, orné de riches dons de la nature, & qui meritoit le titre de miſericordieux, s'il n'euſt terny cette gloire par l'acte infame d'avoir empoiſonné ſon nepveu. Au reſte, ambitieux, turbulent, plein de vanité, infracteur de ſa parole, homme qui ne faiſoit eſtime que de ſes merites, qui ne tenoit rien de comparable à ſa prudence, & qui preſumoit de fleſchir toutes les affaires de l'Italie ſelon ſa volonté par la dexterité & addreſſe de ſon eſprit. Ce grand Prince eſt amené à Lion, où il entre là en plein midy, pour ſervir de ſpectacle à vne infinie multitude de peuple comme vn vif modele de la miſere humaine, ſans qu'il luy fûſt permis de voir le Roy, comme il l'avoit deſiré. Ainſi n'ayant peu obtenir cette grace, il eſt conduit en la tour de Loches, où il demeu-

ra dix ans prisonnier iusqu'à la fin de sa vie.
Chose estrange! de voir maintenant reser-
rées en vne estroitte prison les pensees &
l'ambition de celuy qu'à peine les bornes de
toute l'Italie pouvoient au paravant comprendre. Le Cardinal Ascagne le suivit biē
tost apres en France: lequel receu plus hu-
mainement par le Cardinal d'Amboise, fut
envoyé en prison plus honorable, & mis en
la grosse tour de Bourges, où le mesme Roy
qui l'y envoyoit avoit esté deux ans prisonnier. Tant est variable & miserable le sort
humain, & tant incertain à vn chacun quelle doibt estre en peu de iours la condition
de sa vie.

Fin du quatriesme liure.

ESSAIS
POLITIQVES
ET
MILITAIRES·
LIVRE CINQVIESME.

APHORISME PREMIER.

PLVSIEVRS ⸰ *s'en-foncent dans la mer , faute de quelque petite cho-se qui les retienne fur l'eau: & les autres tombent au fonds d'vne ruine extreme, en voulans embraffer plus*

⸰ Nimia omnia nimium ex-hibét negotiũ hominibus, *Plaut.*

Coërcenda intra limites imperia. *Tacit. An. l. 1.*

Tu quoque formida nimiũ fublimia femper, Propofitique memor con-trahe vela tui. *Ovid. l. 2. an.*

O faciles dare fummaDeos, eademque tueri Difficiles. ‑‑‑‑ *Lucan. l. 1.*

2 Δεῖ μὲν στρατηγὸν κατόπιν μᾶλλον, ἢ κατὰ πρόσωπον βλέπειν. Oportet Ducem magis respicere quàm prospicere. *Plutarch. in Sent.*

La grandezza meglio si custodisce con gli avveduti & moderati cõsigli, che co' precipitosi & troppo vehementi. Tacit. Ann. l. 11.

Non enim ego vt nihil agatur moneo : sed vt agentem te Ratio ducat non Fortuna. *Livi. l. 22.*

Securitati potius quàm potentiæ consulebant. *Tacit. Hist. 4.*

Melius prævenire pericula quàm invenire victorias. *Thucyd. l. 7.*

Il buon Capitano deue haver gli occhi non solo nella faccia, ma ancho nelle spalle : & guardarsi non meno da dietro che dinanzi. Bot. è Plut.

E vffizio di prudente Capitano, temer le cose che son degne d'esser temute : antevedendo quanti sono i pericoli, che si tira dietro colui, il quale del continuo attende ad occupar quello d'altri. Am. Tac. l. 2.

que leurs forces ne permettent. C'est pourquoy [2] le devoir d'vn sage Prince est de moderer ses fortunes. Il importe de beaucoup à sa prudence parmy tous ses succez, de regarder aussi bien derriere que devant. Voire mesme il doit plustost arrester le courant des dangers qui peuvent suivre, que de suivre le torrent impetueux de ses victoires precedentes. De peur que ses malheurs ne deviennent plus grands en la suitte de ces grandeurs : & que ce grand calme ne soit suivy d'vne perilleuse tourmente.

LOVYS douziéme a faict vne prompte, heureuse, & pleine conqueste du Duché de Milan. Le Pape, les Venitiens, & les Florentins sont confederez avec luy: les autres Princes & Estats d'Italie ont faict leur paix par amis, ou par argent. Le chemin est ouvert à Naples, ses pretensions

legitimes, ſes forces grandes, & ſon authorité puiſſammét eſtablie dans ce pays. D'autre part il apprend que l'Empereur Maximilian, les Electeurs, & autres Princes Al-
lemands ſ'offençoyent de voir vne ſi belle
branche arrachée de l'Empire, & craignoyent que la Fortune de ce grand Roy ne vou-
luſt à l'auenir remettre les Fleurs de Lys ſur
la Couronne Imperiale. Il void auſſi que
l'Empereur ne voulant plus ouïr ſes Ambaſſadeurs, les auoit renvoyez de ſa Cour;
qu'il auoit côvoqué vne Diete, & pris reſolution avec ſes Eſtats de recouvrer prôpte-
ment ce Duché par les armes. De ſorte que
ce ſage Roy ſur la conſideration de ces menees, & des preparatifs qu'on faiſoit contre
luy, craignant qu'en voulant gaigner davantage il ne perdiſt ce qu'il auoit deſia acquis, remit en autre temps l'entrepriſe de la
guerre de Naples, & ſe contenta de conſerver le Duché de Milan.

APHORISME II.

Depuis que [1] le profit a commencé d'encherir ſur l'honneur, les hommes trafiquent & vendent leur

[1] Pecunia ex quo in honore eſſe cœpit, verus rerum
honos cecidit. Sen. epiſt.
in pretio pretium nunc eſt,
dat cenſus honore,
Cenſus amicitias. ——— Ou.

2 Honor maximum bono-
rum externorum. *Arist. Eth.
l. 8.*

L'honor è di più preggio
che la vita,
Ch' à tutti altri piaceri è
praferita. *Ario. Ca. 38.*

Interrogatus quo quis pa-
cto regnum optimè conser-
vet, respódit: Si lucrú post-
habeat. *Plut. in Lac. Apoph.*

Gl' altri huomini nelle lor
imprese & deliberaZioni
considerano quello solo che
loro possa esser vtile &
profitevole. Ma la condi-
Zione de' Principi d'altra
sorte: & principalmente di
dovere nelle aZioni loro,
avvertire alla fama & no-
me loro. *Am. in Tac. l. 4.*

Quorum praemium honor
est atque laus, longè prae-
stätiora sunt, quàm ea quorum praemium est pecunia.
Arist. Rhet. l. 1.

A l'honor che gli manca in
vn momento,
Non può in cento anni sa-
tisfar, ne in cento. *A-
riost. Cant. 38.*

Emitur sola virtute potestas
Claudian.

amitié pour de l'argent: de
sorte que les temps où nous
vivons sont tout d'or: & l'or
est l'idole à laquelle mainte-
nät tout le monde fait hommage. Mais ez siecles dorez
du premier aage, on voyoit
seulement la Religion, la
Iustice, & la paix publique
qui ménageoient le secours
& l'alliance des autres;
C'est pourquoy 2 cette vieille
regle doit toussiours demeurer en sa force: & quand il
y a concurrence entre l'Honneur & le Profit, le Mini-
stre public doit avoir l'equité de la cause, & l'honneur
de son Maistre en plus grande estime que tous les autres avantages.

Vtilitate vbique quaerere non congruit magnanimo & ingenuo homini.   *Arist Polit. l. 8.*

Vilius virtutibus aurum.   *Horat.*

A la vita l'honor s'ha da preporre,
Fuor che l'honor non altra causa alcuna:
Prima che mai lasciarti l'honor torre
Dei mille vite perdre, non che vna.   *Ariost. Agg. 2.*

Les

Les Florentins voyans le Roy de Frã-
ce paiſible poſſeſſeur de Milan, le preſſent de leur bailler les troupes neceſſaires pour le recouvrement de Piſe & de
Pierre-ſaincte, ſelon qu'il y eſtoit obligé par
les articles du Traicté, & par ſon propre ſerment. Ceux de Piſe avec les Genevois, les
Sienois,& les Lucquois faiſoyent grande inſtance au contraire : offrans de bailler pre-
ſentement au Roy cent mille eſcus, au cas
que Piſe, Pierre-ſaincte, & Montpulcian demeuraſſent libres hors la main des Florentins : & paieroyent à touſiours cinquante
mille ducats par chacun an, ſi les Piſans ob-
tenoient par ſon moyen les forthereſſes du
port de Livorne & de tout le païs de Piſe.
Le Roy qui enclinoit à cela pour la beauté
de l'offre; neantmoins, comme en toute autre affaire d'importance il remet cette deliberation au Cardinal d'Amboiſe Gouverneur & reſident à Milan. Iean Iacques Trivulce & Iean Louys de Fieſque qui deſiroy-
ent tous deux la Seigneurie de Piſe, & offroient bonne ſomme d'argét au Roy pour
ce ſujet, portoient fort le Cardinal à cette
reſolution, & luy remonſtroient qu'il eſtoit
de beſoin pour l'aſſeurance des affaires de
France de tenir foibles les Florentins & au-

K k

tres Potentats d'Italie. Mais le Cardinal eut plus d'esgard à la foy & à l'honneur de son maistre, qu'à la grandeur de ces offres, & à l'avantage de ces conseils politiques. C'est pourquoy il leur envoya incontinent le secours desiré.

APHORISME III.

1 Autoritatis proles, felicitas. *Curt.*
Habendu metus, aut faciédus est *Lips. polit. l. 2.*
Veheméter pertinet ad bella administranda, quid hostes, quid socij de imperatoribus existiment. *Cic. pro leg. Man.*
Vn Generale deve di tanto avanzare gli altri de virtù, quanto di dignità. Parut. disc. l. 1.
Multa autoritate quæ viro militari pro facundiâ erat. *Tacit. An. 15.*
Severitas amorem, facilitas honorem diminuit. *Tacit. Agric.*
Omnes hi Præfecti hoc primum habebant, quòd à subditis colerentur. *Xen. Cyr. l. 2.*
Quia supplicia Ducis metuebant, magis observantes ordinis erant. *Xen. de exp. Cyr.*

L'*Autorité* & la *Valeur* en vn Chef impriment la crainte & l'amour dans le cœur des soldats. Ce sont de hautes tours, esquelles les *Princes* se vangent du mespris & de la rebellion. L'*Autorité* est mere de la felicité, & la *Valeur* est vn puissant éguillon pour porter les soldats à l'entreprise. L'opinion qu'ils ont conceuë de leur *Chef,* leur sert d'vn discours beaucoup plus eloquent que toutes les paroles qu'on leur peut dire. Cela donne la vie & le succez aux entreprises; au lieu que sans elles le vouloir &

le pouvoir languissent & s'evanouissent de la plus florissante armée. C'est pourquoy les hommes ne doivēt pas estre honorez des charges eminentes, s'ils ne sont doüez de ces parties & qualitez necessaires.

2 Mars gradivus dictus, nō quod per saltum, sed gradatim ad officia militaria promotio fieri debeat. *Ammirat. l 3.*
Cyrus præmia proponebat ordinum ductoribus (sed optimi,) vt fierent Tribuni: principalibus verò (sed optimis) vt fierent ordinum ductores. *Xenoph. inst. Cyr. l. 2.* Quales Præfecti, tales etiam qui sub ipsis tunc frequentiùs fiunt. *Xenoph. Cyr. pæd. 8.*

LE Cardinal de Rouën envoye six cens lances & six mille Suisses au service des Florentins, avec bon nombre de Gascons, Artillerie, & autres munitions qui seroient necessaires pour l'entreprise de Pise. Le Roy devoit payer les lances, & Florence les Suisses. Les Florentins se fians beaucoup en Beaumont, pource qu'il avoit esté prompt de leur rendre Livorne: veulent de necessité l'obtenir du Roy pour General de leur armée : Ne considerans pas que l'authorité & la science des choses militaires est necessaire en vn Chef aussi bien que la foy. Beaumont estoit homme de peu de moyés, de moindre experience, & de tres petite authorité entre tous les Capitaines François. Le Roy acquiesça à leurs importunes demandes, encore qu'avec vn bien meilleur conseil il eut resolu de leur donner d'Alegre Capitaine fort experimenté en la guerre,

Kk ij

d'extraction plus noble, & de plus grande authorité : pour lesquelles choses l'armée eut plus volontiers & plus promptement obey. Ce mauvais choix qu'ils firent, fut la principale cause de tous les mauvais succez qui les accompagnerent en cette bonne entreprise.

APHORISME IV.

1 Lamiam domi dormire cæcam, oculis in vasculo repositis : foras autè egressam inserere oculos & videre : ita quisque nostrum,&c. *Plut. de Curiosit.*
In alienis rebus Lyceis oculis cernimus, in nostris cæcutimus. *Eras. Adag.*
Sic ictus munere Demosthenes adjunxit se Harpalo : fingens vocem sibi præclusam esse. *Plut. Demost.*

2 Aurum præstringit oculos. *Lips. Polit. 4.*
Corrumpentia sensus dona. *Claudian.*
Nullum vitium tetrius avaritiâ, præsertim in Principibus & Reip. gubernatoribus. *Cic. offic. l. 2.*
Τὸ ἀρχόμενον ἔςιν αἷμα ἢ ψυχὴ βροτοῖς. Pecunia sanguis & vita hominibus. *Poët. Græc.*
Η΄ φιλοχρημοσύνη μήτηρ κακότητος ἁπάσης. Universæ nequitiæ mater amor summi. *Phocylid.*

LES hommes [1] peuvent voir assez clair pour faire droit à deux parties, quand l'affaire ne touche point leur interest : mais lors qu'ils sont eux-mesmes parties, il en va tout autrement. Car icy ceux qui auparavant estoient aussi clairvoyans que les Lynx, sont aussi aveugles que les Taupes. Et cela n'est point de merveilles : Car [2] le profit & les tromperies arrachent les yeux à la Iustice, & l'aveuglent incontinent. C'est pourquoy celuy qui veut reüssir en vne cause honne-

fte, ne doit jamais la referer Virtutem & Sapientiâ vin-
à vn Iuge corrompu. cunt teiludines. 2. Numi-
matia. (Numima antiqui-
tùs dictu ϰϵλόϊη, abinsculp-

pta telludine. *Adag.*
Malitia præmiis exercetur : vbi ea demiferis, nemo omnium gratuitò
malus est. *Salust. de rep.*

LE Cardinal d'Amboise avoit dignement preferé l'honneur de son maistre à son propre profit, lors qu'il executa les articles convenus avec les Florentins, leur envoiât le secours necessaire pour
la guerre de Pise : & leur promettant la restitution de toutes leurs villes d'ostage. La
ville de Pierre-saincte avoit esté mise en depost ez mains de Charles huictiesme lors
qu'il passa en Italie, & vendue malicieusement par ses officiers aux Lucquois. L'armée Françoise envoyée au secours des Florentins, assiege maintenant cette ville en
leur nom, & l'emporte. Les Lucquois affligez de voir perdre cette piece, offrent au
Cardinal quantité de deniers pour l'obliger
de ne la point remettre ez mains des Florentins. Il accepte leur argent, prend la ville
souz la protection du Roy : avec conventiõ
que le Roy la tiendroit en depost iusques à
tant que la controverse fust decidée à qui de
droict elle devoit appartenir. En quoy il
manqua grandement, faisant tout au con-

traire de ce qu'il avoit promis à cette Republique.

APHORISME V.

1 Temeritas præterquam quòd stulta est, eſt etiam infœlix. *Livi. 22.*
Festinatum temerè bellum pari formidine deserunt. *Tacit. An. l. 4.*
—— Si cede al periglio Ch' audace appare improvido consiglio. *Taſſo can. 19.*
Peccat pene neceſſario qui festinat Quod ſi tamen nó labitur, quid efficit? parum. *Lipſ. Pol. l 5.*
Πρὸς δὲ πᾶσαν ἐπιβυλὴν, ἕτοιμον, ἀπάτην, ἐπιμος ἔςι τις βία. Facilis hic talis eſt ad omnem circumvẽtionẽ, fraudem, dolum. *Toỳb. l. 3.*
Sejano cognoſceva che Druſo era giovane molto feroce, & però più agevole ad ingannarſi, & più atto à mal capitare, per la ſteſſa ferocità ſua. *Am. in Tac. An. l. 4.*
Brutino era aſſai perito, se ei ſi foſſe indrizzato per buon camino, & itoſene con lento paſſo, ma egli fece troppa fretta. *Am. in Tacit. An. l. 3.*
Incogitantes ſors, non conſilium rapit. *Anſon. 92. f.*

2 Argumentum solertiæ Paſtinacarum hoc eſt, quòd

La 1 Temerité eſt nuiſible à toute ſorte d'entrepriſe. Celuy-là faillira neceſſairement qui eſt trop temeraire en ſes deſſeins. Ses commencemens ſont tous de flammes, ſa fin toute de glace. Et ayant eventé ſa premiere furie, meurt comme une mouche qui a perdu ſon éguillon. C'eſt pourquoy les hommes doivent bien conſiderer & ſonder le danger avant qu'ils s'y engagent: De peur que comme ils y vont avec peu de circonſpection, ils ne s'en retirent avec moins de profit. Car 2 tout ainſi que la Raye qui eſt la plus hebetee & la plus tardive des poiſſons, ſe trouve bien ſouvent avec un Mulet dans le ventre, quâ *est le plus viste & leger à nager : Ainsi les sages & bien avisez Politiques ruinent & surprennent tousjours les conseils de ceux qui sont trop prompts en leurs desseins , & temeraires en l'execution de leurs entreprises.*

cùm sint pisciũ tradiĩimi, Mugilem tamen omnium velociĩimum in ventre habentes reperiuntur. *Plin.9. 41.*

Differ, habent parvæ commoda magna moræ. *Ovi l. 3. Fast.*

Assumplit vires, auctaque flamma mora est. *Ovid. Epist.*

BEAVMONT est campé devant la ville de Pise entre la porte des Plages & celles qu'ils nomment Calcesane. Il la bat la nuict mesme avec vne grande impetuosité, & continue la batterie iusques à la moitié du iour suivant: de sorte que l'Artillerie mit par terre plus de soixante brasses de la muraille, & fit bresche suffisante pour l'assaut. Aussi tost qu'elle eut cessé de tirer, les gens de pied & de cheval y courent pesle-mesle, sans aucun ordre, sans discipline, sans Capitaines: tant estoit grande l'impetuosité & l'ardeur des soldats. Mais dez qu'ils furent arrivez sur la bresche, ils avisent vn profond fossé que les Pisans avoient faict entre le mur qu'on avoit battu, & le rempart qui estoit au dedans: à quoy ils n'avoient pas pris garde. Tellement que quand ils l'eurent descouvert, estonnez de sa largeur & de sa

K k iiij

profondeur, ils confumerent tout le refte du iour pluftoft en qualité de fpectateurs que d'affaillans, & fe reçulerent froidement fans rien faire.

APHORISME VI.

1 Faciles ifti & mites vilefcunt. Li. Polit. l. 5. Bis noxij, in fe & in Remp. qui plebi reverentiam excutiunt, & licentiam præbent peccandi. Id.an.43. Aufteri Duces, fuis: faciles hoftibus, funt vtiles. Appia.

2 Legiones veteré ad morem reduxit: ne quis agmine difcederet, nec pugnam nifi juffus iniret, &c. Feruntque militem quia vallú non accinctus, atque alium quia pugione tácùm accinctus foderet, morte punitos. Tacit. de Corbulon. An. 11. Corbuloni plus molis adverfus ignaviam militum, quàm contra perfidiam hoftium erat. Tac. an. 13. - gaudet tamen effe timori Tam magno populis, & fe nec maller amari. Lucan. lib. 3. de Cæf.

RIEN[1] n'eft plus dangereux en vn Eftat ou en vn camp que le mépris du Prince ou du General de l'armee. Rien ne l'engendre plus promptement au cœur du fujet ou foldat, qu'vne douceur trop grande. Car celuy qui endure vne iniure fans la punir, femble en demander vne autre. Cela mefme ravale l'autorité de fes commandemens, fait controller fes volontez, & met fon fervice en indifference. C'eft[2] pourquoy comme les Princes font moins blafmables d'eftre plus imperieux que familiers: tout de mefme eft-ce vne moindre faute aux Chefs d'armee d'eftre plus *rigoureux qu'indulgens. Ils doivent punir les moindres crimes, & croire que la Iustice est bien seante à la Majesté de leur charge. Vn Capitaine ne manquera jamais, lors qu'il se rendra aussi difficile & austere vers ses soldats, que facile à ses ennemis.*

LE General Beaumont ne punit point cette premiere faute des soldats devant Pise qui avoient couru à la brêche sans aucune conduitte, & contre sa volonté. Pour cela l'armee commença aussi tost à l'avoir en mespris, & devint moins soigneuse de ses commandemens. Les soldats sortoient & rentroient selon leur bon plaisir, conversoient avec les Pisans comme avec leurs amis, & alloient seurement dans la ville. Bref leur insolence alla iusques là, qu'ils oserent par tout le camp, mesme devant les capitaines, defendre la cause des Pisans contre les Florentins, & les encouragerent à la defense de leur liberté pretendue. François Trivlce Lieutenant de la compagnie de Iean Iacques, & Galeas Palvoisin qui estoit avec sa compagnie au camp des François, les conjuroient de perseverer constamment en la guerre. Vitelloze envoye Tarlatin avec quelques vieux soldats au secours des Pisans. Les Fraçois en ont les nouvelles, & ne les empeschent point d'y entrer. A cette inclination commune des soldats & des gens de cheval, s'adiousterent plusieurs desordres, iusques à piller les vivres qu'on amenoit au camp, afin de contraindre le General de lever le siege. Le General manquoit alors autant d'authorité, comme au paravant il avoit manqué de soin pour redresser les desordres. Les Gascons mutinez s'en vont tumultuairement de l'armée, les Lansquenets en font de mesme, les Suisses les suivent, & à la fin les lances Françoises sont forcées de se retirer aussi : laissans là l'honneur du General interessé, & les affaires des Florentins presque toutes desesperées.

APHORISME VII.

1 Vno absurdo dato, infinita sequuntur. Arist. Int.l.1. Finis vnius principium alterius est mali. Senec. Nelle cose della guerra, s'aggiongono sempre à disordini, disordini nuovi. Por. in Guic.
Ἐξ ὀλίγυ τὰ πολλὰ Ancepis conditio bellorũ,

Comme [1] ez disputes des escholes, quand vne absurdité est posee, beaucoup d'autres s'en ensuivent: ainsi ez affaires d'Estat qu'on difpute par l'efpee dans l'Efchole des armes, vne erreur en engendre vne autre, celle cy vne troifiefme, qui eft pire : & ainfi augmente iournellement autant en nombre qu'en malice. Cela arrive [2] particulierement en ceux qui ne veulent point recognoiftre leur premiere faute, la reiettent fur la Fortune : & c'eft alors qu'ils la multiplient & rendent plus grande en la voulant excufer. Outre que la voulans transferer fur vn autre, ils font tomber toute la perte & honte fureux mefmes. Vne franche confeſſion de fa faute efface toute la confufion, & fe met en eftat d'y trouver de plus prompts & falutaires remedes.

& ex parvo fiunt multa. *Thucyd. f. 52.*

Ideo Lyfimachus dicere folebat, Duces in bello errates nulla venia dignos effe: vbi, fi quid offenditur temeritate vel nefcitia, emendari non poteft. *Alex. in Genial. l. 2* Præliorum enim delicta emendationem non recipiunt. *Lip. Pol. l. 5.*

[2] Quoties aliquid inopinatum accidit, confuevimus incufare fortunam. *Thucyd. l. 1.*
Magno fe judice quifque tuetur. *Lucan. l. 1.*
Quantò quis magis inficiatur vitium fuum, tantò magis in ipfum penetrat : & quantò magis intrò fugies, tàtò magis in caupona eris. *Plut. de prof. virtut.*

L'Infortuné fuccez qui arriva aux Florentins devant Pife par le mauvais choix qu'ils avoyent faict d'vn General, fut fecondé d'vne autre faute pire que la premiere, & qui ne peut eftre auffi imputée qu'à euxmeſ-

mes. Le Roy de France eſtoit grandement
déplaiſant de ce mauvais ſeruice, tant pource qu'il cognoiſſoit combien cela diminuoit
la reputation de ſon armée, qui avoit triom-
phé de tous ſes ennemis; que de voir les
Florentins ſes confederez décheuz de tout
eſpoir d'avoir la ville, apres tant de dépenſes, & vne ſi longue guerre. C'eſt pourquoy
deſirant de recouvrer la reputation des ſiés,
& relever le courage abbatu de ce peuple, il
envoya à Florence le ſieur de Corcou premier gentilhomme de ſa chambre, pour dire aux Florentins, que ne perdans l'eſperance de quelque meilleur ſuccez, ils permiſ-
ſent que ſes hommes d'armes retournaſſent
hyverner au territoire de Piſe, pour la tenir
en crainte continuelle : iuſques à ce qu'au
renouveau on l'aſſiegeroit avec vne armée
plus raiſonnable, mieux pourveuë de Capitaines, & fournie de plus obeïſſans ſoldats.
Les Florentins ne veulent recognoiſtre leur
faute, & refuſent l'offre du Roy: parce qu'ils
deſeſperent d'vne meilleure iſſue à l'ayde
des armes Françoiſes. Ce qui empira davantage leurs affaires. Car ſur le bruit que
le Roy les avoit laiſſez, ceux de Genes, de
Siene, & de Lucques commencerent à ſecourir ouvertement les Piſans de gens &
d'argent : De ſorte meſme que quiconque

defiroit de les offenfer, commença à repren-
dre courage. Et à Florence les divifions
croiffoient entre les Citoyens; de forte que
non feulement ils n'eftoient pas fuffifans
pour recouvrer les chofes perdues, mais auffi
ne pouvoient pourvoir aux defordres qui
eftoient en leur propre domaine. Les deux
factions autrefois affoupies en la ville de Pi-
ftoie entre les Cancelliers & les Panciati-
ques, fe renouvellent, prennent les armes,
commettent plufieurs meurtres tant dedans
que dehors l'enceinte de leurs murailles. A
quoy les Florentins qui n'y avoient pas donné ordre de bonne heure n'eftoient plus capables d'apporter vn remede affez fuffifant.

APHORISME VIII.

Entre[1] ceux qui font la
cour à l'Amour ou aux
Loix, l'Argent comme le
commun moyenneur en con-
clud la pourchaffe. Par luy
ceux-là contractent leur
Mariage, & ceux-cy font
leur paix. Mais[2] il n'eft
pas feur de contracter ainfi
quelque alliance entre les

[1] Chi per alcun accidente,
non perbene difpofta volõ-
tà, fi fa amico, fe uoprendofi
per altro cafo & per qualche mutaZione, di cofe i più
veri affetti; refta non pure
come prima nemico, ma per
qualche nuovo difgufto più
acerbo. Parut. l. 2. dif. 5.

[2] Vt cuique homini res para-
ta eft firmi amici funt: fi la-
bant res laffæ, itidem amici
collabafcunt. Plaut. Stich.
Non aliud majus amoris
magni indicium novi quàm
pecunia. Ariftæn. l. 1.

Argentum modò adſit, omnia conſiet. *Ariſtain.l.1.* Caduceus amicarum cenſeri debet auro Babylonico. *Id.l.2.Ep.1.*

2 Non ſunt fideles in amicitiâ, quos munus, nō gratia copulat. *Iſid.* Tales amicitiç celeriter dirimuntur. *Ariſt.Eth.l.8.* Negotiatio eſt, non amicitia, quæ ad commodum accedit. *Senec.* Plenæ querelarum & criminationum omnes amicitiæ, quæ fructibus & emolumentis diriguntur. *Ariſt.Eth.l.8.*

Romana Reſp. amicitias auro nunquam comparavit. *Mat.diſ.l.2.* Gagner les hommes par argent, eſt vne ruſe ſotte & méchante: car il n'y a point de foy en des amis d'argent. *Ammiot. Plut. Phoc.*

Eſtats Car l'amitié baptizee en ceſte eau' eſt bien toſt renoncee: & les cordons qui ſont liez par ce nœud, par ce meſme ſont fort faciles à ſe diſſoudre; D'autant que c'eſt vn trafiq, & non pas vne amitié, qui ſe contracte de la ſorte.

Federic Roy de Naples donne quarante mille ducats à l'Empereur Maximilian, avec promeſſe & obligatiō de quinze mille ducats par mois, pour l'aſſiſter contre le Roy de France. L'Empereur luy promet de commencer la guerre au Duché de Milan, pour divertir les François du royaume de Naples, & de ne faire iamais aucun accord avec eux ſans l'y comprendre. Le Roy de France recherche la paix de l'Empereur par le moyen de l'Archiduc ſon fils, lequel y enclinoit grandement, à cauſe que ſes peuples craignoyent le divertiſſement du commerce, & n'oioyent pas volontiers parler de guerre avec les François. Le Roy n'avoit point d'enfans maſles, & oſ-

froit de donner la Princesse Claude sa fille
à Charles fils de l'Archiduc avec le Duché
de Milan pour doüaire. En fin la trefve se
conclud au commencement de l'an 1501,
moyennant certaine quantité de deniers
que le Roy luy donna ; sans que le Roy de
Naples fut compris en la trefve. Pauvre
recompense pour tant d'argent qu'il avoit
employé à s'acquerir la faveur de l'Empereur.

APHORISME IX.

IL est [1] *non seulement
doux & profitable, mais
juste & legitime de tromper
vn ennemy public par tous
moyens possibles, si ce n'est
par la rupture du serment,
ou de l'accord fait avec luy.
Hors* [2] *de là, ce n'est point
tromperie : il est permis de
changer de bouclier : & de
se revestir de toutes sortes
d'artifices pour trahir sa credulité. Mais de trahir vn
parent, vn amy, vn allié :
cela est contraire à toutes*

[1] Fœderatum injustè fallere impium : at hostes, nõ solùm justum, sed etiam suave
& fructuosum est. *Plaut. A-
gel.*
Hanc rem exorsus sum fa-
cetè & callidè,
Igitur proventuram benè
confido mihi. *Plaut. Persa.*
Etiam Romani veteres, avi-
di aliàs & tenaces virtutis
fidei servandæ, quendam
bonum dolum dicebant.
Lips. Pol. l. 5.
Mutem[9] clypeos, Danaum-
que insignia nobis
Aptemus, dolus an virtus
quis in hoste requirit ?
Virg. Aeneid. 2.
Ne semper ab iis caveatis,
aliquando vos ipsis insidias
tendite. *Thucyd. l. 6.*
[2] Vsus fraudis in cæteris a-
ctionibus detestabilis, in
bello gerendo laudabilis.
Mace.L.3.

1 —— quantùm ipſe feroci
Virtute exuperas, tantò me
impenſiùs æquum eſt
Conſulere.—— *Virg.l.12.*
2 Fraus triplex: prima levis, vt diſſimulatio & diffi-
dentia, hanc ſuadeo. Secunda media, vt conciliatio & deceptio: illam
tolero. Tertia magna, vt perfidia & injuſtitia: iſtam damno. *Lipſ. Polit. l. 4.*

*Loix, odieux à tous hom-
mes, injurieux à la patrie,
& impie devant Dieu.*

Proditore turpiùs nihil vnquam Sol vidit, cujus obſcœnitas tanta eſt,
vt & qui artificio ejus egent, execrentur artificem: & qui cæterorum
ſcelerum famam quærunt, hujus infamiam reformident. *Petrarch.*
*Sa ben quanto à mal termine, & à mal perto
E come ſpeſſo in van ſoſpira e geme,
Chiunque il Regno ſuo ſi laſcia torre,
E per ſoccorſo à Barbari ricorre.* Arioſt. Can. 40.

LOVYS douxiéme aſſeuré que les
Allemans ne ſe remueroyent pas, &
eſperant d'obtenir bien toſt l'inveſti-
ture du Duché de Milan par l'entremiſe de
l'Archiduc d'Auſtriche, tourna toutes ſes
penſees à l'entrepriſe du Royaume de Naples. Là deſſus il craint d'avoir le Pape & les
Venitiens oppoſez contre luy, comme ceux
qui envioient ſa grandeur. C'eſt pourquoy
il renouvelle les practiques qui avoyent eſté
commencées du temps du feu Roy Charles pour la diviſion de cet Eſtat, auquel Ferdinand Roy d'Eſpagne pretédoit auſſi bien
que la France. Car bien qu'Alfonſe Roy
d'Aragon l'eut conquis avec droicts ſeparez
de la Couronne d'Aragon, & partant en
eut diſpoſé en la perſonne de Ferdinand ſon
fils baſtard comme de ſon propre: toutefois
Iean

Iean son frere qui luy succeda au Royaume
d'Arragon, & Ferdinand fils de Iean avoiét
rousiours soustenu qu'il appartenoit à la
Couronne d'Arragon : pource qu'Alfonse
l'avoit acquis avec les armes & les deniers
dudit Royaume. Ferdinand avoit couvert
cette querelle avec vne astuce & patience
Espagnole, donné sa sœur au vieil Ferdinand, & consenti au mariage de sa fille avec
Ferdinand le jeune. Ainsi les Roys de France & d'Espagne concourent en mesmes inclinations ; l'vn pour s'oster les obstacles, &
l'autre pour avoir au moins vne partie de ce
qu'il desiroit, mais ne pouvoit avoir en tout.
Ils s'accordent donc en secret, partagent le
Royaume, & concluent d'en demander l'investiture au Pape en temps & lieu convenable. Ce pendant Federic Roy de Naples
ignorant le complot, & voyant les forces
Françoises venir ouvertement contre luy,
en nombre de mille lances, quatre mille
Suisses, & six mille autres François, avec
quantité d'artillerie qui marchoit par terre,
outre l'armée de la mer, jetta sa veuë du costé de l'Espagne. Gonsalve Ferrand avec
l'armée Espagnole s'estoit arresté en Sicile,
faisoit semblant de le venir secourir, selon
que le Roy luy en avoit donné promesse. Il
le sollicite de venir ancher à Caiette, luy

met entre les mains quelques places de la Calabre que l'Espagnol luy demanda pour asseurance. Ainsi le pauvre Prince pour estre trop credule est deceu par son propre nepveu, celuy qui luy faisoit plus grãde protestation d'amitié, & auquel il se fioit plus qu'en tout autre Prince de la terre.

APHORISME X.

LE parjure¹ est aussi dãnable que l'atheisme, s'il ne l'est davantage : pource que volontairement & malicieusement il abuse & se mocque de cette divinité laquelle necessairement, quoy qu'involontairement il est obligé de recognoistre. Mais lors qu'il est accompagné d'ambition & de cruauté barbare, l'Enfer n'a pas vn nom propre, ni le monde vne punition assez grande pour elle.

1. *Le parjure est plus execrable que l'Atheisme : d'autant que l'Atheiste qui ne croid point en Dieu, ne luy fait pas tant d'iniure (ne pensant point qu'il y en ait) que celuy qui le sçait bië, & se parjure par mocquerie.* Bodin. Rep. l. 5.

Tam facile & pronum est superos contemnere testes. *Iuven. Satyr.* 13.

Hic putat esse Deos, & pejerat. *Idem.*

Sed licet homines pejerantes lateamus, Deum tamen non latebimus. *Aeso.f.*82.

Et ruit in vetitum damni secura libido *Claud. Eut.*

ὃν ὅπογκῶν μὴ δόκει λε-
... 4. Deum dejerans
ne lat... latere. *Menander.*

Ο'υκ ἔπ... , Φοβεύμμος την τε... Θεῶν τιμωρίαν, ὴ την δόξαν τοῖς αὐθρωποῖς ἀζωμην. Ne pejera: timens supplicium à Deo, & ab hominibus infamiam. *Arist. Rhet. ad Alex.*

In prolem dilata ruunt perjuria patris

Et patnam mers o filius ore luit. Claudin. in Coret.
Vu qu'à foy est le seul fondement & apput d'icesi e, sur aquelle font fondees
toutes les Republiques, France, & Societez des hommes : aussi faut-il qu'elle demeure sacre & inuiolab és chofes qui ce font p é ci inutiles. Bodin. Rep.l.5.
Se traittoit de tromper es grands aux sermens, & les enfans aux osselets. Bodin.
de Ly fa Plut.

LE Duc de Valentinois apres vn long
siege devant Faenfe, contraint ceux
de la ville & Aftor Manfredy leur Seigneur de capituler avec luy. S'oblige par
ferment de les laisser aller, leurs biens & perfonnes fauves : à charge aussi qu'Aftor demeureroit en fa liberté, & luy feroit loisible
d'aller où il voudroit avec la jouïssance entiere de fes propres possessions. Cela faict ils
fe rendent librement, & le Duc garda fidelement fa parole envers les autres, mais il
retint Aftor ieune de dixhuict ans, & beau
par excellence. Il fe fert à cet effect d'vn
plaufible pretexte, defirant que ce jeune
Prince demeuraft en fa Cour, & le receut
auec force honneur & careffes. Mais peu de
temps apres, l'aage & l'innocence cederent
à la defloyauté & cruauté du vainqueur. Car
l'ayant mené à Rome, on le fit fecretement
mourir avec vn fien frere baftard; pour faire
voir que la foy ne peut rien où la cruauté a
de fi puiffans miniftres.

APHORISME II.

Beneficia v'qve eò læta sūt, dum videntur posse exolui: vbi multū antevenere, pro gratia odium redditur. *Tac. An. l.* 4.

Quidam quo plus debent, magis oderint. *Senec. ep* 19.

Leve ès alienum, debitorem facit, grave inimicum. *ibid.*

Adjutoribus imperij, pro necessitudinis jure, proque meritorum gratiâ, cruenta mors persoluta est. *Suetō. in Cali.*

Et dum quærendis inhiat, quæsita non meminit. *Petr. Dial.* 93.

Sic Aries nutricationis mercedem persolvit. Κριὸς τροφεῖα ἀπέτισεν. i. Aries alituram rependit *Adag.* 292.

LES bienfaicts engendrent la hayne, quand ils sont si grands qu'on ne les peut recompenser : ou quand ils sont employez sur ceux qui les prennent comme faicts par devoir, ou par necessité. Car en vn tel homme le desir d'accroistre ses biens est plus fort à nuire à son amy, & luy faire la guerre : que la memoire de ses bienfaicts receuz à les recompenser, & laisser vne entreprise qui luy seroit nuisible.

LE Duc de Valentinois, apres la prise de Faense est creé Duc de la Romagne par le Pape avec l'approbation du Consistoire des Cardinaux. Vitelloze & les Vrsins qui estoient à sa solde, avoient conceu vne grande inimitié contre les Florentins, l'vn pour la mort de son frere, & ceux cy pour la conjonction avec les Medi-

cis. Pour cela ils luy perſuadent de prendre
ſon temps, & de leur faire la guerre : maintenant que le Roy de France eſt offenſé côtre eux, & que pour la guerre de Piſe leurs
forces ſont abbatues, & leurs finances eſpui-
ſées. Les Florentins ne luy avoient faict aucun tort, ni au Pape, ni à l'Egliſe. Au contraire à leur requeſte ils avoient renoncé à
la protection des Eſtats de ceux de Riare, à
laquelle ils eſtoient obligez : & conſenti que
continuellement on tranſportaſt des vivres
de leurs terres en ſon camp, lors qu'il eſtoit
en la Romagne. Nonobſtant tout cela il em-
braſſe le deſſein de leur faire la guerre ; &
pour le teſmoigner, envoye Liverot de Ferme avec cent chevaux legers au ſecours de
la ville de Piſe.

APHORISME XII.

C'EST vne damnable
praĉtique de faire que
ceux deſquels on deſire la
confuſion, ſoyent les inſtru-
mens de leur propre ruine.
Encore plus deteſtable aĉtion
de rendre les autres complices de ton offenſe, pour les

Les hommes tranſportez
de l'eſprit de vengeance,
n'obmettẽt indignité quel-
conque qu'ils ne praĉtiquẽt
pour executer leurs cruels
deſſeins. Am. Plut. Grac.
Les Tyrans aident à défaire ceux de qui ils ſe ſõt ſer-
vis, & les trahiſſent malheureuſement. Am. Plut.
Agi.

LI iij

Qui l'enuie de ruiner vn
autre, iette la conscience au
loin, & se souille de trahison pour y parvenir. Idem Ibid.
rendre participans de ta punition.

Siqui... Gr... peuer, c... co modo fortunam tentare: Sperâs
vel ostendendo virtutem, vel hostium saeuitia, e... m occasurum. Salust.
Iugurt.

Sic Tolumnius Fidenas eruento scelere interficiendi Legatos impli-
cuit, ne spem vllam a Romanis poline respicere. Tit. l. 4.

Sic Catilinam populares sceleris sui vt fidos faceret tanti facinoris
conscios, humani corporis sanguinem vino permixtum in pateris cir-
cumtulisse. Salust. Cat.

Facinus quos inquinat, aequat. Lucan. l. 5.

LE Duc de Valentinois entre dans les
confins de Boulogne, resolu d'vsur-
per cet Estat, & d'en chasser Bentivole. Le Roy de France luy commande d'en
sortir, à cause qu'ils estoient en sa protection. Ce qu'il accorda par force. Et neantmoins traicte avec Bentivole par le moyen
de Paul Vrsin, que passage & vivres luy se-
rojent accordez par le Boulonnois, avec autres conditions qu'il exigea à son avantage.
Ce pendant son appetit n'estoit pas rassasié:
& pour cet effect desirant la ruine de Bentivole & celle de son Estat, il essaya de le
mettre en la hayne du peuple, & le rendre
odieux à la cité. Pour cet effect il persuade à
Bentivole que ceux de la famille de Mares-
cot puissants en forces & en partisans, qui
luy estoient suspects à cause de son insolence, l'avoient prié de s'approcher des confins
de Boulogne pour innover les choses en cet

Estat. Bentivole les fait mourir incontinēt: & se sert de son fils Hermes avec plusieurs autres jeunes Seigneurs, qu'il rendit ministres & complices de cette cruelle execu- tiō: afin que pour la memoire d'avoir souil- lé leurs mains dans le sang des Marescots, ils devinssent ennemis de cette famille, & fussent contraints de desirer la conserva- tion de son Estat.

APHORISME XIII.

S'IL est licite à vn Prin- ce de capituler avec son ennemy; il est iniuste de ne luy pas garder les promesses & les choses qu'il luy a ac- cordees. S'il ne veut point garder sa foy, c'est en vain qu'il la donne. C'est pour- quoy en tous traictez de paix ou de tréve, comme l'on ne se fie pas aux Lions encore qu'ils semblent apprivoisez: prens garde comment tu te fies à celuy qui sur le moin- dre different est prest de te trahir, & se rendre à la per-

Si la foy ne doit estre gar- dee aux ennemis, elle ne doit pas estre donnée: & au contraire s'il est licite de capituler avec les enne- mis, aussi est-il necessaire de leur garder la foy. Bod. Rep. l. 4.
Celuy qui jure pour trom- per son ennemy, il monstre evidemment qu'il se moc- que de Dieu, & ne craint que son ennemy. Id. ibid.
Ἐχθρὸς γάρ μοι κεῖνος ὁμῶς ἀΐδαο πυλῇσιν
Ὅς χ' ἕτερον μὲν κεύθει ἐνὶ φρεσὶν, ἄλλο δὲ βάζει, ἱ.
Inimicus enim ille mihi æ- que ac inferni portæ, qui aliud quidem occultat ani- mo, aliud verò dicit. Homer. Iliad. 9.
Cùm inducię nondum exis-

LI iiij

tent , turpe fuiſſet victori
Anglo violare inducias.
Polyb l. 9.
Promeſſo già ho, non gia per
oſſervargli
(Che fatto per timor nulla
è il contratto)
Ma la mia inrention fu per vietargli
Quel, che per forza harebbe al hora fatto. Arioſt. Cant. 2.

*fidie. Car celuy qui parle be-
aucoup plus qu'il ne penſe,
execute touſiours beaucoup
moins qu'il ne doibt.*

LES Florentins & le Duc de Valentinois ſont d'accord par enſemble. Celuy cy, à cauſe que le Roy de France n'avoit
pas ſon entrepriſe ſur cet Eſtat : & ceux là,
parce qu'ils craignoient le retour de Pierre
de Medicis. Le Duc pourtant ne penſoit à
rien moins que de le reſtablir en ſa patrie.
Car outre vne vieille inimitié qu'il avoit
conceuë contre luy, il redoutoit ſa grandeur, laquelle il eſtimoit preiudiciable à ſes
entrepriſes. Ce n'eſt pas qu'il ne le nourriſt
en cette eſperance, ſe ſervant de luy pour
fondement de ſon ambitieux deſſein : à cauſe qu'il penſoit par ſon moyen gaigner quelque ville d'importance deſſus les Florentins :
ou du moins les forcer à vn accord qui fut à
ſon avantage. Les articles accordez ſont
ceux cy : Qu'il y auroit vne confederation
defenſive entr'eux, avec defenſe d'aider les
rebelles. Que les Florentins ne s'oppoſe-
roient au Duc pour la defenſe du Seigneur
de Plombin lequel eſtoit en leur protectiõ :

Qu'ils le retiendroient pour trois ans à leur
service, avec trois cens hommes d'armes, &
pension de trente six mille ducats par chacun
an. Ayant fait cét accord il s'en alla à Signa à
petites journees, demeurant long-temps en
chaque logis, endōmageant fort le païs par
feu & par pilleries, tout de mesme qu'vn ennemy public. Il demandoit encor que la Republique l'accomodast d'artillerie pour l'entreprise de Plombin, & qu'on luy avāçast vn
quartier de sa pension annuelle. La premiere luy fut deniee, pource qu'ils n'y estoient
obligez par les articles : pour l'autre ils diffe-
rerent d'y satisfaire, d'autant qu'ils n'avoiēt
pas envie d'observer ce qu'on leur avoit fait
promettre par force ; & que sur les avis de
leur Ambassadeur à la Cour du Roy de Frāce ils esperoient d'en estre délivrez par l'autorité de sa Majesté.

APHORISME XIV.

VN grand Empire est
vn bien gros morceau:
mais il ne peut suffire à
l'appetit desordonné de deux
estomachs ambitieux. Cha-
cun veut gaigner le cheval

Encore qu'vn grād Empire soit
vn bien gros morceau, si ne peut
il suffire à deux. Am. Plut. Ar.
Non benè cum sociis re-
gna Venusque manent.
Ovid.
Eam conditionem esse im-
perandi, vt non aliter ratio
constet quàm si vni redci-
tur. Tac. an. 1. f. 6.

Vnum eſſe Reip. corpus;a-
que vnius animo regendũ.
Tac. an. l. 1.
Duo aut premunt Remp.
aut diſtrahunt. Id. l. 1. f. 5.
— Partiri non potes orbem,
Solus habere potes. ——
Lucan.l 1.
Non bonum eſt multorum
imperium, Rex vnicus eſto.
Homer. Iliad.

ou perdre la ſelle: avoir tout, ou perdre tout: Il n'y a qu'vn Soleil au Ciel: & l'empire auſſi bien que l'Amour ne ſouffrent point de compagnon. C'eſt pourquoy le Prince commet vne grande imprudence, quand il admet vn compagnon dans vn Eſtat où luy ſeul peut avoir la puiſſance abſoluë.

LE Roy de France octroye la moitié de Naples au Roy d'Eſpagne pour accorder avec luy : & admet vn rival en Italie, où au paravant luy-meſme eſtoit le ſeul arbitre, ne voyant pas qu'il admettoit vn competiteur auquel ſes plus grands ennemis auroient touſiours moyen de recourir en leur neceſſité, lequel d'ailleurs eſtoit conioinct par eſtroitte alliance avec l'Empereur, & qui ſur tous les Princes devoit eſtre ſuſpect au Roy de France. Là où Federic Roy de Naples avec toutes les requeſtes & ſoumiſſions poſſibles avoit taſché de fléchir ſon courage à la compaſſion : priant ſa Majeſté de luy accorder la jouiſſance de ce royaume avec l'hommage qu'il luy rendroit, & le tribut annuel lequel il feroit tenir ſouz caution au threfor de l'Efpargne. Charles huictiéme fon predeceffeur avoit toufiours fui cette faute: offrant volontiers aux Roys precedens de leur donner de grands & honorables Eftats dans le Roiaume de France, mais pas vn pied de terre dans celuy de Naples. Mais icy vn Roy eft admis pour la partie qui toft apres mit hors fon compagnon pour le tout.

APHORISME XV.

AV Tribunal[1] où l'on examine les actions des hommes, les oreilles ne font que les accufatrices; mais l'œil en eft le témoin & le juge. Autrement fi ce que nous oyons par rapport fuffifoit pour nous informer, non pas ce que nous voyons en effect & par preuve, le jugement en fera neceffairement defectueux. D'autant que [2] l'honnefteté Morale, femblable à la pieté Chreftienne, confifte non en profeffion & proteftation verbale, mais en vne practique

[1] Ὦτα ὀφθαλμῶν ἀπιϛότερα. i. Aures magis incredulæ, quàm oculi. Herod'. C'io.
De fide cujufque, magis oculis quàm auribus credēdum. Ruffin.
Plus valet oculatus teftis, quàm auriti decem. Adag.
Segniùs irritant animos demiffa per aurem
Quàm quæ funt oculis fubjecta fidelibus, & quæ
Ipfe fibi tradit fpectator;
Horas. de art. Poet.

[2] Chriftianorum omnium Religio eft, fine fcelere, fine maculâ vivere. Lactant.
Optimus animus pulcherrimus Dei cultus eft. Senec.
Trojanus equus ideo fefellit, quia Minervam mentitus eft. Incert. Autor.
In verbis ne nimium mihi pruri, ad fata abi. Lip. pol. l. 1

actuelle vuide de toute corruption. La Licorne se laiß-
se charmer par la voix des
filles , & lier par les mains
des chaßeurs. C'eſt pour-
quoy le Prince qui ne veut
pas eſtre trompé par les hy-
pocrites d'Eſtat qui font de
la Religion & de l'honne-
ſteté vn manteau à leur ambition , ne doit pas tant é-
couter leurs paroles , que
regarder à leurs actions. De
peur que ſes oreilles qui ſe
ſont laiſſees chatoüiller à
ces rapports aggreables , ne
ſoyent bleſſees par apres &
eſtourdies du bruit eſpou-
ventable de quelque ſiniſtre
coup.

LE Roy de France & d'Eſpagne portoient avec gloire les titres l'vn de
Treschreſtien, & l'autre de Catholi-
que. Ils ſe diſoient les fils aiſnez de l'Egliſe,
& ſes principaux champions. Ces Princes
apres avoir long temps pourmené leurs penſees ambitieuſes à l'entour de la ſphere de la
Chreſtienté, en fin prennent pour centre

le Royaume de Naples, afin de l'enlever des
mains de Ferdinand, & le diviser entr'eux.
Le marché en est desia faict, les escritures
couchées, les articles dressez., & ne reste à
l'accord que la seule signature ; laquelle se
fera avec le sang de plusieurs Chrestiens innocens qu'ils employeront en cette guerre.
A cette fin les forces Espagnoles sont prestes en Sicile, & les troupes Françoises sont
avancées vers Rome. Iusques alors ils a-
voient glorieusement protesté que ces armées estoient preparées contre le Turc:
mais maintenant ils levent le masque à ces
pretextes,& font entrer leurs Ambassadeurs
dans le Consistoire des Cardinaux. Là ces
Agens intiment au Pape la Ligue & partage
du Royaume de Naples que leurs Maistres
avoient faits, & en demandent l'investiture
pour eux ainsi qu'ils l'avoient ordóné. Afin
de pouvoir plus librement par apres tourner
toutes leurs forces sur l'ennemy commun
des Chrestiens, à quoy ils n'avoient jamais
pensé. Derechef Ferdinand Roy d'Espagne
cache sa tricherie vers son nepveu pour son
alliance avec Louys XII. sous couleur d'vne
juste necessité. Car sçachant, disoit-il, que le
Roy de France avoit deliberé de poursuivre
l'entreprise de Naples, il estoit contrainct à
l'vne de ces deux choses, ou de le deffendre,

ou de l'abandonner. Mais en le deffendant,
il craignoit d'allumer vn tel feu, qu'il pourroit mettre en combuftion toute la chreftienté en ce temps principalement où les
forces du Turc eftoient fi grandes tant par
mer que par terre. En l'abandonnant auffi
il cognoiffoit que fon royaume de Sicile demeuroit en danger manifefte pour la proximité des François; & fembloit renoncer
à cet Eftat qui lui appartenoit defia de droit,
& luy pouvoit encore efcheoir au defaut
que Federic mouruft fans heritier mafle.
Pour cét effeĉt il avoit pris le chemin du milieu, fe contentant d'vne partie: en efperance
devant qu'il fut long-temps par le mauvais
gouvernement des François de gaigner l'autre moitié. Et alors proteftoit de difpofer
tellement du Royaume tout entier, que toute la Chreftienté en loüeroit fon equitable
procedure, & que fon neveu mefme en ap-
prouveroit le deffein.

APHORISME XVI.

Mater timidi non folet flere. *Probus.*
Citiùs venit periculum cũ
contemnitur. *Seneca.*
Vbi timetur, nihil quod ti-
meatur nafcitur. *Senec.*
Sent.

L A mere de celuy qui
craind, & eft touf-
jours fur fes gardes, ne
pleure guere fouvent. C'eft

pourquoy les hommes doivent regarder devant eux, de peur qu'ils ne tombent en arriere. Quand la paix se traitte entre ceux qui assiegent vne place, & ceux qui sont assiegez ; nul des deux partis doit reposer en asseurance : ains comme le Lion qui dort les yeux ouverts ils doivent demeurer tousiours en la mesme défiance comme ils estoient au temps de leur plus grande inimitié. Car outre que la méfiance ne nuit jamais, la trop grande confiance est tousiours prejudiciable.

Qui metuit calamitate, rarius accepit. Id. ibid.

Quæ posse fieri non putes, metuas tamen. Senec. Oed.

Caret periculo qui etiā cū tutu est cavet. Senec. Sen.

Serum est cavendi tempus in mediis malis. Sen. Thye.

Cavendi nulla est dimittenda occasio. Senec. Sent.

FABRICE Colonne estroitement assiegé dans Capoüe par les François, delibere de se rendre, & commence à parlementer de dessus vn Bastion avec le Comte de Cajazze. Pendant la capitulation la mauvaise garde des soldats de dedãs, comme il avient souvent lors qu'on est en termes d'accord, donna occasion aux ennemis d'y entrer par surprise. Ce fut alors que pour le desir du pillage, & en vengeance du dommage receu

en vn premier aſſaut, les ennemis la ſaccage-
rent toute; faiſans vne grande boucherie des
vns, & arreſtans les autres priſonniers apres
que leur premiere fureur fut entierement a-
mortie.

APHORISME XVII.

—— Vivite fortes,
Fortiaque adverſis opponi-
te pectora rebus. *Venuſi.*
Lir.
Erectum & fidentem animi
teipſum oſtende. *Tacit. an.*
l. 4.
Il faut ployer pluſtoſt que rom-
pre : & ſe reſerver à meilleur
temps. Am. Plur. Cic.
Τὸν ἀληθῶς ἄνδρα ὠγενῆ,
χỳ τ'ἄγαθα, ὴ τὰ καλὰ
δῖ πλεωνοντα γενναίως Φέρℑν.
Decet virum verè genero-
ſum ferre tum bona, tum
mala, ſi lapſus fuerit. *Me-*
nander.
Vir eſt ſapientiſſimus, qui
tum quum res ſecundꝗ ſunt,
ſe poterit noſcere, & qui æ-
quo animo patietur, ſibi eſſe pejus quàm fuit. Plaut.
Stych.
Animus æquus optimum
eſt ærumnarum condimen-
tum. Plaut. Rud.
Virtutis jam ſola fides, quâ
turbine nullo
Excutiet Fortuna tibi. ——
Lucan. l. 4.
Per vno de megliori conſi-
gli che ſi poſſa dar à Prenci-
pe, ò a Privato, ſtimo io

L'adverſité courbe bien:
mais jamais ne rompt
vn noble & reſolu courage.
Il ne s'abandonne jamais,
quoy que tout le monde l'a-
bandonne. Quand la For-
tune eſt venuë au Solſtice
brumal de ſa diſgrace, il
eſpere qu'elle retrogradera
bien toſt, & dardera
de rechef deſſus luy les
rayons de quelque meilleur
ſuccez. C'eſt pourquoy celuy qui n'eſpere plus rien,
au moins ne deſeſpere pas.
Vn Prince plongé au plus
profond des deſaſtres, doibt
prendre garde de ne ſe pas
enfoncer de cet abyſme dans
celuy du deſeſpoir: mais ſe
reſerver

ferver touſiours à de meil-
leures fortunes.

chſia, l'accommodarſi l'a-
nimo à qualunque acciden-
te, ò proſpero, ò deſauven-
turato che poſſa auuenirgli. Am. in Tacit. l. 19.

Fiſus cuncta ſibi ceſſura pericula Cæſar. *Lucan. l. 8.*
Virtuſque noſtra neſcit ignavos metus. *Senec. Oedip.*
Fata viam inueniunt, aderitque vocatus Apollo. *Virg. Aeneid. 3.*
Fortuna opes auferre, non animum poteſt. *Senec. Mede.*
Majeſtas non fracta malis. *Lucan. 4.*

FEderic Roy de Naples eſt deſpouillé de tout ſon royaume par les vainqueurs. Il reſoult en haine de l'Eſpagnol de ſe ietter entre les bras de Louïs douziéme, & d'a- chever le reſte de ſes iours en France, ainſi qu'autres fois Charles avoit deſiré de luy. Il fut pouſſé à cela comme deſeſperant tout à faict de recouvrer aucune partie de cet Eſtat, & deſirant de mettre ſon eſprit en la poſſeſſion d'vne vie plus tranquile. Il de- mande vn ſaufconduit au Roy, ſur lequel il ſe va rendre à luy avec vne confiance & re- ſolution nompareille. Le Roy lui donne le Duché d'Anjou avec trente mille ducats de penſion, afin qu'il demeuraſt en France. Proſper Colonne ſon fidele amy & Capi- taine de ſes troupes l'avoit touſiours diſſua- dé & diverti de ce voyage, comme d'vne entrepriſe infortunée & pleine de deſeſpoir. Auſſi veid on bien par apres, que ſ'il eut ſui- vi ſon conſeil, les guerres que la diviſion al- luma bien toſt entre les deux Roys, luy euſ-

M m

sent peu faire rencontrer quelques puissans
moyens pour recouvrer son Royaume.

APHORISME XVIII.

Hæc taliaque sunt, quæ re-
ctissimas etiam mentes a recto abstrahunt: & quo vtili
tas vexillum suum prætulit
& explicuit, eo eunt. *Lips.*
Pol. l. 4.
Vt nemo doceat scelerum
& fraudis vias, regnum do-
cebit. *Senec. Thyest.*
Ea fraus quæ fit in re militari, fidem frangendo, pacta
non conservãdo, nequaquã
gloriosa. *Mac. l. 3. disc.*

Impia
sunt hæc
{
Dulce lucrũ ex
mendaciis. *Eras.*
Ad. 438.
Quamvis nõ re-
ctũ, quod juvat
rectum puta. *Se-*
nec. Sent.
Magistratibus,
non aliter quam
Medicis adver-
sus puero: & æ
grotos, mentiri
licet. *Bodin. Rep.*
4.
}

La fede vngua non deve esser rotta
O data à vn solo, ò data
insieme à mille:
E così in vna serua, in vna
grotta, e
Lontan da le cittadi, e da
le ville,
Come dinanzi à Tribuna-
li, in frotta

Où l'Ambition sert de
Capitaine, & le Pro-
fit porte la Cornette, la troupe des Vices est grandement
forte & puissante. Elle passe
par dessus toute difficulté, se
fait voye contre toute oppo-
sition de Iustice, honnesteté,
promesse, serment, ou pieté
religieuse. Ses racines sont
si malheureusement fecon-
des, qu'elles croissent par
dessus, & suffoquent toutes
les belles plantes des vertus qui verdoyent au jardin
des simples, & és cœurs des
fideles Negociateurs. Le jus
mesme en est si venimeux,
& sa poison est d'vne operation si maligne, qu'elle
saisit & occupe les parties
nobles de l'esprit sans qu'-
aucun antidote du juge-

ment, des chofes precedentes, de la dignité, du courage, & de toute autre qualité foit affez fouveraine
pour y donner remede.

Di Teftimon, di Scritte,
& di Poftille:
Senza iurar, ô fegnô più
efpreffo,
Bafta vna volta che s'hab-
bia promeffo. Arioft.
Cant. 21.

GONSALVE grand Capitaine avoit receu en don plufieurs chafteaux, places,
& Seigneuries de Federic Roy de Naples.
Cependant le Roy d'Efpagne fon maiftre
l'envoye maintenant pour faire la guerre en
Calabre, & en chaffer Federic. Avant que
d'y entrer il envoye vn meffager à Federic
pour renoncer à tous fes dons, & luy remettre tous fes eftats & places entre les mains:
ne voulant pas exiger les dépoüilles d'vn
champ qu'il vouloit mettre en friche. Le
Roy de Naples f'eftonne de la generofité de
fon efprit, & nobleffe de fon courage: confirme tout ce qu'il luy avoit donné, & luy raf-
feure tous les eftats & charges qu'il poffedoit
en fon Royaume. Cependant les armes fuc-
cedent heureufement à Gonfalve en Calabre. Toutes les villes le reçoivent volontairement: fi ce n'eft celle de Tarente, laquelle
il affiegea incontinent avec fon armee Efpa-
gnole. Le petit Duc de Calabre fils aifné de
Federic eftoit dans cette ville fous la garde
du Comte de Potenfe, & de Leonard de Na-

ples Chevalier de Rhodes, qui y comman-
...oient en Chefs. La neceſſité contraint le
Comte de capituler, & de rendre la Cité, ſi
dans quatre mois ils n'eſtoient ſecourus.
Gonſalve luy accorde, & jure davantage ſur
le Sacrement, qu'il laiſſeroit le Duc de Calabre en ſa liberté. Le temps du traitté fut biē
toſt expiré, n'ayans veu aucune eſperance ni
apparence de ſecours, & rendent la ville ſans
autre reſiſtance. Mais ny la crainte de Dieu,
ny la memoire de ſon ſerment, ny la conſer-
vation de ſa renommée eurent tant de force ſur Gonſalve pour maintenir ſa promeſſe, que l'intereſt de l'Eſtat. Car jugeant que
ce ſeroit vne choſe avantageuſe à ſes deſſeins, il ne permit que le ieune Duc peuſt
partir, ains l'envoya en Eſpagne au pouvoir
de ſon maiſtre, qui le garda auſſi cherement
comme il vouloit conſerver ſans trouble ſa
conqueſte de Naples.

APHORISME XIX.

Tous[1] les Moraliſtes n'e-
ſtiment rien profitable
qui n'eſt honneſte : mais[2]
quelques Politiques ont ren-
verſé cet ordre, & transpo-

[1] Nullum vtile eſt, quod non ſit honeſtum. *Cic. off. l. 2.*
Tὸ κέρδος ἡγοῦ, καὶ δίκαιον ἢ i.. Lucrum id eſſe extima quod juſtum. *Heſiod.*
[2] Vbicunque tantùm honeſta dominati licent, pre-

sé les termes de la propofi-
tion ; n'eſtimans rien honneſte qui n'eſt profitable.
Les premiers ſemblent vn
peu trop ſerrez, & les autres ſont trop laſches. Vn
homme d'eſtat doit prendre
le chemin du milieu : &
faire touſiours voir dauantage de bien-ſeance en toutes ſes actions, que l'auantage de ſes affaires.

cariò regnatur. Ser
Ἀ᾽λλει τυρχνιῷ,
ἀρχὶ εἰκὸν, ὅ
χοι ὃ τὶ ξύμφερ
io Princ...
perium ha....
honctu...
t.d. l...
Cu...
...
Alrem...
...
À e...
...
Cant. ..

Tò δικρο...
ΟΙΝΕ...
ΛΟΙ ὦ...

com̃odo & vtilitate ponens. Plut. Laton. ...
N...pe ducas pro ſalutis remedio. Senec...
Ne credas ponendum aliquid diſcrimine inter
Vnguenta & coꝛium : Lucri bonus eſt odoꝛ ex re
Qualibet. ——— Iuven. Sat. 14.
3 Civilis virtus, diſpoſitio potiùs ad virtutem quàm virtus...
Virtutes civiles ſecundum normam à prudentiâ illa in...
rantur. Alcy. Platon.
Velimus Principem alto animo, ſed tamen eruditum, ...
miſcere. Tac. Agric.
Neceſſarium eſt in parvis à Iuſtitiâ abire, qui cauta ſalvam...
magnis. Plut. in Polit.
Intuta quæ indecora. Tacit. hiſt. 1.
Nunquam diſcrepet vtile à decoro. Auſon. f. 9...

L E Duc de Valentinois continuant
ſon entrepriſe contre Plombin, envoia Vitelloze & Iean Paul Baillon,
avec nouvelles compagnies. Iacques d'Appian qui en eſtoit Seigneur, & ſeſtant
ſouz la protection du Roy de France, eſton-
né de ce ſiege, laiſſe bonne garniſon dans le

chafteau, & fe rend par la mer en France. Il
parle au Roy, le fupplie que pour l'égard de
fon honneur il ne l'abandonne en fa deftreffe, & vouluft le fecourir en fa neceffité. Le
Roy preffé de fes paroles ne cache fon refus d'aucun voile d'excufes, ni de quelque
honnefte pretexte: ains lui refpond en termes tresclairs. Qu'encores qu'en verité il
deuft le defendre, & f'entremettre en fon
affaire, neantmoins il ne pouvoit f'oppofer
contre le Pape fans fe faire vn grand tort.
Ainfi ce pauvre Prince perd fon Eftat, & le
Roy perdit beaucoup de fa gloire. Car fi
bien il n'avoit pas les moiens de le defendre, il devoit au moins f'excufer plus couvertement.

APHORISME XX.

Difficile eft nos contentos effe eo quod offert occafio: quippe fordent prima quæque, cùm majora fperantur. *Curt. geft. Alex.* Omnis cupido acquirendi, ex opinione inopiæ venit: nec refert quàm magnum fit quod tibi minus eft. *Apul. de Magia. l. 1.* Dell' havere ottenate le cofe defiderate, s'accrefcono fempre i defigni. *Por. in Guic.*

CE n'eſt pas vn Para-
doxe d'eſtre riche avec
peu, & d'eſtre pauvre avec
beaucoup. Parce que le contentement eſt la richeſſe du
pauvre, & le deſir eſt la
pauvreté du riche, qui n'eſt
jamais ſatisfait. Car où
toutes les choſes de la Na-

ture ont leur appetit finy & enfermé dans les termes de leurs periodes particuliers : & tous les organes du corps aussi bien que toutes les affections de l'esprit sont contentes de leurs propres objets, & s'arrestent fixement au centre de leur jouyssance : au contraire l'Avarice ambitieuse est infinie, & ne peut estre bornee. Car elle donne autant d'inquietude à l'ame apres l'acquisition de quelque chose : qu'elle luy a causé de travail à l'acquerir. Le feu de sa cupidité s'allume par les desirs ; & rien ne luy semble agreable que ce qu'elle n'a point.

Nemo quos vincit, sed à quibus vincatur aspicit. Et illis non tam jucundum est multos videre post se, quàm grave aliquem ante se. *Sen. epist. 74.*

Et quando vberior vitiorũ copia? quando

Maior avaritiæ patuit sinus. —— *Iuuen. Sat. 1.*

Creuerũt & opes, & opũ furiosa cupido,

Et cùm possideant plurima, plura petunt. *Ouid.*

Si quantas rapidis flatibus incitus

Pontus verset arenas,

Tantas fundet opes, nec retrahat manum

Plena copia cornu,

Humanum miseras haud ideò genus

Cesset flere querelas.
Boë, de Consol. l. 1. met. 2.

LOVYS douziéme est paisible possesseur du Duché de Milan, & toutes les villes sont en son obeïssance, horsmis Cremone & Guiradadde, que les Venitiens tenoient selon l'accord faict entre le Roy & leur Republique. Il n'est point content de voir ces villes en leur possession : les Milannois ne veulent avoir autre Prince

qu'vn Roy de France, & son courage luy
persuade que ces deux pieces lui appartien-
nent aussi bien que le reste. Il traitte la paix
avec l'Empereur, pour éviter les despenses
d'vne si longue guerre, pour obtenir plus
aisement l'investiture du Duché de Milan,
& sur tout pour offenser les Venitiens qui
envioient sa grandeur, avoient secrettement faict rompre la paix entre Cesar &
lui. Son dessein estoit de leur oster ces deux
villes: & en apres de recouvrer Bresse, Ber-
game, & Creme que les Venitiens avoient
occupé sur Milan en la guerre qu'ils eurent
à l'encontre de Philippe Marie Viscomte.
Mais il en embrassoit trop en desir, ce pendant qu'en effect il estoit bien tost pour tout
perdre.

APHORISME XXI.

Γνῶθι καιϱὸν: καιϱὸς ἐπὶ
πᾶσιν ἄϱιϛος. Nosce op-
portunitatem : hæc enim
rerum est optima. Hesiod.
Ἁϱμοϛόμϵνοι ʒῖς παϱῦσι
πϱάγμασι. i. Præsentibus
aptè se accommodans.
Schol. Thucyd.
Μεταβολὴ ʒῶν πάντων.
Omnium rerum est viciſſi-
tudo. Adag.
Ἢ ἐχθϱὸν ἢ φιλὸν μϵʒὰ καιϱ-
ϱὸν ϰϱίνϵας. Amicum vel

LA vicissitude des choses
donne de nouveaux con-
seils aux Estats; & leur fait
renouveller ou rompre leurs
alliances. Ce qui est bon
aujourd'huy, peut estre de-
main nuisible : comme les
pluyes qui sont de saison au

Printemps, sont importunes au mois d'Aoust. Aussi est-ce vne grande police de prendre son temps à propos, & d'ajuster nos actions à l'occasion presente & presentee.

Cum fato conuersa fides. *Lucan. l. 2.*
Et cum fortûná slatque caditque fides. *Ouid.*

adversarium fieri oportere ex temporis commoditate. *Thucyd. l. 6.*
Quo te fortuna, eò se favor hominû inclinat. *Iustin. l. 5.*
Fidei ambiguæ, ac semper fœlicioris partes potiores habens. *Dion. Cass. 391.*
Quamdiu spem subsidij in amicis ac sociis habêt, tamdiu cum iis amicitiam putant servandam. *Polyb. l. 4.*

LES Florentins avoient esté long têps en la protection du Roy de France. Le Cardinal d'Amboise Gouverneur de Milan les avertit que le temps estât expiré, sa Majesté ne vouloit plus s'entremettre de leurs affaires. Ils poursuivent d'estre receuz de rechef en la protection de sa Couronne: Mais le Cardinal sur l'esperance certaine de la prochaine paix avec l'Empereur, leur proposoit des conditions fort difficiles & déraisonnables. Il prend Lucques en sa protection, qui estoient leurs ennemis. Traitte avec eux & ceux de Siene & de Pise pour remettre les Medicis en Florêce, & troubler cet Estat. Demande des alliez vne grande somme de deniers, à quoy ils s'excusent sur la pauvreté de leur Republique. Ce pendant la paix ne se fait pas entre Cesar & la France. L'Empereur envoye traitter avec le Pape & les Princes Italiens

sur son voyage de Rome, pour y aller prendre la couronne de l'Empire. En passant à
Florence ses ambassadeurs obtindrent du
Senat le secours de cent hommes d'armes,
& trente mille ducats pour l'Empereur lors
qu'il seroit entré en Italie : lequel de sa part
s'obligeoit de les maintenir & conserver
contre leurs ennemis. De sorte que le Roy
de France qui craignoit que les Florentins
desesperans de son alliance ne se tournassent
du costé de Maximilian, se deporte des demandes immoderées, encline à des conditions plus raisonnables, & les reçoit en sa
protection & amitié.

APHORISME XXII.

Nunquam ita quisquam be-
nè subductâ ratione ad
vitam fuit,
Quin res, ætas, vsus, semper
aliquid apportet novi,
Aliquid moneat, vt illa quæ
te scire credas nescias,
Et quæ tibi putaras prima,
in experiundo repudies.
Terent. Adelph.

Il più vero ammaestramè-
to, è quello che si prede dall'
esperienza. *Amm. in Ta-
cit.*

Experientia omnium ma-
gistrorum præcepta supe-
rat. *Cicer.*

Optima institutio experiè-
tia. *Salust. Iug.*

Comme és choses que
nous avons, de mes-
me en celles que nous faisons chacune a son espreuve
par laquelle elle monstre son
excellence. L'or s'espreuve
par le creuset, le Diamant
par sa dureté, & la Perle
par son eau. Ainsi ce qui
descouvre mieux l'excellence
des esprits est l'action : Le

meilleur directeur des actions est le Conseil : Et la plus suffisante espreuve des Conseils, est l'experience.

Experiêtia facit vt vita nostra secûdam arte progrediatur, imperitia secundum fortunam. *Polyb l. 1.* Instructiores ad operandû, qui periculis & rerum experientia, quam qui arti solùm præceptis edocti sunt. *Plato. Gor.*

Scit bene venator cervis vbi retia tendat,
Scit bene qua frendens valle moretur aper.
Aucupibus noti fruticer. —— *Ovid. art. l. 1.*
Endamidus, audito Philosopho qui disseruerat (solum sapientem esse bonum belli ducem) Sermo, inquit, mirificus est, at qui eum dicit fide caret: eo quòd illum nunquam circumsonuit tuba. Probauit sententiâ, sed indicauit neminem cum fide loqui de re, quam nullo modo sit expertus. *Plut. in Lac. Apoph.*

L'Alliance se conclud entre le Roy de France & les Florentins. Ils peuvent maintenant renouveller hardiment la guerre côtre les Pisans, laquelle ils avoiêt interrompue craignans de déplaire au Roy, ou d'irriter contre eux quelqu'vn des Princes d'Italie. La question est agitée au Conseil comment on devoit entreprendre cette guerre. La premiere année de leur rebellion, vn grave Conseiller d'Estat avoit donné avis de les avoir plustost par disette, & autres extremitez, que par des sieges & des assauts. Parce que pendant les troubles d I-talie ils devoient conserver leurs forces & leurs finances pour leur propre conservation. Qu'il n'estoit pas si aisé d'emporter la ville par les armes, estant si bien fortifiee, & gardée par des gens resolus à sa defense. Que leurs ennemis qui avoient interest à la conservation de cette place, la viendroient toussiours secourir alors qu'ils seroyent plus prests de la prendre. Qu'ainsi les despenses seroient grandes, l'esperance petite, & le danger de nouveaux travaux evident. Ce conseil avoit esté reietté pour lors, comme grandement dommageable. Maintenant apres tant de dépenses inutiles, il est iugé profitable, & embrassé d'vn chacun. Sur cela ils envoient toutes leurs troupes pour donner le gast aux grains & bleds du païs de Pise, avec expresse commission de cela: & defense d'entreprendre davantage.

APHORISME XXIII.

Nelle differenze de' nomi, & de' cófini delle provincie, s'attende sempre all' vso presente. Guicciard. *Dove s'accompagnano più Prencipi che pretendono d'esser pari, nascono facilmente tra loro sospetti, & contenzioni.* Por. in Gui. l. 7.

—— Sic Gallica certus Limes ab Ausoniis disterminat arua colonis. sc. Rubicon. *Lucan. l. 1.* Sic inter Carthaginenses, & Cyrenenses, neque flumen, neque mons erat qui fines eorū discerneret: quæ res eos in magno diuturno.

Comme en vn accord particulier, ainsi en vn partage d'vn Royaume, chaque dessein doit estre escrit precisément, & les noms des places doivent estre prises selon leur derniere & plus commune acception, avec relation de leur appellation ancienne. Car par ce moyen on evite toute occasion de querelles & de procez, qu'il faut en apres decider par les loix ou par l'espee. Car telle est bien souvent l'inclination des Princes, dont les armes victorieuses nourrissent l'ambition : qu'encor que leurs limites soient tres-bien escrites & cogneuës, ils trouvent tousiours quelque petit recoin qui sert d'allumette pour de grandes querelles.

que bello inter se habuit: tandem sponsionem faciūt vti certo die legati domo profecti, quo in loco inter se obvij fuissent, is communis vtriusque populi finis haberetur. Ibique ex pacto Philoëni fratres vivi obruti,quo fines constituti. *Salu. Iug.*

Neque enim dubium quin extrema dissideant,nisi media conjungantur. *Bod.Rep. f.607.*

—— Iam voce doloris Vtendum est, non ex aequo divitimus orbem. *Lucan. l.5.*

EN la division du royaume de Naples que les Rois de France & d'Espagne avoient faict par traicté & accord authentique, la terre de Labeur & l'Abruzze avoiēt esté adiugees à l'vn & à l'autre: la Pouille & la Calabre avec les limites des provinces n'estoient pas bien exprimées. Cela fut cause qu'vn peu apres chacun d'eux commença à pretendre que cette partie qu'on nomme le Capitanat lui devoit appartenir. Alfonse d'Aragon roy de Naples avoit donné sujet à ces disputes par le changement des noms, & division nouvelle de toutes les provinces; comme ainsi soit que les François eussent regardé seulement à la division & denomination ancienne. Ayant mis le Capitanat en

la province de la Pouille, lequel eſtoit au
paravant en l'Abruzze, laquelle eſcheut aux
François. C'eſt pourquoy ils alleguoient
que le Capitanat eſtant contigu de l'Abruzze, & diviſé du reſte de la Pouille par le fleuve de Loſante, autrefois dict Auſide, eſtoit
pluſtoſt partie de l'Abruzze, que de la Pouille. Que n'ayans pas le Capitanat, ils n'a-
voyent part aucune au revenu qu'on tiroit
de la doüane du beſtail, l'vn des plus impor-
tans revenus du royaume de Naples. Que
l'Abruzze & la terre de Labeur eſtans deſ-
nuées de froments qui viennent au Capitanat, pouvoient eſtre reduites en grande extremité toutes les fois que les Eſpagnols de-
fendroient qu'on en tiraſt de la Pouille &
de la Sicile. Les Eſpagnols ſouſtenoient au
contraire, que le Capitanat ne pouvoit appartenir aux François, d'autant qu'ez differens des noms & limites des provinces, on
regarde touſiours à l'vſage preſent. Ils con-
viennent pourtant entr'eux d'en diviſer
également le revenu de la doüane. Mais la
ſeconde année chacun en prit le plus qu'il
peut, & de nouvelles diviſions d'eſprits ſe
leverent ſur les diviſions de ces terres: D'autant que les Eſpagnols pretendoient que la
Principauté & la Baſilicate eſtoient encloſe-
ſes en la Calabre, & que le val de Benevent

eſtoit partie de la Poüille. Et partant ils en-
voyerent des officiers pour tenir la Iuſtice
à Tripalde, qui eſt à deux mille pres d'A-
veline, où reſidoyent les officiers François.
Les principaux Barons du Royaume firent
en ſorte d'accorder Gonſalve Ernandez
Lieutenant de l'Eſpagnol, & Loüis d'Arma-
gnac Duc de Nemours Viceroy du Roy de
France, qui convindrent de remettre tout
differend au Conſeil de leurs Rois, qui en
ordonneroient ſelon leur bon plaiſir, & que
ce pendant on n'innoveroit aucune choſe.
Mais le Viceroy François ſur nouvelles occaſions prend ſon temps contre l'Eſpagnol,
luy denonce la guerre, & fait courir ſes gens
juſqu'à Tripalde. Depuis cette incurſion la
guerre ſ'enflamma de plus en plus, & mit ce
pauvre royaume en vn eſtat pitoyable.

APHORISME XXIV.

SVR l'avis[1] de quelque
trahiſon ou complot en
vne place, le Gouverneur
doit premierement aſſeurer
la place, & puis examiner
la trahiſon : afin de faire
punir tous les traiſtres pour

[1] Securitati conſulas antequam vindicta. Tac. An. l. 12.
Diſcordiæ retraxere Ducē,
deſtinationis certū, ne nova moliretur niſi prioribus
firmatis. Tac. An. 12.
Adhibito temporis ſpatio
in conſilium, quòd minimè
locum parabit pœnitentiæ,
ad puniendum nos conſer-
re oportet. Plus.de hu qui ſe;
vò pun.

l'offense, ou les Chefs seulement pour l'exemple. La severité en ce cas n'est rien que douceur, & la douceur est d'autant plus cruelle qu'elle met tout en hazard. Ainsi les Princes [2] en ces pratiques intestines doivent prendre premierement le bouclier de l'asseurance, & puis dégainer l'espée de la Iustice.

a *Nè Governi, il premio è vtile, ma la pena è necessaria.* Rag. Stat. l. 9.

Cotys increpanti severitatem ejus, & furorem non regnum appellanti: At me⁹, inquit, hic furor subditos sanos reddit. Apoph Erasm.

Perfugæ Romani missi, virgis in comitio cæsi, & de saxo dejecti. Bodin. è Livio.

In Veliternos, veteres cives, graviter sævitum est, quòd toties rebellassent: Muri dejecti, Senatus abductus. Livi. l. 8.

At paucos quibus hæc rabies autoribus arsit,

Non Cæsar, sed pœna tenet. —— Lucan. l. 5.

Vincite ferro, verberum vis extrahat secreta mentis. Senec. Hippol.

Dum paucis sceleratis parcis, Bonos omnes is perditum. Salust.

Les Princes & Magistrats qui affectent la gloire d'estre misericordieux, versent sur leur teste la peine que les coupables ont merité. Bodin. Rep. 4.

Adiiciendos ex duce metus, sublatis seditionis autoribus. Tacit. Annal. 1.

Paucis interfectis, in reliquos data venia. Id. An. 12.

Autores seditionis ad supplicium postulabat. Tac. hist. 1.

Decem præcipui autores. Thucyd. 3.

Decimatio Galbæ. Tacit. hist. 1.

Principibus seditionis securi percussis. Mac. l. 3. c. 26.

GVillaume de Pazzi Commissaire pour les Florentins en Arezze, est averti que plusieurs citoiens avoient conspiré secrettement avec Vitellozze de lui rendre la ville. Cet homme ne peut croire que les esprits de tant de gens peussent estre si malicieusement corrompus, & se persuade que l'authorité du nom public suppleeroit au defaut de ses forces. C'est pourquoy sans se fortifier davantage pour supprimer le reste
des

des conjurez, il en fait emprifonner deux
feulement. Les autres courent aux armes,
fouflevent le peuple incontinent, retirent
les deux prifonniers, mettent le Commiffai-
re avec les autres officiers en leur place : li-
vrent la ville entre les mains de Vitellozze:
& fe revoltent entierement de l'obeïffance
des Florentins.

APHORISME XXV.

Beaucoup [1] de mal fou-
vent a efté fait par de
bien petites & viles creatures. Vne grande ville en
Efpagne a efté minee par
les Lapins : vne autre en
Theffalie par les Taupes : en
Afrique le peuple fut au-
trefois contraint d'abandonner leur contree pour les
Sauterelles ; & furent chaf-
fez de Giaros par les rats.
Semblable [2] mal fait la multitude contemptible en vn
Eftat entierement populaire, lors qu'il eft queftion de
mettre quelque chofe en de-

[1] A cuniculis fuffoffum in
Hifpaniâ oppidum;à Talpis
in Theffaliâ ; ab ranis civi-
tatem in Gallia pulfam , ab
locuftis in Africa: ex Gyaro
Cycladum infula incolas à
muribus fugatos,&c. Plin.
8. 29.

[2] In publicis confiliis nil
tam inæquale quàm ipfa æ-
qualitas : Nam cùm fit impar omnium prudentia, par
omnium jus eft. Plin. Pa. ig.
Tam mutabile eft vulgi ingenium: vt quid conftanter
velit aut nolit, haud facile
intelligi poteft. Demofth.
Oly.
Scinditur incertum ftudia
in contraria vulgus. Virg.
Aeneid. 2.
Ait quis, aio: Negat; nego.
(Vt Parafitus apud Poëtâ,
fic vulgus.) Terent.
Hoc locum non habet in
Principe, qui potens eft rerum, & ad fuam fententiam

Nn

omnes trahit. *Lip. An. l. 3.*
Taida funt quæ in commu
ne expoftulàtur. *Tac. au l. 1.*
Aequalitas ordinem nefcit
patì. *Aufon. f. 92.*
Quum in fuffragiis dandis
omnes fint æquales, fuo
quifque commodo vacant,
commune bonum ab omni-
bus perdi. *Thucyd. l 1.*
E'ν τ̃ ἀμαθία, à vεξία,
ανεξία .i. In populo igno
rantia, confulto, malitia.
Xenoph. Athen. 15p.

liberation devant eux. D'autant qu'il y a vne grande
disparité de prudence en
leurs entendemens, &
neantmoins vne egalité
de pouvoir en leurs voix,
par lesquelles les plus grandes affaires sont resoluës.

ON délibére à Florence comment on
doibt affeurer la citadelle d'Arezzo,
retirer la ville des mains de Vitellozze, &
punir les confpirateurs. Les principaux citoyens confeillerent auffi toft, que les compagnies campées devant Vicopifan f'ache-
minaffent en diligence à Arezzo, où fans
doute elles n'euffent trouvé aucune refiftance pour le grand nombre qu'elles eftoyent. Que la diligence previédroit le fecours
de Vitellozze, Baillon, Medicis, Petrucci, &
Vrfin, qui devoyent aller affieger la citadelle. Mais ceux de la fotte populace, qui tenoyent pour lors les plus grandes charges
de la Republique, & eftoient d'autât plus temeraires qu'ils eftoiét ignorás, crierent que
cela eftoit vne petite chofe, à laquelle on
pouvoit aifemét remedier avec d'autres forces qu'õ leveroit à loifir. Que les ennemis du

prefent gouvernement faifoient le danger
plus grand, pour le defir qu'on ne prift VI-
copifan, & qu'on ne pûft penfer fi toft à l'entreprife de Piſe. En fin ces hommes l'emporterent: on differe d'envoyer du fecours,
& la citadelle reduicte à l'extremité eft contrainte de fe rendre. La citadelle fut fuivie
de Cortone, Chatillon, S Sovin, avec toutes les autres villes, places & chafteaux du
Val de Chiane.

APHORISME XX.

C'eft [1] l'vn des Axio-
mes des Politiques,
de donner beaucoup d'affeurance de fa foy & amitié à
celuy qu'ils veulent tromper
& dépoüiller de fon Eftat.
C'eft pourquoy [2] le Prince
qui fur telle fiance fe defar-
me foy-mefme, & met fon
efpee en la main des autres,
eft coupable par fa credulité
de fa propre ruïne. Car telles actions font pleines de
perfidie en l'vne, & accompagnees de folie en l'autre.

[1] Per maximam amicitiã,
maxima fallendi copia. Saluft. Iug.
Pompeius imagine pacis,
Lepidus fpecie amicitiæ
deceptus. Tacit. An. l. 1.

[2] Pax viro Principi intole-
rabilis, quæ labem ei aut i-
gnominiam affert. Lipf. pol.
l. 5.
Pax ea fit non pactio fervi-
tutis. Pace fufpecta tutius
bellum. Cic. Philipp.
In fervitutem cadere de regno grave eft. Senec. Theb.
Quandoque horæ momentú
eft inter foliú & aliena ge-
nua. Senec. de Tran.
Ita habeas amicum, poffe vt
fieri inimicum putes. Senec.
Sent.
Pacem & conditiones ab-
nuebant, difcrimen ac de-
decus oftentantes, & fidem

in libidine victoris. *Tac. hist. 3.*
Habet amicum, quasi amicum potencia. *Senec. Senc.*

LE Duc de Valentinois fait sortir son
armée de Rome faisant semblant de
vouloir prendre Camerin. Il y avoit envoié
le Duc de Gravine & Liverot de Ferme a-
vec vne partie de ses gens pour faire le de-
gast, & tenir la ville assiegée. Mais en verité
son dessein estoit de tromper Guidobald
Duc d'Vrbin par cette feinte, & surprendre
son Estat. Apres qu'il eut assemblé son armée sur les confins de Perouze, il demande
au Duc son Artillerie, laquelle luy fut ac-
cordée incontinent : Pource que ce n'estoit
pas chose trop seure d'éconduire vn Prince
lequel avoit ses forces si proches; & qu'ayant
depuis peu composé avec le Pape, il ne devoit rien craindre de ce costé. Le Valentinois n'eut pas si tost desarmé ce prince credule, qu'il part soudain de Nocere, & sans
donner loisir à ses troupes de repaistre, il se
rend le iour mesme à Cailli, qui est vne ville du Duché d'Vrbin. Cette venue si soudaine estonna tellement le peuple, qu'il obtint en peu d'heure tout cet Estat, horsmis
les deux forts de S. Leon & de Maviole. Le
pauvre Duc & François Marie de la Rovere
son neveu Prevost de Rome eurent à peine loisir de se sauver. Apres cette victoire le

Duc de Valentinois assiege la ville de Camerin : & pendant qu'il traittoit d'accord
auec Iules de Varanne Souuerain de la ville, il la prit par finesse. Par ce moyen Iules
vient en sa puissance auec deux de ses fils,
qu'il fait estrangler auec la mesme barbarie,
de laquelle il vsoit contre les autres. Vitellozze, Pandolfe Petrucci, & les Vrsins ses
anciens soldats, & fideles compagnons de
ses armes se trouuent confus de l'action, &
detestent le courage de celuy qui l'auoit executée. De sorte que voyans leurs Estats si
proches du sien, & craignans vne semblable recompense, ils se retirent de son seruice, & se liguent ensemble à l'encontre de
luy.

APHORISME XXVII.

IL est bien [1] dangereux
pour vn Prince de met-
tre en danger les Estats de
ses voisins. Qu'au contraire il doit chercher les moyens d'esteindre le feu en la
maison de ses ennemis pour
estre trop prochaine ; de peur
que les flammes n'en em-

[1] Aliquid mali propter vi-
cinum malum. *Plaut.*
Decebat vos præcipuè qui
finitimi estis, quique secu-
dum nos periclitibamini,
ista prospicere. *Thucyd. l. 6.*
Si neglexissemus vos, ipsi
periculum adiremus. *Id. s.*
160.
At illi qui statum paucorú
agitabant, posteaquam vulgo rem communicauerant,
rursus & sibiipsis, & plerisq;
sodalium prospiciebant.
Thucyd. l. 8.

brazent la sienne. Et² puis ce que plusieurs desirent ne succede pas tousiours selon leur intention. D'où vient que pensans nuire à autruy, ils se procurent du mal à eux-mesmes. D'autant que les effects des actions humaines dependent de la volanté de peu de gens : desquels les intentions & desseins sont ordinairement contraires aux intentions & desseins de ceux qui émeuvent la noise.

Propriæ quoque causæ stimulabant. *Tacit. An. l. 2.*

2 Rare volte succede quel che è desiderato da molti: perche dependendo communemente gl' effetti dell' azioni humane dalla volontà di pochi, & essendo l'intentione & i fini di questi, quasi sempre diversi dall' intentione, & i fini di molti : possono difficilmente le cose succedere altrimete, che secondo l'intentione di coloro chi danno, loro il molto. Guicciard.

L A conqueste du Duché d'Vrbin, le siege de Camerin, & le meurtre executé sur Varenne par le Duc de Valentinois, réveillerent les autres Princes & Estats d'Italie voisins de ces villes conquises, pour regarder soigneusement à leur côservation. Vitellozze, Petrucci, & les Vrsins envoyent le Cardinal Vrsin au Roy de France aussi tost qu'il fut arrivé à Ast, pour se plaindre de l'ambition du Duc, & luy representer ses concussions, cruautez, & tricheries. Le Roy s'émeut à ces rapports, & s'irrite contre le Valentinois de telle sorte,

qu'il les asseure d'y vouloir aller en personne afin de dompter ces monstres dénaturez,
qui ne sembloient estre en vie que pour la
ruine de la Nature. Il disoit mesme publiquement avec grande affection, que c'estoit
vne entreprise aussi meritoire & aussi sain-
cte, que la guerre contre le Turc. Mais la
chaleur de ce zele fut bien tost amortie. Car
le Cardinal d'Amboise desireux d'avancer
ses creatures aux dignitez Ecclesiastiques,
croyant mesme que c'estoit vne voye tres-
propre pour parvenir à la Papauté, & estimant à grand honneur d'estre estimé pro-
tecteur de l'Eglise, renversa tous ses desseins,
& le porta à des resolutions entierement cõ-
traires. Et mesme les conditions du temps
present venoyent fort à propos pour tirer
le Roy en cet avis. Il craint la ligue du Pape
avec l'Empereur, qui hastoit sa venue en
Italie, & que les Venitiers ne se joignissent
à tous deux. A cecy s'ajoustoit le different
qu'il avoit avec les quatre Cantons Suisses
pour le droict de Bellinzone, la Voltoline,
& Schafouze. Lesquelles difficultez se trou-
uoient d'autant plus grandes, qu'il estoit
pour lors hors de toute esperance d'accord
avec le Roy d'Espagne sur le partage de
Naples. Toutes ces choses luy font negliger
ses premieres resolutions, & oublier entie-

rement ses promesses. Il void Troccies Chambrier du Pape, qui estoit venu en ambassade vers luy, accepte les offres qu'il luy faisoit pour le secours de la guerre de Naples, & reçoit le Valentinois avec honneur & caresses merveilleusement grandes.

APHORISME XXVIII.

Repello bellum, nõ infero. *Alex. Dario apud Curt.*
Nullum bellum à civitate optimâ suscipitur, nisi aut pro fide, aut pro salute. *Cic. rep. l. 3.*
Maneas in defensione, nec hoc prætextu pedem manumve moveas, vt aliena apprehendas. *Lips. polit. L. 5.*
Tutum est medium inter duos, expectare belli eventum. *Dion. Cass.*
Pugnaces dubium Parthi tenuere favorem
Contenti fecisse duos. ——
Lucan. l. 3.
Mente ambigua, fortunam seditionis alienæ speculabantur. *Tacit. An. l. 1.*

N'entre en aucune guerre sinon en celle qui est juste. Or la guerre ne peut estre juste si elle n'est pour sauver ton honneur, ou conserver ton Estat. C'est pourquoy quand deux Princes sont en armes, & que nul de ces deux joyaux ne court aucune risque, garde toy de t'engager avec aucun. Car en cette Tragedie il vaut bien mieux estre spectateur, qu'acteur.

LA méfiance & la jalousie que les Vrsins avec leurs adherans avoyent conceuë du Valentinois, font qu'ils rompent entierement avec luy, & se retirent en lieu seur pour luy declarer la guerre. En cette ligue, craignans d'offenser le Roy de France, ils firent expresse mention comme ils vouloiét & entendoyent estre obligez d'aller en propres personnes avec toutes leurs troupes le servir quand & où il plairoit à Sa Majesté de les employer. Ils cherchent pareillement la faveur du Senat de Venize. Ils offrent aux Florentins, au cas qu'ils se voulussent joindre à eux, de leur faire rendre Pise. Le Roy de France ne se declare pas si tost : les Venitiens ne veulent donner response jusqu'à ce qu'ils voyent l'inclination des François. Mais les Florentins tenans l'vne & l'autre partie pour leurs ennemis capitaux, refusent entierement d'estre compris en cette ligue.

APHORISME XXIX.

EN vn ancien heritage & Estat bien appaisé, les forteresses sont necessaires seulement sur les fron-

In finibus aut contra hosté, haud val.. arces spernem, in mediterreis, & contra civé valde. Lipf. Polit. l. 4. Sané arces non tam firmæ compedes censentur: quàm ad exiguum motum validæ,

fragiles ad magnum. *Id. ibid.*
Arces extruůtur duplici de caufa : ad hoftes arcendos, ad fubditos compefcendos, & in officio continendos. Ad priorem vfum non neceffariæ, ad poſteriorē inutiles & noxiæ, *Mecc. l. 2. dif. 24.*
Arces & propugnacula civē ignavum efficiunt : O muliebres latebras (exclamat Cleomenes) de oppido arte & natura munitiſſimo. *Bod. Rep. 5.*
Inde Lycurgū Lacedæmoniis arces, & propugnacula ademiffe. *Id. ibid.*
Solůmodo prodeffe queunt arces aliquæ in finibus imperij, locis præfertim maritimis poſitæ, ad fuſtinendos hoftes per dies aliquot, donec exercitus inſtruantur. *Mec. l. 2. dif. 24.*

tieres contre l'abord de l'ennemy : mais inutiles, & quelquefois prejudiciables au milieu du païs. C'eſt pourquoy vn Prince contraint d'abandonner ſon Eſtat, pour donner lieu à la neceſſité : conſervant pourtant l'eſperance d'y retourner au temps plus favorable, doit razer toutes ſes fortereſſes du dedans avant ſon depart. D'autant qu'il trouverra à ſon retour vne reſtitution bien plus facile.

LE Duc d'Vrbin chaffé de ſon Eſtat par le Valentinois, s'eſtoit enfui, & retiré à Venize. Pendant ſon abfence la forterefle de S. Leon, place de grande importance, laquelle avoit long temps tenu pour luy, ſe remet de rechef en ſon obeïſſance. Sur la premiere intimation de ces bonnes nouvelles, il retourne par mer, & recouvre tout ſon Duché, horsmis quelques chaſteaux qui ne ſe voulurent rendre. Ce pendant le Duc de Valentinois s'accorde avec les Vrſins & ſes confederez. Ainſi il les

envoye avec leurs troupes pour la seconde
fois dans le Duché d'Vrbin, afin de l'attaquer: leur donnant tresbonne esperance de
l'entreprise par le moyen de ces chasteaux
qui tenoyent encore pour luy dans le milieu de cet Estat. Le Duc au milieu de ces
angoisses balance entre l'esperance & la
crainte, irresolu s'il se devoit fier aux protestations courageuses de ses sujets, qui s'offroient de vivre & de mourir à son service,
ou de repousser cette guerre si dangereuse
de leur païs. En fin la crainte du danger sur-
monta l'esperance de ces promesses, & le
force de s'enfuïr de rechef à Venize. Mais
ayant appris par experience le danger de ces
forteresses au milieu d'vn Estat, il les fit toutes raser avant que de partir: conservant seulement pour luy celles de S. Leon & de Mai-
vole.

APHORISME XXX.

IL n'y a point d'asseurance avec vn ennemy recon-
cilié, non plus qu'avec vn
amy reconnu pour ses perfidies. On doit tousiours se
méfier d'eux, & croire que le

Pulchra loquentes, iidem
in pectore prava struebant.
Homer. Odyss. 2.
Nocendi cupiditas, impla-
catus & implacabilis ani-
mus, feritas bellandi, libido dominandi : hæc sunt
quæ iure culpantur in bello. *August.*
Cum inimico nemo in

gratiam tutò reddit. Sen. Sen.

Qui iniuria læsus sit, interdum ignoscere: qui iniuria læserit, nunquam. Mur. in Tac.

Optimum in præsentia statui reponere odium. Tacit. Agric.

Destinatio vindictæ si facultas oriretur. Id. An. l. 5. Simultate Mutianus callidè, cenq; implacabiliùs nutriebat. Tac. hist. l. 3.

Il n'y a foy ny loyauté en des cœurs desireux de vengeance. Am. Plut. Græc.

Quand l'Ambition seule gouverne les hommes, on remarque encore quelque courtoisie en leur fait. Mais si l'avarice & la vengeance s'y meslent, leurs tragedies sont sanglantes, & du tout furieuses. Id. Demet.

Serpent ne retient son venin qu'autant qu'il est éloigné de ceux ausquels il veut nuire. Car si ta credulité t'engage dans les bornes de son pouvoir, & qu'il voye ta vie à sa mercy: sa malice & le desir de se venger prennent aussi tost leur avantage, & joüëront le scene tragique de ta perte sur le theatre sanglant de leur barbare cruauté.

LE Duc de Valentinois voyant que le chemin estoit bouché à ses desseins ambitieux, s'il ne rompoit l'alliance des Princes conjurez contre luy, recourt à ses finesses ordinaires. Il ne trouva pas de moyen plus propre à ses desseins que de traicter avec chacun d'eux separement, & d'attirer à soy celuy qu'il estimoit de jugement plus foible pour ne découvrir ses faussetez, & le plus fort en pouvoir pour y porter les autres. A cet effect il choisit Paul Vrsin, faisant semblant qu'il se fioit fort en lui, & l'appelle souz saufconduit à Imole, envoyant le Cardinal Borgia ez terres des Vrsins pour

plus grande asseurance. Le Duc déploye en
son endroit toute sa rhetorique, & se sert de
toutes les plus belles, flatteuses, & courtoi-
ses paroles dont il peust s'aviser. Il se plaint,
non pas tant de ce que luy & ses compagnôs
qui l'avoyent si fidelemont serui par tant
d'années, s'estoyent estrangez de luy sur des
vains & peu solides soupçons : comme de sa
propre imprudence. Il se veut du mal de
n'avoir sceu s'entretenir envers tant de si
braves soldats avec tant de candeur, qu'ils
n'eussent point eu sujet d'entrer en cette
méfiance. Mais qu'il esperoit que cette con-
tention suruenuë si legeremët, au lieu d'inimitié, engendreroit entr'eux vne amitié
perpetuelle. Qu'aussi bien ils devoyët avoir
desia remarqué qu'on ne le pouvoit opprimer : puisque le Roy de France estoit si bien
resolu de le deffendre. Ce n'est pas que de
son costé il ne veid bien par l'experience de
ce mouvement, qu'il devoit toute sa grandeur à leurs conseils, & toute sa gloire à leur
vaillance. Pour cette cause il desiroit de retourner promptement en l'ancienne intelligence avec eux : estoit prest de les asseurer
en telle sorte qu'ils voudroient, & de se remettre à leurs jugemens de tous les differens qu'il avoit contre les Princes & les E-
stats d'Italie. Paul Vrsin croid & se rend à

ces proteſtations, y fait condeſcendre le
Cardinal Vrſin; & tous deux enſemble y at-
tirét Pandolfe Petrucci, Vitellozze, & Iean
Paul Baillon. De ſorte qu'ils convindrent
avec le Duc de Valentinois moyennant ces
articles ſur leſquels ils traicterent : Que l'on
effaceroit toutes les haynes & la memoire
des iniures paſſées : Que les ſoldes ancien-
nes ſeroyent continuées aux Confederez,
qui s'obligeoyent d'aller à ſon ſervice au recouvrement du Duché d'Vrbin, & des autres Eſtats rebelles : Que pour leur ſeureté
ils ne ſeroyent tenus de le ſervir en perſonne, ſinon vn à la fois : ni le Cardinal Vrſin
de demeurer en cour de Rome : Que le different de Boulogne ſeroit remis au jugement du Duc de Valentinois, du Cardinal
Vrſin, & de Pandolfe. Le Pape ratifia cet
accord avec eux, & tous enſemble conqui-
rent l'Eſtat d'Vrbin, avec la cité de Camerin pour le Duc de Valentinois. Ils ſe campent devant Sinigale, prennent la ville & le
chaſteau. Pendant qu'ils guerroyent ainſi
pour l'avancement de ſes affaires, il travaille & s'empeſche bien davantage pour minu-
ter leur deſtruction. Il déloge d'Imole, viẽt
à Cezanne, & de là à Fano. Apres qu'il y
eut ſejourné quelques iours pour aſſembler
ſes compagnies, il fait entendre à Vitelloz-

ze & aux Vrsins que le iour suivant il vouloit aller loger à Sinigale : & partant qu'ils
fissent loger au large en dehors les soldats
qui estoient avec eux dans la ville. Cela fut
executé seion sa volonté; les gens de pied
furent logez aux fauxbourgs de Sinigale, &
les hommes d'armes distribuez par le païs.
Le Valentinois vint à Sinigale le iour qu'il
avoit arresté. Paul Vrsin, le Duc de Gravine, Vitellozze, & Liverot de Ferme allerent
au devant. Il les recueillit avec grandes caresses, & les entretint fort courtoisemét iusques aux portes de la ville, devant laquelle
toutes les cópagnies du Valentinois s'estoiét
arrestees en ordónáce, & en plus grád nóbre
qu'ils n'attédoiét. Ce fut alors que leur cœur
commença à se défier de ses trahisons ordinaires, & soupçonner le mal qui les attendoit en ce lieu. Neantmoins ils reprennent
courage, & d'vn visage relevé d'asseurance
& de resolution, ils voulurent prendre congé de luy pour retourner à leurs troupes. Le
Duc les prie d'entrer dedans pource qu'il
avoit besoin de leur communiquer quelque
affaire de grande consequence, ce qu'ils ne
peurent luy refuser. C'est pourquoy ils le
suivent iusques en son logis : & s'estans retirez avec luy dans vne chambre, apres quelques petits propos qu'il leur tint, & qu'il en

fut forty fouz pretexte de vouloir changer
d'habits, ils furent arreftez tous quatre prifonniers par gens qui furvinrent en la chambre, pendant qu'on eftoit allé rompre & de-
valizer leurs foldats. Le iour fuivant qui e-
ftoit le dernier de Decembre, il termina l'annee 1502 par la fin violente de Vitelozze &
de Liverot de Ferme, lefquels il fit efträgler,
retenant les autres prifonniers : jufques à
tant qu'vn peu apres il fit le femblable à Paul
Vrfin & au Duc de Gravine.

APHORISME XXXII.

Difciplina eft fevera con-
formatio militis ad robur
& virtutem. Quæ quidem
nunc dierum, non dicam
languet apud nos, fed obiit:
Neque mala, fed nulla eft.
Lipf. Pol. l. 4.
Q quàm facile erat Orbis
imperiú occupare, aut mihi
Romanis militibus, aut me
Rege Romanis. *Pirrh. in Flo.*
In omni prælio non tam
multitudo & virtus indo{cta,
quàm ars & exercitium, folent præftare victoriam. *Veget. l. 1.*
Ordinatus exercitus jucun-
diffimum afpectu amicis,
moleftiffimum quidem
hoftibus eft. *Xenoph.*
Quòd de Alexandro Severo
dicitur: Parthicam expedi-
tionem tanta difciplina, tä-
ta feverentia egiffe, vt non

IL y a des avantages
perfonnels en vne batail-
le : comme font de braves
guerriers & de meilleurs
chevaux, ou plus grand
nombre de tous deux. Quelques-vns font reels ; comme
plus d'argent, & de meil-
leures armes. Les autres
font formels ; comme meilleure difcipline en la conduite, & meilleur ordre au
combat. Les autres font ac-
cidentels : comme le Soleil,
le vent,

le vent, & la situation de la place. Entre tous ceux-là, les deux derniers de meilleur [1] *ordre en combatant, & de meilleure* [2] *place pour combattre, ne sont pas de moindres moyens pour obtenir la victoire.*

milites, sed Senatores ite dicerentur. *Cass. f. 97.*
[1] Amplius potest locus sæpe, quàm virtus. *Veget.l.3.*
Loci ratio habenda, vtrum inimicis, an tibi videatur accómodus. *Lips. Pol. l 4.*
Si equitatu audemus, cãpos debemus optare: si peditatu, loca eligere angusta, fossis, paludibus, vel arboribus impedita. *Veget.l.3.*
Multum interest inter Ducem locorum peritum, & imperitum. *Xenoph.*

Scipio pro se esse loci angustias ratus, & quod in arcto pugna Romano aptior. *Livi. Bell. Punic.*
Vi militum inferior, locorum fraude prior. *Tacit. Annal. l. 12.*

LE Comte de Melete avec les gens du Prince de Salerne & de Bisignan s'estoit campé à Villeneuve, lors que Dom Hugues de Cardone passant de Messine en Calabre avec huict cens hommes de pied Espagnols, huict cens Siciliens, & cent chevaux Calabrois, se mit en chemin pour la secourir. Le Comte de Melete ayant avis de ce voyage, se leve de devant la ville, & va le rencontrer. Les Espagnols cheminoyent par vne plaine estroitte & resserrée entre la montagne & vn ruisseau. Les François qui estoyent en plus grand nombre cheminoyent droict à eux au dessouz du ruisseau, desirant de les attirer en lieu large, & les engager au combat. Mais voyans qu'ils marchoyent serrez & en ferme ordonnãce pour conserver toujours l'avantage de la place, &

craignans que si on ne leur trenchoit chemin ils ne se conduisissent à sauueté dans
Villeneuve sans le hazard d'vne bataille; ils
passerent au dela du ruisseau pour les assaillir. Les gens de pied Espagnols ne quitterent pas leur ordre pour cela; & leur vertu
conioincte à la levée du ruisseau qui leur
servoit de retrenchement, donna tant d'affaires aux François, qu'ils furent mis en route, & la ville delivrée.

APHORISME XXXIII.

t Princeps optimus faciendo docet:cumque sit impe-
rio maximus, exemplo ma-
jor est. *Vellei. l. 2.*
Consilia frigent, exemplis
movemur omnes. *Adag.*
Quando il Signor è buono, i
subditi anco
Fa buoni:Ch' ogni vn inci-
ta chi regge. Ariost.
Agg. 2.
Et excitati al paterno es-
sempio
Aguzzauano al sangue, il
ferro è lira. Tasso
Ca. 9.
L'essempio all' opre ardite
e pelegrine
*Spinge i compagni.*Tasso.
Ca. 18.
Non tam imperio opus, quà
exemplo. *Plin. Panegyr.*
a *Non so se meglior Duce*

LES exemples [1] *ont plus*
de force que les paroles.
C'est pourquoy il importe [2] *à*
vn General d'estre aussi bon
soldat, que brave condu-
cteur. Alors qu'il est pre-
sent, & execute lay-mesme
ce qu'il commande aux au-
tres, les soldats avec plus
de courage endurent les pei-
nes de la guerre, & ne re-
fuyent aucun danger. Le
succez de toutes ses entre-
prises depend particuliere-
ment de ses actions & de

ses vertus militaires. C'est pourquoy le Capitaine Grec inferoit en paroles pleines d'experience , qu'vne armee de Liévres conduite par vn Lyon, estoit meilleure qu'vne autre de Lions conduite par vn Lievre.

ó Cavaliero. Tasso.

Αμφότερον βασιλεύς τ' ἀγαθός κρατερός τ' αἰχμητής, simul & bonus Imp.& strenuus miles. *Homer.*

Strenui militis & boni Imperatoris officia simul exequebatur. *Sal. Bel. Cat.*

Plus in Duce repones quàm in exercitu. *Prob. de Epa.*

Vnus homo pluris quàm vniversa civitas. *Tacit. de morib. Germ.*

Plus condidi existimo egregio Imperatori, si tempus habeat ad instruendum militem : quàm firmo, sed insolenti exercitui, cui tumultuarius aliquis Dux præficitur. *Mac. dsf. l. 2.*

È meglio vn essercito di cervi, guidato da vn Leone: che di Leoni guidati da vn Cervo. Rag. Stat. è Plut.

Vbi summus Imperator non adest ad exercitum, citiùs quod facto nõ opu' sit,quàm quod facto est opus *Plaut.*

Προβάτων γὸ οὐδὲν ὄφελος, ἂν ποιμὴν ἀπῇ. Vsus nullus ovium, si castor absit. *Rag. Stat. Plut.*

Debes tu qui illorum Rex es, duplum præstare quàm singuli eorum *Xer. in Herod.*

————— Audebit primus sumpsisse labores,
Primus iter carpsisse pedem. *Silius l. 3.*

————— Monstrat tolerare labores
Non jubet. ————— *Lucan. lib. 9.*

Facta mea non dicta milites sequi volo : Nec disciplinam , sed exemplum etiam à me sumere. *Livi. de Valer. Corn.*

—————Primus arenas
Ingrediar, primusque gradus in pulvere ponam:
Dux an miles eam. *Lucan. l. 9.*

————— Ignave venire
Te Cæsar non ire jubet. *Lucan. lib. 5.*

Interim seipsum exemplum præbet ,cùm in conficiendis admovendisque ad mœnia machinis, tum in adeundis locis vbi magis imminens periculum ostendebatur : omnia denique non secus egit, quàm si nihil inter se atque militem interesset. *Polyb. de Hannibal. l. 9.*

L E Duc de Nemours Viceroy de Naples avec toutes les forces Françoises vient se loger à Matere. Campe ses troupes ez places d'alentour, pour couper tout con-

voy de vivres ou supplemēt d'hommes aux
Espagnols qui estoyent logez dans Barlette
fort proche de Matere. Les soldats y e-
stoyent travaillez de la faim, & infectez de
la peste. Mais la patience des Espagnols se
rendit admirable en ces extremitez par la
vertu & diligence remarquable de Gonsalve qui y commandoit pour leur Roy. Ce
Capitaine leur donnoit quelquefois esperance de l'arrivée de deux mille Alemans
qu'il avoit envoyé lever par Octavian Colonne, tantost il leur parloit d'autre secours
que son maistre leur envoyoit. Maintenant
il les entretenoit de la necessité des François qui vouloyent lever le siege: & à cette
heure il leur promettoit s'ils vouloyēt avoir
vn peu de patience, qu'ils quitteroyent la
place, & se retireroyent par mer avec eux à
Tarente. Mais toutes ces persuasions n'a-
voyent point tant de forces que son exemple: comme ainsi soit qu'il endura luy mesme avec allegresse nonpareille toutes les incommoditez qu'ils souffroyent. Sa resolution lassa à la fin les François, lesquels par
leur insolence & desordre furent contraints
de lever le siege, comme Gonsalve l'avoit
predict. Ainsi ce brave Capitaine ayant enhardy les siens, les rēdit bien tost victorieux
de tous ceux qui les eussent peu vaincre en

cette entreprise, s'ils se fussent aussi bien armez de patience comme ils l'estoient de leur espée.

APHORISME XXXIV.

LES *nobles & gene-reux esprits s'efforcent autant de n'estre point vaincus en courtoisie, comme les vaillans & courageux de n'estre point vaincus au combat. D'où vient que rien n'oblige tant le Prince à vne execution franche de ses promesses, comme la confiance & asseurance que celuy à qui il s'est obligé, témoigne à voir en sa parole. Ou au contraire, plusieurs ont enseigné & enhardy les autres à decevoir: cependant qu'ils ont apparus trop craintifs, & pleins de défiance.* coacti veram effecére. *Polyæn. l. 2.*

Hominem homini obsequentem vltrò nihil aliud facit quam fides benevolentiæ, integritatisque & justitiæ opinio. *Plut. Re. ger.*
Qui timet amicum amicus vt timeat docet. *Senec. Sent.*
Qui timet amicum, vim nõ nouit nominis. *Id. ibid.*
Vult sibi quisque credi, & habita fides ipsam plerumque obligat fidem. *Liui. l. 22.*
Quorum autem mihi longo vsu cognita fides, quid est quod non iis & committi, & credi posse putem? *Cicer. ad frat.*
Qui timidè rogat, docet negare. *Senec.*
Inde Augustus quendam timidè petentem joco corripuit: quòd sibi libellum porrigeret quasi Elephanto stipem. *Suet. f. 126.*
Multi fallere docuerunt dũ timent falli. *Id. ibid.*
Qui se suspectos sentiunt, & si falso conspirationem ineunt. *Suet. in Calig.*
Sic optimates Tegeatarum falsam suspicionem metu

PHilippe Archiduc d'Auſtriche, heritier de l'Empereur ez royaumes d'Eſpagne, & Prince ſouverain des païs
bas: veut ſ'en retourner d'Eſpagne en Flan-
dres par terre. Son conſeil le divertit de cete entreprife, à cauſe qu'il falloit paſſer par
la terre des François qui eſtoyent pour lors
ennemis. Nonobſtant toutes ces perſuaſiõs,
il entreprend le voyage, envoye au Roy de
France, luy demande libre paſſage par ſon
Royaume, & l'obtient auſſi toſt. Le Roy outre la foy baillée envoye en Flãdre pluſieurs
Pairs & grands Seigneurs de ſa Cour pour y
eſtre retenus en oſtage tant que Philippe ſeroit paſſé. Dez que ce Prince eut mis le pied
en la France, pour monſtrer combien il ſe
confioit en la parole du Roy, il fit delivrer
& retourner les oſtages. Ces grands témoi-
gnages d'amitié ne furent accompagnez de
moindres effets tant d'vne part que d'autre.
Car il eſt incroyable avec quel honneur &
magnificence il fut receu par toutes les villes du Royaume par le commandement du
Roy. Le Roy meſme alla le recevoir à Blois
avec vne pompe & grandeur entierement
royale. Pluſieurs iours ſ'écoulerẽt en ce lieu,
avec les plaiſirs de la chaſſe, les delices des fe-
ſtins, les exercices des tournois, & les ſerieu-

fes occupations des affaires de plus grande
importance. En fin l'Archiduc s'en alla de la
Cour grandement fatisfaict; & protesta par
tout qu'il n'avoit iamais veu de main plus
liberale, ni de langue plus fidele que celles
du Roy des François.

APHORISME XXXV.

Entre les professions[1] ciuiles ou militaires celles, là font plus honorables qui ont vne plus grande charge, ou requierent vne plus grande cognoissance. Car c'est chose bien plus noble de gouverner vn Estat qu'vne ville: & celle-cy plus eminente que d'ordonner vne famille. Pour cette cause, encore que les hommes de cheval & de pied ayent vne mesme fin pour la guerre, qui est de deffendre ou recouvrer son droit, en quoy peut-estre la condition des pietons est generalement plus vtile: si est-ce que[2]

[1] Vbi bona & composita militia, pedes prævalet: apud rudes aut barbaros, cōtrà. Lipf. Polit. l. 5.
Ab equite & pedite omne bellicis negotiis profluit robur: & sine quibus, quamvis egregia sint illa consilia, sunt tamen invalida. Tacit. l. 1.
Ad pugnam equites, ad oppida propugnanda aut expugnanda aptiores sunt pedites. Lipf. Pol. l. 5.
Montanis locis & impeditis, quasi nullus equorum vsus: ex quo intelligitur magis necessarios pedites, qui possunt vbique prodesse. Veget. l. 2.

[2] Neque quisquam ex præclaris Persis, vsquam pedes incedere suâ quidem sponte videbatur. Xenoph. Cyr. l. 4.
Anteà patrius mos erat, ne viderentur tum proficisci pedites, alius cujusquam rei gratia, quàm vt equites optimi efficerentur. Xeno. Cy. Pæd. l. 8.
In equite apud antiquos

Oo iiij

omne robur : quia ratio or-
dinandi militiam pedestrē
illis incognita sunt. *Arist.*
Polit. l. 4.
Ego vero si equitare didi-
cero , quum in equo fuero,
Hippocentauri quæ sunt fa-
ciam : quaternis tunc oculis
conjectabo : auribus quaternis præsentiscam, &c. *Xe-*
noph. Cyr. l. 4.

celle des chevaux est bien
plus honorable. D'autant
que sa vertu & cognoissan-
ce est exercee aussi bien en
maniant & deffendant son
cheval que soy-mesme. Sça-
chant assez que sa vie &
son honneur depend de la
conservation de sa monture
aussi bien qu'en la deffen-
ce de sa propre personne.

VN trompette est envoyé à Barletto
pour traitter de la rançon de quelques soldats qui avoyent esté pris à
Rubos. Certaines paroles furent dictes par
quelques hommes d'armes Italiens au deshonneur de la Cavalerie Françoise, lesquelles le Trompette ne manqua pas de rapporter à son retour. Les François offensez envoyent le deffi aux Italiens , qui acceptent le
combat à cheval, de treze contre treze , &
assignent la lice entre Barlette , Andrie, &
Quadrate. Les capitaines de chaque costé
mettent quelques troupes de pareil nombre, & en égale distance de la lice pour prevenir les embusches, ou tous autres avantages de quelqu'vn des partis. Ils encouragent
leurs champions , & les recommandent à

leur bonne fortune. Le fignal eft donné. Les
cavaliers courent furieufement, & rompent
les lances avec vn merveilleux courage, mais
fans aucun avantage. Ils viennent aux ef-
pées qu'ils manient avec vne dexterité bien
grande, La terre fe couvre incontinent d'armes & de fang refpandu: Mais la victoire
pour cela eftoit encore doubteufe & en balance. Guillaume d'Albemont l'vn des Italiens eft abbatu de fon cheval par vn François, lequel plus ententif à luy donner la
mort, qu'à conferver fa propre vie, eft tué
par François Salomon Italien. Albemont
& Miale tous deux iettez par terre, fe relevent incontinent, & tirent de longs efpieux
qu'ils avoyent porté tout exprez, fans en
avertir leurs ennemis. Avec cet avantage &
ces armes injuftes ils tuent quelquesvns des
chevaux, & bleffent tellement les autres, que
les François furent vaincus: & les Efpagnols
f'en retournerent victorieux à Barlette avec
leurs prifonniers. Ils y entrerent en triomphe, pendant que l'air refonnoit du cri des
trompettes, des fiffres, des tambours, du
bruit de l'artillerie, du battemét des mains,
& des cris militaires.

APHORISME XXXVI.

1 Cui pariter dies & fortuna fuit. *Senec. Hercul.*
Carolo V. Imperatori vigesimam quartam diem Februarij fuisse eventibus omnibus memorabilé; quòd illâ sit natus: illâ Gallorum Regé devicerit, captivumque fecerit: illa quoque Augustale diadema Bononiæ susceperit. *Majol. Coll.4.* Timoleon Corinthius prælia maxima Natali suo die fecit omnia. *Probus.*
Sic Boëotiis in diem quintū Mensis Hippodromij victorias clarissimas duas fortuna contulit. *Plut. Camill.*

2 Romani semper soliti erant interpretari auspicia, ita vt ad illorum institutum atque voluntatem accommodarentur. *Mac. l. 1. c. 14.* Papyrio quòd prudenter auspiciorum significationé fuisset interpretatus, honores decreti fuerát. *Liv. l 10.* Eò spectant hujusmodi auguria omnia, vt miles ad dimicandum alacrior redderetur: ex qua alacritate, victoria vt plurimum sequebatur. *Mac. l. 1. c. 14.*

L'histoire [1] est le Calendrier du temps: & a ses iours critiques aussi bien que la Medecine. Et comme par là l'art preiuge de la fin d'vne maladie, ainsi nostre conception espere du bon succez d'vne affaire. C'est pourquoy l'on a remarqué que certains iours ont esté perpetuellcmēt heureux à certaines personnes ou nations, dont elles ont tiré de grāds avantages. Et [2] ne faut pas perdre le tēps à s'enquerir s'il faut rapporter cette chose au destin, à la necessité, au hazard, aux circonstances & accidens. Il suffit que c'est le devoir d'vn sage Capitaine d'en faire son profit: & de nourrir cette premiere conception en l'esprit du soldat. Car par là, mieux que par tous les autres avantages, &

quelquefois contre l'equité
de sa cause, il l'encourage-
ra plus puissamment à avoir
vne bonne esperance, &
obtenir vne meilleure vi-
ctoire.

D'Aubigny Gouverneur de la Calabre
estoit homme d'vn brave & genereux
courage, & l'vn des plus dignes Capitaines
de tous ceux que Charles huictiéme mena
en Italie. Il vient avec toutes ses forces proche de Seminare, où quelques annees au paravant il avoit remporté vne fameuse victoire sur Ferdinand Roy de Naples & le
grand Capitaine Gonsalve. Il loge ses gens
de pied dans la ville de Gioie à trois mille
pres de Seminare; & la cavalerie à Lozar-
ne, trois mille loing de Gioie. La paix estoit
conclue entre les Roys de France & d'Espagne, & signifiée aux François, qui s'arreste-
rent aussi tost, sans que les Espagnols voulussent obeïr à l'Archiduc qui leur en avoit
envoyé les articles, ny perdre quelques ava-
tages qu'ils avoyent alors sur les François.
D'Aubigni les voyant resolus de continuer
la guerre contre la volonté de leur maistre,
se fortifie avec quatre pieces d'Artillerie en
la rive du fleuve sur lequel Gioie est assise,

& se tient prest pour s'opposer aux ennemis
s'ils vouloyent essayer le passage. Manuel de
Benavide conduit l'avantgarde des ennemis à la riviere, & demande à parler à d'Aubigny. Pendant qu'il l'amuse de vaines promesses, & de ses pacifiques desseins: Hugues
de Cardonne & Antoine de Leve qui me-
noyent le bataillon, passent avec l'Arriere-
garde conduite par Andrade vn mille au
dessus de Gioie. D'Aubigni se voyant deceu de la sorte, se leve soudain sans son Artillerie, & s'en va pour les rencontrer avant
qu'ils fussent tous passez. Ses forces estoyét
beaucoup moindres que celles des ennemis,
& neantmoins il les charge bravement, encore qu'avec beaucoup meilleur courage
que de fortune. Les Espagnols passent tous
la riviere, & le reçoivent en bataille rangee
& si ferme, que ne les pouvant rompre, il
veid ses gens se relascher incontinent, & dô-
ner la victoire à l'ennemy. Le Duc de Somme y fut arresté prisonnier avec plusieurs
Barons du Royaume, & Ambricourt avec
quelques autres Capitaines François.
D'Aubigny mesme ayant gaigné la Rocque
d'Angitole, y est aussi tost assiegé, & forcé de
se rendre. Cette défaite arriva en vn Vendredy. Comme huict jours apres en la mesme journee Gonsalve remporta vne autre

plus signalee victoire. Car s'enfuyant de
Barlette il prit son chemin à Cirignole, qui
est vne ville à dix mille de là, & presque en
triangle entre Canose où estoit le Viceroy,
& Barlette. Le Duc de Nemours apres vn
grand & long conseil se resoult au combat:
Marche vers cirignole avec toute son armée: Se rue sur l'ennemy avant qu'il eust
retrenché pleinement le front de son camp;
& le charge si vivement, que les autres estő-
nez ne peurent supporter longuement la fureur des François & des Suisses. Mais la
mort de Nemours tué d'vn coup d'arque-
buze au milieu du combat, remonta le courage aux ennemis : lesquels voyans leurs
gens de pied rompus, l'artillerie gagnée, le
feu mis à leur poudre, & presque tout perdu, prirent vne resolution derniere. Vn accident les ayda de beaucoup : Car la nuict
estant avancée, la cavalerie des François
donna par mesgarde dans leurs gens de
pied mesmes, & firent voye aux ennemis,
qui regaignerent par ce desordre tout ce
qu'ils avoyent perdu: & défirent toute l'armée qui se respandit en divers lieux, apres
la perte de plusieurs braves hommes, entre
lesquels fut le sieur de Chandiou. Cette
perte fut pareillement en vn Vendredy:

iour remarquable aux Espagnols, auquel, comme il appert par l'Histoire, ils ont remporté plusieurs insignes & celebres victoires.

REMARQVES DES CHO-
ses contenuës en cet œuure.

A

B.

C.

DES MATIERES.

TABLE

E

F.

TABLE

L.

M.

N.

O.

P.

T.

V.

FIN.

EXTRAICT DV
Priuilege du Roy.

PAR grace & priuilege du Roy, donné à Paris le 7. iour de May 1627. il est permis à Nicolas Buon Marchand Libraire à Paris, d'imprimer ou faire imprimer, vendre & distribuer tant de fois que bon luy semblera, & en telle marge & characteres qu'il aduisera vn liure intitulé *Essais politiques & militaires*, par le sieur de Mouchembert; & ce pour le temps & espace de six ans : Et deffences sont faictes à tous libraires & Imprimeurs, & autres personnes de quelque qualité & condition qu'ils soient de l'imprimer ny faire imprimer, & d'en vendre pendant ledit temps d'autres que de ceux qui auront esté imprimez par ledit Buon, ou de son consentement, à peine de huict cens liures d'amende, & confiscation des exemplaires, qui seront treuuez, moitié à nous, & l'autre moitié audit Buon, comme il est declaré plus au long en l'original des lettres donnees les iours & an que dessus, Et signees;

Par le Roy en son Conseil

BERGERON.

Nil quidquam facilius quam in quolibet affligere et [...]
prosternere [...]

In te domine separauy
non confondar in
Eternum

www.ingramcontent.com/pod-product-compliance
Lightning Source LLC
Chambersburg PA
CBHW071142270326
41929CB00012B/1842